산업민주주의

3

Industrial Democray
by Beatrice Webb and Sidney Webb

Published by Acanet, Korea, 2018

한국연구재단총서 학술명저번역 607
Academic Library of NRF

산업민주주의
3

Industrial Democracy

비어트리스 웹 · 시드니 웹 지음 | 박홍규 옮김

아카넷

3부 노동조합의 이론

1장 경제학자의 판단 │ 11

2장 시장의 흥정 │ 69

3장 노동조합운동의 경제적 특징 │ 123

    (a) 인원 제한의 방책 │ 125

    (b) 공통규칙의 방책 │ 136

    (c) 공통규칙의 부분적 적용이 산업 배분에 미치는 효과 │ 162

    (d) 기생적 산업 │ 172

    (e) 내셔널 미니멈 │ 191

    (f) 취업 불능인 │ 210

    (g) 공통규칙 방책의 경제적 성격 요약 │ 215

    (h) 노동조합의 방법 │ 222

4장 노동조합운동과 민주주의 │ 235

옮긴이 해설 │ 283

찾아보기 │ 305

차례 | 1권

서문

1부 노동조합의 구조

1장 초기 민주주의

2장 대의제도

3장 지배의 단위

4장 노동조합 간의 관계

2부 노동조합의 기능

서언

1장 상호보험의 방법

2장 단체교섭의 방법

3장 조정

4장 법률 제정의 방법

옮긴이 해설

차례 | 2권

2부 노동조합의 기능

5장 표준 임금률

6장 표준 노동시간

7장 위생과 안전

8장 새로운 공정과 기계

9장 고용의 유지

10장 고용
     (a) 도제
     (b) 소년 노동의 제한
     (c) 직장 내의 승진
     (d) 여성의 배제

11장 직업에 대한 권리

12장 노동조합운동의 함의

13장 노동조합운동의 가설

옮긴이 해설

옮긴이 일러두기

1. 이 책은 Beatrice Webb과 Sidney Webb의 *Industrial Democracy*, Longmans, Green and Co. 1897의 서문(19쪽) 및 본문(851쪽)의 번역이다. 즉 부록(참고문헌 등)과 엄청나게 많은 분량의 색인은 번역에서 제외하거나 조정했다. 번역에서 제외한 부록은 4개인데, 부록 1 '단체교섭의 법률상 지위'와 부록 4 '노동조합운동 관련 서적'은 원저의 재판에서부터 생략되었고, 부록 2 '산업적 기생주의와 내셔널 미니멈 정책의 자유무역론에 대한 관계'나 부록 3 '결혼율, 출산율, 빈민 수, 임금 및 밀 가격의 상대적 변동에 관한 통계'는 그 내용이 더 이상 의미 없는 것이라는 이유에서 이 번역서에서는 제외했다. 색인은 중요한 인명과 사항으로 조정했다.

2. 이 책은 19세기 영국의 노동조합운동을 중심으로 하여 쓴 책이므로, 21세기의 한국인이 이해하기 어려운 당시의 여러 노동조합명이나 직업명이 많이 등장한다. 그러한 노동조합명이나 직업명을 21세기 한국에서는 볼 수 없으므로 부득이 역자가 그것을 만들어내야 했지만, 이상한 것이 많아서 경우에 따라 옮긴이 주로 풀이했다.

3. 각주는 '옮긴이 주'라고 표시한 것 외에는 모두 원저 주이다.

4. 책 이름은 「 」, 논문 이름은 「 」, 잡지나 보고서 등은 〈 〉로 표시했다. 책은 원저의 인용방법에 따라 원어로 제목과 출판지 및 출판연도를 밝히되, 제목은 우리말로 번역해 그 내용이 어떤 것인지 알게 했다. 그러나 논문이나 잡지는 특별한 경우가 아니면 우리말로 번역하고 원어는 표기하지 않았다.

3부

노동조합의 이론

1장

경제학자의 판단

지금부터 30년 전까지는 일반적으로 교양 있는 사람이라면 누구나, 노동조합운동이란 노동자의 노동조건을 개선하는 하나의 수단으로서는 "경제학에 반하는" 것으로 여겨왔다.[1] 이러한 생각은 경제학자들의 명확한 주장에서 나온 것이 아니라, 그들로부터 계몽된 여론이 수용한 임금에 대한 일반적 견해에서 나온 것이었다. 자본 축적 및 인구 증가의 이론과 밀접하게 관련되어 있는 임금기금설[2]은, 노동조합운동이 의존하는 기본적 전제

---

[1] 심지어 기독교 사회주의자, 실증주의자, 의회의 노동당 의원들도 일반적으로 노동조합운동의 주장을 정통 경제학에 반하는 것으로 간주했다! 따라서 그들은 경제학을 믿지 않았다.

[2] 영국의 고전 경제학파인 리카도와 밀이 주장한 임금결정이론으로 임금은 한 사회의 총자본에서 임금으로 지급될 기본 금액을 노동자 수로 나눈 몫으로 결정된다는 것이다. J. S. 밀은 임금은 자본의 입장에서 보았을 때 원료와 설비에 투하되는 자본과 같이 선대한 자본의 일부에 지나지 않는다는 데 착안하여 임금기금설을 확립하였다. 즉, 임금기금의 증가나 노동자 수의 감소에 의하지 않고는 임금은 상승하지 않고, 또 기금 감소나 노동자 수의 증가에

와 분명히 모순되는 것으로 보인다. 만일 경제학이, 주어진 일정한 자본과 인구의 상태하에서, 임금의 순수하고 영속적인 인상이 여러 세대에 걸쳐 서서히 실현되는 것 외에 불가능하다는 것을 명백하게 실증하는 것이라고 이해된다면, 경제학의 지식이 없는 노동자의 주장에 대해 걱정할 가치는 분명히 없을 것이다. 따라서 1875년경까지 실제로 폭행이나 파업에 관한 관례적인 비난을 제외한다면, 이론경제학의 용어로 표현된 추상적인, 노동조합운동에 대한 막연하고 무차별적인 적대감을 보여주는 것에 불과했다. 그리고 그 이론은 그 모든 결론과 함께, 지금 경제학의 권위에 의해 포기되어왔음에도 불구하고, 여전히 여론 속에 정체되어 있고, 노동조합운동에 대한 현재의 중산 계급 측 반대론의 뿌리에 놓여 있다. 따라서 우리는 이러한 진부한 비판의 근거를 제거하여야 한다. 그 뒤에야 우리는 노동조합의 주장을 오늘날의 경제학에 비추어 평가할 수 있다.

　여기서 우리는 그 유명한 임금기금설의 상세한 역사나 면밀한 분석을 할 필요는 없다.[3] 1823년 이래 J. R. 매컬로크(M'Culloch)에 의해 널리 통속

의하지 않고는 임금은 하락하지 않는다는 것이다. 따라서 임금 인상은 다른 노동자의 희생으로 이루어지게 되기 때문에 노동조합에 의한 임금인상운동은 헛된 노력에 그치게 된다고 본다. 그 이론은 1820년부터 1870년에 걸쳐 영국 경제를 지배하는 이론이 되었으나, 영국의 자본 축적이 크게 증대되었음에도 불구하고 노동자의 임금이 상승하지 않자 밀 자신이 그 이론을 포기하였다. (옮긴이 주)

3) 이 유명한 이론에 대한 가장 최근에 나온, 여러 면에서 최고의 설명은 하버드 대학교 경제학 교수인 F. W. 타우식(Taussig)의 『임금과 자본: 임금기금설 연구(*Wage and Capital: An Examination of the Wage Fund Doctrine*)』(London, 1896)이다. 에드윈 캐넌(Edwin Cannan)의 『1776년부터 1848년까지 영국 경제학의 생산 및 분배에 관한 학설의 역사(*A History of Theories of Production and Distribution in English Political Economy from 1776 to 1848*)』(London, 1893)에는 정확한 비판적 분석이 포함되어 있다. 현대 경제학의 견해를 가장 잘 보여준 것은 F. A. 워커(Walker)의 『임금 문제: 임금 및 임금 계급론(*The Wages Question : A Treaties on Wages and the Wages Class*)』(New York, 1876;

화된 이 학설은 "임금은 언제나 일정한 시기의, 노동자 수에 대한 기금이나 임금 지불에 충당된 자본액의 비율에 의존한다. … 언제나 노동자는 제수(除數)이고 자본은 약수(約數)이다."[4] 그러나 이러한 설명은 임금소득 계급의 평균 임금이 "그 지불에 충당된 기금"의 합계를 당시의 노동자 수에 의해 나눌 수 있다고 하는 명백한 사실에 한정되지 않았다. 그것이 주장하는 바는 이러한 '기금'의 액이 필연적으로 당시 사회의 경제적 상황에 의해 예정되었다고 말하는 것이었다. '자본'의 액은 과거 생산물의 저장고에 의존했다. 임금 지불에 충당되는 기금의 정도는 그 자본 중에서 설비와 원료에 필요로 하는 것에 좌우되었다. 따라서 임금기금의 액은 언제나 어떤 특정 시기에 일부는 과거의 사회 활동에 의해, 일부는 케언스(Cairnes)가 말하듯이 현재의 산업적 기술에 의해 절대적으로 예정된 것이었다.[5] J. S. 밀

London, 1891)이다. 알프레드 마셜(Alfred Marshall) 교수는 『경제학 원리(*Principles of Economics*)』(제3판, 제6권, 제2장, 618쪽, London, 1895)의 긴 주에서 임금기금에 대해 리카도(Ricardo, 1772~1823)와 밀(Mill)이 설명한 바의 참된 의미를 설명했다.

4) 『대영백과사전(*Encyclopaedia Britannica*)』(제4판, 1823)의 임금에 관한 논문, 이는 『임금률 및 노동 계급의 상태를 결정하는 사정에 관한 논문(*A Treaties on the Circumstances which Determine the Rate of Wages and the Condition of the Labouring Class*)』(London, 1851)으로 다시 발간되었다. 리카도와 매컬로크를 따르는 미국인 학자는 널리 읽힌 저서에서 다음과 같이 해석했다. "어떤 나라에서도 노동에 대해 지불된 것은 실제로 축적된 자본의 일정 부분이고, 이는 정부의 간섭에 의해서도, 여론의 영향에 의해서도 노동자 자신의 단결에 의해서도 증대될 수 없다. 또 모든 나라에는 일정 수의 노동자가 있고, 그 수는 정부의 간섭에 의해서도, 여론의 영향에 의해서도 노동자 자신의 단결에 의해서도 감소될 수 없다. 따라서 이 모든 노동자 사이에 지금 실제로 존재하고 있는 그 자본의 부분이 나누어진다."(A. L. 페리(Perry), 『경제학의 요소(*Elements of Political Economy*)』(New York, 1866), 122쪽) 우리는 이 책이 거의 20판을 거듭하고 지금도 여전히 미국에서 인기 있는 교과서임을 알고 있다. 이 책은 1891년 런던에서도 출판되었다.

5) J. E. 케언스, 『경제학의 중요 원리에 대한 새로운 해설(*Some Leading Principles of Political Economy Newly Expounded*)』(London, 1874), 199~200쪽.

은 다음과 같이 말했다. "어떤 시기에 언제나 노동 임금의 지불에 무조건 충당되는 일정량의 부가 존재한다고 가정된다. 이러한 양은 변경될 수 없는 것으로 간주되지 않는다. 왜냐하면 그것은 저축에 의해 증가되고, 사회의 진보와 함께 증대되기 때문이다. 그러나 일정한 시기에는 언제나 예정된 액으로 논의된다. 그 액 이상의 것은 임금소득 계급이 그들 사이에 도저히 분배될 수 없는 것이라고 가정된다. 그 액만을 얻을 수밖에 없다. 따라서 분배되어야 할 액이 일정하기 때문에, 각각의 임금은 오로지 제수(除數), 즉 관계자의 수에 의존하게 된다."[6] 이러한 견해로부터 다음과 같은 추론이 쉽게 나왔다. 즉 장래에 어떤 요소가 다른 요소보다 더욱 빠르게 증진한 경우에 자동적으로 어떤 일이 생기든 간에, 현행 노동의 고용을 위한 계약의 조건은 어떤 특정한 시기의 임금소득 계급 전체와 관련하여 보면, 법률에 의해서도 협정에 의해서도 절대적으로 변할 수 없다는 것이다. 노동자들은 다음과 같은 말을 들었다. "산술의 4원칙 중 어느 것을 부정하는 것은 무익한 일이다. 임금 문제는 나누기의 문제이다. 몫이 너무 작으면 불평이 생긴다. 그렇다면 몫을 크게 하는 데 얼마나 많은 방법이 있는가? 두 가지 방법이 있다. 피제수(被除數)를 크게 하고 제수를 일정하게 하면 몫은 커진다. 제수를 작게 하고 피제수를 일정하게 하면 몫은 커진다."[7]

---

6) W. T. 손턴(Thornton)의 『노동에 대하여(*On Labour*)』에 대한 밀의 비평은 〈격주 평론 (*Fortnightly Review*)〉, 1869년 5월호에 발표되었다. 이는 『논문과 토의(*Dissertations and Discussions*)』(London, 1875), 제4권, 43쪽.
　　그해의 최초부터 전액을 현금으로 소유하고, 그해의 마지막에 그것을 모두 사용한다고 하는, 명확하게 제한된 임금기금이라는 개념은, 영국의 밀재배 농민의 예에서 연역된 것으로 보인다. 즉 농민은 그가 추수를 끝냈을 때, 다음 추수를 끝낼 때까지 어느 정도 임금을 지불할 수 있는지를 계산한다고 가정된다. 나아가 더욱 유사한 예로는 영국 정부의 각 부서에서 행해지는 관행일 것이다. 가령 해군성의 조선소와 같이, 하나의 회계년도가 시작될 때 이론적으로는 증가를 허용하지 않는 일정액이 그해 중의 임금 지불을 위하여 분배된다.

임금소득자는 전체적으로 언제나 그 당시 그들에게 허용될 수 있었던 것만을 스스로 얻고자 하고, 그들의 어떤 부분이 얻은 이익은 그들 중 약한 쪽 동료들의 손실에 의해서만 얻어질 수 있다. 반대로 어떤 부분의 임금소득자가 받는 감소는 필연적으로, 그리고 동시적으로 어떤 다른 부분의 이익에 의해 상계된다. 매컬로크가 말하듯이 "모든 자본은 시장의 흥정에 의해 모든 노동자 사이에서 공정하게 분배될 것이다. 따라서 자본가가 노동을 값싸게 사고자 하는 노력이 조금이라도 그 평균 가격에 영향을 미칠 수 있게 된다고 가정하는 것은 무익한 일이다."[8] 노동자가 그 반대 방향으로 노력하는 것도 아무런 효력이 없다는 점이 같은 논리에 의해 인정된다. 따라서 여론은 조금도 주저하지 않고서 노동조합운동을, 가장 뛰어난 현대 경제학자의 말을 빌리자면 "임금기금설을 간단히 인용하여" 다음과 같이 논박했다. "파업은 임금기금을 증가시킬 수 없고, 따라서 임금을 올릴 수 없다. 만일 그것이 어떤 직업에서 임금률을 높이는 것으로 보인다면, 그것

---

7) A. L. 페리(Perry), 앞의 책, 123쪽.
8) 매컬로크는 경제학 연구에 바친 시절을 끝낸 뒤에도 다음과 같은 말을 반복했다. "임금 지불에 충당되는, 그 나라의 모든 부라는 것은 일정하고, 통상의 경우에는 모두 노동자에게 분배되는 것이다. … 노동의 고용인은 임금률을 인위적으로 낮출 수 없다."(『임금률 및 노동 계급의 상태를 결정하는 사정에 관한 연구』(London, 1851, 48~49쪽) "한 사람의 부자가 한 사람의 빈민에 대해 그 궁박함이나 소박함을 기화로 이용할 수 있을지도 모른다. 그러나 어떤 나라에서도 자본가 계급은 언제나 그들이 소유하는, 노동의 고용에 충당될 기금을 전부 노동자 계급에게 임금으로 지불할 것이다."(C. 모리슨(Morrison), 『노동과 자본의 관계에 대한 시론(An Essay on the Relations of Labour and Capital)』(London, 1854), 18쪽) 포셋(Fawcett)은 같은 견해를 죽을 때까지 가졌다. "한 나라의 자본은 그 임금기금을 공급한다. 그 임금기금은 임금소득을 받는 모든 사람에게 배분된다. 따라서 각 개인의 임금 평균은, 임금을 받는 사람의 수가 감소하거나, 임금기금이 증가하거나 하지 않는 이상, 증대될 수 없다."(헨리 포셋, 『경제학 매뉴얼(Manual of Political Economy)』(London, 1869), 206~207쪽; 레슬리 스티븐(Leslie Stephen), 『헨리 포셋의 생애(The Life of Henry Fawcett)』(London, 1886), 157쪽)

은 반드시 그것에 따라 고용의 규약성이 상실되거나, 경제적으로 불리한 지위에 있는 다른 하나의 직업이나 여러 직업에서 그 규약성이나 임금률에 같은 손실을 받는다고 말하게 된다. 따라서 파업은 임금 계급에 이익을 줄 수 없다."[9] 그러나 이 학설은 파업이나 단결의 단순한 부정보다 더욱더 앞으로 나아간다. 그것은 생산 능력의 증대에 의해 분명히 개선이 인정됨에도 불구하고, 임금소득자의 향상에 어떤 여지도 인정하지 않았다. 일부의 임금소득자가 평화적 협상이나 법률에 의해 자기의 고용조건 개선에 성공하고, 그 생산 능력을 증가시켰다고 해도, 계급 전체에는 그것으로 인해 그 보수의 증가를 초래한다고 할 수 없다. 비록 그 노동 비용이 증가되어도 그 고용인은 바로 생산 증대에 의해 보상을 받지만, 그 임금기금의 유출 증가는 반드시 자동적으로 다른 부문의 조건을 악화시키고, 따라서 그 능률을 저하시킬 것임에 틀림없다. 따라서 그 결과는 각 부문 사이에 불평등을 증가시키게 되지만, 임금소득자 전체의 총 능률은 향상되지 않는다. 그리하여 여성 노동이나 아동 노동의 비용을 바로 증가시키는 모든 공장법은, 그것과 동시에 일어나는 어떤 자들의 임금을 저하시킴에 의해 보상되어야 했다. 그리고 위생이나 사고의 예방을 위한 새로운 비용이 자본가에게 부과될 때마다, 임금소득자 중 어떤 자들은 자동적으로 그 소득의 저하를 감수해야 했다.[10]

---

9) F. A. 워커(Walker), 앞의 책, 387쪽. 매컬로크는 『대영 백과사전』(1823)의 '단결'에 관한 논문에서 다음과 같은 의견을 명백하게 서술했다. "임금이 그러한 과정에 의해 실제로 증대한다고 가정한다는 것은 극단적인 무지의 탓이라고 할 수밖에 없다. 임금은 그런 것에 의해 움직여질 수 없는 원리에 의존한다. 즉 자본과 인구의 비례관계에 의존한다. 따라서 후자와 비교하여 전자를 증대시키는 것 외에 다른 방법으로는 결코 증대시킬 수 없다."

10) 그런 논리에 의해 임금소득자의 상태는 나쁜 법에 의해서 저하될 수 없고, 좋은 법에 의해서도 향상시킬 수 없는 것이 되어왔다. 매컬로크와 해리엇 마르티노(Harriet Martineau)는

여론은 임금기금에 대한 정적 견해를, 노동계약의 여러 조건을 일반적으로 변경할 수 있는 가능성에 대해 결정적으로 반대하는 것으로 수용했으나, 이러한 미숙한 개념은, 어떤 특정한 직업의 노동자가 자기의 임금을 특수한 침해에 대항하여 옹호할 필요가 있는 경우 그것을 할 수 있는가, 아니면 그들이 다른 부분의 임금소득자에게는 부담이 될 뿐이라고 해도, 자신을 위해 더욱 좋은 조건을 획득할 수 있는가라는 주장에 대하여 아무런 답을 주지 못했다. 그러나 여기서 노동조합 운동가들은 자본의 사용을 결정하는 경제적 법칙에 '대립'하게 되었다. 매컬로크는 다음과 같이

결사금지법 및 공장법에 관하여 논의를 진행했다. 전자는 1823년과 1851년에 다음과 같이 서술했다. "이 나라에서 행해지는 직업의 전체를 일반적으로 관찰하여 보면 우리는 결사금지법이 평균 보통의 임금률에 어떤 뚜렷한 영향을 미쳤다고는 믿을 수 없다. 따라서 때로는 임금이, 범위가 매우 한정된 사업에 대해서는 그렇지 않은 경우에 저락하기보다도 더욱 낮은 비율에 머무는 것이 사실이지만, 그것은 같은 이유에 의해 다른 임금을 동등하게 인상시킬 것임에 틀림없다."(『대영 백과사전』(제4판, 1823)의 '단결'에 관한 논문; 『임금률을 결정하는 사정에 관한 연구』(London, 1851, 80쪽)) 1833년, 해리엇 마르티노는 다음과 같이 서술했다. "마르셋 부인은 E. 로밀리 씨와 내가 공장법에 대해 같은 의견임을 알고 슬퍼하지만, 나는 그것을 매우 기뻐한다. 그녀도 같은 의견을 갖지 않을 수 없다. 즉 오늘날의 노동시장 상태에서는 입법이 부모와 자식 사이에 간섭하여 효과를 내는 것은 불가능하다. 우리의 운동은 노동과 자본을 균형 있게 하는 것에 향해져야 하지 그 둘의 교환을 제한하는 것이어서는 안 된다. 즉 그것은 법률의 내용과 관계없이, 자유로워야 하는 교환이다. 우리가 부모로 하여금 그 자녀에게 연중 매일 반일의 휴식을 부여하게 하는 것은, 우리가 그 자녀의 노동 손실에 대해 보상하지 않는 이상 불가능하다. 이러한 비참한 공장 아동의 상태는 절망적으로 보인다. 그러한 종족이 2, 3세대 안에 끝나고, 그때까지 그런 비참한 자들보다도 더욱 잘 일을 할 기계의 발명이 있을 것을 희망한다. 최근 신문지상에서 볼 수 있는 끔찍한 기사들에는 누구나 놀라지 않을 수 없다."(마리아 웨스턴 채프먼(Maria Weston Chapman), 『해리엇 마르티노 자서전(*Harriet Martineau's Autobiography*)』(London, 1877, 제3권, 87쪽)) 그러나 해리엇 마르티노는 매컬로크와 달리 산업 생활의 사실을 널리 알기에 이르러 학설을 변경했다는 것을 부가해야 공정하다. 그녀 자신도 그녀가 미국에서 목격한 것에 의해, 로버트 오언의 이상의 진가를 알았고, 그녀의 경제학에 관한 앞의 학설을 고치기에 이르렀을 뿐 아니라, 장래에 필경 집산주의적 사회조직이 가능할 것이라는 점을 믿기에 이르렀다. 같은 책, 제1권, 232쪽.

말했다. "만일 어떤 특정한 업무에 고용되어 있는 노동자에게 지불된 임금이 부당하게 인하된다면, 그렇게 행하는 자본가는 명백하게 다른 사업을 하는 자본가가 얻는 보통의 상규적 이윤율 이상으로 그 인하된 금액을 전부 얻게 될 것이다. 그러나 이러한 종류의 차이는 아마도 지속될 수 없을 것이다. 임금이 낮고 이익이 높은 방면으로 추가적인 자본이 즉시 끌리기 시작하고, 그 소유자는 노동자를 얻기 위하여 그들에게 더 높은 임금을 지불하지 않을 수 없게 될 것이다. 따라서 어떤 산업 부문에서도 임금이 부당하게 인하되면 노동자 측의 어떤 노력도 없이 자본가 사이의 경쟁에 의해 임금은 적절한 수준으로 인상될 것이다."[11] 마찬가지로 어느 노동자가 어떤 직업에서 더욱 좋은 조건을 주장하게 된다면, 이는 그 고용인에게 그 이익을 감소시키는 것이 될 수밖에 없다. 그래서 자본가는, 이동하기 쉽고 모든 사정에 정통한 자로, 즉시 이처럼 이윤이 적은 산업으로부터 '유'출되어 노동 가격이 동시에 자동적으로 저하하는 다른 사업에 '유'입되기 시작하게 된다. 따라서 '정당한' 수준 이상으로 그 조건을 올린 노동자는 딜레마에 빠지게 된다. 만일 그들이 모두 그 직업에 고용되기를 희망했다면, 임금은 원래의 평준으로 되돌아가게 되고 심지어 (이전의 임금기금의 일부는 다르게 바뀐 것이므로) 일시적으로 그 이하가 될 수밖에 없다. 반면 만일 그들이 새롭게 얻은 더욱 좋은 조건을 유지하고자 주장한다면, 분명히 그들 중 소수가 고용되는 것에 불과하게 되고, 그 직업에 지출된 임금기금 부분은 적극으로 감소하기 때문에 더욱 그러할 것이다. 그리하여 실업당한 노동자는 종종 그들에 대해 설명되었듯이, 황금 알을 낳는 거위를 죽이는 것

---

11) 매컬로크의 『대영 백과사전』(제4판, Edinburgh, 1823)의 「단결」에 관한 논문. 그의 『연구(Treaties)』(1851)에 재록됨.

이었다. 그 직업에서 완전 고용을 계속하는 소수는 이익을 얻을지 모르지만, 그 직업을 전체적으로 보면 그 노동자들은 그 사건에 의해 분명히 손실을 입을 것이다.[12] "따라서 근본 원리로서 임금을 인상시킬 수 있는 수단은, 인구와 비교하여 자본의 증가를 촉진하거나, 자본과 비교하여 인구의 증가를 저지하는 것이 되고, 어떤 임금 인상의 계획도 이 원리에 기초를 두지 않거나, 인구에 대한 자본의 비율의 증가를 그 목적으로 하지 않는 때에는 무효가 되지 않을 수 없다."[13]

노동조합 운동가가 현재의 임금 문제로부터 전환하여 장래에 그것을 인상할 수 있는 가능성에 향할 때, 중산 계급의 의견은 그 주장에 대하여 마찬가지로 결정적인 회답을 부여했다. 다음 해에 노동자에 대한 지불에 충당되어야 할 장래의 임금기금은 물론 그 사회의 가능한 재산에 의해 제한을 받지 않을 수 없다. 그러나 그 제한 내에서 그 액은 그 소유자의 의지에 의존한다. 그들은 그중에서 얼마든지 자신의 향락에 적절하게 소비할 수 있다. 또 소비를 억제하고자 하면 억제할 수도 있고, 전 재산의 일부를 생산 사업에 투자할 수도 있다. 리카도는 덧붙여 "축적의 동기는 이윤의 감소와 함께 사라진다"[14]고 말했다. 따라서 아무런 주저 없이 바로, 저축을 하는 다양한 동기가 무엇이든 간에, 그러한 동기는 그 투하된 자본으로부

---

12) 만일 더욱 좋은 고용조건을 얻고자 하는 시도가 상호보험이나 집합 거래와 같은 방법에 의해 행해진다면 ―경제학자는 언제나 그렇게 가정하지만― 그것은 아마도 틀림없이 실패할 것이다. 왜냐하면 실직한 직공들은 조만간에, 일관하여 직장을 얻는 것에 성공한 사람들과 고용을 다투게 되고, 그 결과 과거의 평준으로 복귀할 것이기 때문이다.

13) 매컬로크의 『대영 백과사전』(제4판, Edinburgh, 1823)의 「임금」에 관한 논문. 그의 『경제학 원리』(Edinburgh, 1825), 3부 7절 참조.

14) 데리비드 리카도, 『경제학 및 조세의 원리(On the Principles of Political Economy and Taxation)』(London, 1817), 136쪽.

터 예상할 수 있는 이윤에 따라 자극을 받거나 억제된다고 가정된다. "어떤 사회에서도 이윤율이 높아지면 그만큼 매년의 저축 가운데 자본에 가해지는 부분도 증대하고, 저축의 유인도 커질 것이다."[15] 그리하여 자본의 비율, 따라서 임금기금의 비율도 이윤에 따라 증대하고, 이윤율이 높아지면 오르고, 이윤율이 낮아지면 내려가게 된다. "이윤에 대한 임금의 비율이 커지면 커질수록 국민적 저축의 경향은 그만큼 작아질 것이다."[16] 따라서 임금 인상은 언제나 일시적인 것에 불과하고, 즉각 반동에 의해 무효가 되지 않을 수 없다. 왜냐하면 "임금의 증가는 이윤을 저하시키고, 저축과 사업 확장의 유인을 감소시키며, 이는 다시 임금의 하락을 초래하기 때문이다."[17] 케언스는 부주의하게 다음과 같이 말했다. "이윤은 이미 그 최소한과 한 발자국의 거리에 이르고 있거나 그 안에 있다. … 그 이상으로 자본의 이익이 내려가면 축적은, 적어도 투자를 위해 하는 것은, 적절한 유인이 결여로 인해 정지할 것이다."[18] 임금소득자의 요구에 대한 이러한 자동적 억압은 화폐 임금 이외의 것에도 분명히 해당될 것이다. 만일 공장법에 의해 그들이 장래에 대해 노동시간의 단축이나 더욱 좋은 위생 설비의 보장을 얻었다면, 이러한 이윤 저하의 예상은 바로 자본가의 축적욕을 제한하고, 계급으로서 그들이 그 수입을 더욱 많은 개인적 향락에 소비하도

---

15) 〈웨스트민스터 리뷰(*Westminster Review*)〉, 1826년 1월호에 실린 W. 엘리스(Ellis)의 기계의 효과에 관한 논문, J. S. 밀(Mill), 『경제학 원리(*Principles of Political Economy*)』, 1865, 제4편, 제4장, 441쪽에서 재인용.
16) 제임스 스털링, 『노동조합주의』, 29쪽.
17) T. S. 크리(Cree), 『노동조합이론 비판(*A Criticism of Theory of Trade Unions*)』(Glasgow, 1891), 25쪽.
18) J. E. 케언스, 앞의 책, 256~258쪽. 이 불길한 예언은 막대한 사업 이윤을 올린 해인 1873년에 쓰였다! 그 당시 영국의 확실한 '신탁'이 100파운드에 대해 4파운드였다. 증권의 수익이 그 뒤에는 25퍼센트나 내려갔으나 (1879년) 축적과 투자가 다시 급속하게 이어졌다.

록 유인하게 될 것이다. 노동조합운동에 대한 어느 비평가는 널리 읽힌 저서에서 다음과 같이 말했다. "자본가와 노동자 사이에서는 일정한 생산물이 나누어지는 것에 불과하다. 만일 노동자에게 자연스럽게 주어진 것보다 많은 것이 부여된다면, 자본가에는 더욱 작은 액이 남게 된다. 저축을 하고자 하는 마음은 저지되고, 생산적 목적에 제공되는 것은 더 작아지며, 임금기금은 줄어들며, 노동자의 임금은 반드시 하락하게 된다. 사실 일시적으로 자연의 영향도 후퇴할 수 있지만, 필경 누적된 힘으로 작용하는 것에 불과하다. 결국 신의 법칙은 모든 인간의 방해를 정복할 것이다."[19] 한편 임금이 계속 낮고 이윤율은 높은 경우, 자본가는 계급으로서 그 개인적 비용을 제한하도록 유인되고, 가능한 한 많은 자본을 축적하여 높은 이윤의 이익을 올리고자 할 것이다. 그리하여 최근의 노동조합운동 반대자의 지극히 논리적인 설명에 의하면 노동자의 "정책은 고용인의 지위를 가능한 한 유쾌하고 유리하게, 그리고 마치 상인이 고객을 그 상점에 불러오려고 하듯이, 그들을 사업에 유인해야 한다."[20] 만일 어느 해에 임금이 이윤과 비교하여 낮다면 그 다음 해에는 자동적으로 높아질 것이고, 만일 어느 해에 높다면 그 다음 해에는 자동적으로 낮아질 것이다.[21]

---

19) 제임스 스털링(James Stirling), 『노동조합운동, 노동조합위원회 보고서에 대한 비평과 함께(Trade Unionism, with Remarks of the Commissioners on Trade Unions)』(Glasgow, 1869), 제2판, 1869; 신판, 1889, 26~27쪽. 이 뛰어난 저술은 T. N. 베르나르(Bernard)에 의해 프랑스어로 번역되어 『영국의 노동조합운동(L'Unionisme des Ouvriers en Angleterre)』으로 출판되었다. 같은 저자의 『연구 여록(Recess Studies)』(Edinburgh, 1870) 중의 논문들도 참조하라.
20) T. S. 크리, 앞의 책, 30쪽.
21) "특정한 협약의 조항은 관련된 개별 직공 및 고용인에게 중요하지만, 전체로서의 직공 및 고용인에게는 그다지 중요하지 않다. 왜냐하면 언제나 보정 작용이 행해지고, 그것에 의해 임금은 참된 경제적 지점에 이르게 될 것이기 때문이다." 같은 책, 10쪽.

이러한 자본축적률이론은 임금기금이론과 연결되어 노동조합운동의 모든 측면을 결정적으로 제거하는 것으로 보인다. 그러나 계몽된 여론은 다른 논의를 불러올 수 있고, 그 논의는 단지 노동조합운동의 근거를 뺏을 뿐 아니라, 자본가가 사실상 그 이윤을 노동자와 나누고자 하는 경우에도 노동자가 현재 놓여 있는 상태의 모든 참된 개량을 근본적으로 부정하고자 하는 것이다. 이것이 저 유명한 '인구의 원리'이다. 맬서스는 인간의 생식력이 사실상 인구의 실제 증가를 훨씬 넘어서고, 인류의 수는 악덕과 궁핍이라는 적극적인 제한에 의해, 특히 빈민의 곤궁과 고난에 의해 억제되는 것을 증명했다. 이러한 적극적 제한 대신, 결혼을 지연하거나 생식을 중단하는 도덕적 억제를 통해 하는 것이 지혜의 역할이었다. 그래서 노동자에게 유일한 희망은 이러한 도덕적 억제의 엄청난 확장에 놓여 있고, 임금소득자에 대한 자본의 비율을 증가시키는 것에 있었다. 그러나 이러한 희망은 아무리 좋게 보아도 무기력한 것이다. 왜냐하면 도덕적 억제는 모든 임금소득 계급에 미쳐야 하는 것이고, 그 결과인 이윤율의 저하는 축적률을 감소시키는 것이므로 더욱 엄격하게 유지되어야 하는 것이 되기 때문

"노동의 가격은 어느 시기, 어느 지역에서도 계약 당사자의 의지에 의해 결정될지 모르는, 자연력의 자연 작용에 의해 그들에 대해 결정된다. 생산에 충당된 자본의 액은 ─유효한 축적욕의 당시 강도에 의한 것이지만─ 노동 수요의 강도를 결정하고, 고용을 희망하는 노동자의 수는 ─번식의 당시 강도에 의한 것이지만─ 그 공급을 규제한다. 자본가와 노동자 사이에는 아무런 관계가 없고, 임금률은 그들에게 이러한 대립적 힘, 즉 한편으로는 자본가 전체에 의해 수요되는 노동의 액과, 다른 한편으로는 노동자 전체에 의해 공급되는 액 사이에 자연스럽게 행해지는 조정에 의해 결정된다. 밀 씨 자신도 그 『경제학』에서 간결하게 이를 "임금은 … 인구와 자본의 비례에 의존한다"고 설명한다. 따라서 "자본가와 노동자가 그 협동 산업의 생산물을 분배하게 되면 그들은 가능한 분배법을 가까이 갖게 된다. 전자가 받은 이윤과 후자가 받은 임금은 자연력의 잘못된 작용에 의해 분배되고, 논쟁이나 강제의 여지는 적게 된다." 제임스 스털링, 「밀 씨의 노동조합론」, 『연구 여록』, 311쪽.

이다. 그리고 어느 일정한 시기에 임금소득 계급이 아무리 억제하고자 해도, 임금이 증가되면 언제나 증식률은 오르고, 임금이 감소하면 내리지 않을 수 없다는 것이 가정된다. "그리하여 만일 단결에 의해 일시적으로 임금이 오른다고 해도, 임금기금의 증대는 자연스럽지 못하게 저해될 것이다. 동시에 인구는 노동 계급의 일시적인 부유화에 의해 공허한 자극을 받을 것이다. 노동에 대한 수요의 감소는 공급의 증가와 동시에 생길 것이다. 노동자의 임금은 기아 점까지 내려가고, 그 최후 상태는 그 최초 상태보다 열악하게 될 것이다."[22] 사실상 자본에 대한 인구의 비율은 양측 방면에서 유효하게 지켜지고, 일시적 변화를 입는 것에 불과하다. 만일 자본이 인구보다 뒤떨어지면 임금은 낮아지지만, 그 하락 자체는 자동적으로 자본의 축적을 장려하며 인구의 증가를 완만하게 했다. 이와 달리 만일 인구가 자본에 뒤떨어지면 임금은 오르지만, 그 인상 자체는 자본의 축적을 저해하고 인구의 증가를 자극하게 될 것이다. 이전 세대의 여론에 의하면 "노동조합이 어떤 직업에서 경쟁을 배제하고, 이에 따라 자연스럽지 못하게 임금을 인상시키고 이윤을 하락시키는 것에 성공한다면, 자연의 균형을 회복하기 위해 이중의 반동이 움직이게 된다. 즉 증대된 인구가 노동의 공급을 증가시킴과 함께, 한편으로는 감퇴한 임금기금이 노동의 수요를 감소시킬 것이다. 이 두 가지 원리의 공동 작용은 조만간 인위적인 조직의 힘을 정복하고, 이윤과 임금을 그 자연의 수준으로 복귀시킬 것이다."[23] 케

---

22) 제임스 스털링, 『노동조합운동』, 29쪽.
23) 같은 책, 27쪽. "인구가 조밀한 지역에서 그 잉여 인구가 외국으로 나가려고 하지도 않는 경우, 경제학은 빈민 계급의 청년들에게 하나의 권고를 할 수 있을 뿐이다. 즉 결혼의 연기나 억제, 또는 산아 제한을 광범위하게 행하는 것은, 그런 경우에 너무나 급속한 인구 증가의 폐해에 대해 유일하게 효과적인 예방 수단이다." C. 모리슨, 앞의 책, 51쪽.

언스는 다음과 같이 말했다. "이러한 장벽에 대한 노동조합의 돌진은 무익한 것이어야 한다. 그것은 결국 단결 —그것이 아무리 일반적인 것이라고 해도— 에 의해 타파되고, 피할 수 있게 될 것이다. 왜냐하면 그것은 자연 자체에 의해 설정된 장벽이기 때문이다."[24]

경제학자들의 학설의 다양한 부분들은 너무나도 견고하게 연결되어, 노동조합이 그 조합원의 상태를 개량할 수 있다고 생각된 길도 단 하나에 불과했다. 어떤 직업의 노동자가 법에 의하거나 전국적인 매우 견고한 단결에 의하여 그 직업에 고용되는 사람 수를 영구적으로 제한할 수 있다면, 그들은 점차 그 고용인으로 하여금 그들에게 더욱 높은 임금을 지불할 수 있게 된다. 따라서 통상적으로 노동조합운동의 모든 목적은 그러한 직업의 독점적 지위를 확보하는 것에 있다고 가정되었다. 그러한 독점은 명백하게 사회의 이익에 반하는 것이었다. 임금기금의 증대된 고갈은 자동적으로 다른 임금소득자의 임금을 감소시켰다. 그들을 특혜의 직업으로부터

---

24) J. E. 케언스, 앞의 책, 338쪽. 산업의 진실을 탐구하지 않고 추상적인 추론을 한 당시의 경제학자들에 의해 행해진 방법과 대조적으로, 셰필드 직업의 경제적 상태에 대한 G. 캘버트 홀런드(Calbert Holland) 박사의 흥미로운 서술을 들 수 있다. 그는 『분쇄공의 사망률, 재해 및 질병(*Mortality, Sufferings, and Diseases of Grinders*)』(Sheffield, 1842) 제2부에서 실제로 관찰한 결과를 다음과 같이 서술했다(46쪽). 즉 셰필드에서는 어떤 직업에서 노동조합이 오래되면 오래될수록, 그 유지가 완벽하면 완벽할수록 그 직공이 받는 보수의 비율은 더욱 높아지고, 그 직업의 동요 정도는 더욱 낮아지며, 그 직공의 절제와 근검도 더욱 커진다고 하며 그는 다음과 같이 덧붙인다. "두어 가지 예외는 있지만, 우리는 더욱 나아가 제조업자의 신용과 견실성은 이와 동일한 사정, 즉 그 부분의 노동조합이 행하는 정도와 엄밀한 관계를 가짐을 보여준다고 주장한다. 무제한의 경쟁을 허용하는 제도는 임금을 저하시키고 대중의 상태를 저하시킬 뿐 아니라, 결국 제조업자의 이윤을 감소시키고 그 관대함을 협소하게 만들며 도덕적 품격을 저하시킨다." 산업상 경쟁의 실제 작용에 대한 홀런드 박사의 관찰은 당대 경제학자들에게는 알려지지 않았거나 크게 주목되지 않았던 것으로 보인다.

배제하는 것은 그들 자신의 취업 경쟁을 더욱 치열하게 만들었다. 마지막으로 자본은 그 정상 이윤을 얻지 않을 수 없기 때문에 소비자는 상품 가격의 인상을 보게 되었다. 다행스럽게도 경제학자들이 설명하듯이, 그러한 반사회적 행위는 실제로 결코 성공하지 못했다. 설령 독점자가 새로운 경쟁자를 그 직업에서 엄격하게 제외할 수 있다고 해도, 가격 인상은 외국 생산자를 유혹하고 외국 상품을 수입하게 할 것이다. 만일 이것이 금지된다면 소비자는 사용하기에 너무나 비싸진 상품을 대체하는 것을 구하기 시작할 것이고, 발명은 새로운 제조 방법에 의해 필경 모든 상이한 종류의 노동을 사용하여 같은 결과를 얻는 것에 착수할 것이다. 따라서 단지 신참자를 제외한다는 것만으로는 그들에게 도움이 되지 않는다. 아마도 그들은 그 예외적 상태를 유지하는 데에는, 점차적으로 그들 자신의 인원을 감소시키고, 끝내는 아무도 없게 되는 지점에 이르는 것 외에는 없음을 알게 될 것이다.

이처럼 완전하게 '인위적으로' 임금을 인상하는 것이 불가능하다는 것이 증명되기 때문에, 1825년부터 1875년경에 이르기까지 여론이 노동조합운동의 모든 방법과 모든 규제를 하나같이 부정했다는 점도 놀랄 일이 아니다. 보통의 중산 계급에 속한 사람들에게는 노동조합운동의 길이 모든 방면으로 막혀 있다는 점이 논리적으로 다툴 수 없는 것으로 보였다. 노동조합 운동가들은 모든 임금소득 계급의 상태를 바로 개선할 수 없었다. 왜냐하면 임금기금의 액은 어느 일정 시기에 예정되어 있기 때문이었다. 그들은 영구적으로 더 좋은 조건을 어떤 특수한 부분에서도 유지시킬 수 없었다. 왜냐하면 그것에 의해 자본은 바로 그 특수한 산업이나 도시를 떠나기 시작할 것이기 때문이었다. 그들은 가까운 장래에 어떤 현실적인 진보도 이룰 수 없었다. 왜냐하면 그들은 그것에 의해 자본의 축적을 저지할 것이기 때문이었다. 그리고 마지막으로 그들이 관대한 자본가들을 설득하여 자발적으로 이윤을 분배하여 임금을 증가시키게 할 수 있다고 해도, '인구의 원리'가 잠복되어 있어서 그러한 새로운 형태의 '원외 구휼'[25]을 무효로 하는 것이다. 케언스는 1874년 다음과 같이 강조했다. "임금소득자의 상태를 개선할 수 있는 한계는 좁은 범위에 국한되고 결코 그것을 넘을 수 없다. 그들의 향상 문제는 절망적이다. **전체적으로 그들은 전혀 향상되지 않을 것이다.** 다른 사람들보다도 더 에너지가 넘치거나 더 운이 좋은 소수는 오늘날 보듯이 종종 그 동료들 속에서 벗어나 산업 생활의 더욱 높은 세계로 들어가겠지만, 대부분의 사람들은 실질적으로 현재와 같은 수준에 머물게 될 것이다. **노동으로서의 노동의 보수는 숙련공이든 비숙련공이든 간에, 그것의 현재 수준보다 더 높게 인상될 수 없다.**"[26] 노동조합운동은 사실상 분명하게 "이러한 딜레마에 빠져 있고, 따라서 그 직접적 목적에서 실패하든 성공하든 간에, 그것의 궁극적인 경향은 노동자에게 유해한 것이었다. 만일 그들이 바로 더욱 좋은 조건을 노동의 고용인에게 강제할 수 없다고 한다면, 그 단체가 지불한 금전과 노력의 총액은 간단하게 기피될 것이다. … 만일 반대로 일시적인 외면적 성공을 거둔다고 해도 궁극의 결과는 더욱 나빠질 것이다. 자연의 위반 법칙은 필연의 반동에 의해 그 권위를 과시한다. 그 이기적인 의지를 통해 신의 명령에 거역하고자 하는 불손한 인간은 반드시 그 응보를 머리 위에 받아야 한다. 즉 그 일시적 행운은 소멸되고 오랜 고통 속에서 그의 자살적인 성공의 벌을 받는다."[27]

25) Out-Door Relief. (옮긴이 주)
26) J. E. 케언스, 앞의 책, 348쪽.
27) 제임스 스틸링, 『노동조합운동』, 36쪽. "여하튼 최근까지 '상류'의 교양 있는 계급이 느낀 노동조합에 대한 통렬한 적대감은, 주로 과거의 주종관계를 업무의 매매관계로 전환하는

경제학에 관한 현재의 일반적 견해가 실제로 어느 정도까지 이 시대의 가장 우수한 경제학자의 견해와 부합하는지를 우리는 결정할 수 없다. 이러한 경제학자들 중 몇 사람은 그들이 말하고자 하지 않는 것을 발표하는 것에 거의 천재적인 재능을 갖는 것으로 보인다. 그리고 임금기금설은 매컬로크와 나소 시니어의 경우에서도 보듯이, 지금 우리에게 기계적 상상의 논의가 되는 것은 꿈에도 상상할 수 없었다. 오늘날 경제사상에서 가장 큰 지위를 차지하고 있는 임금학설도, 고전경제학자들의 이론에서는 단지 우연적이고 전적으로 종속적인 부분을 이루는 것에 불과하다는 것을 지적하는 것이 공정하다고 할 수밖에 없다. 그들의 마음은 다른 문제, 즉 산업적 및 정치적 속박에 의해 만들어진 해악을 향했다. 그 뒤 그들이 가르친 정치가 세대에서 그 속박의 대부분은 제외되었다. 따라서 오늘날의 민주주의에서 그들의 학설을 공정하게 평가하는 것은, 마치 중상주의학설을 애덤 스미스와 그 직접의 후계자들이 공평하게 판단하는 것과 마찬가지로 어려운 일이다. 임금기금설도 결코 단순한 기분으로 만들어진 것이 아니었다. 그것은 그 시대의 산업이나 뚜렷한 사실을 일정한 형식으로 표현한 것이었다. 당시의 영국 농업 노동자나 공장 노동자는 명백하게, 그 고용인의 자본 내에서 매주 지불되는 임금에 의존했다. 농부에게 고용된 노동자나 공장주에게 고용된 직공의 수가, 그가 사용할 수 있는 자본의 액에 의존하는 것은 누구라도 쉽게 알 수 있는 것이었다. 인구가 급속하게 증대하

경우에 면할 수 없는, 작은 권력의 기쁨의 상실을 좋아하지 않는 것에 의함은 의심의 여지가 없지만, 그것은 '인구와 자본'의 임금학설에 의해 조장되었고, 이에 따라 실제로 많은 사람들이 임금소득자의 노동조합은 고용인에게 아무리 귀찮고 유해한 것이라고 해도, 노동자의 일반 상태를 개선하는 것에는 언제나 무력할 수밖에 없다는 것을 믿기에 이르렀다." 에드윈 캐넌, 앞의 책, 393쪽.

고 다양한 새 발명이 행해진 시대에는 가능한 한 많은 자본의 증가가 바람직했다. 동시에 낡은 구빈법의 폐해는, 미숙한 맬서스주의에 대한 맹목적인 추종을 완전히 회피하게 만들었다. 당시 경제학자들의 학설은 신흥 중산 계급의 편견과 일치했고 각자의 경험이 낳은 산물인 것처럼 보였다.

그동안 경제학자 자신은 그들이 조급하게 세운 건물을 파괴했다. 제한에 이어 제한이 제기되었고, 끝내는 1874년 케언스가 마지막 노력으로 회복하고자 한 것을 타파하여, 임금기금의 모든 사상은 포기되었다. 그 후 집필된 경제학 교과서[28]가 그것을 다루는 경우, 단지 역사적 유물로서였고, 이를 대신한 분배학설은 임금소득자의 상태를 향상시킬 수 있는 가능성을 부정하는 것이 아니고, 심지어 현명한 방향의 노동조합 행동에 대항한다고 추정하는 것도 아니었다. 그러나 경제학자의 발견은 서서히 불완전하게 대중 심리에 수용된 것에 불과했고, 오늘날의 노동조합 반대론은 대부분 암암리에 낡은 이론에 근거한 것이다. 따라서 우리는 경제학 연구자의 따분함을 무릅쓰고 가능한 한 상세하게 모든 점에서 그 학설의 잘못을 설명해야 한다.[29]

먼저 우리는 예정된 임금기금이라고 하는 정적인 개념부터 고찰해보자.

---

28) 우리는 가령 마셜 교수, 니콜슨 교수, 고너 교수, 메이버 교수, 스마트 교수, 사임즈 교수의 경제학 교과서나 논문을 들 수 있다.

29) 캐넌, 타우식, F. A. 워커는 임금기금설이 오로지 영어 저자만을 기론해도 W. 톰슨, R. 존스, T. C. 벤필드, 몬티퍼트 롱필드, H. D. 매클레오드, 클리프 레슬리, 존 러스킨, 소럴드 로저스와 같은 우리나라 사람들에 의해, 또는 웨이런드 박사, 애머서 워커, 보웰, 다니엘 레이먼드, 에라스무스 피샤인 스미스와 같은 미국인에 의해 수용되지 않았음을 지적한다. 임금기금설은 노동조합 운동가, 기독교 사회주의자, 실증주의자에 의해 맹렬한 공격을 받았을 뿐 아니라(가령 T. J. 더닝(Dunning)의 『노동조합, 그 철학 및 의도(Trade Unions: their Philosophy and Intention)』(London, 1860)는 J. S. 밀이 읽고 추천했지만 충분한 주의를 기울이지 않은 책이다. 또 J. M. 러들로(Ludlow)의 『기독교 사회주의(Christian

이러한 상상적 논의의 작자들은, 노동자에 대하여 그해에 미리 지불된 어떤 제한이 있다고 해도, 그것은 결코 그해 노동자의 수입 총액을 결정하는 것이 아니라고 생각하지는 않은 것으로 보인다. 설령 수확에 이른 노동에 대해 농부가 지불한 것이, 그전 해 생산물의 일정 부분에 한정되어야 한다고 해도, 그것은 결코 성 마틴제[30]의 날(보통은 한 해 고용의 마지막 시기)에 그전에 지불된 것에 더해 그때 막 거둔 수확의 일부를 노동자들에게 분배하는 것을 방해한 것이 아니었으리라. 그 뒤에 많은 경제학자들이 지적했듯이, 전 세계 노동자의 적지 않은 부분, 특히 포경업, 어업, 광산업에서 실제 '배당'의 조건으로 고용되고 있다. 그리고 모든 작업에 대해 그들 임금의 최후 지불액은 그들 자신이 만든 효용의 높이에 의해 가감되고, 그 안에서 지불되었다.[31] 따라서 설령 임금기금으로 명백하게 특정된 자본의 예정된 부분이 존재한다고 해도, 그것은 단지 미리 지불된 한도에 불과하지, 결코 임금 자체는 아니다. 그 액은 사회 전체의 수입 내에서 임금소득

Socialism)』(London, 1851)와 〈격주 평론〉 1867년호에 실린 프레더릭 해리슨의 뛰어난 경제학 논문을 참조하라), 추상적인 경제학 논의에서도 플리밍 젠킨스(Fleemig Jenkins)가 〈북부 영국 리뷰(North British Review)〉에 실은 논문인 「노동조합, 그 적법한 범위(Trade Unions: how far Legitimate)」, F. D. 롱거(Longe)가 1866년 『밀 씨와 포세트 씨가 서술한 현대경제학의 임금기금설에 대한 비판(Refutation of the Wages Fund Theory of Modern Political Economy, as Enunciated by Mr. Mill and Mr. Fawcett)』(London, 1866)에서 명백하게 공격을 받았다. W. 손턴(Thornton)이 『노동에 대하여, 그 잘못된 요구와 정당한 의무, 그 현재의 사실과 장래의 가능성(On Labour, its Wrongful Claims and Rightful Dues, its Actual Present and Possible Future)』(London, 1869)에서 행한 유명한 공격, 그리고 그것에 이어 J. S. 밀이 임금기금설을 취소한 것은 이 문제에 대한 경제학의 주의를 최초로 야기했다.

30) Martinmas는 11월 11일의 성 마르탱의 축일(St. Martin's day). (옮긴이 주)
31) 이에 따라 헨리 조지(Henry George) 씨는 『진보와 빈곤』에서 임금기금설의 무익함을 명백하게 하는 가장 효과적인 약간의 증명을 보여주었다.

계급에 의해 취득되는 부분에 관하여 빛을 던져주는 것이 아닐 것이다. 그리고 그 제한은 그 계급 전체의 그해 수입이, 매년의 마지막이나 각 산업의 완성 뒤에, 이전의 축적된 자본에 의해서가 아니라, 사실 그들 자신의 생산물에 의해 어느 정도라도 증가된다는 것을 결코 방해하지 않을 것이다.

그러나 실제로 임금 지불에 충당되는 것처럼 예정된 액은 존재하지도 않고, 매년 또는 다른 기간의 시작 시점에서 별도로 마련되는 기금과 같은 것이 존재하지는 않는다. 세계의 임금소득자는, 세계의 자본가와 마찬가지로 한 해의 시작 시기에 실제로 확보하는 식품 등의 필수품의 저장이나, 또는 축적된 자본의 기금에 의해 그해 중에 먹여지거나 지불되는 것이 아니다. 노동자가 종사하는 업무가 어떤 것이라고 해도 그들은 실제로 그 시기마다 시장에 나오는 생산물을 매주 먹고 산다. 이는 모든 고용인과 가족의 경우에도 마찬가지이다. 그들의 임금은 그 고용인의 현금 계정에서 나와 매주 지불된다. 그 현금 계정은 당시의 생산물 매각에 의해 매일 보충된다. 회사 경영자들의 매주 수입도 노동자 임금과 완전히 동일한 기금에서 나온다. 경상 수입의 이러한 자원이 팽창할 수 있는 정도에 대해 어떤 한계가 부여될 수 있거나 없다고 해도, 어느 특정한 주간 수입 내에서 노동자가 더욱 큰 몫을 얻고, 고용인이 더 작은 부분을 얻는다는 것은 결코 산술적으로 불가능한 일이 아니라는 것이 바로 분명해질 것이다. 만일 세계의 모든 피고용 노동자가 갑자기 동시에 임금의 일반적 인상을 주장한다면, 그것과 함께 그 인상이 고용인의 통상적인 모든 수입과 같은 액의 공제에 의해 일시적으로 평균을 이룬다는 점에 어떤 수학적인 불가능도 존재하지 않는다. 만일 모든 세계의, 일정 시기의 식품 등의 필수품 공급이 한계가 있다고 가정하여도, 왜 고용인과 그 가족의 소비는 감소되지 않는가? 존 스튜어트 밀에 따라 우리는 그가 손턴의 책에 대한 그의 유명한 비평에서, 예정된 임금기금 같은 개념을 완전히 포기하게 된 이유를 알 수 있다. "임금이 인상되어 고용인이 그의 사업을 수행하기 위해 투자하고자 한 기금만이 아니라, 생활필수품 이외의 개인적 소비에 충당한 금액까지도 모두 흡수하게 되는 것은 임금의 성질상 불가능하다고 말하는 자연법은 존재하지 않는다. … 요컨대 추상적으로 말하면, 절대적인 극한에 이르기 전에는, 고용인의 자본만이 아니라 그 개인적인 소비 안에서 절약될 수 있는 것은 모두 임금의 지불에 이용될 수 있다. 따라서 임금 법칙은 수요 측에서는 단지 고용인이 취득하지 않은 것은 임금으로 지불될 수 없다고 하는 명백한 명제가 되는 것에 불과하다. … 그러므로 노동조합의 힘은 노동계급이 전체로서 노동생산물의 몫과 실제 액을 더욱 많이 확보할 수 있도록 행사될 수 있다."[32]

그러나 교육받은 공중에게 그 노동자에 대한 '안도'를 부여하는 것은, 확정적으로 제한된 특별한 임금기금이라는 정적 개념이었지만, 경제학자 자신은 대부분, 우리가 그 학설의 동적 방면이라고 부르는 것을 더 중시한 것 같다. 만일 노동자가 고용인으로 하여금 자신들에게 장래 더욱 좋은 조건을 부여하도록 동의하게 강제한다면, 그 임금의 인상 자체는 그것에 상응한 이윤의 저하를 초래하고, 바로 그 인상을 상계하는 저축의 감소를 야기한다고 설명된다. 따라서 자본에 대한 이윤율은 임금률과 마찬가지로, 저축 계급의 심리가 변하지 않는 이상 사실상 불변이라고 추론되었다. 일반 이윤율에 어떤 변동이 생겨서 그것이 올라가든 내려가든 간에, 자동적으로 하나의 반동을 야기하고, 다시 정상에 이르기까지 계속된다. 즉 "두 개의 서로 대립하는 힘에 의해 산업계는 균형을 유지한다. 한편으로는 인

---

32) J. S. 밀, 〈격주 평론〉, 1869년 5월; 『논문과 토의』, 제4권, 46쪽, 48쪽.

구의 원리가 노동의 공급을 규제하고, 다른 한편으로는 축적의 원리가 그 수요를 결정한다"[33]고 설명된다.

이제 우리는 이 학설의 요점을 하나하나 고찰하기 전에, 명백하게 설명되지도 않고 어떤 식으로도 증명되지 않은 일련의 전제를 포함하는 것을 서술해보자. 첫째, 노동조합의 행동은 필연적으로 이윤을 저하시킨다고 가정된다. 이 전제는 다음 2개 장에서 상세히 고찰하는 노동조합의 주장, 즉 공통규칙의 이행은 적극적으로 산업의 능률을 높인다는 점을 명백하게 무시하는 것이다. 둘째, 이윤의 저하는 필연적으로 자본에 대한 이윤의 하락을 초래한다고 가정된다. 즉 임금의 인상은 단지 생산자의 다양한 계급의 몫을 변경시키는 것에 불과하고, 육체노동자가 확보하는 이득을 (단순히 투자가가 아니라) **기업인** 계급이 손실을 보는 것에 불과할 수 있다고 하는 가능성을 도외시한다. 마지막으로 물질적 부의 축적이 국민적 자본을 증대시키는 유일한 길이라고 가정된다. 마셜 교수는 다음과 같이 말한다. "옛날의 경제학자들은 임금을 희생하여 이자나 이윤을 인상시키는 것이 언제나 저축력을 증대시킨다고 극단적으로 말했다. 국민적 견지에서 본다면 그들은, 노동자의 후손에게 부를 투자하는 것은 말이나 기계에 투자하는 것과 마찬가지로 생산적이라는 것을 잊고 있다. … 유산 계급, 특히 자유 직업인 계급은 언제나 자신들은 매우 절약하여 자손의 계급에 자본을 투자했고, 따라서 노동자 계급의 임금 대부분은 그 자손의 육체적 건강과 체력에 투자되었다."[34]

33) 제임스 스털링, 『노동조합운동』, 26쪽.
34) 알프레드 마셜, 『경제학 원리』 제3판, 제4편, 제7장, 311쪽, 318쪽. 여하튼 경제학자들의 학설이 확실하다는 점에 어떤 보증도 없음을 노동조합 운동가는 당연히 호소할 수 있다. 설령 이율의 저하가 저축액을 감소시키는 경향이 있음을 용인한다고 해도, 임금의 특정

그러나 자본의 증식은 이율에 의존하고, 따라서 "이윤에 대한 임금의 비율이 커지는 것에 반비례하여, 국민적 저축의 경향은 적어진다"는 것은 과연 진리일까?[35] '저축의 동기'라는 것은 리카도가 어떤 기회에 말했듯이 "이윤의 감소와 함께" 소멸하는가?[36] 리카도 이전의 탁월한 경제학자들은 완전히 반대되는 견해를 가졌다. 조시아 차일드 경은 2세기 전부터, 17세기 말의 네덜란드에서는 매우 낮은 이율이 축적을 감소시키지 않고 "네덜란드인의 부를 형성한 다른 모든 원인에 대하여, 그 **원인의 원인**을 형성했다"고 주장했다. 또 이윤율이 높은 나라에서는 "상인이 부호가 되면 그 상거래를 그만두고 이자로 돈을 빌리는데, 이는 그 이득 확보가 매우 쉽고 확실하며 크기 때문이지만, 이자가 낮은 다른 나라에서 상인은 대대로 상업을 계속하고 자신과 국가를 부유하게 만든다"[37]고 주장했다. 그리고 "낮은 이자는 근검과 근면과 기술의 자연적인 어머니이다"라고 역설했다.[38]

한 인상은 언제나 필연적으로 축적을 완만하게 하고, 이에 따라 장래 그 인상액만큼 임금을 인하시키는 경향이 있다는 가정에 대해서는 어떤 근거도 부여하지 못했다. 만일 가령, 임금이 일반적으로 10퍼센트 인상되고, 그 출자 비용이 전적으로 이자 부담이 된다고 하면 그것에 의해 이율은 몇 퍼센트 저하될 것인가? 만일 이에 따라 이율이 3퍼센트에서 2퍼센트 반까지 저하된다면 매년 저축액은 얼마나 감소될 것인가? 만일 그것에 의해 매년 저축액이 2억에서 1억 7500만까지 저하된다면 이에 따라 일반 임금률은 얼마나 저하될 것인가? 이러한 몇 가지 문제에 대해 대강의 답도 할 수 없다. 다른 사정이 변하지 않는다면 10퍼센트 임금 인상은 필연적으로 이윤의 저하를 초래하고, 그 결과는 매년 저축액의 감소가 되고, 그 감소에 의해 적어도 10퍼센트는 임금이 다시 저하한다는 경제학자들의 암묵적 가정은 필경 장래, 지금까지 사용된 가설적 추론의 지극히 가장 특별한 연쇄의 하나로 생각될 것이다.

35) 제임스 스털링, 『노동조합운동』, 28쪽, 29쪽.
36) 데이비드 리카도, 앞의 책, 136쪽.
37) 조시아 차일드, 『거래의 새로운 논의(A New Discourse of Trade)』(London, 1694), 8쪽; 알프레드 마셜, 앞의 책, 제3판, 제4편, 제7장, 316쪽에서 재인용.
38) 같은 책, 서문.

애덤 스미스의 의견에 의하면 높은 이자는 많은 점에서 국민의 부에 확실히 유해한 것이었다. 그는 다음과 같이 말했다. "그러나 높은 이윤율의 결과로서 이미 말했듯이, 일반적으로 그 나라의 모든 나쁜 효과 외에, 그 모든 것을 포함하는 것보다도 필경 더욱 치명적인 것이 하나 있지만, 그것은 우리의 경험에 의해 판단해도 좋다고 한다면, 높은 이윤율과 분리할 수 없도록 결합되어 있는 것으로 보인다. 높은 이윤율은 일반적으로 보통 상인의 성격이라고 하는 근검을 파괴하는 것으로 보인다. 이윤이 높을 때에는 성실한 덕은 불필요하게 보이고, 비용이 드는 사치가 그의 부유한 지위에 더욱 적합한 것으로 보인다. … 그리하여 축적은 그 성격상 그것을 이루기에 가장 많이 기울어지는 모든 사람의 손에서 저지당한다. 즉 생산적 노동을 유지하게 하는 기금은, 본래 그것을 가장 많이 증대시켜야 할 사람들의 수입에 의해 조금도 증대되지 않게 된다. … 쉽게 얻는 것은 쉽게 잃는다는 격언이 있다. 소비의 일반적인 풍조는 어디에서도, 실제의 소비 능력에 의해 조정되지 않고, 소비할 금전을 얻을 수 있다고 생각하는 난이도에 의해 가감될 것이다."[39] 따라서 그는 그렇게 추론하면서 '저축'(stock), 즉 자본에 "대한 이윤이 내려간 뒤에 축적 재산은 계속 증대할 뿐 아니라, 과거보다도 매우 빠르게 증대한다!"[40]고 했다.

---

39) 애덤 스미스, 『국부론(*Wealth of Nations*)』(London, 1776), 매컬로크 판, 제2편, 제7장, 276쪽.

40) 같은 책, 제1편, 제9장, 42쪽. 지금 노동조합운동에 대한 반대의 대부분이 근거로 삼는, 이와 반대되는 가설은 1848년까지 경제학 논저에 명시되기보다도 암시되는 쪽이 많았다. 나소 시니어는 '절제의 보상'이라는 용어를 경제학에 소개한 사람이지만, 저축액은 이윤이나 이자율과 함께 변동한다는 설명을 어디에서도 하지 않았다. 그는 "자본은 보통 처음에는 습관적으로 되는 축적 행위에 의해 시작된다"고 말했다. 가설적인 사례 중에서 그는 이윤율의 저하가 축적에 대하여 새로운 자극을 준다고 가정했다(『경제학』, 192쪽). 매컬로크도 축적의 액은 이자나 이윤의 높은 예상에 의존하지 않고, 오로지 저축 한계의 범위에 좌우되는 것에 불과하다고 했다. "자본의 이윤율이 최대인 경우는 … 자본 축적의 수단도 최대

현대 경제학자들은 산업 생활의 실제 사실 속에서 이러한 견해를 지지하는 많은 것을 인정하고 있다. 어디에서든 자본가인 고용인, 특히 제조업자나 농부는 특별한 이윤이 예상되는 경우, 수지를 맞출 수 있는 것보다도 그의 자본을 증식시키기 위해 더욱 열심히 노력할 것이다. 그렇지만 이러한 계급에서 높은 이윤은 악명 높게 과도한 개인적 소비를 야기하고, 애덤 스미스가 지적했듯이 사치가 절감되는 것은 이윤이 높은 기간이 아니라 불경기 때라고 하는 것을 인정해야 한다. 그러나 전 세계 저축의 적지 않은 부분, 최근에는 아마도 과반수가 자본의 사용에 대하여 얻을 수 있는 이자율에는 전혀 관계없이 행해진다고 하는 것도 틀림이 없다. 저축의 가장 강력한 동기인 질병이나 노령에 대비하여, 또는 자녀의 장래 생활 자료에 제공하고자 하는 희망은 프랑스 농민의 저축이 보여주듯이, 이윤이나 이자를 얻는 것과 관계없이, 없어지지 않는다. 인민들이 저축한 은행의 전 역사는, 수많은 투자가에 의해 추구된 것이 그 저축에 대한 안전의 보장이지, 어떤 특별한 이윤에 있지 않았음을 보여준다. 사실 어떤 예금자는 그런 보장만을 확보하는 것에 만족하고, 이자가 지불되는 최대한도를 넘어서도 여전히 그 예금을 계속한다는 사실은 어떤 저축은행도 경험한 것이다. 저축은행 이율의 인하는 아직 그것에 상응한 예금액의 감액이라고 할

가 될 것이다. … 어떤 국민이 축적력을 부여받든 간에, 우리는 그 경우 그들이 그 힘을 유효하게 사용하도록 압력을 가한다고 믿을 수 없다. … 어떤 국민의 경우에도 축적의 기회를 상실한다고 하는 사례는 있을 수 없다." 알프레드 마셜, 앞의 책, 제2편, 제2장.
캐넌 씨는 1826년 1월, 〈웨스트민스터 평론〉에 실린 W. 엘리스의 논문에 대해 우리의 관심을 촉구했다. 이는 반대쪽 견해를 분명하게 보여준 최초의 글이다. J. S. 밀은 어떤 일정한 상태의 부와 심리하에서는 축적률이, 자본에서 예상되는 이율과 함께 변동한다는 설명에 대해 명확한 형태를 부여한 영국 최초의 체계적인 경제학자로 보인다. 알프레드 마셜, 앞의 책, 제1편, 제11장.

수 있는 것을 야기하지 않고 있다. 보통은 실제로 어떤 명백한 감소도 야기하지 않고 있다. 사회 계급의 다른 극단에 있는 사람들의 경우에도, 다른 이유 때문이기는 하지만, 저축은 마찬가지로 이윤율과 관계없이 진행되고 있다. 아스토 가문(Astor)과 밴더빌트 가문(Vanderbilt)의 매년 저축, 캐번디시 가문(Cavendish)과 그러브너 가문(Grosvenor)의 수입에서 나오는 정기적 재투자, 로스차일드 가문(Rothschild)의 자동적 저축은 사실, 이러한 부호들이 그 새로운 자본에 대하여 예상하는 이율의 높이에 의하지 않고, 그 경상적 지출 뒤에 남은 단순한 잉여액에 의존한다. 그들 소비의 필요와 욕망을 훨씬 넘는 수입이 있는 모든 대자본가 계급에게, 일반적으로 그들이 금년에 투자하는 액은 이율이 3퍼센트에서 4퍼센트로 인상될 것이라는 예상으로 인해 증대될 것인지, 또는 이율이 3퍼센트에서 겨우 2퍼센트로 인하할 것이라고 예상되는 경우 감소할 것인지는 적어도 매우 의심스러운 것이다. 마지막으로 제3의 형태인 저축에서 이윤율의 어떤 변동도 완전히 정반대의 효과를 낳고, 축적의 액은 비율의 저하에 의해 증대되며 상승에 의해 저지된다. 일반적으로 저축의 대부분은 어떤 장래에 노동 없이 살 수 있는 수입을 얻고자 하는 동기에 의해 행해진다. 사업이나 실무로부터 퇴직할 수 있기 위해 저축을 할 때, 아내나 딸을 위해 준비해두고자 바랄 때, 소위 '가문을 일으킨다'고 일반적으로 알려진 것을 목적으로 할 때 목표로 삼는 것은 일정한 연수의 액이다. 이는 전문직이나 중류 계급 이상의 부류에 속하는 사람들에게 특별한 것이고, 그들에 의해 오늘날 세계 축적의 상당 부분이 이루어지고 있다. 가령 유서 깊은 시골 저택에서 일가를 유지하기에 1년에 5000파운드가 필요한 경우, 또는 각각의 딸들에게 주어지는 액이 1년에 300파운드라고 하는 경우, 그것에 필요한 자본액에 이르기까지 축적을 계속하고자 하는 강력한 충동은 없어지지 않고, 그 자본액은 말할 필요도 없이 이율이 내려가면 증대되지 않을 수 없다. 영국의 실상을 알고 있는 사람이라면 누구나, 최근 양호한 투자 이율이 4퍼센트에서 2퍼센트 반으로 내려갔기 때문에, 수많은 가정에 대해 그 업무를 계속하게 하는 동기를 강화했을 뿐 아니라, 나아가 자본의 축적을 촉진시켰다는 것을 부정할 수 없다. 스마트 교수는 "이윤이 저하하면 부유한 계급은 소비의 동기보다도 저축의 동기를 강화한다"고 말했다.[41] 그리고 이윤의 저하는 언제나, 노동의 생산력을 증진시키는 설비에 유리하게 투자하는 새로운 기회를 부여하고, 이어 그 투자욕을 자극하여 마침내 저축력을 증대시킨다는 것을 잊어서는 안 된다. 나아가 유익한 영속적 사업에 대한 공공지출과 같이, 막대하고 끝없이 증대되는 강제적 저축을 더해야 한다. 지방자치체가 대규모 공공사업에 종사하는 것은, 일반적으로 행해지는 저축에 대하여 유익한 투자의 길을 여는 것에 그치지 않는다. 지방자치체가 일정한 연한 내에서(영국의 경우 평균 30년) 채무를 상환한다고 약속함에 의해, 지방세의 부담자는 이자를 지불하는 것 외에, 그 개인 수입 내에서 자신을 위해 조금이라도 저축하기 전에, 매년의 채무 상환에 상응하는 액을 사회를 위해 마련해두어야 한다는 것이다. 이러한 강제적 저축은 개별 지방세 부담자의 저축이라고는 간주될 수 없지만, 일반의 조세와 마찬가지로 대부분 경상적 소비 내에서 절약하는 것이고, 따라서 그 정도로는 분명히 사회자본의 증가가 되는 것을 의심할 수 없다. 그러므로 지방자치체가 공공사업을 위해, 그러한 강제적 저축에 의해 지불되는 기채(起債)를 하는 한도는, 매우 현저한 정도의 이율에 의하게 된다. 즉 그것이 하락하는 경우에는 인상되고, 그것이 인상되는 경우에는 하락한다. "따라서 우리는 어떤

---

41) W. 스마트, 『경제학 연구(*Studies in Economics*)』(London, 1895), 297쪽.

사회에서 일반적인 축적에 필요한 한도로 어떤 특정한 최소율을 엄밀하게 말할 수 없다. 만일 애덤 스미스의 견해에 근거가 있다고 한다면, 우리는 이율의 상승은 축적을 증대시킨다거나, 이율의 하락이 축적을 저지한다고 말할 수도 없다. … 유형자본의 증대는 다수의 가변수에 의존하는 것이고, 이율은 그 범위 내의 하나에 불과하고, 나아가 **그 효과에 있어서도 불확정적이다**"[42]라고 니콜슨 교수는 결론을 맺고 있다. 구체적으로 말하면, 최우수 증권에 대한 이율이 2퍼센트 이상까지 인하되는 대신 여전히 5퍼센트나 6퍼센트, 즉 피트(Pitt)[43]가 종종 공채(Consols)를 발행한 비율에 있었다고 해도, 영국에 축적된 자본이 현재 더욱 크거나 더욱 작을 수 있다는 것은 적어도 매우 의심스러운 것이다. 우리의 국민적 관습은 불변적인 것이라고 해도, 앞으로 백년 동안 이율이 1퍼센트까지 내려가는 일이 생긴다고 해도, 그 기간에 부의 증대가 촉진될 것인지 아니면 저지될 것인지를 예상하는 것은 여전히 경제학자들에게는 불가능한 일이다. 따라서 극단적인 빈민과 극단적인 부자는 유형적 부의 실제적 축적에 관하여 어떤 영향도 받지 않는다는 것, 임금의 증가는 확실히 그러한 지극히 생산적인 형태의 국민적 자본, 즉 육체노동자 계급의 육체적 강력함과 정신적 훈련을 증대시키는 희망이 있다는 것, 중류 계급은 주로 장래의 생산 유지를 위하여 영구적 수입을 확보하는 것에 뜻을 두고, 따라서 이윤이 내려가면 내려가는 만큼 더욱 길게, 더욱 열심히 일하고, 더욱 많이 저축하게 된다는 것, 낮

---

42) J. S. 니콜슨(Nicholson), 『경제학 원리(*Principles of Political Economy*)』(Edinburgh, 1893), 394쪽. 나아가 조시아 차일드 경은 『거래의 새로운 논의』(제2판, 14쪽)에서 다음과 같이 예언했다. "영국의 이자를 6퍼센트에서 4퍼센트나 3퍼센트까지 인하하면 적어도 20년 내에 국민의 자본을 배가시킬 것이다."

43) 윌리엄 피트(William Pitt, 1708~1778; 1759~1806)는 영국의 정치가 부자.

은 이율은 발명을 장려함과 동시에 그 일반적 채택을 조장한다는 것, 그리고 도시나 국가의 사업은 낮은 이율의 혜택을 부여받으면 발전한다는 것을 고찰하면서, 경제학자들은 다음과 같이 주장하기 시작했다. 즉, 이윤을 희생하여 임금을 인상시키는 것은, 결과적으로 필경 생산 감소를 야기하지 않고, 실제로는 그 증대로 나타나고, 나아가 모든 형태의 국민적 부를 고려한다면 사회의 여러 형태의 생산적 자본이 적극적으로 증대하는 것을 예상할 수 있다는 것이다. 우리는 마셜 교수가 여기까지 고찰했는지 이해할 수 없지만, 그는 다음과 같이 말한다. "우리는 과거 경제학자들과 반대로, 다음과 같은 결론을 내릴 수 있다. 즉 부의 분배의 변동이 임금소득자들에게 더욱 많은 것을 부여하고, 자본가에게 더욱 적은 것을 부여하는 경우, 다른 사정이 동일하다면 필경 언제나 **유형적 생산의 증대**를 촉구하게 되고, 유형적 부의 축적을 현저하게 저해하지 않을 것이다."[44)]

이상과 같이 현재 중산 계급 사이에서 행해지는 견해에 대한 현대 경제학의 비판은 단지 모든 산업의 노동조건의 일반적 개선이나 이윤율의 일반적 저하에 대한 고찰에 한정되었다. 만일 지금 우리가 개별 산업의 수익 정도의 변동이라고 하는 더욱 일반적인 경우를 고찰해보아도, 현대 학자들은 노동조합에 반대하는 독단적 결론에 이르기란 마찬가지로 불가능하다는 것을 보여준다. 과거의 경제학자들은, 자본과 노동은 하나의 산업에서 다른 산업이라는 식으로 자유롭게 이동할 수 있고, 따라서 여러 산업의 임금과 이윤 사이에 생긴 현저한 차이는 오래 계속될 수 없다는 편리한 가설

---

44) 알프레드 마셜, 『경제학 원리』, 제3판, 제4편, 제7장, 311쪽. 어떤 경제학자들은, 전 세계 자본의 액은 대체로 전 세계 자본의 필요에 의해 결정되고 산업상의 필요를 넘는 축적은 자동적으로 다른 자본을 감소시키게 된다는 결론에 이르렀다. 이에 대해서는 J. A. 홉슨 (Hobson) 씨의 여러 가지 문제를 암시하는 저서들을 참조하라.

에 입각하였다. 여기서 다시 노동조합에 대한 일반적인 반대론은, 시간이라고 하는 특히 중요한 요소를 무시하였다. 만일 어떤 산업에서 고용인이 많은 이윤을 얻고자 하면, 추가적 자본이 그 산업에 흘러들어 가고, 노동자는 그것으로 인해 조만간 그 노무에 대한 수요가 증가되어 임금이 인상되는 것을 본다고 말한다. 그러나 노동자는 왜 그것을 기다려야 하는가? 경제학자 자신들의 견해에 의하면, 그 산업의 모든 노동자가 단결하여 이윤이 높은 이 황금 기회를 이용하여 그 임금을 인상시키고, 그들 자신에게 그 잉여의 대부분을 흡수하게 하는 것을 방해하는 어떤 것도 존재하지 않는다.[45] 그렇다면 그 산업에 추가적 자본을 유인할 힘은 없고, 그렇다고 하여 그 잉여가 그 산업 노동자의 이익을 위해 계속 존재해서는 안 된다는 이유도 전혀 없다. 그들의 임금은 다른 직업의 그것과 비교하여 높을 것이고, 그 결과 새로운 노동자가 그것에 유인될 것이다. 그러나 노동자가 직업을 바꾸기란 쉽지 않고, 특히 훈련을 필요로 하는 직업에서 그렇다. 그리고 소년들의 직업 선택 시에 임금이 더 높은 직업이 그들을 더욱 유인하고 직공 수의 현저한 증가를 야기하는 데에는 몇 년이 걸릴 것이다. 나아가 이는, 조합원의 일을 감소시키지 않고, 그들이 당연히 얻을 수 있는 것을 다른 임금소득자로부터 빼앗지 않고 노동조합이 그 견고한 단결에 의하거나 법의 제정에 의해 그 고용조건을 개선할 수 있는 하나의 명백한 보기일 것이다. 그 결과, 자본가에게 돌아갈 수 있었고 결국에는 소비자에게

---

45) "어떤 부문의 산업에서 이윤이 보통의 비율보다 상승하는 경우에는, 그 고용인이 분명하게 그들의 선택에 의해 이러한 신구 이윤의 모든 차액을 제공하고, 부가적 임금을 노동자에게 부여할 수 있다. 그들은 하고자 한다면 그 이윤을 이전에 얻은 보통의 비율 이하로 감소시키지 않고 그렇게 할 수 있다. 그리고 이로 인해 얻어진 일인 이상, 그들이 강력한 노동조합에 의해 그렇게 할 수 있다는 것도 생각할 수 있다." W. T. 손턴, 앞의 책, 284~285쪽.

돌아갈 수 있었던 이윤의 증가가, 영속적으로 어떤 부분의 노동자에 의해 확보될 것이다. 따라서 경제학자 자신의 이론은, 사업이 유리한 시기에 인상 요구라는 형태를 취할 때, 노동조합의 행동이 가장 현저하게 성공한다는 노동자들의 경험적 결론을 확실히 보증하는 것이다.

우리가 이 나라를 전체적으로 다른 나라와 경쟁 상태에 있는 것으로 고찰하는 경우, 그 논의는 더욱 복잡하겠지만 결론이 나기는 여전히 어렵다. 만일 어느 나라의 임금소득자가 법이나 협상에 의해 다른 나라의 그 동료보다도 더 좋은 위생 설비, 더 짧은 노동시간, 더 높은 임금을 확보하고, 나아가 이처럼 더 좋은 노동조건으로 인해 자본이윤이 저하하는 경우, 자본은 비교적 이익이 적은 나라로부터 '유출'되어 외국에 투자를 요구하게 된다고 설명된다. 그런 상황에서 노동조건의 개선은 단지 일시적인 것에 불과할 것이다. 왜냐하면 그 결과 생기게 될 이윤의 저하는 그 자체의 회복책을 야기하기 때문이다. 실제로 국제 거래에 종사하는 현대의 금융 전문가에게 그러한 논의는 매우 의심스럽게 보인다. 그는 다른 나라에서 기업 이윤율이 영속적으로 다르고, 어떤 나라의 자본가 기업은 다른 나라의 같은 기업에 비해 언제나 2배 또는 3배의 이득을 올린다는 것을 알고 있다. 자본의 국제적 이동성이 가정되고 있음에도 불구하고, 상이한 나라들에서 임차의 이윤은 전혀 평등하지 않다. 그리고 자본이 여기저기 수시로 흐름에도 불구하고 금융 전문가들은, 저율의 나라로부터 고율의 나라로 흐르는 일반적인 속도에 대해, 그 차이를 없앨 사람들인 더욱 이론적인 사람들에 의해서도 논거가 없다고 가정된 성질을 갖는다고는 조금도 인정하지 않는다. 그가 보통으로 설명하는 바로는, 다른 곳에서와 같이 여기서도 자본을 투자하는 것에는, 증대된 이윤을 확보하는 것보다 안전의 보장을 얻고자 하는 쪽이 훨씬 더 중요하다는 것이다. 이러한 보장은 매우 여러 가지 사정에 의한 것으로, 그중에 오늘날과 같은 민주적 시대에는 임금소득자 계급의 심리 상태라고 하는 것도 적지 않게 중요하다. 따라서 자본가의 부담에 의해 행해진 고용조건의 개선은, 케언스가 상상했듯이, 필연적으로 더 많은 자본을 외국에 보내는 것이 아니라, 반대로 그것을 그 나라에 적극 머물게 하는 경향이 될 수 있다. 공장법, 강제적 위생 설비, 짧은 노동시간, 높은 임금 표준, 단결의 자유, 그리고 일반적으로 임금소득자를 우대하는 습관은, 자본으로 하여금 투자자에 대해 다른 나라에서 얻을 수 있는 것보다도 더욱 적은 수입을 올리게 하는 것으로 보일지도 모른다. 그러나 만일 이러한 결과로서 정치적 및 사회적 안정이 확보되고, 생활의 즐거움을 증가시키게 된다면, 그리고 특히 혁명과 약탈에 대해 방벽을 구축할 희망이 있다고 한다면, 투자자는 실제로 더욱 불행이 많은, 따라서 더욱 불안한 사회에서 더욱 큰 이익을 구하기보다도, 그의 이율이 점차 저하한다고 해도 그것에 따라 정치적 안전이 증대한다면, 그 저하를 참을 수 있게 될 것이다. 그리하여 자본가의 부담에 의한 영국 노동자 상태의 개선은, 앞에서 상상한 것과 전혀 반대의 반동을 초래할 수 있게 된다. 그러나 상이한 나라들에서 자본 이득의 비율 사이에 생기는, 언뜻 보아 설명하기 어려운 차이에 대해서는, 달리 또 하나, 그리고 우리의 생각으로는 더욱 중요한 또 하나의 이유가 존재한다. 자본이라는 것은 그 자체가 이윤이나 이자를 만드는 것이 아니다. 그것은 사실, 유효한 산업조직, 숙련 노동자의 충분한 공급, 사무적 재능이라고 하는 불가결의 요소와 결합되어 사용되는 경우, 비로소 유리하게 이용될 수 있다. 아마도 영국 산업의 수익이 침해되는 것은, 단지 기계적으로 외국에 투자하는 것에 의하기보다도, 그 모든 숙련 노동자가 이주할 때, 또는 순수한 산업 통수자에게 버림받는 쪽이 훨씬 클 것이다. 임금의 증가는, 그렇지 않은 경우 이주할 수도 있는 가장 정력적이고 영리한 노동자로 하여금 그 나라에 머물게 하고, 그 결과 확실히 영국의 이윤을 증대시키는 데 도움이 된다. 그러나 숙련노동자가 어느 나라에서 다른 나라로 이동한다는 것은, 정신적 노동의 경우에는 더욱 그렇지만, 금전적 보수의 비율이라는 것보다도 더욱 많은 다른 동기에 의존한다. 여기서 다시 이윤율의 저하는, 앞에서 상상한 것과 완전히 반대인 반동을 초래할 수 있다. 만일 영국 노동자 계급의 상태 개선이 영국의 생활에 즐거움을 증대시켰다고 한다면, 그것은 필경 유능한 사업가에게 영국에 매혹되는 힘을 증가시킬 것이고, 그리하여 확실하게 영국 산업의 수익을 증대시키며, 따라서 개선의 비용보다도 더욱 많이 자본가와 정신 노동자의 수입을 증가시킬 것이다. 사무의 재능이 있는 경우, 반드시 결국에는 자본도 존재하게 된다. 따라서 과거 50년간 영국 임금소득자 계급 상태의 전반적인 향상이 영국이 이용해야 할 자본을, 그렇지 않은 경우 예상되는 것보다도 더욱 적게 부여하는 힘이 있었다는 증거가 전혀 없는 것은 결코 놀라운 일이 아니다. 그 기간, 특히 최근 20년간 매우 뚜렷한 특징을 보여준 이율의 비정상적인 저하도, 사실 오늘날의 경향과 반대의 방향에 있음을 약간 보여주는 것에 불과하다. 영국은 노동조합, 사유 산업에 대한 제한의 확장, 소득세와 유산 상속세를 갖는 반면, 독일은 혁명적인 사회민주주의, 프랑스는 정치적 불안정, 미국은 관세 및 통화의 어려움, 인도는 가난, 쿠바는 만성적인 반역, 남미는 혁명을 갖는다. 최근 세계 최대의 국제 금융업자 한 사람이 놀라움과 함께 다음과 같이 말했다. 즉 영국의 입법과 영국의 노동조합은 사기업에 간섭하고 더욱 관대한 노동조건의 실시를 더욱 크게 주장함에도 불구하고, 다른 나라는 그 저축을 영국의 기업에 투자하기 위해 보내고자 하는 희망의 적극적인 증대를 보여주었고, 런던은 종래보다 더욱 유능한 사업가의 중심지가 되는 것처럼 보였다는 것이다.

그리하여 여론이 한때 노동조합 운동가들의 주장에 대항해 결정적으로 타파할 수 있다고 생각한 임금 및 이윤에 대한 추상적 학설은, 경제학에 비추어보면 완전히 붕괴하는 것처럼 보인다. 그러나 교육받은 사람들, 특히 자연과학 및 자연사 전문가들에게는 임금기금의 치밀한 이론이 전혀 받아들여지지 않았음에도 불구하고, 노동조합운동의 실제 성공에 대해서는 '인구의 원리' 안에 생물학적 장애가 있다고 본 사람들이 많았다. 노동자 단체가 싸워서 고임금을 얻는 것도, 만일 그 고임금이 자동적으로 인구를 증가시키고 그로 인해 필연적으로 사정이 다시 과거 수준으로 되돌아가지 않을 수 없다면 무슨 이익이 될 것인가? 어느 동정적인 진보주의자가 유감스럽게 말했듯이 '아이들의 파괴적인 격류'에 의해 모든 노동조건 개선의 길이 저지되고 말았다.[46]

임금기금설은 모든 종류의 노동조건 개선에 반대한 것이지만, '인구의 원리'는 이에 반하여 육체노동자가 얻은 화폐 임금, 더욱 정확하게 말하면 식품량의 증가를 부인한 것에 불과한 것임을 지적해두는 것은 흥미로운 일이다. 아마도 공장에서의 위생 상태 개선이 출생률을 높이는 경향을 보여준다고 말할 수 없고, 매우 열렬한 맬서스주의자가 아니면 노동시간 단축의 결과 조혼이 이루어진다고 증명할 수 없을 것이다. 따라서 어떤 논의도 '인구의 원리'에 근거한 것은 위생 상태와 안전 설비의 개선, 또는 표준 노동시간의 옹호를 이루고자 하는 노동조합의 노력에 반대할 수 없었다. 그리고 경제학자들은 즉각, 임금에 관해서도 더욱 유력한 주장을 할 수 있다고 말하는 것에 대해 의심할 이유를 찾아냈다, 맬서스와 리카도는 습

---

46) "만일 아이들의 파괴적인 격류가 수년 사이에 저지된다면, 큰 도움이 될 것이다." J. 코터 모리슨(Cotter Morison), 『인간의 임무(*The Service of Men*)』(London, 1887), 서문, xxx쪽.

관적으로 임금의 높낮이는 노동자 가족에게 빵의 다소를 뜻하는 것에 불과하다고 썼고, 따라서 일반인은 임금의 인상이 언제나 더욱 많은 아동의 양육을 뜻하고, 그 하락은 언제나 그 결과 아동 수를 감소시킨다고 가정했다. 그러나 임금소득자 중에는 지금과 마찬가지로 1820년에는, 데번셔(Devonshire)의 1주 8실링의 임금만을 받은 비참한 농업 노동자로부터, 1주 2기니 이하의 일을 받는 것을 거부한 런던의 기공에 이르기까지 여러 종류의 계급에 많은 사람들이 포함되었다. 임금 인상은 먹지 못한 노동자에게 지금까지보다도 많은 아동을 성인으로 키우게 할 수 있었고, 심지어 자신의 결혼을 빠르게 했다는 것은 사실일 것이지만, 그렇다고 하여 임금 인상이 마을의 직인이나 공장직공과 같이 절대적인 생활필수품 이상의 것을 이미 얻는 자에게도 같은 효과를 미쳤다고는 말할 수 없다. 전자 계급에게는 임금 인상이 주로 식품이 많아진 것을 의미하고, 후자 계급에게는 새로운 사치품이나 쾌락의 증가를 의미했다. 경제학자들은 사치에 대한 새로운 기호나 쾌락의 증가에 대한 욕망은, 직접적으로 도덕적 억제를 발전시키는 효과를 갖는다는 것을 바로 깨달았다. 매컬로크는 스스로 그런 이유에서 다음과 같이 강조하여 말했다. "사회의 가장 큰 이익은, 임금률을 가능한 한 높여야 한다는 것, 즉 안락과 사치에 대한 기호를 널리 보급시키고, 가능한 한 국민의 습관과 취향을 융합해야 한다는 것이다."[47] 맬서스파의 입장에서도 이러한 가정은 직인과 공장 노동자에 관한 한, 언제나 임금 인상에 의한 것으로 보았다. 왜냐하면 "대부분의 경우, 임금 인상이 그것에 의해 시장에 초래한다고 가정할 수 있는 노동자 수의 증가에 의해 무효가 되기까지 충분한 시간 여유가 주어져, 새로운 개량된 기호와 습관이

47) 알프레드 마셜, 앞의 책, 3부, 7장.

결코 1일, 1월, 1년의 급격한 생산이 아니라, 오랜 계속적 인상의 최후 결과로 만들어진다. 그리고 일단 노동자가 그런 기호를 습득한 뒤에는, 인구가 자본에 비해 이전보다 더욱 완만한 비율로 증가할 것이다. 그리고 노동자는 조혼에 의해 자신과 그 자녀의 경우를 나쁘게 하기보다도 즐겁게 그 혼기를 연장하게 될 것이다." 이와 마찬가지로 이러한 가정에 대해 절대적 생계비 이상을 받았던 어떤 계급에서도 임금을 저하시키는 것에는 강력하게 반대했다. 매컬로크는 이어 다음과 같이 말했다. "따라서 임금 하락은 전혀 반대되는 효과를 낳는다. 그리고 대부분의 경우, 노동자에게 그 인상이 유리하게 바뀌는 만큼 유해한 것이 된다. 임금이 한 번 하락한 뒤에 이전 수준으로 회복되는 것은, 결혼 수의 감소에 의하거나, 사망 수의 증가에 의하거나, 또는 그 쌍방에 의하지만, 어느 경우에도 이는 매우 드문 경우를 제외하고는 결코 급격하게 생기지는 않는다. 일반적으로 말하자면 이는 반드시 일정한 시간이 지난 뒤에야 시작될 수 있다. 그리고 그 결과는 노동자의 기호와 습관 및 안락한 생활에 필요한 것에 대한 그들의 생각이, 그동안 타락할 수 있다고 하는 커다란 위험이 생기는 것이다. … 그 생활 방식에 관한 노동 계급의 생각이 저하한다는 것은, 필경 그들에게 닥치는 해악 중에서도 가장 심각한 것이리라. … 그 임금의 경감에 온건하게 따르고 단지 생활필수품을 얻는 데 만족하는 사람들, 또는 그들의 단체는 결코 일반적으로 모방하는 것으로 거론해서는 안 된다. 반대로 그러한 무관심을 만드는 모든 것은 부끄러워해야 하는 것이다."[48] 노동조합의 노력에 대해 그 이상의 강력한 시인은 있을 수 없다. 일반적인 중산 계급의 의견과 같이 '인구의 원리'는 모든 임금 인상 시도를 무효로 만들었고, 여러

---

48) 같은 책.

세대 동안 서서히 진행될 뿐이라는 생각은, 사실 노동 계급 생활의 사실에 대한 무지만이 아니라 그것이 유래한다고 가정된 경제학자들의 의견을 전혀 모른다는 것에 근거했다.[49] 고전파 경제학자들이 심지어 날품팔이 노동자들의 임금 인상을 무용한 것이라고 믿지 않은 것은, 매컬로크로 하여금 "임금 증가는 빈민의 조건을 실제로 개선할 수 있는 유일하고, 적어도 가장 효과 있는 즉석의 방법이다"라고 역설하게 할 정도였다.[50]

인구 문제에 대한 현대 연구자들은 매컬로크가 걱정하는 이유 정도를 인정하지 않는다. 영국의 일반 사망률은 모든 문명국의 경우와 마찬가지로, 위생 설비를 진보시킨 지난 반세기 동안 끝없이 저하했지만, 그 저하와 임금 인상 사이에는 어떤 관계도 인정할 수 없다. 어떤 부분의 임금소득자(가령 모든 연령의 여성)와, 임금 인상이 다른 곳보다 비교적 적은 어떤 지방(가령 대도시)에서 사망률의 저하가 가장 현저하다고 믿을 만한 이유가 조금은 있다. 그러나 열광적인 맬서스주의자가 가장 의존한 바는 출생의

---

49) 매컬로크는 임금 인상에 대해, 그 인상에 수반하여 인구가 '종종 주장되듯이' 자연적으로 증가하리라는 것을 명백하게 부정하고 "인구가 동일한 비율로 증가한다는 것은 있을 수 없을 뿐 아니라 거의 불가능하다"고 했다. 애덤 스미스, 『국부론』, 매컬로크 판(London, 1839), 473쪽, 주6.

50) 매컬로크, 『임금률과 노동 계급의 상태를 결정하는 사정에 관한 연구』, 49쪽.
나소 시니어도 일반적 견해에 반대했다. "경제학에 대한 지식이 얕은 사람들(심지어 그들이 교육받은 대부분의 사람들이지만)은 인구 학설이 표현해온 형식에 의해 오도되어왔다. … 생활 자료의 증가가, 이에 따라 생활하는 사람들의 수와 같은 비율의 증가에 의해 나타나 상계할 수도 있기 때문에, 그들은 그런 일이 반드시 생길 것이라고 가정한다. … 이 학설은 모든 개량의 시도에 따르는 어려움이나 비용을 쉽게 회피할 수 있는 것이다. '어떤 도움이 될 것인가' 하고 그들은 묻는다. '단지 일시적으로 식량이 풍부하게 된다면, 순간적으로 인구는 다시 생활 자료와 병행하게 되고, 우리는 전적으로 과거와 같이 어렵게 된다. 우리는 그런 잘못된 견해가 널리 행해지고 있다고 생각한다.' 나소 W. 시니어, 『경제학』, 50쪽.

증가였다. 노동 계급의 어떤 상태에서도 임금 증가는 반드시 출생의 증가를 수반한다는 것이 절대적으로 증명될 수 있는 것으로 그에게는 보였다. 결혼의 수가 밀의 가격에 따라 증감한다는 것은, 일반적으로 인정된 귀납설이었다. 그러나 그것이 백년 이전에는 진리였다고 해도, 그 설은 오랫동안 사실과 부합하지 않았다. 현대 영국의 결혼율은 서서히 저하하고 있으나, 그것은 상품 가격의 하락이나, 남성 노동 임금의 인상이나, 국가의 융성이라고 하는 것과 증명 가능한 관계를 갖지 않는다. 더욱 중요한 것은, 출생률이 결혼율에 대하여 어떤 일률적 관계를 조금도 갖지 않는다고 하는 점이다. 경제학자들은 언제나 동경의 눈으로 프랑스의 사례를 관찰해 왔다. 프랑스에서는 인구 증가, 특히 결혼에 대한 출생의 수는, 1848년 존 스튜어트 밀이 쓴 당시에도 계속 저하하는 경향을 보여주었다. 그리고 밀은 프랑스 자작농의 경제적 진보의 대부분이 그것에 의한다고 생각했다. 이러한 출생률의 저하는 지금 북서부 유럽을 통하여 일반적으로 볼 수 있다. 영국도 결코 예외가 아니다. 1877년까지, 잉글랜드와 웨일스의 출생률은 감소의 징후를 전혀 보이지 않았다. 그 비율은 매년 인구 1000명에 대해 35를 중심으로 동요하였다. 그러나 1877년부터 그 감소는 커졌고 지속적으로 되어 1895년에는 1877년의 36.3에 비해 겨우 30.4에 불과했다. 이는 밀이 그렇게도 크게 희망한 것으로, 1800년에서 1850년까지 프랑스에서 저하한 정도와 거의 같았다.[51]

영국의 출생률 저하는 최근 20년간 계속되어왔지만 불행하게도 그 원인에 대한 과학적 탐구는 이루어지지 못했다. 그것은 국민이나 노동 계급의

---

51) 알프레드 마셜, 앞의 책, 제2권, 제7장, 178쪽. 1801부터 1810년, 1841년부터 1850년 사이의 프랑스 평균 출생률은 인구 1000명에 대해 약 5명이 저하되었다.

빈곤, 또는 궁핍의 증가 때문이라고 할 수 없다. 왜냐하면 앞 시대와 비교해볼 때, 영국 임금소득자의 수입이 전체적으로 오르고 상품 가격은 내렸으며, 나라의 일반적 번영이 매우 증대했음을 의심할 수 없기 때문이다.[52] 그리고 통계학자의 견해에 의하면 출생률의 감소는 북서 유럽을 통하여 가장 빈곤한 지역 사회에서도 생기지 않았다. "브뤼셀의 케틀레(Quetelet), 런던의 파르(Farr), 베를린의 슈바베(Schwabe), 파리의 빌레르메(Villermé), 베누아송 드 샤토네프(Benoison de Chateauneuf)에서의 조사에 의하면, 출생의 최대 수는 더욱 빈곤한 계급에서 생겨났고, 빈곤 자체가 풍부하고 무질서한 출생률을 반드시 초래한다는 것은 더 이상 의심할 수 없다."[53] 오늘날 널리 알려지기 시작한 사실은 다음과 같은 결론, 즉 출생률의 저하는 사회 중에서 최저 생활을 보내는 부분에서는 생기지 않고, 도리어 어느 정도 생활이 윤택할 수 있는 부분에서 생긴다는 점을 보여준다. 다시 말하면

---

52) 이러한 진보에 대한 평가로는 시드니 웹, 『최장기 지배하의 노동(*Labor in the Longest Reign*)』(London, 1897)을 참조하라.

53) F. 니티(Nitti), 『인구 및 사회조직(*Population and Social System*)』(London, 1894), 153~162쪽. 애덤 스미스는 빈곤이 "심지어 생식을 돕는 것으로 보인다"고 보았다(『국부론』, 제1권, 제8장, 36쪽). 니티 교수는 이 사실에 대해 다음과 같이 특유한 설명을 했다. "12, 14 및 15시간이라고 하는 긴 노동시간은 정신적 발달을 불가능하게 하고, 관능적 향락 속에 그 유일한 만족을 구하도록 만들었다. 고열의 장소에서 여성과 함께 장시간 노동하고 영양이 불충분하고 종종 장시간의 흥분을 주는 식품으로 생존하게 하고, 어떤 노력도 그 경우를 개선할 수 없다고 체념하게 하면 그들은 반드시 매우 다산적일 수 있다. 이에 더하여 아이들이 일찍부터 공장에서 사용되기 때문에 그 부모는 가족의 안락이라는 점에서 말해도 대가족 쪽이 화라고 하기보다도 행복이라고 믿게 한다. … 매우 높은 출생률은 언제나 근소한 임금, 긴 노동시간, 조악한 식품, 따라서 나쁜 부의 분배라고 하는 것과 일치하는 것이 명백하게 인정된다. … 높은 임금과 일반적 안락이라고 하는 것만큼 확실하게 출생률에 제한을 가하는 것은 없다." 다윈(Darwin)에 의하면 "빈곤은 커다란 악일 뿐아니라 결혼에 대해 사려 깊지 못해 빈곤 그 자체의 증대에 작용하는 것이다." 찰스 다윈, 『인간의 유래(*The Descent of Man*)』(London, 1871), 제2권, 403쪽.

'스웨트 시스템하의 직업'이나 자유 노동자 사이에서가 아니라, 공장 노동자 및 숙련 직인 사이에서 생기고 있다. 우리도 이 가설을 입증함에 있어서, 하나의 통계적 증명을 열거할 수 있는 것에 불과하지만, 그 하나는 매우 중요하다고 생각한다.

'하츠 오브 오크 공제 노동조합'(Hearts of Oak Friendly Society)은 영국 최대의 중앙 집중식 공제조합으로서 현재 20만 명 이상의 성년 남자들을 조합원으로 두고 있다. 인격에 문제가 있는 사람이나 1주 20실링 이상의 임금을 받지 못하는 사람은 들어갈 수 없다. 따라서 그 조합원은 직공이나 숙련공 계급으로 구성되고, 소규모 상점 주인들은 포함되지만, 단순한 일용 노동자는 포함될 수 없다. 그 수당에는 조합원 아내의 분만 시에 30실링을 지불하는 '출산수당'이 포함된다. 1866년부터 1880년까지, 조합원에 대해 출산수당을 요구한 비율은 100에 대해 21.76에서 24.72로 서서히 상승했다. 그러나 1880년부터 현재까지는 서서히 저하하여 지금은 100에 14 내지 15일 뿐이다.

영국 전체 인구의 2.5퍼센트에 해당되는 무수한 인구 사이에 '자녀의 파괴적 격류'는 5분의 2 이상으로 감퇴했다. 즉 이전에는 24명의 아동이 햇빛을 보았으나, 지금은 14명밖에 되지 않는다. **특히 검소한 부문의 노동자 가정에서 출생률이 감퇴한 것은 국민 전체 감퇴의 2배 이상이었다.** 조합원의 평균 연령은 거의 변하지 않았고, 34세에서 36세 사이였다. 이 노동조합의 유명한 보험기사인 R. P. 하디 씨는 매년 그 통계에 주의하여 그 조직의 모든 것에 정통한 사람으로, 이러한 특별히 유복하고 특별히 검소한 노동자 자녀 출생 수의 놀라운 감퇴를, 그들 가족의 크기를 제한하고자 하는 그들의 의식적인 희망에 의한 것으로 보았다.[54]

여기서 우리는 맬서스가 꿈에도 생각하지 못한, 그리고 그것은 더욱 진보된 연구를 절대적으로 필요로 하는 인구 문제의 한 측면에 도달한다.[55] 다가올 세기에 북서 유럽에 닥칠 위험은 결코 인구 과잉이 아니라, 생활 표준 자체의 향상에 의해 초래된 더욱 유복하고 더욱 지적이며 더욱 검소한 부류의 사람들에 의한 인구 억제라는 것은 많은 징후가 보여주는 것이다. 그러나 여기서 이 중요한 사항을 논의할 수는 없다. 지금 우리가 문제로 삼는 바는, 그것이 인구 증가와 임금률 사이의 관계에 던지는 새로운 빛에 불과하다. 지금도 일반적으로는 교육받은 사람들에 의해서도 믿어지듯이 '인구의 원리'에 의해 노동조합운동 성공의 모든 가능성이 결정적으

---

54) 영국 노동 계급의 생활에 관한 10년간의 특별한 연구에 근거하여 우리들이 느끼는 바는, 하디 씨의 추정과 일치한다. 의식적으로 가족의 크기를 제한하고자 하는 풍습이 과거 20년간, 널리 영국의 공장직공과 숙련직공 사이에 퍼진 것은 의심할 여지가 없다. 프랜시스 플레이스(Francis Place)와 J. S. 밀과 같은 맬서스주의자들의 선전이 국회의원인 찰스 브래들로(Charles Bradlaugh)와 애니 베선트(Annie Besant) 여사와 같은 사람들에 의해 크게 확산되어 처음으로 당당하게 대중 앞에 제시된 것을 독자들이 쉽게 상상할 수 있을 것이다(한스 페르디(Hans Ferdy) 박사는 그의 팸플릿 『도덕적 의무로서의 인위적 산아제한』(*Die künstliche Beschränkung der Kinderzahl als sittliche Pflicht*)(Berlin, 1897) 제5판 제3장에서 이 운동의 역사에 대해 상세히 서술했다). 여하튼 출생률 저하의 시작(1877년)이, 바로 그해에 그러한 선전자들의 고발에 의해 이 문제가 크게 대중화된 점과 일치한 것을 인정하는 것은 흥미로운 것이다.

대가족이라는 무거운 짐을 피하고자 하는 새로운 맬서스주의적 방법의 채택은, (이는 물론 노동조합운동과 무관하지만) 주로 노동 계급 여성들 사이의 교육 보급, 가난으로 인한 끝없는 불건강과 가족적 고충의 생활에 대한 그들의 불만족, 더욱 풍부하고 독립적인 생활에 대한 그들 자신의 희망이 그들 사이에서 성장해온 점에서 비롯된다. 이러한 변화는 부부 쌍방이 함께 충분히 선견지명과 사려와 자제를 갖게 된 것을 뜻하는데, 그것은 지력이 떨어지는 더욱 방종한 계급에게는 미칠 수 없고, 매우 빈곤하고 특히 방이 하나뿐인 주거를 갖는 사람들에게는 어렵다고 생각된 것이었다.

55) 같은 결과가 뉴잉글랜드에서 나타났음을 보여주고 있다. 가령 이미 1875년에 매사추세츠의 노동자 가족 393개 중에서 숙련 기계공(연수 800달러의 소득) 가족에서는 일용 노동자(연수 700달러 이하의 소득) 가족보다 자녀가 평균 1명에서 2명이 적었음이 인정된다.

1875년 매사추세츠의 393개 노동자 가족의 소득 및 가족원 수의 직업별 평균(원래 표를 수정한 것임).

로 부정되지 않고, 도리어 정반대 방향이 옳음을 증명한다. 우리가 영국의 생활 사실로부터 추론할 수 있는 범위 내에서는, 임금 인상, 노동시간 단축, 위생 및 안전 설비의 개선이 어느 계급의 노동자 사이에서 행해질 때, 그것이 그 계급의 출생률 증가를 야기한다고 믿을 이유는 없다. 그리고 만일 노동조건의 개선이 점차 확대되어 현재 숙련 직인의 표준 이하에 있는 노동자에게도 미치는 경우, 그 결과 그 부분 사람들 사이의 출생률을 명확하게 저하시킨다고 언제나 기대할 수 있는 이유가 존재하는 것이다.[56] 가

직업	아버지의 연수입	가족원 수	노동에 종사하는 처자	처자의 전 소득	가족의 연수입
	$			$	$
숙련직인	752.36	$4\frac{3}{4}$	$0\frac{1}{4}$	69.04	821.40
금속직공	739.30	$4\frac{1}{2}$	$0\frac{1}{3}$	90.51	829.81
건축직	721.32	$4\frac{1}{2}$	$0\frac{1}{3}$	73.00	794.32
운선사	630.02	$5\frac{1}{2}$	$0\frac{1}{2}$	105.00	735.02
공장직공	572.10	5	1	250.35	822.45
제화직공	540.00	$4\frac{3}{4}$	1	209.00	749.00
이상 6종 직업 평균	659.18	$4\frac{5}{6}$	$0\frac{4}{7}$	132.82	792.00
금속직의 일용노동자	458.09	$5\frac{1}{2}$	$1\frac{1}{8}$	256.08	714.17
직장 일용노동자	433.06	$5\frac{9}{10}$	$1\frac{1}{10}$	232.02	665.08
자유노동자	424.12	$6\frac{1}{2}$	$1\frac{1}{3}$	257.93	682.05
공장 일용노동자	386.04	$6\frac{3}{4}$	$1\frac{1}{2}$	284.08	670.12
이상 4종 직업 평균	425.32	$6\frac{13}{80}$	$1\frac{1}{4}$	257.50	682.88

'매사추세츠주 노동통계' 제6회 보고, 1876, 71쪽.

56)　이 문제를 모든 방면에서 철저히 과학적으로 탐구할 필요가 있다. 첫째, 출생률 저하의 정확한 범위와 분포에 관한 통계적 조사일 것이다. 일정한 추출 시간의 출생 등록의 분석에 의해, 가령 출생률은 모든 업무를 통하여 일률적인지 아니면 직업마다 다른지, 또는 이는 다양한 산업의 임금 표준이나 이러한 직업의 가족이 차지하는 방의 평균 수치 ―런던에서

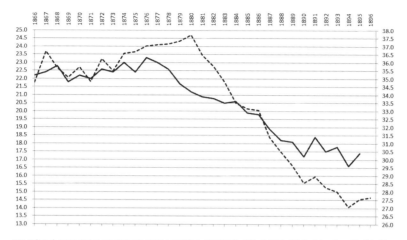

1866년부터 1896년까지 잉글랜드와 웨일스의 인구 1000명에 대한 출생률, '하츠 오브 오크 공제 노동조합'의 각 연도 초의 조합원 수에 대해 각 연도에 출산수당을 받은 수의 백분율을 나타내는 도표.
실선은 잉글랜드와 웨일스의 인구 1000명에 대한 출생률을 표시함.
점선은 각 연도 초의 조합원 수에 대해 각 연도에 출산수당을 받은 수의 백분율을 표시함.

찰스 부스 씨가 보여주었듯이— 와 어떤 관계에 있는지, 또는 이는 노동조합의 조합원 수와 상관되는지가 분명하게 될 것이다. '출산수당'을 지급하는 여러 공제노동조합에서 출생률에 대한 동일한 분석은 더욱 명백해질 것이다. 노동조합과 공제조합의 기능을 이용하여여러 사회 계급, 여러 직업, 상이한 지역의 노동자 가족에 대한 다양한 임의적 조사도 가능할 것이다. 그러한 방법에 의한 진찰은 사용된 수단과 그 직접적 및 간접적인 생리적 효과에 대해 생리학적 연구의 길을 제공할 것이다. 그리하여 사회학자들은 어떤 경우의 압박하에서 그러한 수단을 채택할 수 있는지, 그리고 이는 다양한 계급의 경제적 지위, 결혼제도, 가정생활 및 사회적 대해악인 매춘에 어떤 효과를 주는지, 그중에서도 가장 중요한 것은 부분적인 출산 제한이 어떤 범위와 어떤 성질의 영향을, 그것에 이은 자녀 번식의 기초에 미치는지를 분명하게 보여줄 것이다. 이러한 종류의 예비 연구는 런던정치경제대학교 학생들에 의해 행해졌으나 자금 부족으로 중단되었다. 우리는 2000파운드를 사용하여 그러한 연구 이상으로 사회에 유익한 것을 할 수 있다고 상상할 수 없다. 이는 우리에게 모든 문제 가운데 여러 문명 민족들의 장래에 가장 중요한 것으로 보인다.

연차	하츠 오브 오크 공제 노동조합			잉글랜드와 웨일스의 인구 1000명에 대한 출생률
	각 연도 초의 조합원 수	각 연도에 출산수당을 받은 수	각 연도 초의 조합원 수에 대한 후자 수의 백분율	
1866	10,571	2,300	21.76	35.2
1867	12,051	2,853	23.68	35.4
1868	13,568	3,075	22.66	35.8
1869	15,903	3,509	22.07	34.8
1870	18,369	4,173	22.72	35.2
1871	21,484	4,685	21.81	35.0
1872	26,510	6,156	23.22	35.6
1873	32,837	7,386	22.49	35.4
1874	40,740	9,603	23.57	36.0
1875	51,144	12,103	23.66	35.4
1876	64,421	15,473	24.02	36.3
1877	76,369	18,423	24.11	36.0
1878	84,471	20,409	24.16	35.6
1879	90,603	22,057	24.34	34.7
1880	91,986	22,740	24.72	34.2
1881	93,615	21,950	23.45	33.9
1882	96,006	21,860	22.77	33.8
1883	98,873	21,577	21.82	33.5
1884	104,239	21,375	20.51	33.6
1885	105,622	21,277	20.14	32.9
1886	109,074	21,856	20.04	32.8
1887	111,937	20,590	18.39	31.9
1888	115,803	20,244	17.48	31.2
1889	123,223	20,503	16.64	31.1
1890	131,057	20,402	15.57	30.2
1891	141,269	22,500	15.93	31.4
1892	153,595	23,471	15.28	30.5
1893	169,344	25,430	15.02	30.8
1894	184,629	27,000	14.08	29.6
1895	201,075	29,263	14.55	30.4
1896	206,673	30,313	14.67	

1866년부터 1896년까지의 '하츠 오브 오크 공제 노동조합' 통계.
각 연도 초의 조합원 수, 각 연도에 출산수당을 받은 수, 각 연도 초의 조합원 수에 대한 후자 수의 백분율, 잉글랜드와 웨일스의 인구 1000명에 대한 출생률('하츠 오브 오크 공제 노동조합' 관리위원회 연보 및 호적총무관 연보).

령 우리가 이 문제를 구체화하여 단체교섭에 의하거나 법제정에 의해 런던 부두 노동자를 철도 사환과 같은 경제적 지위까지 향상시킬 수 있다고 한다면, 그것에 따라 그들이 낳는 자녀 수는 증가하지 않을 뿐 아니라, 대체로 우리는 몇 년 내에 그 계급 가족의 평균 크기가 축소하는 것을 보게 될 것이다. 나아가 설령 노동조합운동이 그들과 철도 사환을 '합동' 기계공 노동조합 조합원의 경제적 지위에까지 향상시킨다면, 그 결과는 더욱 확실하게 현저한 것이 될 것이다.

따라서 현대 경제학자들이 그 경향이 아무리 '정통파'적인 것이라고 해도 오늘날 노동조합운동을 논박하기 위해 임금기금설이나 '인구 문제'를 주장하는 것을 누구도 볼 수 없다.[57] 오늘날 행해지는 '분배이론'은 매우 상이한 성격의 것으로, 노동조합운동에 대한 반대자들이 조금도 만족할 수 없는 것이다. 첫째, 임금은 다른 소득과 마찬가지로, 어느 사회의 연수입 총액에 의존하지, 그 자본의 액에 의존하지 않는 것으로 설명된다. 마셜 교수는 다음과 같이 말한다. "어느 나라의 노동과 자본은, 그 자연적 자원에 작용하여 매년 모든 종류의 노동을 포함하는 유형 및 무형의 상품의 일정한 순총량을 생산한다. 이것이 그 나라의 참된 순수한 연소득 또는 세입이다. 즉 국민적 배당(National Dividend)이다. … 이것은 노동의 소득, 자본의 이자, 마지막으로 생산자의 잉여, 즉 토지 및 기타 생산의 대차적 편익(對差的 便益; Different Advantage)의 렌트(Rent)로 배분된다. 이는 그 모든 것의 전체를 구성하고, 그 전체는 이 모든 것 사이에 분배된다. 그리고

---

57) 따라서 마셜 교수는, 다른 곳에서는 낡은 견해를 보여줌에도 불구하고, 그『경제학 원리』의 최신판(London, 1895)에서 보유를 정정하여 "지속적으로 더욱 유복하게 되는 것이, 출생률을 향상시키는 것과 마찬가지로 이를 저하시키는 경향도 갖는다는 것은 진실이다"라고 했다(594쪽).

이것이 크면 클수록, 다른 사정의 변화가 없다면, 각 생산수단의 몫은 크게 될 것이다." 사회의 산업 범위와 성질, 그리고 임금 및 가격의 항상 변하는 표준은 '대체의 법칙'을 통하여 작용하는 공급 및 수요의 끝없는 작용에 의해 결정된다. "생산수단이든, 직접의 소비에 충당되는 상품이든, 물건 생산은 수요와 공급의 힘 사이에서 평형을 이룰 수 있는 한도, 즉 그 한계에까지 나아간다. 그 물건의 수량과 가격, 그 제조에 사용된 여러 가지 생산요소, 즉 생산수단의 수량과 그 가격이라는 모든 요소는 서로 다른 것을 결정하고, 만일 외적인 원인이 그 하나를 변동시킨다면 그 동요의 효과는 다른 모든 것에 비친다." 그리고 렌트는 "노동과 자본이 정상적 능력으로 수익의 한계에까지 사용된 경우, 동일한 노동과 자본과 능력이 그러한 편익의 도움 없이 운용될 때 얻는 것 이상으로 도움에 의해 얻어질 수 있는 잉여 이익의 가치이다." 이는 렌트(달리 말하면 "사람에 의해 만들어지지 않는 대차적 편익")에도 한정되지 않는데, 그 이유는 우리가 다른 곳에서 다음과 같이 말했듯이 "지대는 결코 독특한 사실이 아니라, 단지 경제현상의 한 가지 거대한 분류 내의 중요한 소분류에 불과하다. 지대이론은 결코 단독의 고립된 경제적 학설이 아니라, 수요와 공급의 일반적 학설에 다른 추론을 적용한 주된 하나의 응용에 불과하다. 그리고 사람이 소유하게 된 천부의 선물에서 생긴 진실의 렌트로부터 토양의 영구적 개량에 의해 얻어진 소득을 거쳐, 농장과 공장 건물, 증기기관 및 더욱 비영속적인 재화에 의해 얻어진 렌트에 이르기까지 연속적인 단계가 존재한다." 그 결과는, 끝없이 균일화하려는 경향이지만, 그것은 단지 한계효용에 대한 균일화에 불과하다. "다른 사정이 동일하다면, 어떤 생산수단의 공급이 크면 클수록 그것은 더욱더, 그 경우에 특별하게 적합하지 않은 용도에도 침입하지 않을 수 없게 되고, 그 사용이 이윤을 낳지 않는 경계나 한계에 있는 용도에서 감수해야 하는 수요 가격은 더욱더 낮아질 것이다. 그리고 그것이 모든 용도에서 얻는 가격은, 수요의 만족에 의해 균일화되는 것인 이상, 이 가격은 모든 용도의 그 가격이 될 것이다."[58]

그리하여 노동자와 자본가 사이의 절대적으로 자유롭고 무제한의 개인적 경쟁의 효과는, 한편으로 정상의 용도에서 가장 열등한 것보다 뛰어난 모든 생산요소가 갖는 대차적 편익의 전부를 그 소유자에게 보장하는 것이고, 다른 한편으로는 각 계급의 생산자 구성원에 대한 개인적 보수를, 당시 그 계급의 구성원들이 최저 이자, 가장 불리한 지위에 있는 자의 수준에까지 저하시키는 것이다. 현대 경제학은 각 계급의 생산자에게, 자유 경쟁에 방임된 경우 그 소득에 어떤 일이 생기는지를 분명히 알려준다. 그계급의 순수한 생산 총액은 엄청난 것일지도 모르고, 고용인에 대한 그 계급 전체의 서비스가 갖는 모든 효용 및 가치는 막대한 것일지도 모르고, 소비자 자신은 상품을 포기하기보다도 더욱 높은 가격을 지불할지도 모른다. 그럼에도 불구하고 만일 그 특정한 계급의 노동자가 고용에 대하여 자유롭게 그들 사이에서 경쟁을 하고, 고용인은 무제한으로 이러한 '완전 경쟁'을 이용한다면, 그 계급 전원이 감수해야 할 가격은 그 계급에 마지막으로 더해지는 노동자, 즉 그 "고용이 이윤이 얻어질 수 없는 경계나 한계가되는" 자에 의해 결정될 것이다. 완전 경쟁하에서 "각 계급의 노동자 임금은 그 계급의 한계적인 노동자의 추가적 노동에 의한 생산물과 동등하게되는 경향을 갖는다."[59]

그러나 개별의 고립된 임금소득자가 그렇게 포기하는 것을 고용인이 반

---

58) 알프레드 마셜, 『경제학 원리』, 제6권, 제1장, 588쪽, 591쪽, 609쪽, 그리고 제9장, 705쪽.
59) 같은 책, 제6권, 제1장, 584쪽.

드시 확보하는 것은 아니다. 왜냐하면 마셜 교수가 지적했듯이, 동일한 논리가 모든 가동적 형태의 자본에도 적용되기 때문이다. 수요의 가격은 자본의 각 단위 사용에 의해 확보된 이익의 모든 효용에 의해 결정되는 것이 아니라, "그 사용이 이윤을 얻을 수 없는 경계나 한계에 있는 용도의" 최후 단위의 가동 자본의 효용에 의해 결정된다. 자본가의 경쟁은 그들로 하여금 가동 자본의 최후, 즉 한계 단위가 갖는 순이익 이외의 것은 모두 소비자에게 인도하게 할 것이다. 그리하여 완전 경쟁하에서는 한편으로는 지주 또는 기타 우수한 생산수단의 렌트나 '준렌트'를 소유하는 자가, 다른 한편으로는 그 소비의 범위에 따라 소비자가 언제나 '대용의 법칙'의 이익을 얻게 된다. 그 법칙은 노동자와 자본가의 소득이 특별한 경우, 당시의 한계적 사용의 등가의 수준을 넘어 상승하는 때, 언제나 마찬가지로 삭감하는 것이다.[60]

그러므로 정상의 임금률에 관하여 오늘날 추상적 경제학이 우리에게 가르쳐줄 수 있는 것은, 완전한 자유 경쟁이 행해지는 경우, 일정한 동질의 노동자로 구성된 각 계급에서, 그것은 언제나 그 계급의 '한계 노동자'에

---

60) 이러한 분배이론이 그 논리적 완전성을 확보하기 위해서는, 먼저 그 고전 경제학자를 따라 (1) 이러한 자본의 한계적 사용의 등가야말로, 어느 사회에서도 자본이 축적되고 생산적으로 사용되는 액을 정확하게 결정하는 축적률은, 이율이 '정상의' 이율과 상위한 경우마다 영향을 받아 결국에는 그 상위를 상계한다고 가정할 수 있어야 하고, (2) 한계적 노동자의 순생산액이 노동자 수를 결정하고, 인구의 증가는 이러한 '정상의' 임금과 정확하게 상응하는 것이라고 믿을 수 있어야 한다. 그러나 우리는 현재의 인간성을 전제로 하여, 이율의 상승이 일반적으로 생산적 자본의 액을 증대시키는 것인지 아니면 감소시키는 것인지, 또는 임금 인상이 출생률을 증가시키는 것인지 감소시키는 것인지를 알지 못하기 때문에, 자본의 액과 인구의 수는 어느 것이나 추상적 경제학과 관련되는 경우, 지금과 같이 부정수 (不定數; Interminate)로 취급되어야 하고, 또는 도리어 추상적 경제학자가 단지 그 시기와 나라에서 통계학자로부터 얻을 수 있는 재료로 취급되어야 한다.

의해 확보될 수 있는 것 이상으로 나올 수 없는 경향을 갖는다는 것, 그리고 노동이 다양한 계급 사이를 자유롭게 움직이는 것으로 취급될 수 있는 한, 그것은 사회 전체의 '한계 노동자'에게 부여되는 이상으로 나오지 않는다는 것이다. 그것이 어느 정도인가 하는 것은, 설령 완전 경쟁과 자유 이동을 가정한다고 해도, 추상적 경제학의 어떤 이론에 의해서도 결정할 수 없다. "따라서 이 문제의 결론으로 보이는 것은" 우리가 최근의 체계적 저자가 말하듯이 "어떤 직업에서도 정상적 임금률을 장기간에 걸쳐, 또는 종국적으로 결정할 수 있는 짧고 간단한 법칙은 존재하지 않는다는 것이다. 우리는 그 중간에 그것이 존재해야 하는 최고의 한계와 최저의 한계를 어느 정도의 정확함으로도 지시할 수 없고, 따라서 우리는 어느 한 점을 잡아 시장의 율은 그 부근을 이동하는 것이라고 할 수도 없다."[61] 완전한 경쟁이 행해지는 경우에도, 이처럼 임금 계약이 필연적으로 부정확하다는 것은, 1869년에 손턴이 주장했고, 나아가 수학적으로 실증되었다. 비교적 주목을 받지 못한 어느 논문에서 비범한 능력을 가진 물리학자인 플리밍 젠킨은 1870년 당시의 경제학자들에게, 그들 자신의 논리에 의하면 임금률은 임금소득자가 자기 보호의 길을 강구하느냐 여부에 따라 변동하는 것이라는 결론에 이르게 된다고 밝혔다. 당시에 행해진 중산 계급의 의견과는 정반대로 그는 다음과 같은 결론을 내렸다. "노동자가 그의 임금에 관하여 거래하지 않는 경우는, 파산을 당한 것과 마찬가지의 강제 매각이나, 보류 가격 없는 경매에 의한 매각의 경우와 같다. … 상품은 팔려야 한다는 것, 즉 실제로 보류 가격이 존재하지 않는다는 것이 알려지면, 수요곡선은 내려가고 이와 동시에 공급곡선은 오르는 이중의 작용에 의해 가격

61) J. S. 니콜슨(Nicholson), 앞의 책, 353쪽.

은 저하된다. … 일정한 시장에서, 수년간의 평균을 통해 거래를 형성하는 힘은 매도자로 하여금 [그 힘이 없는 경우보다도] 더욱 높은 가격을 얻게 할 수 있을 것이다."[62]

이러한 문제의 전반에 걸쳐, 1881년 F. Y. 에지워스 교수는 수학적 견지에서 상세하게 연구했으나, 그다지 주목받지 못했다. 그는 다음과 같은 결론을 내렸다. "지금 가령 임금과 노동을 제공하는 동수의 고용인과 피고용인으로 구성되는 시장이 있고, 어느 노동자도 2인의 고용인에게 고용될 수 없고, 어느 고용인도 한 사람 이상을 고용할 수 없다고 한다면, 또 가령 그 양 당사자 사이의 균형이, 급격하게 고용인의 손에 부가 들어가 파괴된다고 가정한다. 그러면 그 구조 전체가 소위 자연 법칙의 작용에 의해 정해지는 경향이 있다든가, 또는 우리가 미리 각자나 평균 매매자의 참된 요구를 안다면 예언할 수 있는 것과 같은, 그렇게 확정적인 조정도, 지극히 일반적인 단독의 특유한 조정도 결코 존재하지 않는다. 반대로 거기에는 무한의 거래가 **선험적으로** 가능한 것이고, 그중의 하나를 향해 구조가 움직이지만, 그것은 결코 무수한 우연적이지 않은 (소위) 중성자의 경합에 의해 결정되는 것이 **아니라,** (습관이라는 것을 빼고 말한다면) 소위 거래의 기술이라고 하는 것—흥정의 속임수, 계획된 강요, 기타 무수한, 평판이 나쁜 사고에 의해 결정된다."[63]

개별 생산자와 소비자, 노동자와 자본가 사이의 경쟁은 오늘날 경제학자들이 주의 깊게 설명하듯이 실제 생활에서 완전하게 행해지기는커녕, 그

---

62) 플리밍 젠킨스, 「수요공급 법칙의 도해」, 『연구 여록(Recess Studies)』(Edinburgh, 1870), 173쪽, 175쪽.
63) 현재 옥스퍼드 대학교 경제학 드러먼드 교수인 F. Y. 에지워스(Edgeworth)의 『수학적 심리학(Mathematical Psychics)』(London, 1881), 46쪽.

런 경향조차 보이지 않는다.[64] 단결은 우리가 들은 바로는, 경쟁과 마찬가지로 "현대 산업의 정상적 상태이다."[65] 그리고 실로 마찬가지로 그것이 근거하는 계약 자유라는 주장으로부터도 그러하다. 임금소득자가 단결하여 그 고용조건을 개선하고자 할 때, 또는 다른 한편으로 고용인들이 암암리에 또는 공공연히 결합하여 임금을 저하시키려고 할 때, 또 대자본가의 기업이 어떤 종류의 직업을 사실상 독점하고 있을 때, 추상적 경제학은 그 결과를 전혀 예언할 수 없다. 마셜 교수가 말하듯이 "어떤 산업의 고용인들이 그 행동을 함께하고, 피고용인들도 그럴 경우, 임금 문제의 해결은 불확정적이다. 전체적으로 그 산업은 그것이 생산하는 상품에 대해 얻을 수 있는 가격의 총계가, 그것이 매입한 원료품 등에 대해 다른 산업에 지불되어야 하는 것을 초과하는, 그 액에 상당한 잉여를(즉 준렌트를) 받는다고 간주할 수 있을 것이다. 그리고 **이러한 잉여가 고용인과 피고용인 사이에 나누어야 할 정확한 몫을 결정하는 것은 바로 거래이다.** 임금의 저하도, 그것이 불필요하고 많은 숙련노동자를 다른 시장으로 내모는, 또는 심지어 그들의 특수한 기량으로부터 얻은 특별한 수입을 포기하는 다른 산업으로 내모는 경우에는 영구적으로 고용인의 이익이 되지는 않는다. 그리고 임금은 평균적인 한 해에 젊은 사람들을 그 산업에 매혹되도록 높아야 한다. 이는 임금에 대해 낮은 쪽의 한도를 설정하는 것이고, 높은 쪽의 한도는

---

64) "실제 생활에서는 그러한 불화의 장애가 무수히 존재한다. 어떤 시기, 어떤 생산 부문에서도 그것이 완전히 결여되지 않는다. 따라서 가격의 법칙은 대체로 정당한 것에 불과한 하나의 법칙으로, 예외가 너무나 많은 법칙으로 인정된다. 이러한 크고 작은 무수한 예외는 기업가의 이윤을 낳는 무한한 원천이지만, 동시에 기업가의 손실을 낳는 것이기도 하다." E. V. 뵘-바베르크(Böhm-Bawerk), W. 스마트(Smart) 옮김, 『자본에 대한 적극적 이론(The Positive Theory of Capital)』(London, 1891), 334쪽.

65) 글래스고 대학교 경제학 애덤 스미스 강좌 담당 교수인 W. 스마트의 『경제학 연구』, 259쪽.

자본 및 사업 능력의 공급에 관한 같은 요건에 의해 결정된다. **그러나 어느 일정한 시기에 이러한 한도 내에서 어떤 점이 취해져야 하는가는, 흥정과 거래에 의해 결정될 수 있는 것에 불과하다.**[66]

그리하여 우리는 노동자에게 만일 경제적으로 필요한 것보다 더욱 낮은 임금과 더욱 나쁜 고용조건을 감수해서는 안 된다고 한다면, 고용인이 제기하는 조건이 무엇이든 간에 모두 단순히 묵종해서는 안 되고, 신중하게 '흥정과 거래'에 의해 그들 자신의 보호하는 단계를 밟아야 한다는 것은, 경제적으로 허용되어야 할 뿐만 아니라, 우리의 최대의 학문적 권위라는 견지에서도 자기 보전에 필요한 것임을 알게 된다. 워커는 다음과 같이 말했다. "만일 노동자가 어떤 이유로 그 이익을 추구하지 않으면 **그는 그 이익을 잃게 된다.** 그 원인이 신체적 위험에 대한 공포, 빈곤, 무지, 비겁, 또 비난에 대한 두려움인지, 아니면 그가 그 이익을 추구하지 않아도, 그 이익이 그를 추구한다고 그에게 확신해주는 나쁜 경제학의 효과에 있는지는 묻지 않는다."[67] 그리고 만일 노동자가, 그들이 어떻게 이러한 흥정과 타협 시에 그 지위를 강화할 수 있는지, 어떻게 하면 가장 유효하게 그들 자신의 이익을 추구할 수 있는지 묻는다면, 추상적 경제학은 오늘날, 적극적으로 단결이라고 답할 것이다. 1869년에 J. S. 밀은 다음과 같이 말했다. "노동을 사는 사람과 파는 사람 사이의 인내력 경쟁에서, 피고용인 간의 견고한 단결만큼 고용인과 투쟁하여 성공할 수 있는 기회를 부여하는 것은 없

---

66) A. 마셜, 『산업경제학 요론(*Elements of Economics of Industry*)』(London, 1892), 341쪽. "수요와 공급은 노동자 자신의 의지와 행동의 참여 없이, 노동자의 손에 일정액의 임금을 주는 물리적 요인이 아니다. 시장률은 그에게 어떤 자발적인 수단에 의해 결정되는 것이 아니라, 사람들 사이의 거래 —애덤 스미스가 말한 '시장의 흥정'— 의 결과이다." J. S. 밀, 『경제학 원리』, 제5편, 제1장, 제5절.

67) F. A. 워커(Walker), 앞의 책, 364쪽, 411쪽.

다."[68] 이는 1869년 당시 밀의 경제학 친구들을 가장 놀라게 한 결론의 하나였으나, 그것은 이후 경제학의 상식이 된 것이었다.[69] 1881년, 에지워스 교수는 이미 우리가 인용한 그의 저서에서 이를 수학적으로 분석하여 반석 위에 놓았다. 그는 긴 수학적 논의를 요약하여 다음과 같이 말했다. "인원수와 성질과 결합이 같지 않은 일반적 경우, 결합은 불확정성을 도입하거나 증가시키는 경향이 있다. 그리고 그것에 의해 얻어진 최종 결정은, **결합되는 것에게는** 이전에 존재한 (확정적이거나 불확정적인) 최종 결정보다도 **더욱 유리한** 것이다." 그의 의견에 의하면 사실상 "불완전한 분자의 혼란 속에서, 경쟁적 군집의 혼잡 속에서 추상적 견지에서 인정될 수 있는 유일한 사실은, 결합에 의해 견고한 단체를 형성하는 것이 **손해를 끼치는 것이 아니라 이득을 보게 하는 경향이 있다고 하는 것이다.**"[70] 또한 결합은 어떤 의미에서도 결코 독점을 요하지 않는다. 에지워스는 이어서 말한다. "만일 가령 강력한 노동조합이 교환물을, 즉 (그들이 정당하게 요구할 수 있는) 부와 교환하는 노동의 양을 결정하려고 하지 않고, 단지 그 교환의 비율을 결정하려고 하면, 각 자본가에게 그 비율로 수요할 수 있을 만큼의 노동을 사도록 위임하게 하고, 앞에서 말한 종류의 조합원에게 유리한 불확정성은 여전히 존재할 것이다." 어떤 직업도 다른 직업의 이익을 고려하기보다도, 자신의 고용인과 교섭하여 자신을 위해 가능한 최선을 다하는 것을 억제할 필요는 전혀 없다. 타우식 교수는 다음과 같이 말했다. "실제 생활에

---

68) 〈격주 평론〉, 1869년 5월호, 「논문과 토의」, 제4권, 42쪽.
69) "단결은 사실상 빈민에게 거래 시에 부자와 동등한 지위를 갖게 할 수 있는 유일한 길이다." H. 시지윅(Sidgwick), 『정치학 요론(*Elements of Politics*)』(London, 1897), 제28장, 제2절, 579쪽.
70) 에지워스, 앞의 책, 43~44쪽.

서 파업이나 노동조합의 압박, 또는 단순한 협정에 의해 확보한 임금의 특별한 인상이, 직접 관계를 갖지 않는 사람들의 임금에 조금이라도 상계적인 손실을 초래할 수 있음을 인정하는 것은 매우 드문 일이고, 필경 있을 수 없는 것이라고 안전하게 말할 수 있다. … 그 명백한 이익을 상계하는 손실을 추적할 수 있는 기회는 없다. 확실히 모든 노동자의 이익에 진심으로 관심을 갖는 공정하고 현명한 충고자도, 어느 부분의 노동자에 대해 그들의 고용인으로부터 더욱 좋은 조건을 얻고자 하는 노력을, 그 성공 뒤의 결과로서 다른 동료를 해치는 것을 두려워하여, 상담하기 전에 오랫동안 주저할 것이다. 만일 그 밖에 반대의 이유가 없다고 한다면, 그는 쉽게 다음과 같이 주장할 수 있다. 즉 경제학은 결코 그들의 노력에 반대할 이유가 없고, 도리어 그들에게 호의적인 많은 것을 갖는 것이다."[71] 그리하여 시지윅 교수는 매우 쉽게 추상적 경제학이 임금 인상의 노동조합에게 모든 가능한 것을 분명하게 하는 여러 전형적인 경우를 열거하고 다음과 같은 결론을 내렸다. "위의 모든 경우에 노동자의 단결은 일시적이든 영속적이든, 임금 인상을 확보하게 할 수 있지만, 어떤 경우에도 최후의 것을 제외하면 그 이익을 장래의 손실에 의해 상계한다고 하는 명백한 경향은 전혀 보이지 않는다. 이러한 경우는 실제로 매우 예외적으로는 보이지 않고, "노동조합은 결국 임금 인상에 성공할 수 없다"는 명제가 산업의 실제 사실과 조금도 일치하는 것으로 보이지 않는다. 이와 동시에 사실상 과거 경제학자의 결론인 "만일 어떤 부분의 노동자가 그런 방법으로 임금 증가를 확보하게 된다면, 다른 노동자의 임금은 이에 따라 감소하지 않을 수 없

---

71) F. W. 타우식, 앞의 책, 103~104쪽.

다"[72)]는 것에는 어떤 근거도 존재하지 않는다. 마지막으로 마셜 교수의 신중한 의견을 들어보자. 그는 노동조합운동에 대한 찬반 의견을 주의 깊게 요약하여 다음과 같이 말했다. "어떤 종류의 독점을 갖는 직업에서 노동자는 그 수를 제한함으로써, 어느 정도로는 고용인의, 주로는 일반 사회의 부담에 의해 매우 높은 임금을 확보할 수 있다. 그러나 그러한 행동은 일반적으로 숙련 노동자의 수를 감소시키고, 그리하여, 또는 기타의 방법에 의해 총계로는 그것이 당해 직업 내의 노동자 임금을 증가시키기보다도 더욱 많은 직업 외 노동자의 임금을 저하시키게 된다. 따라서 그 차이를 제하면 그것은 평균임금을 저하시키게 된다. …[73)] 이러한 종류의 이기적이고 배타적인 행동을 제외하면, 우리는 노동조합이 일반적으로 그들의 고용인과 거래를 맺어 노동자가 개인으로서 미치는 보류(가격) 없이 거래하는 경우에 받아야 할 특별한 불이익을 제거할 수 있음을 알게 된다. 그리고 그 결과 고용인은 종종 그렇지 않은 경우보다도 어느 정도 높은 임금을 지불하는, 가장 저항이 적은 길을 알게 된다. 높은 고정 자본을 요하는 직업에서 강력한 노동조합은, 일시적으로 순수입의 총액(사실상은 준렌트이

---

72) 케임브리지 대학교 도덕철학 교수인 H. 시지윅의 『경제학 원리(*Principles of Political Economy*)』(London, 1883), 363쪽.

73) 다른 대가들은 추상적 경제학의 이론에 의해 이러한 불이익이 필연적으로 생기는 것을 증명할 수 있음을 의심한다. 에지워스 교수는 다음과 같이 말한다. "만일 노동조합이 국민적 생산 총액을 감소시키는 경향이 있다고 주장하는 노동조합운동에 대한 반대론을 강요하고자 시도한다면, 노동조합 운동가는 분명히 이에 답하여, 노동조합 운동가는 '경제인'으로서 생산 총액에 관심을 갖지 않는다고 말할 것이다. 생산 총액이 감소하기 때문에 노동자의 몫이 감소한다고는 추론할 수 없다(손실은 자본가와 기업가에게 떨어질지 모른다. 후자의 압축성은 시지윅 교수에 의해 분명히 제시되었다. 〈주간 평론〉, 1879년 9월호). 현명한 노동조합 운동가가 그 증대에 관심을 갖는 양, 즉 노동자의 효용의 양이 감소해야 한다는 것도 역시 추론될 수 없다." 『수학적 심리학』, 45쪽.

다)을 대부분 노동자 쪽으로 이전한다. 그러나 자본이 받는 이러한 손실은 일부 소비자에게 전가되고, 다른 일부는 그 반동에 의해 고용을 감소시키며 임금을 저하시킨다. … 다른 사정에 차이가 없다면, 어느 직업에 노동조합이 존재하는 것은 다른 직업과 비교하여 임금을 상승시킨다. 그러나 노동조합이 임금의 평균 수준에 미치는 영향은, 그 각각의 직업에 미치는 영향으로부터 추정하는 것보다 적다. 어떤 직업에서 임금 인상을 위해 채택하는 수단의 효과가 사업을 더욱 곤란하게 하고, 불안하게 하고, 기타 위험에 처하게 하는 경우에는, 필경 다른 직업의 고용을 감축시키고, 그 결과 마침내 그들이 자신에게 이익이 되기보다도 더욱 큰 액수의 임금 손실을 다른 직업에 부담시켜, 임금의 평균 수준을 저하시키고, 이를 상승시키지 않게 된다. … 직접적 수단에 의해 일반 임금을 높이는 노동조합의 힘은 결코 크지 않다. 이는 시대의 경제적 세력의 추세가 임금 인상에 반하는 경우, 이와 싸워 승리를 얻기에도 결코 충분하지 않다. 그러나 이것이 노동자의 시위를 도덕적으로나 경제적으로 개선하고자 하는 경향을 갖는 일반적 세력과 협력하여 그것을 강대하게 하도록 사용하는 경우에는, 노동자에게 물질적으로 이익을 주기에 충분하다."[74] 따라서 그러한 중산 계급의 민중적인 조언자가 현대에 확신을 가지고 말하듯이 오늘의 경제학자에게 "노동 계급의 인위적인 메커니즘인 단결에 대한 열광적인 신뢰는, 개인적 경쟁제도라고 하는 더욱 자연적이므로 더욱 좋은 제도에 대한 신뢰에 그 지위를 양도하고, 노동의 고용이 상품 교환과 같이 자유롭게 행해지며, 수요공급이라는 천부의 법칙에 의해 통제되는" 때를 기대하는 것은 가능

---

74) 알프레드 마셜, 『산업경제학 요론』, 407~408쪽.

하지 않다.[75]

　그리하여 오늘날 경제학의 권위자들은, 매컬로크와 밀, 나소 시니어와 해리엇 마티노, 포셋과 케언스에 의해 확신을 가지고 행해진 노동조합 반대론을 회고하면서, 나소 시니어가 담당한 강좌를 현재 담당하는 사람의 말을 빌리면, "노동조합운동에 관하여, 미리 예정된 임금기금에 관한 것과 마찬가지로, 노동자의 백지의 마음은, 잘못된 방법에 의해 오도당한 경제학 지식보다도 더욱 진지하게 목적지에 도달했다"[76]고 하는 것을 겸손하게 인정하지 않을 수 없게 된다. 사실 추상적 경제학의 판단은, 일정한 제한만을 붙이자면, 노동조합의 주장에 분명히 좌우된다. 이러한 노동조합운동에 대한 추상적인 견해가, 실제 생활의 사실 문제와 관련하여 과거의 경제학자들이 도달한 것과 반대되는 판단보다도, 조금이라도 더 많은 가치를 갖는 것인지 여부에 대해서는 의견이 나누어져 있다. 우리 자신으로서는 수학의 도움을 빌리든 빌리지 않든 간에, 경제학적 추상의 기술을 전적으로 믿고자 하지 않는다. 우리는 산업 생활의 과정이 실제로 존재하는 것을 고찰하는 것에 더욱 큰 중요성을 두고자 한다. 따라서 다음 장에서 우리는 이미 서술했듯이, 분명히 고용조건을 좌우하는 '흥정과 거래'의 과정을 탐구하고자 한다.

75)　제임스 스털링, 『노동조합운동』, 5쪽.
76)　F. Y. 에지워스, 앞의 책, 45쪽.

2장
시장의 흥정

　노동자가 관계하는 시장의 흥정은 종종 노동자 자신과 그 고용인 사이의 교섭에 한정된다고 생각되어왔다. 그러나 국민 산업의 모든 생산물 중에서 하나의 계급으로서의 임금소득자, 또는 개별 노동자에게 돌아가는 몫은, 특히 '쟁탈지'(Debatable Land)로 간주되는 부분의 분배는 단순히 자본가인 고용인에 대한 노동자 지위의 강약에만 의존하는 것이 아니라, 그 고용인의 도매상인에 대한, 도매상인의 소매상인에 대한, 소매상인의 소비자에 대한 전략상의 지위에도 의존한다. 시장의 흥정은 자유 경쟁과 개인 거래라는 제도하에서 고용의 조건을 결정하는 것으로, 이는 육체노동자, 자본가인 고용인, 도매상인, 소매상인, 소비자를 하나로 묶는, 거래의 연쇄 속에서 행해진다. 육체노동자와 소비자 사이에 개재하는 이러한 중개자의 열(列)에 대한 증원이나 감원은 ―자본가인 고용인이나 도매상인이나 소매상인의 제외, 하나의 끝에 하위 상인(Sub-Contractor), 다른 끝에 털리면[1]의 가입은— 모두 실제로 모든 당사자의 지위를 현저히 바꾸는 것으로 인정된다. 따라서 우리는 이 연속 거래의 각 조건을 각각 고찰해야 한다.[2]

구직 노동자가 과잉인가 아니면 그 반대로 충족되어야 할 결원이 남아 있는가, 제조업자는 상품을 쌓아두고 있는가 아니면 주문에 응할 수 없는 상태에 있는가, 상인의 '매출'은 감소하고 있는가 아니면 급속히 증가하고 있는가, 이 모든 과잉이나 부족에 관한 고찰은 모두 이를 잠시 한쪽에 버려두는 것이 편리하다. 물론 이러한 공급과 수요의 상위는 특정한 거래를 결정하는 힘의 상대적 압력에 현저히 영향을 미칠 것이다. 그러나 이러한 종류의 동요는, 그것이 그 관계 당사자에게 아무리 중요하다고 해도, 그리고 결국에는 어떤 계급의 이익을 위하여 기울어진다고 아무리 믿을 수 있다고 해도, 그것은 오로지 여러 개별적 관계의 본질과 영구적인 특징을 모호하게 만드는 것에 불과하다. 그래서 그 특징을 분명하게 밝히기 위해, 우리는 시장이 완전하게 균형을 취한 상태에서, 공급은 수량에 있어서 확실히 수요와 동일하다고 가정해야 한다.

---

1) 털리먼(Tallyman)이란 일종의 옷 행상인으로 고객의 집을 방문하여 그 상품을, 특별히 비난받는 외상판매제로 파는 자들이다. 체임버스(Chambers)의 『백과사전(*Encyclopaedia*)』(London, 1874) 중의 「털리제도」에 관한 논문, 매컬로크의 『상업 사전(*Dictionary of Commerce and Commercial Navigation*)』(London, 1882), 1357~1358쪽의 '털리 상업'에 대한 우수한 논문, C. S. 디버스(Devas)의 『경제학의 기초(*Groundwork of Economics*)』(London, 1883), 제213절, 443쪽을 참조하라.

2) 과거의 경제학자들이 언제나 그들을 둘러싼 산업계의 실제 구조를 간과하여, 보통 그 분석을 '자본가'와 '노동자'라고 하는 추상적 존재에 한정한 것은 우리가 가장 만족할 수 없는 특징의 하나이다. 영국 사업 조직의 대강에 관한 간단한 설명은 〈19세기〉 1890년 5월호에 실린 비어트리스 포터(시드니 웹 부인)의 「상원과 스웨팅 시스템」에 대한 논문을 참조하라. 영국 실업 생활의 실제 메커니즘에 관한 체계적 분석은 매우 필요하다.

먼저 우리는 직공과 자본가-고용인 사이의 거래부터 시작해보자. 여기에는 하나의 자리가 비어 있고, 이에 대해 한 사람의 지원자가 있다고 가정하자. 그 직공이 고용인이 부리는 직공장에게 그 자리를 구하는 경우, 쌍방의 거래 당사자는 전략상의 힘에서 현저히 상위하다. 첫째, 선택에 차이가 있다. 만일 직공장, 그리고 그가 대리하는 자본가-고용인도, 그 직공과 이야기를 제대로 할 수 없는 경우에는, 그 사업 수행에서 불편을 겪을지 모른다. 그들은 다른 직공을 설득하여 더욱 열심히, 또는 시간외에 근무하게 해야 할지도 모른다. 나아가 기계를 운전할 수 없게 되고, 그로 인해 주문받은 것을 완성하는 데에 시간을 끌게 될지도 모른다. 그러나 설령 직공이 완고하다고 해도, 그 자본가가 받는 최대의 불이익은 그해의 이윤이 다소 감소하는 것에 불과한 것이다.[3] 그사이에 자본가도, 그의 직공장도 그 아내와 가족과 함께, 그 영향을 전혀 받지 않고 그 가계를 계속한다. 당해 직공과의 계약이 체결되어도 체결되지 않아도 그들은 변함없이 먹고 마시며 일하고 즐긴다. 그러나 임금소득자의 경우는 그것과 매우 다르다. 만일 그가 직공장이 내세우는 조건을 하루라도 거부한다면, 그는 그날 하루의 생존을 위한 활력을 전혀 갖지 못하게 된다. 만일 그가 그 노동 외에는 절대적으로 수입원을 갖지 못한다면, 바로 그 다음날 공복이 그를 굴복시키게 된다. 설령 그가 조금 저축을 하고 있고, 가구가 딸린 방 두 개를 가지고 있다고 해도 그와 그의 가족은 그 소중한 저축을 직접 재난에 대해

---

3) 노동조합운동에 대한 최근의 비판가는 이러한 불평등을 부정하고 있다. 그들이 내세우는 이유는, 고용인이 양보할 수 없는 경우 임금소득자는 굶어야 하는 것과 마찬가지로, 직공이 반항하는 경우 고용인은 파산할 수 있다는 것이다. T. S. 크리, 『노동조합이론 비판』, 20쪽. 그러나 이러한 주장은 '파업에 의한 업무의 정지,' 즉 임금소득자의 의식적인 협동운동을 전제로 하는 것이므로, 이는 그 주장자가 불필요하다고 선언한 노동조합운동 자체를 전제로 하는 것이다.

희생하거나, 그 가구를 팔아야 비로소 생활이 가능해진다. 조만간 그는 그 것에 복종해야 하고, 그렇지 않으면 굶어죽거나 구빈원에 가야 한다.[4] 그 리하여 시장 거래의 결과라는 것은 대부분, 계약 체결을 희망하는 당사자 의 상대적인 열의의 정도에 의해 결정되는 것이므로 ―그 열의를 숨길 수 없는 경우에는 특히 그렇지만― 이제 그 이유에서 보아도 "육체노동자는 계급으로서, 거래상 불리한 지위에 놓인다"고 인정하게 된다.[5]

그러나 거래 당사자 사이에는 거래의 성공에 필요한 사정에 관한 지식 에서도 크게 차이가 있다. 제번스에 의하면 "거래의 기술은 주로 구매자가 그 물건을 팔고자 하는 최저가격을 구입자가 찾아내는 것에 있고, 만일 가 능하다면 구입자가 주고자 하는 최고가격을 구매자가 누설하지 않는 것이 다. … 타인의 생각을 읽는 힘은 상거래에서 매우 중요하다."[6] 그래서 고립

---

4) 흥미로운 것은 1773년, 프랑스의 어느 무명 필자가 이를 밝혔다는 점이다. "거액의 부와 다 수의 일용 노동자가 존재하는 곳에서는 언제나 일상의 가격이 다음과 같이 결정된다. 일용 노동자가 일정 액을 요구하면 재산이 쪽은 그것보다 적은 액수를 제시하면서 나음과 같이 첨언한다. 즉 '나는 너 없이 며칠이라도 살아가지만, 너는 나 없이는 단 하루도 살지 못해.' 그래서 거래는 바로 일용 노동자에게 불리하게 결정된다." P 씨의 『장 바티스트 콜베르 찬 사(Éloge de Jean Baptiste Colbert)』(Paris, 1773), 8쪽. 그 3년 뒤 애덤 스미스는 다음과 같 이 말했다. "결국 직공은 그 고용인에게, 마치 그 고용인이 직공에게 필요한 존재인 것과 마 찬가지로 필요한 존재이리라. 그러나 그 필요의 정도는 그렇게 절실하지 않다."(『국부론』, 제1편, 제9장. 30쪽) 뒤 셀리에(Du Cellier)는 『프랑스 노동 계급의 역사』에서 "노동시장에서 의 다툼은 너무나도 종종, 두 사람의 평등한 계약 당사자 사이의 관계가 아니라, 지갑과 위 장 사이에서 생겨난다"고 썼다(324쪽). 총명한 미국 헌법의 편찬자들은 "인간성의 일반적인 과정에서, 사람의 생계에 대한 힘은 그 사람의 의지에 대한 힘이 된다"고 말했다(『연방주의 자들(Federalist)』, 제79호).
5) 알프레드 마셜, 『경제학 원리』, 제6편, 제4장, 649쪽. "거래에서 노동자가 불리한 점의 효과 는, 따라서 두 가지 방향으로 직접적으로 가해진다. 그것은 그의 임금을 저하시키고, 이는 위에서 말했듯이 직공으로서의 그의 능률을 저하시키며, 따라서 그 노동의 정상적 가치를 저하시키게 된다. 나아가 그것은 거래자로서의 그의 능력을 저하시키고, 그리하여 그가 그 노동을 정상적 가치보다도 더욱 값싸게 팔 기회를 증가시킨다."

된 노동자의 지위에 본질적인 경제상의 약점은 앞에서 말한 대로, 고용인과 직공장에게 반드시 알려지는 것이다. 반대로 고립된 노동자는 고용인의 지위에 대해 아무것도 모른다. 직공 1명의 결원이 자본가-고용인에게는 매우 불편하다는 지극히 예외적인 경우에도, 이는 고용인의 사무소 밖에 있는 누구에게도 알려지지 않는다. 나아가 더욱 중요한 것은, 고용인이 그 생산물에 대한 시장 상황을 잘 알기 때문에, 얼마까지 지불하는 것이, 완전히 노동 없이 가거나, 여러 주 동안 고용을 연기하는 것보다도 이익인 것을 명확하게 판단할 수 있다는 점이다. 그러나 고립된 직공은 어떤 노동조합 간부의 도움을 받지도 못하고, 또 다른 도시의 직공과 소통할 수도 없어서 그가 얼마를 구할 수 있는지에 대해 암흑 상태에 놓인다.

이러한 중요한 두 가지 불이익에 비해 비교적 작은 것이지만, 직공은 그 지위와 훈련으로부터 거래 기술 자체가 고용인과 그 직공장보다도 훨씬 서툴다는 점이 있다. 이러한 기술은 기업가의 일상생활의 대부분을 차지하고, 한편 직공장은 직공의 고용과 감독에 뛰어난 수완으로 인해 특별하게 선발된다. 이에 반하여 직공은 본질적으로 자본가-고용인의 기술 가운데 본질적인 하나의 기술을 형성하는 것에 대해 아무런 경험이 없고, 실제로 어떤 훈련도 받지 못한다. 그는 한 가지 종류의 거래 외에는 어떤 거래도 하지 않으며, 그것도 거의 하지 않으며, 설령 한다고 해도 그의 생활의 지극히 작은 부분에 불과한 기회에 머물 뿐이다.

그리하여 노동계약을 체결함에 있어서, 고립적인 개별 직공은 그 동료와의 단결에 의해 전혀 보호받지 못하기 때문에, 자본가-고용인에 비해 모

---

6) W. S. 제번스(Jevons), 『경제학 원리(*Theory of Political Economy*)』(London, 1888), 제4장, 124쪽.

든 점에서 불리한 지위에 있다. 게다가 그는 더욱 심각한 불이익을 당하게 된다. 직공의 고용 시에는 상품의 매매 계약과 달리, 반드시 많은 조건을 명확하게 정하지 않고, 대체로 어떤 일정한 서식으로 표현하지도 않는다. 고용계약의 이러한 불확정성은 어떤 점에서는 고용인에게 불리하게 된다. 일정한 임금의 대가로, 그 직공은 현재 일반적으로 인정되는 표준의 양과 질의 일을 하겠다고 암묵적으로 승낙한다. 이 점을 명확하게 결여하면 그를 태만하게 만들거나 멋대로 굴게 할 수 있다. 그러나 이에 대해 고용인은 감독을 두거나 직공장의 명령에 순순히 따르도록 하고, 필경 정교한 벌금이나 감액이라는 제도를 두어 스스로를 보호한다. 업무의 속도나 생산물의 질과 관련하여 적어도 다툼이 있는 경우에, 직공장의 결정은 절대적이다. 그러나 직공의 경우, 그 계약의 불확정성은 훨씬 많은 개인적 곤란을 야기하는 원천이 되고, 실제로 이를 제거할 수 있는 길은 그에게 전혀 없다. 새로이 1명의 '직공'이 제조 공장에 고용된 경우, 실제로 그와 직공장 사이에 명확하게 협정하는 유일한 것은, 그 주급액이나 성과급 업무의 비율 등급에 불과하다. 몇 시간 일해야 하는 것인지, 어느 정도의 속도나 강도로 일해야 하는지, 어느 정도의 휴게가 식사 시간으로 부여되는지, 어떤 벌금과 감액을 받게 되는지, 추위와 우천에 대비한 어떤 설비가 있는지, 환기 및 재해 방지를 위한 설비나 위생 설비, 소음과 냄새와 먼지는 어느 정도인지, 직공장의 기질이나 동료의 태도 등의 모든 것은 당연한 것으로 간주된다. 왜냐하면 보통 고용 시에 직공은 고용인의 공장에 있는 조건을 수용하고 고용인의 합법적인 명령에는 모두 복종한다는 것을 암묵리에 승인하기 때문이다. 그 조건이 보통의 수준보다 더 나쁜 경우에, 직공은 더욱 높은 임금을 지급하지 않으면 그런 직장에서 더 이상 일하지 않겠다고 말하도록 권할 수 있을지 모른다. 그러나 설령 그가 그 불리한 화폐에 의해 견적할 수 있고, 더 높은 가격을 주장할 수 있다고 해도, 그는 그 계약을 맺어서 그 일을 시작하기까지는, 그 어떤 조건에 대해서도 알 수 없다. 나아가 그러한 조건이라는 것은, 법률이나 단체교섭에 의해 정해지지 않으면, 언제라도 고용인이 멋대로, 또는 직공장이 멋대로 변경할지 모른다. 그러므로 고립적인 직공이 그 계약을 체결한 경우, 그는 화폐 임금 이외의 것에 관해서는 그것들이 고수된다고 하는 보증을 전혀 받지 못한다. 이 화폐 임금도 예측할 수 없는 벌금이나 감액에 의해 침해될지 모른다. 다른 모든 고용조건에 대해 그는, 규제될 수 없는 산업조직하에서 그 고용 기간, 완전히 고용인의 손아귀 안에 존재한다. 사실 직공은 그 직장을 포기할 수 있고, 다시금 자신을 시장에 내놓을 수 있고, 다시금 새로운 직장을 구하는 동안 생계를 잃을 위험을 무릅쓰고, 다시 개인 거래라는 위난을 되풀이할 수 있다. 그러나 그가 너무나 어려운 조건을 감수하기보다도, 그 직장을 버리고자 결심한다고 해도, 법적으로 적절한 예고 없이 그렇게 할 자유는 없다.[7] 그리고 그 기간의 고통에 대해서 그는 어떤 구제도 받을 수가 없다.

이상과 같은 것이 노동시장이 완전히 평형 상태에 있는 경우, 고립된 개별 노동자가 자본가-고용인과 거래하면서 받는 불이익이다. 그러나 영국의 어떤 직업에서도 충족되어야 할 지위보다도 더욱 많은 구직공이 없다고 말하는 것은 적어도 보통이 아니다. 실업자가 매일 아침, 공장 문 앞에 모여 있을 때, 누구에게도 직공장으로 하여금 타인이 아니라 자신을 채용하

---

7) 계약에 명시되거나 묵시된 예고 없이는 직장을 그만둘 수 없다는 것은, 직공에게 손해배상의 의무를 지게 한다. 완강한 직공에 대한 고용인의 그런 행동은 빈번하게 행해진다. 특히 탄광업에서 그렇다.

게 하지 못하면 여러 주 동안의 생계를 얻을 기회를 상실할지 모른다는 것은 명백하다. 이러한 사정하에서 거래라고 하는 것은, 고립된 개별 직공에게는 전적으로 불가능하다. 직공장은 단순히 직공을 선택하여 그에게 그 조건을 말하면 된다. 그리고 일단 그 문 안으로 들어가면 그 행운의 직공은 다음을 알게 된다. 즉 아무리 힘들다고 해도 만일 그가 그 주위에 대해 조금이라도 불평을 하는 경우, 또는 그가 속도 강화나 노동시간 연장이나 감축에 대해 이의를 제기하는 경우, 또는 아무리 불합리하다고 해도 모든 명령에 복종하는 것을 주저하는 경우에, 그는 다시 자신을 반아사(半餓死)와 실업의 불행에 빠뜨리게 된다는 것을 알게 된다. 왜냐하면 직공장에게는 이에 대체하는 것을 얻는 것은 그 직장을 찾는 무리 중에서 다른 한 사람을 선택하는 것에 불과하고, 고용인에게는 어떤 사람이라고 해도 차이가 없기 때문이다. 그리고 거래에서 직공이 놓인 본질적인 불리함은 호경기 시에, 나아가 고용인이 직공의 부족을 개탄할 때 없어진다고 가정하는 것은 잘못이다. 그 경우 직공은 다른 고용인에게 채용될 수 있으므로 굶어 죽을 걱정은 없게 된다는 것이 사실이다. 그러나 만일 그가 그 최초 고용인의 조건을 거절하면, 그래도 그날의 생계를 완전히 잃고 그 다음날도 마찬가지로 끝날 위험을 무릅쓰게 된다. 뿐만 아니라 다른 고용인을 구하러 가는 것은 종종 그 가정을 파괴하고, 그 벗들과 헤어지게 만들며, 그 자녀의 학교를 바꾸게 하고, 기타 이전이나 추방의 여러 가지 불편을 낳는다.[8] 한편 고용인도 호경기에는 증가 이윤의 일부를 상실할 위험을 무릅쓰기보

---

8) 그리하여 예외적인 호경기의 한 해였던 1899년, '조선공 동맹 노동조합'의 500~600명 조합원은 기차 운임을 가불하여 그 직장을 상실한 그들의 거주지를 떠나 일자리를 얻기 위해 다른 마을로 갈 수 있게 되었다. '조선공 동맹 노동조합 제15년보'(New Castle, 1897), 164~179쪽을 참조하라.

다도 더 좋은 조건을 제출하게 될 것이다. 그러나 이러한 고이윤 시기에는 '쟁탈지'의 범위가 매우 확대되고, 고용인 이외의 누구도 그 정도를 알 수 없게 된다. 여기서 사정에 정통한 지식의 차이가 매우 중요하게 되고, 고립된 직공에게는 치명적으로 불리하게 된다. 고용인은 다른 회사가 그 노동자에게 얼마를 지불하는지, 그리고 어느 정도까지 정말 직공이 모자라는지를 안다. 따라서 얼마까지 내면 노동자에게 취직할 가치가 있다고 보이게 할 수 있는지 판단할 수 있다. 이에 반하여 고립된 직공은 노동의 부족이 자신의 마을 밖에도 미치는지 아닌지, 장기간 그럴 것인지 아닌지 전혀 모른다. 동시에 그는 얼마까지 요구해야 채용될 수 있는지도 전혀 모른다. 요컨대 호경기에는 임금이 실제로 인상됨에도 불구하고, 그야말로 이윤이 최대인 시기에도 고립된 직공은 그 '쟁탈지'의 분배에 대해 경제적으로 가장 불리한 지위에 선다는 것은 쉽게 논증할 수 있다.

고립된 직공은 노동조합운동의 성질을 갖는 무엇에 의해서도 옹호되지 않아 반드시 거래에서 최악이 된다는 지금까지의 논의는, 자본가-고용인이 그 전략상의 모든 힘을 이용하여 각 임금소득자 계급을 압도할 수 있을 만큼 낮은 조건에 맹종하게 한다는 가정에 의거했다. 그러나 그러한 결과가 각 고용인의 의지와 의향에 의존하는 것이라는 점에서 이 가정은 진실이 아니다. 자본가-고용인은 1년이 아니라 수년의 생산을 목적으로 삼으며, 그의 사업을, 한 세대에서 다른 세대로 전할 가치가 있는 재산으로 간주하므로, 설령 그 자신만을 위한다고 해도 그는 임금 저하가 그 업무의 영구적 능률 위에 미치는 모든 개연적 효과를 잊게 하지 않을 것이다. 그는 그의 직공을 나쁜 고용조건에 따르게 하면, 부지불식간에 그가 이루는 업무의 양과 질을 저하시키는 것을 알 것이다. 노동자를 조직하는 자로서 그는 복잡한 산업관계의 원활하고 신속한 운행이 각 노동자의 감정에,

즉 그가 존중을 받고 있고, 다른 곳에서도 얻을 수 있는 만큼은 적어도 받고 있다고 느끼는 것에 크게 영향을 받을 것임을 쉽게 인정할 것이다. 그러나 이러한 단순히 이기적인 고려를 떠나, 현대의 전형적 제조업자는 그의 진보하는 교육과 교화에 의해, 그의 증대하고 있는 정치상의 이익과 공익심에 의해, 그 자신의 통상 수입이 방해받지 않는 한, 그 직공의 임금을 증가하고 노동환경의 즐거움을 증진시키는 것에 적극적인 기쁨을 느낄 것이다. 불행히도 총명하고 탁견을 가지며 공공심을 갖는 고용인은 지배적인 지위를 차지하지 못한다. 그는 곧 서술하는 제방이나 방파제와 같은 것에 의해 수호되지 않는 이상, 언제나 노동자와 같이 경쟁적 산업의 압박에 대항하는 것에 자신의 무력함을 경험한다. 이러한 경쟁의 압박에 의해 그가, 바로 가장 탐욕적인 단견의 경쟁자와 마찬가지로 단지 자기 방어를 위해 어느 정도까지 노동자를 이용할 수 있는지를 이어지는 다음의 고리를 고찰해보면 명백하게 될 것이다.

보순으로 보일지도 모르지만, 오늘날 매우 발달한 영국 상업 조직에서 자본가-제조업자는 도매상인에 대해, 고립된 노동자가 자본가-제조업자에 대해서와 마찬가지 정도로, 상대적으로 불리한 지위에 서는 것으로 보일 수 있다. 시장에서 그 생산물을 사는 도매상인과 흥정하면서 자본가-제조업자는 그 선택의 자유라는 점에서, 그 사정에 정통하는 지식의 점에서, 그 거래의 능력이라는 점에서 전략상 노동자와 전적으로 같은 열등한 지위에 있음을 보여준다. 첫째, 제조업자가 그 제품을 충분히 규칙적으로 팔수 없는 경우, 도매상인이 일시적으로 그 구입을 중지하는 경우보다도 더욱 큰 손실을 입지 않을 수 없다는 사실이 있다. 제조업자에게는 그 자본이 공장과 설비에 고정되어 있으므로 영업의 계속은 매우 중요하다. 만일 그 공장이 하루라도 쉬게 된다면, 그는 필요한 급료와 영업의 유지에 필요한 비용의 손실과 함께 그날의 모든 수입을 완전히 잃게 된다. 이에 반하여 도매상인에게는 그 구입품이 일시 부족하다는 것은 비교적 사소한 일에 불과하다. 그의 사용하지 않는 영업자본이라고 하는 것은 아무리 나빠도 은행에서 예금 이자를 얻게 되고, 그의 상실액도 모두 그해 이윤의 일부분에 그친다. 나아가 도매상인은 매우 큰 매출액에 대한 지극히 작은 이윤율에 의해 그 수입을 창조하기 때문에, 개별 거래는 그에게 비교적 중요한 것이 아니다. 반면 제조업자는 적은 매출에 대해 비교적 큰 비율로 이익을 얻기 때문에, 그 각각의 경우에 더욱 많은 이해관계를 갖게 된다. 요컨대, 자본가-제조업자는 그가 고용한 다수 직공에 대해 '스스로 단결'하는 반면, 도매상인은 그가 매입하는 수많은 제조업자에 대해 '스스로 단결'하게 된다. 게다가 거래에 매우 중요한 시장에 관한 지식의 점과 관련해서도 상위는 마찬가지로 크다. 제조업자는 설령 그 중요한 상업 중심지에 출장 대리인을 가진다고 해도, 전 세계에 걸친 광대한 관찰과, 각 도시의 소매상인 및 선박 대리인으로부터의 통신망과 같이, 도매상인의 사무 조직을 구성하고 있는 모습은, 결코 바람직한 것일 수 없다. 요컨대 상인은 혼자서 시장에 관한 최근의 지식을 모든 방면에 걸쳐 가지고 있다. 즉 오로지 그 사람만이 소매상인들이 가장 수요하는 것이나, 내국과 외국의 제조업자가 팔고자 하는 것에 대한 최근의 소식을 알 수 있다는 것이다. 이러한 지식의 우월에 비하면, 노동의 조직과 기술적 공정의 개량에 몰두하는 제조업자에 비해, 도매상인이 가장 값싼 시장에서 사서 가장 비싼 시장에서 파는 기술을 평생을 통하여 익힌 거래 전문가라고 하는 것은 사소한 일에 불과하다.[9]

9) 많은 산업에서 자주 있는 일이듯이, 도매상인이 소매상인을 방문하기 위해 외판원을 파견

그리하여 제조업자가 주문을 위해 교섭하는 경우, 그는 어떤 불확정적인 범위 안에서 모든 도매상인의 수중에 있다. 그는 그 상품의 가격이 너무나 높아 소비자를 끌지 못하거나, 그 물건에 대한 소매상인의 수요가 없다거나, 외국 생산자가 매일 중립시장을 잠식한다거나, 마지막으로는 경쟁적 제조업자가 같은 종류의 물건을 더욱 낮은 가격으로 제공한다고 왔다거나 하는 것을 통고받는다. 제조업자들은 이러한 이야기들을 의심할 수 있지만, 그 잘못을 설파할 기술을 갖지는 못한다. 그는 그 동업 제조업자가 그와 똑같이 열심히 주문을 얻고자 하는 사실에 대해 매우 민감하고, 그중 어떤 사람들은 언제나 가격을 깎으려고 노력하는 것을 알고 있다. 그에게 자산이 있어서 더욱 이익이 되는 주문을 기다릴 수 있는 경우, 또는 그 생산물이 다른 누구도 만들 수 없는 그 자신의 독특한 것인 경우를 제외하면, 그 사업을 잃기보다도 그가 생각한 것보다도 낮은 가격에 따르고자 하는 것은 거의 의심할 수 없다. 그가 승낙한 가격은 생산비를 약간 내려 비로소 이윤을 낳게 하는 것이다. 따라서 그는 그 책임 사원과 직공장에게 어떻게 하면 그것이 가능한지를 상담한다. 어떤 작은 개량이 기술적 공정에서 가능할지 모르고, 새로운 기계의 채택도 가능할지 모른다. 그러나 이는 시기와 자본을 요구한다. 만일 법률이나 단결이 존재하여 방해하

하는 경우, 제조업자는 더욱더 그에 의해 좌우된다. 왜냐하면 이러한 외판원은 다른 것을 제쳐놓고 어떤 종류의 상품의 '판매를 촉진하는' 엄청난 힘을 가지고 있으며, 어떤 도매상인이든 확실한 단골을 가지고 있는 경우 —그 단골 소매상인이 어떤 식으로 그에게 의존하는 경우 특히 그렇지만— 특정한 제조업자에 대해 그 생산품을 거부하고, 심각한 손해를 끼칠 수 있기 때문이다. 물론 제조업자는 자신의 외판원을 파견하여 순회시킬 수도 있다. 그러나 도매상인이 그 외판원을 사용하여 소매상인에게 직접 그 모든 물건을 매입할 수 있는 쪽이, 그 물품의 제조업자가 각각 자신의 사원을 사용하기보다도 분명히 더욱 경제적이다. 따라서 도매상인이 언제나 존재한다는 것은, 가장 큰 제조업자와 가장 큰 소매상을 제외하고는 누구에게도 경제적으로 유리하다.

는 일이 없는 경우, 그는 그 직공에게 ―'속도를 높이거나' 노동시간을 연장하여, 벌금과 감액을 더욱 증가함에 의해― 같은 임금을 지불하여 종래보다 더욱 많은 일을 하게 하거나, 시간급이나 성과급 임금률을 저하시킴으로써 훨씬 쉽게 그 위기에 대처할 수 있다. 더욱 좋은 위생 설비를 채택하거나, 기계의 재해 방지 설비를 증가한다는 생각은 완전히 포기되고, 모든 영업비는 그 최소한도까지 축소된다. 선량한 제조업자가 그 길을 가는 것이 아무리 싫어도, 그가 그보다 더욱 궁박하거나 더욱 신중한 경쟁자가 그보다 앞서고자 하는 것을 알 때, 그의 주저는 필연적으로 소실된다. 왜냐하면 어떤 산업에서도 탁월하고 인자한 고용인이 그 직공에 대해 마치 자신에 대한 것처럼 느끼는 경우가 있는 것과 꼭 같이, 다른 한편으로 개인적인 이득에 대한 욕구가 지배적인 열정이고, 무지와 회계적인 '수상함'이 '빈민을 착취하는 것'보다 다른 정책을 알지 못하는 다른 사람들도 있다. 후자와 같은 종류의 제조업자는, 그 직공의 궁박을 최대한으로 이용할 수 있도록 자극하는 도매상인의 압박을 필요로 하지 않고, 그러한 종류의 경쟁에 대해 선량한 고용인은 그것에 따르는 것 외에 다른 선택을 할 수 없다. 어떤 것이든 간에, 그의 직공을 위해서 그 자신의 공장을 쉬게 하고 그 사업을 그런 사람들에게 맡기는 것보다 낫다고 그는 스스로 생각한다.

나아가 다른 이유에 의해서도 제조업자는 도매상인의 기술의 중요 부분을 형성하는, 지속적인 가격 인하에 따라야 한다. 제조업자가 그해의 상거래에서 이윤을 얻기 위해서는, 그 생산량에 의해 임금과 원료 비용 ―생산품의 '원가'― 을 커버하기에 충분할 뿐 아니라, 공장의 경상 비용, 즉 마셜 교수가 말한 '추가 비용'을 확보해야 한다. 제조업자가 공장의 문을 닫기보다도 최저가격으로라도 거래하고자 하는 경우, 그가 손실 없이 승인할 수 있는 최저액이라고 생각하는 것은 '원가'이다. 그 경상 비용 쪽이 여하튼 계속 행해지기 때문이다. 따라서 각 제조업자는 각각 전혀 주문을 받지 못하는 쪽보다도 '원가'로 파는 쪽을 택하게 된다. 그 결과는 그 자신과 그 경쟁자에 대해 소위 '시장을 타파'하는 것이다.[10] 경상 비용은 어떻게든 지불해야 하고, 초조한 고용인은 쉬지 않고 가능한 한 생산비의 절감을 추구하게 되고, 거기에는 임금도 제외되지 않는다. 이와 동시에 도매상인 쪽은 그가 성취할 수 있었던 절약에 대해 조금도 비난받을 이유가 없다. 그에게는, 어떤 종류의 상품의 대다수 제조업자가 그 '원가'의 보상에 불과한 것을 위해 경영하여, 사실상 금전의 손해를 입거나, 가장 궁박한 공장이나 가장 불운한 지방의 직공이 조건의 악화에 의해 그 자질과 능률을 저하시키기 시작한다는 것은, 어떤 금전적인 결과도 야기하지 않는다. 만일 그 생산품이 그가 추구하는 가격에 비해 현저히 품질이 나쁘다면, 그는 다른 곳으로 갈 수 있다. 뿐만 아니라 그는 나쁜 물건에서도 모범적인 특상품의 것과 같은 정도의 퍼센트를 얻을 수 있다. 그리고 그가 이에 대해 전적으로 생각하는 경우에 그는 스스로 생산자의 어떤 계급을 대표한다고 생각

10) 주로 이러한 주문을 얻고자 하는 제조업자의 경쟁 ─단지 '원가'를 보상받는 것에 불과한 가격으로 종종 매출하는 것─ 의 결과, 버밍엄 철기업(鐵器業)에서는 저 주목할 만한 '동맹'이 형성되었다. 이에 대해서는 '노동조합운동의 가설'의 장에서 설명했다. 그 결과 생긴 가격의 지속적인 저하를 방지하고자 하는 것이, 보통 제조업자의 링이나 신디케이트를 만드는 동기가 된다. 영국 산업의 '원가'와 '추가 비용'의 차이는 경제학과 통계학의 연구를 필요로 한다. E. J. 스미스(Smith), 『새로운 산업연합운동(The New Trades Combination Movement)』(Birmingham, 1895), 「비용 확보」의 장을 참조하라. 미국 산업에 관한 통계는 '1890년도 미국 노동위원회 보고'(Washington, 1891)와 '1886~1896 매사추세츠주 제조통계보고'의 귀중한 시리즈를 참조하라. 영국 공장의 관행에 대한 상세한 보고는 E. 가르크(Garcke)와 J. M. 펠스(Fells)의 『공장 이야기(Factory Accounts)』에서 찾을 수 있다. 유일한 영국 통계는 간단한 '임금의 생산비에 대한 관계 보고'(1891)에 있다.
알프레드 마셜 교수는 그의 『경제학 원리』, 제5편, 제4장 및 제7장에서 '원'가 및 '추가' 비용이 교환 가치에 미치는 상대적 영향을 설명하고 있다.

하지 않고, 분명히 가격 저하에 의해 이익을 보는 소비자 전체의 대표자로 간주한다.

따라서 우리는 이윤이 언제나 저하하므로 사업은 거의 계속할 가치가 없다고 하는 각종 제조업자의 만성적 불평에 놀랄 필요가 없다. 소득세와 상속세가 어디에선가 막대한 부를 만들고 있음을 보여주는 국민적 번영의 해에도, 어떤 개인적 특징을 갖지 않는 고용인들, 즉 그들의 생산물이 도매상인에 의해 매수되어, 가격 상승을 위해 '링' 또는 '동맹'을 만들 수 없는 고용인들은 그 생산물의 '원가'를 그들이 보상받을 수 있는지, 또는 기껏해야 자신들이 자본에 대해 최소한의 이자를 얻는 것에 불과한 것이 아닌지에 대해 엄청난 불평을 한다.[11] 왜냐하면 앞에서 우리가 설명한 여러 가지 힘

---

11) 제조업자가 완전 경쟁하에 있는 경우, 이러한 압박을 얼마나 통절하게 느끼는지는 머섬 (Masham) 경의 다음 연설에서 판단할 수 있을 것이다. 그는 법의 보호를 받은 특허권에 의해 거액의 부를 형성한 새뮤얼 리스터(Samuel Lister)였다. 머섬 경은 매닝엄 공장이 예상한 것보다 이득이 적었다는 이유를 설명한 뒤에 이어 그럼에도 다른 대부분의 회사보다는 매우 큰 이득이 있었다고 했다. "리스터 회사는 8년간 총자본 —즉 사채, 우선주, 그리고 보통주를 합쳐서— 에 대해 평균 4퍼센트의 이익을 얻었다. 만일 그 돈을 농업에 투자했다면 그 결과는 어떠했을까? 그는 그것과 같은 액을 농업에 투자하고 이에 대해 2.25퍼센트를 얻었지만, 그 매입 시에는 3퍼센트를 얻어 적립했다. 그는 농업에서도 리스터 회사에 투자한 금액과 같은 정도의 손실을 입었다. 그래서 다음으로 면사 쪽으로 갔다. 그는 〈토요 평론〉에서 면방적업이 다수의 주식회사를 평균하여 1.25나 1.5퍼센트를 지불한다는 논문을 보았다. 이는 매우 법외적인 것으로 그는 그것을 믿을 수 없었다. 그래서 그 기사를 오려서 아버지 대부터 이어 면직업을 하는 사람에게 보내었다. 그 사람은 그것이 진실이라고 하며 되돌려주면서 다음과 같이 말했다. "나는 당신에게 다른 것을 알리고자 합니다. 나는 랭커셔의 모든 산업을 열거할 수 있는데, 그곳의 어떤 산업도 거기에 투자한 자본에 대해 콘솔 공채 정도도 지불하지 않는다는 것을 보증하고 싶습니다. 이는 방적업만이 아니라, 랭커셔의 모든 제조업에 해당됩니다." 두 가지 산업에서 그런 말이 있다. 다음은 철인데, 2~3년 전 철업의 사정은 어떠했을까? 여하튼 3년 전에는 영국 철회사의 반이 문을 닫았고, 일을 한다고 해도 이윤을 전혀 얻지 못했다. 조금이라도 배당을 하는 회사도 없었다. 따라서 설령 마침 최근 행운의 2년이 전년에 추가된다고 해도, 리스터 회사가 존속한 동안, 그 철회사는 그 자본에 대해 매닝엄처럼 4퍼센트를 얻는 것이 불가능하다는 것

은 소비자의 실제 수요가 왕성할 때에도, 그것이 억제될 때에도 마찬가지로 시장의 흥정을 좌우하는 것이기 때문이다. 그것은 실로 자유롭고 규제가 없는 경쟁제도하에서는 언제나 제조업 고용인을 압박하여 고립된 직공과 거래하게 하면서, 그 전략상의 우월을 가능한 한 충분히 이용하게 한다.

그러나 그 압박을 도매상이 만든다고 생각하면 잘못이다. 제조업자가 도매상인에 대해 그 약점을 자각하는 것과 꼭 마찬가지로, 도매상인은 그의 물건을 파는 소매상인에 대하여 자신의 무력을 느끼게 된다. 이 경우, 그 열등성은 적어도 상거래가 없었다면 그가 입은 손실이 더욱 크다는 점에 있지 않다. 왜냐하면 소매상인도 도매상인에게 파는 것과 전적으로 마찬가지 정도의 강한 동기에 의해, 사기 때문이다. 거래의 능력에서도 전혀 차이가 없다. 이 두 가지 점에서 도매상인은 소매상인보다 유리한 지위를 차지하게 된다. 그러나 소매상인은 고객이 추구하는 것에 대해 더욱 밀접하고 더욱 최신의 확실한 지식을 가지고 있고, 더욱 중요한 것은 그들이 다수의 무지한 소비자 집단에 대해 다른 것을 제치고 어떤 종류의 상품을 강매함으로써 어떤 점까지는 이 수요를 좌우할 수 있다는 것이다. 따라서 그들은 도매상인에게 유혹당해 그가 이해관계를 갖는 특별한 '품종'을 권하게 된다. 그러나 도매상인의 전략상 지위의 약점에는, 그 밖에 더욱 능동적인 원인이 존재한다. 그의 중요한 경제적 기능은 소규모 소매상인을

을 그는 보증할 수 있다. 그래서 그는 다른 산업에 왔다. 이에 대해 그는 권위를 가지고 말할 수 있다. 그것은 영국의 최대 산업의 하나로, 80만 명 이상을 고용했다. 그것은 만일 과거와 같이 증대해갔다고 한다면, 필경 최대 산업이 되었을 것이다. 그는 석탄에 대해 말했다. 그는 탄광에 있었고(웃음), 그리고 여러 해 동안 이익이 전혀 없음을 알았다. 그래서 그는 매닝엄에서와 똑같은 돈을 그곳에 투자했다."
이 연설은 1897년 1월, 즉 수년간 보통 이상으로 번영한 뒤 활기찬 호경기 시에 행해졌다. 그 당시 영국 전역에 걸친 총이윤은 분명히 역사상 어떤 시기보다도 더 컸다!

'키우는' 것이다. 그 고객의 범위가 좁은 소규모 소매상인은, 어떤 종류의 상품이라도 그 제작자와 직접 거래할 수 있을 정도로 충분히 매입할 수 없다. 그는 또한 그가 그 생산물을 사는 다수의 개별 제조업자와 소통할 수 없다. 나아가 그는 그의 상품에 대한 현금 지불을 할 수 있는 자본을 남겨둘 수도 없다. 따라서 도매상인은 그의 중개자로 행동한다. 소매상인은 대도시의 창고 속에서 그 상거래의 여러 방면에 걸친, 모든 제조업자의 생산물을 모은 것을 본다. 그는 그러한 물품의 각 수량을 그가 선택하는 만큼 아무리 적어도 가져갈 수 있고, 그 거래액 사정에 따라 외상을 할 수 있다. 이러한 사정이 계속되는 한, 도매상인은 그 지위를 갖게 된다. 그러나 과거 반세기 동안, 소매상업에 혁명적 경향이 끝없이 존재했다. 도시에서도 지방에서도 계속하여, 무수한 소규모 상점 대신, 도매상인 자신과 같은 정도의 자본과 상업적 지식을 가지며, 가장 부유한 제조업자도 기꺼이 받아들일 정도의 주문을 할 수 있는 대규모 소매상인이 성장하기 시작했다. 그래서 도매상인은 언제나 그 단골을 잃을 위험에 처했다고 하는 것은, 그 작은 쪽의 단골은 거대한 경쟁자의 가격 인하에 대항할 수 있을 정도로 값싸게 팔 수 없고, 그러한 괴물 자신은 그 원래의 중개인인 도매상인 없이 장사를 할 수 있기 때문이다. 도매상인이 종래대로 그 단골을 끌 수 있는 유일한 기회는, 제조업자의 가격 인하에 대해 최대 소매상인도 갖지 않는 정도의 큰 능력을 보여주는 것에 있다. 따라서 그는 생사에 관하여 계속 여러 제조업자로부터 엄청난 가격 인하나 어떤 종류의 특별 조건을 끊임없이 얻는 것에 그 주의를 집중하지 않을 수 없게 된다. 이것이 바로 제조업자에게 도매상인이 그 전략상의 지위를 이용하는 것에 잔인한 근본적 이유이다. 사회에서 실제로 경제상 유일한 일을 하는 것도 적지만, 그는 다른 모든 생산에 주어진 것을 부단히 '갈취함'으로써 비로소 처음으로 그 존

재를 계속할 수 있다.[12]

우리는 이제 체인의 마지막에 도달했다. 즉 단골을 확보하고자 하는 소매상인 사이의 경쟁이다. 여기서는 지식이나 기술상 숙련의 우월이 파는 사람의 손에 있지만, 이는 사는 사람의 예외적인 자유에 의해 훨씬 능가된다. 소매상인도 어떤 특정한 상품을 어떤 특정한 때에 팔아야 하는 것은 아니라는 것이 사실이다. 그러나 그는 소비자의 끝없는 흐름을 그 상품으로 이끌어야 하고, 만일 그것이 불가능하면 파산을 우려해야 한다. 이에 반하여 고객은 대기처럼 자유롭다. 그는 다른 곳에서처럼 하나의 상점에서 물건을 살 수 있다. 그는 손실이 없을 뿐 아니라 저축을 하면서, 물건을 사도록 강제되지 않는다. 요컨대 그는 사도록 유혹되어야 하고, 이러한 목적을 위해 소매상인의 지식과 능력이 집중되어야 한다. 이제 일반적인 보통의 상품 종류에 관하여 다수 소비자를 구매하도록 하는 유일한 길은, 그

12) 매출에 대한 이윤의 비율을 저감하게 하는 경쟁 압박의 효과는, 단계가 하나 또는 그 이상 결여되는 극단의 경우에 쉽게 인정된다. 가령, 도매 피복업에서는 앞에서 말했듯이, 바지 재봉의 '스웨트 시스템' 여성과, 그것을 구입하고자 하는 소비자 사이에 자본가라는 하나의 계급이 존재하는 것에 불과한 경우도 있다. 그 도매 피복상은 막대한 수입을 얻지만, 한 벌의 바지나 '아이들 옷'으로부터는 매우 작은 돈을 얻는 데 불과하다. 그의 성공은, 매년 수백만의 피복을 팔고, 그렇게 크지 않은 자본을 매우 빠르게 운전하는 거대한 거래에 의존한다. 설령 그가 그 회사의 수백만 피복을 배포하는 부인들이 1주 6실링 내지 10실링을 얻는 데 불과하다는 사실에 의해 그 감정이 움직였다고 해도, 그 모든 이윤을 포기한 점에 의해, 필경 이는 한 벌의 피복에 붙는 1펜스에 불과하기 때문에 그 임금을 상당히 증가시킬 수 없다. 또는 다른 예를 들어본다면, '공무원 구매 조합'의 원래 지분주는 문자 그대로 1년에 수백 퍼센트 비율의 이윤을 얻지만, 그 지배인이 날카롭게 제조업자를 괴롭히는 것을, 또는 그 직공장이 종종 자기 생산 부문의 임금을 낮게 두고자 하는 것을 억제할 수 없다. 왜냐하면 투자된 자본에 비해 그 이윤은 거대하지만, 그것은 수백만의 거래에 대해 지극히 적은 비율에서 얻어지는 것으로, 만일 이를 여러 물품의 생산과 분배에 관한 모든 임금소득자에게 나눈다면, 그들의 주급이 지극히 소액 증가하는 것에 불과할 것이기 때문이다.

들이 싸다고 생각하는 가격으로 물건을 제공하는 것이다. 따라서 소매상인은 지금까지 보통이었던 가격보다 낮은 가격이나 그 경쟁자의 가격보다도 낮은 가격으로 팔 수 있을지 계속 주의한다. 그러므로 소매상인 사이의 경쟁은, 모든 경우에 전적으로 가격 인하 문제가 되고, 따라서 구식의 착실한 상거래도, 도매상인이 요구하는 가격을 기꺼이 지불하는 것이, 지금은 가장 지혜로운 상인과 마찬가지로 빠짐없이 '값싼' 것을 구하는 것이 된다. 만일 소매상인은 같은 가격으로 더욱 좋은 품질의 물건을 제공하면, 마찬가지로 그 경쟁자를 이길 수 있다고 생각할지 모른다. 그러나 이는 개별 소비자의 심리를 오해하는 것이 될 것이다.[13] 그 매물을 음미하는 방법이 불충분한 점은 묻지 않는다고 해도, 그 기술상의 지혜가 결여된 탓으로 인해, 모든 잡다한 상품에 관해 소비자가 취할 수 있는 유일한 사실은 소매가격이다. 그리고 모든 유혹은, 그 유일한 매개물을 통하여 그의 마음을 사로잡아야 한다. 이러한 상황하에서, 앞에서 말한 소매상인의 혁명이 어떻게 고객 위에 작용할 수 있는지는 쉽게 이해될 수 있다. 거대한 소매상점은 매출에 대한 경영비의 비율이 매우 낮기 때문에, 소규모 상점보다도 더욱 낮은 가격으로 팔 수 있고, 그래서 자연스럽게 그들은 싼 가격을 널리 광고하여 고객을 끌기 위해 전력을 기울인다. 고객은 이러한 낮은 가격에 익숙해져서, 그것을 유일한 조건으로 하여 잔존시키는 소규모 상점을 계속 후원하고자 주장하게 된다. 그러나 이러한 소규모 상점은 그 경영

---

13) 손님을 끌기 위해 주로 품질이 좋다고 하는 평판에 의존하는 상점이라도 오로지, 다른 곳에서는 보통의 물건에 청구되는 것과 같은 가격으로, 더욱 좋은 물건을 제공한다는 오류를 범하지는 않는다. 만일 그렇게 한다면 그들은 바로 그 고객이 그들로부터 사라지는 것을 볼 것이다. 지극히 소수의 부유한 매수자 계급이 최량의 품질을 계속 요구하도록 하기 위해서는 확실히 높은 가격이 청구되어야 한다!

비를 감소시킬 수 없기 때문에, 슬프게도 도매상에 호소하게 된다. 그리고 도매상은 앞에서 말했듯이, 그 단골을 완전히 잃는 것을 두려워하여 가능한 한 낮은 가격으로 제공하지 않을 수 없게 된다.

그리하여 우리는 거래의 긴 체인을 통하여 전해지고, 끝내는 피라미드의 저변에 고립된 직공을 밀어 넣는, 파는 사람에 대한 지속적 압력의 마지막 원천으로 소비자에 도달하게 된다. 그러나 모순으로 보일지 모르지만, 소비자는 거래에 참가하는 모든 사람 중에서, 개인적으로는 그 효과에 대해 가장 책임이 없다. 왜냐하면 그는 그 과정에서 어떤 능동적인 역할도 하지 않기 때문이다. 세계 전체에 걸친 대규모 시장에서 그는 자연스럽게 그에게 제공되는 것을 수용하는 것에 불과하다. 보통 그는 소매상인에게 물가 저하를 좋다고 말하지 않는다. 그가 하는 모든 것은, 그리고 모든 기관을 움직이기에 충분한 것은 다른 곳에서 2실링으로 같은 물건을 제공받는 경우, 그 물건에 대한 2실링 반의 지불을 주저하는 것이다. 더욱 좋은 품질의 물건에 대해 더욱 높은 가격이 흔쾌히 지불된다고 할 수 있다. 사실 소비자는 그가 부자이든 빈민이든 간에, 더욱 높은 가격의 지불을 납득하게 하는 어떤 특수한 보증을, 거의 감정적으로 추구하고자 한다. 그들은, 모든 물건에 대한 자신의 개인적 경험이라고 하는 것은, 매우 우연적이고 한정된 것이므로 도저히 신뢰할 수 없다고 하는 것을 인정하고, 따라서 그들은 그 '권위'라고 하는 것에 대한 감정적인 신앙을 표시한다. 전통이라든가, 전문가가 말했다고 하는 것에 대해 지금 행해지고 있는 소문이라든가, 나아가 과도한 광고가 되풀이되어 형성된 단언에 의해 마음에 남은 막연한 인상이라든가 하는 것이, 단지 가격이 싸다는 것을 떠나, 어떤 특별한 종류의 상품, 어떤 특정한 종류의 기호나 상표, 또는 특별한 종류의 상점을 계속 변하게 하지 않는 모든 이유이다. 그러나 소비자에게 이러한 선택을 할 수 있게 하기 위해서는, 경쟁적인 상품을 구별할 수 있는 어떤 간단한 방법이 있어야 한다. 그런데 사회의 대부분은, 상표가 있을 수 없는 상품이나 어떻든 인위적으로 구별할 수 없는 상품으로 구성된다. 일상생활 상품의 대다수에 관해서는, 전문가 외에 누구도 품질의 상위를 확신을 가지고 구별할 수 없다. 따라서 보통의 소비자는 오로지 가격에 의해서만 결정해야 한다. 또 그는 설령 최고의 박애적인 근거에 선다고 해도, 합리적으로 어떤 다른 방법을 취할 수 없다. 실무가로서 그는 그 물건의 생산 및 분배의 여러 단계를 통하여 탐구해서, 더욱 높은 쪽의 상점에 의해 청구되는 여분의 6펜스가 과연 직공에게 지불하는 더욱 높은 임금을 보여주는 것인지, 또는 단지 특별 이윤으로 관계 자본가 손에 들어가는 것에 불과한지를 발견하는 것은 그에게 전혀 불가능한 것임을 알고 있다. 만일 그가 경제학자라면, 그는 그 여분의 6펜스가 필경, 산업적 수입의 거의 대부분을 차지하는 예외적 기회가 부여하는 렌트의 어떤 형태에 흡수되기가 가장 쉬운 것이라고 하는, 날카로운 의문을 갖게 될 것이다. 또한 그는 어떤 경우에도 저렴한 물품에 반대의 이유를 거론할 필요는 없고, 나아가 가격 저하에 대해서도 마찬가지이다. 서부 잉글랜드의 공장에서 만들어진 가장 정교하고 가장 고가의 옷감은 듀스베리(Dewsbury)나 배틀리(Batley)의 저렴한 '트위드 옷감'(Tweed)보다도 더욱 낮은 임금의 노동에 의한 생산물이다. 값비싼 수제 레이스는 실제로는 보통, 잔인하게 긴 노동시간, 기아 임금 및 믿을 수 없을 정도로 열악한 위생 상태의 성과이다. 반면 노팅엄에서 엄청나게 만들어내는 값싼 물건은, 예외적으로 높은 임금과 짧은 노동시간과 쾌적한 주택을 누리게 하는 견고하게 단결된 직업의 생산물이다. 같은 방식으로 우리 시대의 매우 현저한 특징을 형성하는 엄청난 물가의 저하는 의심할 바 없이, 주로 (누군가가 말하듯이 통화 변동에 의한 것이 아니라면) 실제 생산비의 자연적이고 합법적인 감소에, 즉 기술적 공정의 개량, 운임의 저하, 불필요한 중개자의 배제, 사회적 조직의 합리성과 능률의 일반적 증진에 의한 것이다. 따라서 소비자는, 소비자로서는 이에 대해 무력하게 된다. 우리가 앞에서 말했듯이, 고립된 직공에 대한 체계적 압박이라는 것은, 오로지 소비자와 관련되는 것이고, 그 직접적 이익에 도움이 되는 것이지만, 그것은 어떤 의지의 범위 내에 있는 것에 의해 야기된다거나, 또는 그 소비자로서의 능력에서 잘 이룰 수 있는 어떤 것에 의해 변할 수 있는 것이라고 말할 수 없다.[14]

14) 이처럼 물건을 사는 사람에 대해 부단하게 압박하는 현대 영업 조직의 실제 작용에 대한 분석은, 경제학 연구자인 뵘-바베르크 교수의 '장래'의 재화에 대한 '현재'의 재화의 유리함에 대한 우수하고 계몽적인 설명을 상기시킬 것이다. 임금소득자로부터 소매상인에 이르기까지의 모든 단계에서, 압력의 흐름을 창출하는 것은, 물건을 사는 사람으로서 그의 '장래의 재화'를 '현재의 재화'로 교환시키는 강제이다. 뵘-바베르크 교수는 다음과 같이 말한다. "이러한 현재의 상품과 장래의 상품을 교환함에 있어서 사정은 독점업자가 사리에 의해 빈민을 위협하는 것과 같은 성질의 것이라고 하는 것은 부정할 수 없다. 만일 사람이 살아가고자 한다면 현재의 재화가 각자에게 절대적으로 필요하다. 그것을 갖지 못한 자는 어떤 가격으로도 그것을 가지고자 노력해야 한다. 그것을 그 스스로 생산하는 것은 빈민에게는 사정이 허락되지 않는다. … 그러면 그는 그 현재의 재화를, 그것을 갖는 사람들로부터 … 그 노동을 사서 … 팔아야 한다. 그러나 그는 이 거래에서 이중적으로 불리한 지위에 있다. 첫째, 그 자신의 압박 상태에 의해, 둘째, 현재의 재화를 파는 사람과 사는 사람 사이에 있는 수정 관계에 의해서이다. 팔기 위한 현재의 재화를 갖는 자본가는 비교적 소수인 반면, 그것을 사야 하는 무산자는 무수하다. 그래서 현재의 재화를 위한 시장에서, 사야 하는 경우에 있는 다수의 사는 사람은 소수의 사는 사람과 대립한다. 그리고 이는 분명히 파는 사람, 즉 노동이나 제품을 사는 사람에게 매우 적합하고, 사는 사람, 즉 노동과 상품을 파는 사람에게는 적합하지 않은 관계이다. … 이는 현재의 재화를 파는 사람들 사이의 활동적인 경쟁에 의해 교정되는 것이다. … 다행히도 실제 생활에서는 이는 규약이고 예외가 아니었다. 그러나 종종, 어떤 사정에 의해 자본가의 경쟁은 정지되었다. 그리고 그 경우에는 독점에 의해 지배되는 지방 시장에 던져진 운명의 불행한 사람들은 그 상대방의 손아귀에 놀아났다. … 그 결과는 노동자 ─어떤 경우에는 개별 공장, 다른 경우에는 생산의 개별 부문, 또는 종종 다행히도 종종이 아니라 특히 불리한 사정하에서만 있었지만─ 전 국민의 노동자로부터 강제적으로 착취된 낮은 임금이 된다." E. 폰 뵘-바베르크, 앞의

그러면 그런 것은, 독점이나 집단적 규제에 의해 간섭받지 않는 한, '자연적 자유제도'하의 산업조직의 일반적 형식으로 발전한다. 경제적 평등 상태에서 자유롭고 독립적인 생산자가 이루는 노무의 상호 교환이라는 관념은, 매우 복잡한 산업적 구성을 만들어내는 것으로 간단한 것이 아니다. 그것은 과연 진실한 자유와 일치하는지 않는지를 묻지 않는다고 해도, 현저히 평등과 우애를 결여하는 것이다. 그것에 대해 가장 명백한 것은, 관계 당사자가 선택의 자유를 전적으로 갖지 못하고, 생산자 계급의 모두는 압력을 느끼면서 일한다는 것을 일반적으로 자각하는 것이다. 거래의 체인의 각 링크에서, '자유'라는 점에서는 사는 사람 쪽이 압도적으로 우세하고, 파는 사람은 압박을 느낄 뿐이다.[15] 이러한 사는 사람이 갖는 자유는, 실제의 생산에서 떨어지는 각 단계마다 증진되고, 그 정점에 이르러서는 개별 고객의 무정부적인 무책임이 되어, 고용조건에 관한 모든 도덕적 고찰에 대해서도, 생산물의 품질에 대한 어떤 이성적인 감식에 대해서도 모두 '자유'가 된다. 한편 싼 가격을 바라는 충동은, 소비자가 그 무의식적인

책, 360쪽.

15) 이러한 압박의 존재는 각 단계의 생산자가 사는 사람의 비위를 맞추기 위한 노력으로부터도 추정할 수 있다. 모든 형태의 수뢰가 행해지고 있다. 즉 스웨트 시스템 공장 외의 노동자가 '업무를 주는 직공장'에게 내는 '팁'에서, 제조업자가 '사는 사람'의 도매상인이 되는 크리스마스 선물, 도매상인이 소매상인에게 대접하는 저녁 식사, 마지막으로 요리사가 푸줏간과 우유집에서 받는 사례금에 이르기까지. 그리고 수뢰를 하는 자는 언제나 파는 사람이지 사는 사람이 아니라는 것이 매우 중요하다. 가끔 파는 사람이 그 압박을 피하고자 하는 노력 —보통은 신용에 의해— 은 그 사는 사람을 얽히게 하고, 단골을 그만두는 자유를 파손하도록 하여 그 매입을 계속하고자 하는 시도가 된다. 그래서 가령 가죽상인은 구두장이에게, 구두장이는 소매상인에게, 소매상인은 직인에게 신용을 준다. 그 조건은 두말할 필요도 없이, 언제나 사는 사람은 어떤 경우에도 그 은혜를 입은 파는 사람과의 거래를 계속하고, 그 가격을 너무 상세히는 조사하지 않는다. 우리는 이미 '털리먼'이 이와 같이 곤궁한 단골을 사로잡아 그 이익을 얻었음을 서술했다.

원천이 되지만, 거래의 어느 단계로부터 다른 단계로 옮길 때마다 그 힘을 증대시키고, 마지막에는 그 집적된 모든 무게로, 마치 악몽과 같이 습격하여 고립된 노동자의 생활 자료를 결정하기에 이른다.

여기서 우리는 산업 기관에 대한 우리의 분석을 잠시 중지하고, 가정 노동자의 경우를 고찰해보도록 하자. 독자는 이러한 시장의 흥정에 대한 서술에 의해, 가정 노동자가 받는 높은 임금을 서술한 것 —노동조합운동의 필요성에 반대하거나 노동조합이 임금을 인상시키는 힘에 반대하는 결정적인 논의로 사용되는 것— 이 얼마나 터무니없는 것인지를 알게 될 것이다. 비교적 부유한 사람들의 개인적 만족에 맡겨지는 가정 노동자의 고용과, 이윤 제조자에 의해 고용된 노동자의 임금 계약 사이에는 어떤 유사점도 존재하지 않는다. 첫째, 가정 노무의 성질상, 그 고용인과 피고용인은 그 거래에 관한 범위 내에서 산업적 임금 노동의 경우보다도 훨씬 평등하다. 부유한 여성이 하루라도 하인 없이 살아간다는 것은, 필경 그녀에게는 하인이 그 직을 잃는 것과 같은 정도로 불쾌할 것이리라. 주부에게 다른 하인을 찾는 일의 성가심과 불편함은, 적어도 하인에게는 다른 직장을 구해야 하는 불쾌함과 다르지 않다. 거래의 능력이라는 점에서는 보통 하인이 주부와 같지만, 거래 기술에 대한 지식에서는 하인이 보통 매우 우수하다. 특히 중요한 계약 사항의 이행이라는 점에서는, 주부는 그 지식을 결여하고 상세한 내용에 무관심하고, 다른 일에 신경을 쓰기 때문에, 자기 심신의 안이함이라는 것은, 자신이 스스로 동의하지 않는 하인의 여러 가지 방법에 좌우된다. 전형적인 중류 계급의 가정에서 하인이 개인적인 즐거움을 얻는다고 해도, 사실은 주로 하인 자신이 그렇게 하는 것이고, 주부나 그 가정의 즐거움이라고 하는 것도 그 하인의 호의에 의한 경우가 대부분이다. 그러나 이 모든 고찰보다도 더욱 중요한 것은, 중류나 상류 계급의 가정에서 가정 노동자의 고용조건은 제품의 가격과 그 생산자의 임금을 인하하는 경우의 경쟁에 의한 압력의 흐름에 따라 조금도 영향을 받지 않는다고 하는 사실이다. 모든 가정 노동은 그 가정 자체의 소용을 위해 행해지는 것이지, 팔기 위한 것이 아니다. 따라서 '임금을 내린다'는 유혹은 전혀 없다. 어떤 주부에게, 같은 동네의 다른 주부가 그 요리인이나 하녀에게 더 낮은 임금을 지불한다는 것은, 거의 아무런 영향을 미치지 못한다. 실제로 사회적 압력은 완전히 반대의 방향으로 작용한다. 부유한 계급의 가정 사이에서 행해지는 경쟁은 ─런던이나 지방의 사교계, 또는 더 고상하기는 하지만 덜 만족스럽지도 않은 시골의 자유 직업인이나 제조업자의 '사회'든 간에─ 그 소중한 손님에 대해 더 화려한 잠자리를 마련한다든가, 더 완전한 즐거움의 형태를 취하고 있고, 따라서 똑똑하고 믿을 만한 하인에게는 자연히 적극적으로 임금을 인상해주는 경향이 있다. 이러한 사정하에 있는 이상, 수입이 증가하고, 가정의 즐거움에 대한 욕망이 증진되며, 상류와 중류 계급의 여성들이 가정 이외의 일에 더욱 신경을 쓰게 됨에 따라 그 결과는 개별 가계에서 하인의 임금을 엄청나게 증가시킨다고 예언할 수 없는 것도 아니다.[16] 실제로 이러한 경우 '고용인'은 전적으로 무력하고, 만일 요리인이나 하녀가 유력한 노동조합을 만들어 그 전략상의 유리한 지위를 가능한 한 이용하는 경우, 중류 계급 여성은 유급 관

---

16) 우리의 생각으로는 이러한 일이 몇몇 영국 경제학자들에게는 불명예로운 것이다. 그들은 이 부유한 계급의 가정 노동자들의 임금 인상이, 경쟁적인 산업계에서 노동조합운동이 갖는 실제의 효력에 반대된다고 생각하는 것을 서로 그 강의와 교과서에서 복사하고 재복사한다. 우리는 이를 다음과 같은 사실, 즉 남성들인 경제학 교수와 교과서 저자들은 대규모로도, 소규모로도 가정의 불편함을 경험한 적이 없다는 점에 기인한다고 본다. 이에 반하여 소수의 여성 경제학자는 지금까지 이운 창조 세계의 자본가와 노동자 사이의 실제적 관계에 대해 개인적으로 지식을 전적으로 결여하고 있다.

리나 이익 창출 도급업자, 가령 합숙 클럽, 하숙, 협동적으로 경영하는 공동주택의 업자 등 뒤에 숨어 자신을 보호하지 않을 수 없게 될 것이다. 이윤 창출자가 개입하면 언제 어디에서나 가정 노동자가 받는 예외적 조건이 없어진다고 하는 것은 주목할 만하다. 개별 가정에는 언제나 하인의 수요가 있음에도 불구하고, 보통의 호텔, 하숙, 셋집, 커피숍, 레스토랑에서 요리나 청소나 심부름을 하는 여성들은 다른 무조직 직장의 자매들과 마찬가지로 낮은 임금에 나쁜 대우를 받고 나아가 혹사당하고 있다.

지금까지 우리는 주로 압력의 조류를 거슬러 올라가 마침내 그 근원인 개별 단골에까지 왔다. 이제 우리는 이와 똑같은 중요한 사항, 즉 각 계급의 생산자가 이러한 압력을 자각하기에 이름에 따라, 그것을 면하고자 노력하거나, 또는 그것을 저지하거나 피하고자 하는 사실을 고찰해야 한다. 우리는 그 흐름에 따라 계속, '쟁탈지'에 있는 사람들이 방파제나 제방을 쌓고, 자신을 위해 이윤의 조용한 저수지를 유지하고자 하는 견해나, 그 생활 정도에 대해 더욱 큰 침해를 방위하고자 시도하는 목적을 발견한다. 우리는 전적으로 무차별의 압박에 대한 그런 사려 깊은 반항 내에서, 어떤 부분의 임금소득자에 의해 그 고용조건을 옹호하고 개선하고자 하는 노동조합운동의 방법과 규제의 의도를 볼 뿐만 아니라, 다른 생산 계급의 그것과 유사한 기획에 대한 근본적인 논거도 보는 것이다. 즉 영업의 비밀, 전매특허 및 상표, 특제품이라고 하는 엄청난 광고, 배타적인 특권이나 이권, 자본가-제조업자가 상인을 대신하고자 하는 투쟁, 자본가-제조업자 없이 상인이 하고자 하는 비밀의 노력, 조직(Ring)이나 트러스트나 신디케이트나 '동맹'을 만들고자 하는 모든 필사적 시도와 같은 것이다. 이러한 것 중 어느 것에 의해 현대 산업의 이윤 속의 영속적인 불평등이나 어떤 특정 산업의 축적도 설명할 수 있다. 만일 그런 신중한 제방이나 방파제의 축조가 없었더라면, 과거에 세워진 모든 산업에서 어떤 제조업자나 상인도 모두 약간의 최저 이윤에 만족하지 않을 수 없을 것이다. 그것 없이는 그로 하여금 그 상거래에 종사하도록 할 수 없을 것이고, 각 임금소득자도 단순한 생활 임금 —그 이하로는 그들이 그 생존을 계속할 수 없다고 하는 것— 에 줄어지지 않을 수 없을 것이다. 그러나 산업 생활에서는 그러한 평등의 압박에 의해 최소한의 보수가 평등하게 부여되는 일은 절대로 없고, 사실 과거 2세기 이상에 걸쳐 언제나 계급 간에서도 산업 간에서도 개인 간에서도 극단적인 불평들이 나타났다. 여기서 우리는 육체적이든 정신적이든, 개인적 능력의 차이에 비례하는 보수의 차이를 말하는 것이 아니다. 다양한 위치와 토양의 편익의 차이는 그것에 상당한 지대 차이를 초래하지만, 그러한 차이는 경제학자에 의해 쉽게 문제 밖에 놓인다. 그러나 일정 시기에 거액의 수입이 어떤 때에는 어떤 산업에, 또 어떤 때에는 다른 산업에서 얻어지고, 이는 그것에 관련되는 제조업자나 상인의 능력 차이나 그들 업무의 차이와 전혀 무관한 것도 보통의 관찰이 인정할 수 있는 것이다. 이 세기만을 본다고 해도, 주조업자는 언제나 부를 축적하고 있지만, 백년 전에 상당한 부를 만들었던 목면 등의 방적업은 탄광주나 제철업자, 그리고 기계업자가 얻는 엄청난 이윤에 그 지위를 양도했고, 그것에 이어 선주와 무역상에 의한 거대한 부의 축적은 도매잡화상, 알칼리 제조업자 및 제봉기계 제조업자의 발전을 보기에 이르렀음이 인정된다. 또 오늘날에는 거액의 부가 분명히 도매 피복상이나 식료품상, 엄청난 광고를 하는 비누 및 매약(賣藥)업자, 그리고 자전거 제조업자의 손에 의해 거두어지고 있다. 이러한 엄청난 행운의 시대는 어떤 특수한 산업이나 특수한 회사에서는 겨우 몇 년 계속할지 모른다. 그러나 과거 2세기의 경험으로 본다면, 엄청난 부의 축적이 없었던 시기가 없고, 현재와 같은 질서가 존속하는 한,

그것이 없어지리라고 가정할 수 있는 어떤 보증도 존재하지 않는다. 특정한 경우는 모두 일시적인 것에 불과할지 모르지만, 그 현상 자체는 끝없이 발생하는 사실이다. 따라서 사회적 견지에서 본다면, 그것은 조만간 소멸할 수 있는 것이 아니라, 영구적인 것이다. 그것은 사실상 다른 어떤 것과 비교해보아도, 현행 산업조직의 가장 현저한 특징이라고 할 수 있고, 나아가 각 계급의 생활에 치명적인 영향을 주는 것이다. 이러한 예외적인 이윤이 언제나 존재하지 않았더라면, 산업계는 오늘날, 우리가 생존하고 있는 것과 근본적으로 다른 협동적 국가나 사회주의 국가와 같았을 것이다. 우리의 견해로는, 이러한 예외적 이윤의 존재는 '경제적 갈등'이나 '이동성의 결여'에 비추어 철학적으로 성명할 수 없는 것이다. 그것은 지금 우리가 직접적으로 설명하려고 시도하는 것과 같이, '자연적 자유의 제도'하에서 앞에서 서술한 압박의 조류가, 고립된 개별의 '파는 사람'이 갖는 일반적 약점과 충돌하지 않고, 산업계의 여러 상이한 부문에 의해 세워진 매우 불평등한 제방이나 방파제의 열에 의해 차단된다는 사실의 직접적이고 필연적인 결과이다. 우리는 이러한 것들에 대해, 차례로 간단히 살펴봄으로써 임금소득자 계급에 특유한 방비 계획을 그 정당한 크기로 이해하는 준비를 할 수 있을 것이다.

첫째, 현존하는 모든 시장과 현존하는 모든 생산물에 대한 부단한 압박이 부수적이기는 하지만 순수하게 유익한 효과를 미치는 점을 주의해보자. 그것은 자본가와 정신노동자에게 새로운 생산물이나 새로운 시장의 발견에 의해 그러한 완전히 개척이 끝난 지역에서 도피하고자 하는 희망을 야기한다. 제조업자나 상인에게 언제나 존재하는 본능은, 경쟁자가 생산하지 않는 물건을 발명하거나 또는 아직 누구도 손대지 않은 단골을 발견하는 것이다. 여기서 비로소 그는 실제적인 계약 자유의 땅을 발견한다.

즉 그가 그곳에서 그 상품의 가격 인하를 거부하는 경제적 자유를 갖는 것은 마치 그 사는 사람이 그 욕망의 만족을 버리는 자유를 갖는 것과 전적으로 같다. 물론 그는 그 조건을 일방적으로 정할 수는 없다. 왜냐하면 단골은 언제나 그 수입을 지금까지와 마찬가지로 소비할 수 있기 때문이다. 그러나 가격은 경쟁이라는 걱정과는 무관하게 정해지고, 수요의 범위와 강도에 따라 제한을 받는 것에 불과하다. 그러한 경우에는, 단지 그 지역의 한 사람이라고 하는 것이 종종 커다란 행운을 의미하고, 이는 또한 생산자에게는 수입의, 소비자에게는 만족의 새로운 원천을 개발한 것에 대한 보수에 불과하다. 그러나 자본가는 압력의 흐름이 곧 그의 경제적 자유를 얼마나 완전하게 빼앗는가 하는 것을, 분명히 잘 알고 있다. 그래서 그는 그 흐름이 그에게 미치지 않는 범위 내에서 급하게 제방을 구축한다. 200년 전에 그는 수직업자와 마찬가지로 정부의 힘을 빌렸고, 당연한 것으로 특허를 부여받아 '침입자'를 배척할 수 있도록 정부에 요구했다. 그러나 하원이 "영업의 자유, 즉 각자가 그 상속받거나 획득한 자본을 자유롭게 사용하는 권리에 대해 입법부는 전적으로 간섭해서는 안 된다"[17]고 하는 견해를 취했을 때, 완전한 경쟁의 자유에 대비하기 위한 모든 적법한 제방과 방파제는 끝날 것으로 상상할 수 있었다. 그러나 의회는 위에서 말한 이유를 근거로 삼아 모든 수직업자의 기존 이익을 일소했음에도 불구하고, 세기 전체를 통하여 계속 여러 부문의 자본가에게 법률에 의해 그들 자신을 보호하고, 다른 자본가와의 경쟁을 배제할 수 있도록 했다. 또한 최근에는 법률에 의해 예외적 특권의 부여를 확보한 특허 회사가 다시 설립되었

---

17) 〈1811년, 면직공의 청원에 관한 보고〉, 〈1806년, 영국의 양모 공업 상황에 대한 위원회 보고〉. 『노동조합운동의 역사』, 54쪽, 56쪽.

다.[18] 그러나 이처럼 성장하는 제국주의의 우연적인 결과를 무시해도, 19세기는 의회의 개별 법령에 근거하여 철도, 가스, 수도 및 전차의 독점에 대한 유례없는 제도가 건설되는 것을 보여준다. 이 경우, 의회는 언제라도 다른 경쟁자를 인가하는 권리를 스스로 유보하는 것이 사실이다. 그러나 그러한 정책은 시종일관, 기존 사업과 경쟁하는 새로운 계획이 아무리 이익이 되는 결과를 초래하는 것이라고 해도, 그 새로운 발기인이 그 사업의 이익을 향수하는 다수의 사람들이 존재하는 것을 증명하지 못하는 한, 단호히 그것을 허락하지 않았다. 따라서 새로운 수도나 철도의 회사가 발기되는 경우, 기존의 동종 회사가 10퍼센트의 배당을 지불한다는 것만으로는, 그 회사 설립에 호의적인 논거가 된다는 것을 전혀 인정하지 않는다. 새로운 발기인은 각 의회의 위원회로 하여금, 현존 회사에서 사실 그들이 부여하고자 하는 근무를 공급하지 않는 것을 납득시키지 않는 한, 그 법령을 얻기란 불가능하다. 우리는 어떤 범위까지, 영국의 산업상 부가 그러한 법률에 의해 보호된 쪽에 투자되는지를 세상 사람들이 분명히 알지 못한다고 생각한다. 우리가 대충 계산한 바에 의하면, 토지와 집을 제외하고 영국의 모든 자본의 약 4분의 1에 가까운 것이 개별 법령에 의한 사업에 투자되고 있고, 그리하여 경쟁 압력의 흐름으로부터 비호되고 있다. 이러한 특권을 얻은 자본가는 사업 시작 시에 얻은 단골을 유지할 수 있을 뿐만 아니라, 그들은 단순한 인구 증가에서 생기는 불로 증액도 지주와 함께

18) 현대적 형식의 특허는 '영업의 자유'에 대해 입에 발린 경의를 표하고 있다. 그러나 이는 보통 특전을 얻는 투기자에 대해, 토지와 광산의 독점적 소유권, 모든 상인에 대한 수입 및 수출에 대한 과세권(이는 그 회사 스스로 거래를 하는 경우에는 회사가 한쪽 주머니에서 다른 주머니에 지불하는 것에 불과하다), 철도와 항만을 건설하고 도시와 시장을 설립하는 권능을 부여하기 때문에 독립된 상인(가령 니제르 식민지의)이나 독립된 광부(가령 로디시아의)의 지위는 경제적으로 18세기 '침입자'의 경우와 거의 다르지 않다.

나누어 얻는다. 나아가 그들은 사회 전체에 반하여 보호된다는 것은, 사회가 스스로에게 철도, 수도, 가스를 협동적으로 지급하고자 하여도, 먼저 그 영역에 있는 독점업자에게 배상을 지불하지 않으면 그것을 얻을 수 없기 때문이다. 이러한 대규모의 일시적으로 모험적인 기획에 자본가를 종사하게 만들기 위해서는, 실제로 그들의 '기성의 기대'에 대한 방어의 법률적 보증을 그들에게 부여하는 것 외에 다른 어떤 방법이 있는지 여부는 생각할 필요가 없다. 그러나 기존의 이득을 설정하고 유지하는 것을, 어떤 특정 근무를 확보하는 가장 좋은 방법으로 삼고자 하는, 이 사려 깊은 의회 정책 —사회의 모든 산업적 자본의 4분의 1에 의해 향유된 경쟁적 압력의 본류에 대한 사실상의 방비— 은 그 자체가 '자연적 자유제도'에 대한 흥미로운 비판이다.

만일 우리가 압박의 또 다른 우연적 이익 —이 기술적 공정을 개량하고자 하는 제조업자의 부단한 시도— 을 열거한다면, 우리는 '자연적 자유제도'에 대항하는 또 다른 반역의 성공을 보게 될 것이다. 만일 어떤 새로운 발명이나 새로운 기계에 의해 생산비를 저하할 수 있거나, 또는 우량품을 만들 수 있는 경우, 제조업자는 도매상인의 압박에 복종하여 자신에 대해 증대된 이윤을 즐겁게 올릴 수 있을 것이다. 그리하여 압박의 효과는 기술적 공정의 개량에 최대의 자극을 부여하는 것으로 보일 수 있다. 그러나 제조업자가 그의 개량을 위하여 일종의 제방을 쌓을 수 있고, 다른 제조업자들에게 같은 방안을 택할 수 없도록 할 수 있는 한, 대체로 그는 그 발명이 그와 그들 제조업자에게도 적극적인 손실이었음을 알게 될 것이다. 왜냐하면 중요한 제조업자들이 그 개량을 선택한 경우, 그중 누구도 도매상인의 압박에 대해 이전보다 더욱 잘 대항할 수 없기 때문이다. 경쟁의 흐름은, 가격 저하라는 수단에 의해 새로운 발명의 경제적 이익을 먼저 상인을 위해, 그리고 마지막으로는 단골을 위하여 모두 일소할 것이다. 그러나 제조업자들의 이러한 패배는 이로써 완성되는 것이 아니다. 새로운 발명의 채택은 필경 자본의 부가적 지출을 야기할 것이고, 그것이 이전 재산의 어떤 부분을 무용하게 만들어 파괴하는 것을 거의 면할 수 없다. 심지어 이러한 희생을 지불하여 과거의 공장을 새로운 요구에 적응시킨다고 해도, 이를 완전한 생산 경제의 입장에서 본다면, 유감스러운 점이 적지 않다. 여기에 새로운 자본가에게는 전적으로 새로운 공장을 짓고, 거기에 최신식 개량을 하고, 가장 훌륭한 새로운 발명을 이용할 수 있는 기회가 있다. 그리하여 종래의 제조업자들은 그 개량이 이러한 사람들의 창의와 기업심에 근거함에도 불구하고, 통제 없는 자유 경쟁제도하에서는 개량으로 인해 적극적으로 불리한 지위에 빠지는 것을 본다. 이것이 새로운 발명의 소유자에게 (영국에서는) 14년간 법률상 그 독점 사용권을 부여하는 특허법을 시인한 이유이다. 19세기, 특히 최근 30년간에 어떤 산업에서도 특허가 놀라울 정도로 보급되었고, 오늘날에는 실제로 중요한 제조업자가 경쟁에 내한 이러한 종류의 방비의 하나나 그 이상을 갖지 않는 것은 거의 인정되지 않는다. 그 각각은 겨우 14년간 계속되고 있는 것에 불과하지만, 자본가의 창의는 무한히 그 보호를 연장받는 길을 발견했다. 하나의 특허가 소멸하지 않는 동안 다른 특허를, 원래의 발명에 대한 어떤 부가적 개량 —이에 관해서는 물론 특허권 소유자가 발명의 가장 좋은 기회를 갖지만, 기타 그는 빈곤한 발명가로부터 그 개량적 발명을 돈으로 구입한다— 에 대해 얻을 수 있다. 원래의 발명품을 만드는 권리는, 상당한 기간이 지난 뒤에 누구나 이를 얻을 수 있지만, 그때에는 누구에게도 그 사용이 거의 인정되지 않는다. 왜냐하면 법률에 의해 보호된 최신 개량의 독점자가 여전히 그 진지를 고수하기 때문이다. 그리하여 특허에 의해 자유 경쟁의 압박으로부터 법적으로 비호되는 자본의 액에 대해서는 어떤 견적도 할 수 없지만, 그 액은 막대한 것으로 나날이 증가되고 있다.

지금까지 우리는 자본가가 경쟁적 압박의 조류에 대항하여 그 이윤을 방어하고 훌륭한 성공을 거둔 여러 가지 형식의 법적 보호에 대해 논의했다. 이제 우리는 같은 목적을 갖는 다른 수단을 보려고 한다. 제조업자가 추구하는 것은, 도매상인에 의해 행해진 엄격한 압박으로부터 어떤 식으로든 도망치는 것이다. 상인은 자신을 위해 더욱 큰 이윤을 확보하고자 하는 희망에 의해 움직이고, 언제나 그 생각을 어떻게 하면 개개 단골의 맹목적인 공정한 압력을 변화시켜 이를 저항력이 최소 부분인 것에 눌러서 언제나 조정하여 집중하는 힘으로 만들 수 있는 방법을 발견하기에 이른다. 그 거래에서 전문가가 갖는 기량이나 그 품질의 상세한 차등에 관한 숙련된 감식안, 그리고 그 기술적 공정에 대한 민첩한 이해에 의해 그는, 경쟁적 제조업자들을 서로 다투게 하여, 그렇지 않은 경우보다도 더욱 빠르고 더욱 완전하게, 그들이 향유하도록 그가 발견한 예외적 이윤을 그들에게 생기게 할 수 있게 된다. 그리하여 현대적 영업 조직의 전형적인 완전한 형식하에서 도매상인과 소매상인은 사실상, 무지한 소비자의 전문가적 대리인으로 활동하게 된다. 제조업자들은 개별의 단골과 직접 관계하여 그 제품의 가격이나 품질에 대해 그 전문적인 비판이나 세심하게 적용되는 압박에서 언제나 벗어나려고 노력한다. 이것이 바로, 현대의 뚜렷한 특색을 세계적으로 광고하는 것의 발달, 그리고 그 결과인 상표나 제조업자 이름의 사용의 발전을 경제적으로 설명하는 것이다. 만일 소비자의 심리에, 수많은 그들이 어떤 특정한 물건을 구입하고자 희망할 정도에 이른 경우의 인상을 부여할 수 있다면, 그 물건 제조업자는 그 도매상인에 대한 전략적 지위에서 큰 이익을 받게 된다. 이러한 소비자의 편견이 실제의 우월에 근거한 것인지 여부는, 그 목적을 위해서는 관계가 없다. 엉터리 약이면서도 캐드베리 코코아(Cadbury Cocoa)나 제거(Jaeger) 박사 모직물에 의해 얻은 것과 같은 유리한 지위를 확실하게 부여하는 것도 많다. 소위 '특허품'이라는 것은 원래 매약에서 시작되었지만, 지금은 거의 모든 종류의 가정 필수품을 포함하고 있고, 그 발전의 결과는 가격 저하에 대한 흥미로운 방파제라는 하나의 형식을 취하기에 이르렀다. 일단 특허품이라는 것이 공중의 호의를 얻게 되면 그 제조업자는, 잔인한 경쟁으로는 큰 이익을 보지 못한다. 그 결과는 고객이 더욱 싼 가격으로 얻기 때문이다. 그는 그의 고객이 13펜스 반 대신 11펜스로 살 수 있는 경우, 그의 독특한 상품이 더 많이 팔린다고 보지 않는다. 그러나 그러한 경우, 보통은 도매상인에게 특별한 할인을 하거나 도매가격을 저하시키고자 하는 압박은 거의 저항하기 어렵기 때문에, 도매상인은 그 물건의 거래로는 이익을 보지 못한다는 것을 알고, 그 결과 제조업자가 손실을 보게 된다. 그래서 기업심이 풍부한 독특한 특제품의 소유자는 오늘날에는 그 판로 전체에 걸쳐 그 가격을 일정하게 하고자 시도하게 된다. 모든 관계 당사자의 보호를 위하여 그는 소위 '철판 계약'(Ironclad Contract)이라는 것을 고안한다. 그는 어떤 도매상인이든, 일정하게 지정된 '도매가격' 이하로 팔려고 하지 않고, 그것을 범하는 경우에는 벌을 받는다는 의무를 정식으로 지지 않으려고 그 공급을 거절하거나 그 가장 유리한 할인을 공제한다. 나아가 그는 일정한 소매가격도 지정할 수 있고, 어떤 소매상인도 그 가격 이하로는 그 상품을 팔 수 없기 때문에 이에 반하는 경우에는 공급을 거절하게 된다. 우리들이 받는 인상으로는, 도매상인과 소매상인이 새롭게 발명된 상품의 분배에 계속 종사하는 경우, 언제나 이렇게 엄중하게 보호되고 고도로 규제된 영업 조직이 이미 전형적 형식이 되어 있다.[19]

그러나 소매상인은 특제품 가격을 규제하는 쪽을 그 매매의 자유 경쟁으로 인해 받는 파멸적 결과보다도 좋아함에도 불구하고, 그는 특제품 자체를 매우 혐오한다. 그는 언제나 좋아하는 것에 의해 '나아갈' 수 있고, 따라서 단골의 무지에 편승하여 더욱 큰 이윤을 확보할 수 있는 보통의 상품을 선호하고자 노력한다.[20] 특제품의 제조자는, 그것이 대책으로서 일정한 수수료를 주어 자신의 소매 대리점을 지정하는 것이 된다. 그리하여 다수의 홍차 다발을 판 빵집이나 특별한 담배 브랜드를 추천하는 신문 판매대가 있게 된다. 새로운 생산물, 가령 타자기라든가 자전거와 같이 전형적인 영업 조직에서 완전히 이탈하고, 그 제조업자가 도매와 소매를 자신의 손으로 장악하고, 때로는 또한 선박업이나 수리업도 흡수하는 것을

19) 이러한 '철판 계약'이라는 것은, 그 특별한 직업과 무관한 사람에게는 쉽게 인정될 수 없고, 우리는 그 급속한 증가나, 현 산업계의 광대한 범위에 대해 누구도 충분한 관념을 갖지 않았다고 믿는다. 우리는 모든 종류의 가정 용품을 공급하고 이러한 종류의 계약을 다수 체결한 영국 최대 도매상의 작용을 연구하는 특전을 가졌다. 우리는 여기, 1896년 6월 8일자의, 유명한 독특품 제조자의 비밀 회장을 가지고 있다. 거기에서 우리는 약간을 인용하고자 한다. 소매상인에 대해 회장은, 도매가격과 할인액을 열거한 뒤, 이어 다음과 같이 말한다. "가격의 혼란을 피하고 '투기'를 방지하며 단골에게 적절한 이익을 확보해주기 위해 우리는 우리의 물품을 공급하는 모든 사람에게, 지정된 가격 이하로 이를 팔지 않도록 요청한다. 따라서 단골의 이익을 위해 이러한 취지의 협정에 서명한 사람들에게만 공급하도록 한다." 도매상인에 대해 회장에서는 다음과 같이 말한다. "상품이 도매상인에 대한 우리의 지정 가격 이하로 '절하'되지 않도록 한다는 조건하에 5퍼센트의 보너스를 지급한다. … 이로 인하여 도매상은 … 거의 14퍼센트의 이윤을 확보할 수 있게 하고, 우리가 믿는 바로는 그 상품의 매도에 의해 얻어지는 계속적 이익을 확실하게 할 것이다." 〈진보 평론〉, 1897년 4월호에 수록된 논문 「소매상의 연합」을 참조하라.

20) 이 점과 관련하여 흥미로운 것은, 입법부가 상표법의 포괄적 규정에 의해 가격이나 품질의 경쟁에 대항해 '특제품'에 의해 향유된 안전의 법적 보호에 대해 기꺼이 응하는 것의 인정이다. 어느 약제사는 '콘디 액'(Condy's Fluid; 유명한 가성칼리의 과망간산염 소독액)을 전적으로 콘디와 같은 방법으로, 콘디보다 더욱 싸게, 콘디보다 더 잘 만들 수 있을지 모른다. 그러나 그는 고객이 구하는 유일한 이름 아래에서, 콘디 자신에 의해 —필경 '철판 계약' 아래에서— 공급되는 물품 외에는 다른 아무것도 팔아서는 안 된다.

우리는 인정한다. 만일 전매특허나 상표나 오랜 평판이나 전 세계에 걸친 광고 같은 것을, 그 방파제로 사용할 수 없는 경우에, 제조업자는 링 등의 가격을 일정하게 하는 수단에 의해 자기 보호를 시도하게 된다. 이러한 방법의 금전상 이익은 매우 명백한 것으로, 영국 제조업자가 이 수단을 더욱 많이 채택하지 않는 것은 오랫동안 서로 다투는 습관과 그로 인해 야기된 상호 질투에 의해 방해받았기 때문이다.[21] 마지막으로 모든 경쟁자를 연합하여 단일한 단체를 만들어 경쟁을 완전히 폐기시키고자 하는 대담한 시도가 있다. 가령 영국에서 나선, 면사, 식염, 알칼리, 인도 고무 타이어와 같은 여러 산업에서, 또 미국의 무수한 사례에서 그 일부나 전체가 성공한 것들이다.

압박의 조류를 저지하거나 회피하고자 하는, 앞에서 말한 모든 기획에서, 자본가의 방책은 가격을 상당한 수준으로 유지하고자 하는 어떤 형식의 제방으로 간주할 수 있을 것이다. 그러나 다른 사례에서 우리는 상이한 방법을 본다. 우리는 이미 새로운 산업이 출현하는 경우, 오늘날에는 생산기구의 분화를 전적으로 저지하고, 모든 단계를 하나의 유일한 손에 보류시키고자 하는 경향이 있는 사실에 대해 주목했다. 그리하여 가령 타자기나 자전거 제조업자는 대규모의 재봉기계 제작자의 예를 모방하여, 모든 상인을 배제했다. 그러나 그러한 사실은 이와 반대쪽에서도 시작될 수 있

---

21) 특정 부문의 제조업을 지배하는 다수의 유명하지 않은 비공식적 '링'의 하나를 우리는 들고자 한다. 가령 영국의 금속제품업(모든 종류의 금속제 집기 제조)은 실제로, 버밍엄과 그 부근의 약 한 타스의 회사에 한정된다. 그러한 회사는 오랫동안 일치하여 그 모든 제품의 가격을 일정하게 정해왔다. 균일적 도매가격표가 3종의 할인율과 함께 협정되었다. 회사는 모든 구성원의 찬성을 얻어 그러한 제품 제작의 우열과 그것이 갖는 명성의 고하에 따라 3종의 등급으로 나누어져 각각 그것에 따른 할인율을 가진다. 이러한 '링'은 전적으로 비공식적인 것이지만, 오랫동안 잘 유지되었고 분명히 그 총원의 만족을 얻은 것으로 보인다.

다. 지방의 촌락 행상이나 소도시의 싼 구두나 싼 옷의 소매상인으로부터, 오늘의 거대한 피복도매상이 발달해왔다. 그는 전국에 걸쳐 개별의 고립된 수천의 가족에게 일자리를 주고 있고, 그러한 다양한 생산물을 그의 창고에서 나누어 상표를 붙이고, 여러 도시에 있는 그 자신의 소매상점에 공급을 하고, 양육원과 구빈원과의 계약을 이행하고, 자신의 계산으로 케이프타운이나 멜버른으로 매년 식민지에 의해 흡수되는 수십만 명의 '안착'을 배로 보낸다. 이 경우 현저한 특징을 형성하는 점은, 소비자를 향한 가격 하락을 방지하는 것이 아니라, 육체노동 생산자를 압박하는, 드물게 보는 놀라운 기관이라는 점이다. 모든 '스웨트 산업'에서 사실상 자본가가 택하는 수단은, 가격을 저렴하게 하고자 하는 압박을 회피하려는 것이 아니라, 그 압박이 그것이 갖는 모든 무게를 직공의 머리 위에 내리는 방법을 발견하고자 하는 것에 있다. 우리는 앞에서, 고립적 직공이 공장주와 거래를 하는 경우 차지하는 불리한 지위에 대해 말했다. 그러나 그는 여하튼, 다른 직공이 수취하는 임금액을 아는 이익이 있고, 다수의 동료로부터 매우 귀한 정신적 원조를 받을 수도 있다. 나아가 이미 우리가 고찰했듯이, 공장에서는 상호보험이나 단체교섭이나 법률 제정과 같은 노동조합의 방법은 공통규약 ―그 경제적 효과에 대해서는 곧이어 설명하겠다― 이라는 형태의 제방을 세우고 있다. 그러나 가정 노동자는 어떤 보호도 받지 않고, 원칙적으로 가장 참담한 생활 임금에 복종하고 있다. 그리고 기성복 사업에서 보듯이, 이러한 가정 노동자들이 주로 일정한 '생활의 표준'에 대해 어떤 관념도 갖지 않는 계급에서 채택되는 경우 ―지금 폴란드 유대인이나 비숙련 영국 여성처럼 어떤 일도, 어떤 가격, 어떤 조건에서도 하는 것이 보통이다― 그들의 임금은 나아가 그 계급이 영속적으로 유효하게 노동할 수 있게 하는 것 이하로 저하된다. 그리하여 소위 '스웨트 시스템'

하에서 자본가-기업가는 그의 도매상인과 소매상인이 보통 제조업자에게 미치는 가격 인하의 압박을 면하는 길을 발견했을 뿐 아니라, 나아가 생활의 표준을 저하시키고자 하는 공장주가 오늘 보통 만나는 단결이나 법률규제에 의한 저항도 면하는 길을 발견했다. 피복도매상인에 의해 만들어졌고 지금도 만들어지고 있는 막대한 부라는 것은, 부주의한 소비자가 품질과 함께 산업 변화에 의해 무지하기 때문에 여전히 지불하는 가격과, 반은 보조를 받아 생활하는 여성과 타국에서 추방된 유대인의 흐름이 그 직장을 상실하기보다도 그것에 인내하고자 하는 임금과의 사이에 있는 쟁탈지가, 작은 부분의 자본가에 의해 전부 완전히 흡수되었음을 보여준다.

우리는 앞에서, 오늘날 거의 모든 부문의 자본가가 제조업자든, 상인이든 간에, 상당한 지식이나 책임이 없는 소비자들의 언제나 무의식적으로 행하는 맹목적 강제를 회피하거나 저지하거나 지배하여 철저히 자신의 이익으로 삼는, 몇 가지 중요한 수단에 대해 간단히 설명했다. 이러한 다양한 수단을 적절하게 분석하고, 그것이 어느 정도까지 국민의 부를 증가시키고 감소시키는지 논의하고, 그것이 국민성에 어떤 영향을 미치고 사회적 이익에 관한 견해와 어느 정도 일치하는지를 발견하는 것은, 우리가 노동조합운동에 대해 행한 것과 마찬가지로 상세하게 연구하는 것을, 영업기관의 실제 사실에 대해 행할 것을 요구할 것이다. 우리는 그러한 연구가 가장 가치 있는 결과를 낳는다고 믿는다. 한 가지는 분명하다. 즉 이러한 자본가가 만드는 제방이나 방파제, 지름길이나 인공 수로는 경제적 거래의 '쟁탈지' 전체에 걸쳐 일반적이고 상존적인 특색이 되어왔고, 소비자와 생산자 사이의 관계나 자본가와 정신노동자 및 육체노동자 사이의 관계에 대한 어떤 논의도, 그것이 개별 거래 사이의 자유 경쟁에 의한 노무의 상호교환에 근거한 것을 전제로 하는 한, 실제적 견지에서 보아 너무나 진부한

설이 되어왔다는 것이다. 사실상 우리는 새로운 과학적 분석을 만들어내야 한다. 그것은 '자연적 자유'의 이상적 상태에 대한 것이 아니라, 경제적 독점 —법적 독점, 자연적 독점, 소비자의 편견을 이용하는 것에서 나오는 독점, 그리고 마지막으로 그런 것들보다 못하지 않은, 경쟁적 이해관계자 전원의 암묵적이거나 명시적인 연합이나 합동에 의해 계획적으로 만들어진 독점— 이 다소간 완전히 행해지는 사회의 실제 사실에 대한 것이다.[22] 그러나 경제학자에 따라서는 지금 연구하고 있지 않은 세계에서 눈을 돌리기 전에, 그것이 우리 자신의 영역에 어느 정도까지 침입하는지를 보여주어야 한다.[23]

---

22) C. S. 디버스(Devas)는 『경제학의 기초』, 제20장, 33쪽에서 J. S. 밀이 '현명하게도' 그 아버지와 그 학파의 다른 경제정책 학자들이 취한 추상적 방법에 반대한 것을 우리에게 주의시킨다. 밀은 다음과 같이 말했다. "이러한 철학자들이 그 학설의 두세 가지 전제로 사회 현상의 설명에 필요한 모든 것을 포함한다고 간주한 것은 상상할 수 없는 것이 아니고, … 또한 사실이라는 점에서도 진실이 아니다. … 그들은 그 원리를 적용함에 있어서 필경 무수한 제한을 하려고 했을 것이고, 사실 그렇게 했다. 그러나 필요한 것은 제한이 아니다. … 그 현상을 결정하는 두세 가지 동인으로 하나의 과학을 수립한다는 것은 비철학적이다. … 우리는 모든 결정적인 동인을 평등하게 연구하고, 가능한 한 그 전부를 과학의 범위 내에 포함시키려고 노력해야 한다. 그렇게 하지 않으면 우리는 반드시, 우리 학설이 고찰한 것에 모순적인 주의를 부여하게 될 것이다. 이와 동시에 우리는 다른 것에 대한 평가를 잘못하여 필경, 그 의의를 경시하게 될 것이다." 이 인용은 밀, 『경제학 체계』, 제6편, 제8장의 끝에서 따왔다.
23) 이러한 독점은, 분명히 대부분 실제 법률상의 계약 자유의 성과이다. 만일 각자가 가장 자신의 이익이라고 인정하는 계약을 하는 자유가 있다고 한다면, 그가 그 관련 자본가와 서로 연결하여 가격을 정하고, 생산을 규제하고, 만일 가장 유리하다고 생각할 때 모든 이해관계자와 합동하는 권리를 그가 거부하기란 불가능하다. 폭스웰(Foxwell) 교수는 말했다. "독점은 피할 수 없다. … 그것은 산업적 자유의 자연적 산물이다."(「독점의 발달 및 그 국가의 기능에 대한 관계」, 〈경제학 평론〉, 제3권, 1889년 9월호) 그러한 사정하에서 소수자에 의한 경제적 강제, 고의의 값싼 판매에 의한 신참자의 박멸, 반항 회사를 산업 밖으로 추방하는 것이 생기는 것은, 치티(Chitty) 판사가 '모굴 기선회사 대 맥그리거, 카우 회사'(Mogul Steamship Co. v. Macgregor, Cow. and Co.) 사건에서 분명히 말했듯이 법적

육체노동자로부터 개별 고객에 이르는 사이에 발생하고, 나아가 노동의 임금을 결정하게 되는 거래의 체인을 분석하면서 우리는, 개별적으로 고립된 노동자가 자본가-제조업자와 거래하는 경우, 현저히 불리한 지위에 있다는 것만이 아니라, 자본가-제조업자 자신도 다른 공장에서 행해지는 것 이상의 조건을 제공하기에 무력하다는 것도 지적했다. 그러나 그 뒤 최근의 생각에 의하면 분명하게, 경쟁에 의한 압박의 본류를 저지할 수 없는 경우를 제외하고 언제나 반드시 적용되지 않는다. 만일 개별 고용인이 독점적 이권이나 전매특허, 상표, 또는 심지어 확실한 개인적 관계에 의해 그 생산물의 가격으로부터 그 압박을 면하고자 한다면, 또는 만일 고용인 전체가 단결하여 묵시나 명시의 연합을 만들어 그 직업을 규제할 수 있다면, 그러한 공장의 직공은 더욱 좋은 임금을 받게 될 기회를 얼마든지 갖게 될 것이다. 그리고 이러한 부분적 독점이 공공심이 풍부한 박애주의자에 의해 관리되는 한 —**또는 그 예외적 이윤이 최초의 자본가의 손에 머무는 한**— 이러한 가정은 사실에 의해 확증된다. 유명한 캐드베리, 호록스, 탄지(Cadbury, Horroks, Tangye)와 같은 회사와 기타 다수의 독특품 제조업자

인 계약 자유의 피할 수 없는 결과이다. 고전파 경제학자는 '자연적 자유제도'에 의해 계약의 개인적 자유를 의미하는지, 개인 사이의 자유 경쟁을 의미하는지 분명히 결정하지 않았다. 앞의 '단체교섭의 방법'이라는 장에서 우리가 이미 설명했듯이, 이러한 두 가지 사회 이상은 같은 것이 아닐 뿐 아니라, 서로 전혀 어울리지 못하는 것이다. 자본의 세계에서도, 노동의 세계에서도 마찬가지로 계약의 개인적 자유는 반드시 단결을 결과하고, 단결은 개인 간의 자유 경쟁을 파괴한다. 만일 우리가 개인 간의 자유 경쟁을 유지하고자 한다면, 그 경우 생각해야 할 유일한 길은, 국가가 계약에 간섭하고, 단지 모든 종류의 결사만이 아니라, 또 토지의 양도나 소규모 사업을 대규모 사업에 합병하는 것과 같이, 어떤 식으로든 부나 힘의 불평등을 야기하거나 증대하는 것을 방지하는 것에 있을 것이다. 평등한 단위 사이의 자유 경쟁이라는 것이 바람직하고 인간성과 일치한다고 가정하여 과연 '생산, 분배, 교환이라는 수단의 국유화'에 의하지 않고, 다른 방법으로 영원히 확보할 수 있는지 없는지는 학문적인 논쟁으로는 흥미로운 것이다.

들은 '선량한 고용인'으로서, 즉 스스로 각종 노동에 대해 다른 공장보다도 좋은 조건을 부여하는 것으로 유명하다. 그러나 이와 관련해서 다음을 기억하는 것이 중요하다. 즉 그 '선량한 고용인'이 노동조건을 결정하는 표준으로 삼는 것은, 충분히 효과 있는 가정생활과 가치 있는 시민에게 필요한 것에 대한 사려 깊은 견해가 아니라, 단지 각종 직공이 경쟁적 압박하에 있는 보통 고용인으로부터 얻는 것에 관한 실제적 견적에 불과하다는 것이다. 그러므로 주급이 비교적 소액으로 증가하고, 더욱 공정한 성과급 업무 임금표가 만들어지고, 시업 및 종업의 시간, 식사 시간, 휴일제도를 정하는 것에 더욱 많이 고려하고, 공장을 조금 즐겁게 만드는 것, 또는 직공장의 시시한 압제를 금지하는 것에 더욱 주의하는 노동조건 개선은, 모두 이윤을 심각하게 침해하는 것이 아니라, 충분히 그 마을의 가장 좋은 직공을 회사에 유인하여 정의롭고 인자하다는 평판을 얻고, 그 고용인 가족에게 그 공장을 방문하거나 그 직공 집의 방을 찾을 때마다 언제나 영원히 만족하게 할 수 있다. 이러한 범위에서 '자본가의 힘은 노동자의 방패'[24]라는 것이 진실이다. 그러나 이처럼 비교적 온정적 관계는 오늘날 영원히 지속되기 어렵다. 만일 그 사업이 발전하거나 크게 된다면 그것은 매우 빠르게 주식회사로 조직될 것이다. 그리고 본래의 공동 사업자는 최초에는 큰 이윤을 가졌지만, 해가 지남에 따라 외부 주주에게 인도되는 부분이 증가하게 된다. 이러한 새 주주는 그 주를 매입하면서 유가증권에 대한 보통의 이윤이 되는 가격에 의하기 때문에 그들은 처분해야 할 예외적 이윤이 있다고 크게 느끼지 않는다. 설령 그 본래의 공동 사업자들의 가족이 여전히 선조 이래의 회사에 다수의 주식을 가지고 있다고 해도, 그들은 그 이윤을

---

24) 제임스 스털링, 『노동조합운동』, 42쪽.

자본화하여 그것을 온정적으로 사용하는 특권을 상실한다. 그래서 그 주주 총회, 이사회, 유급 전무는 반드시 '영업 원칙'을 채택하고 노동에 대해서는 어쩔 수 없는 경우보다 많이 지불하지 않게 된다. 따라서 우리가 법적 독점을 경영하는 거대한 자본가 단체, 또는 더욱더 크게 산업계를 지배하는 방대한 합동체에 눈을 돌려 볼 때, 특히 경제적 소설에 나오는 가장적인 고용인과는 현저히 다르고, 나날이 변동하는 주주와 사채권자들, 즉 노동조건에 대해서는 아무런 책임감을 느끼지 않고, 소비자 자신과 같이 무지하고 무식한 무리를 보게 된다. '런던 및 북서부 철도회사'의 5만 명 종업원의 개인적 생활에 관한 한, 그 강대한 기업을 소유하는 5만 5000명의 보통 주주는 그들 노동자들이 봉사하는 수백만 명의 승객보다도 더욱 무지하고, 더욱 친하기 힘들며, 더욱 무책임하다고 해도 과언이 아니다. 그러한 상태는 법률이나 단체교섭이 없는 경우, 그러한 대자본가의 독점이 노동자에 대해 실제로 그들이 정한 조건을 지시할 수 있다는 사실에 의해 더욱 강화된다. 만일 스스로 인정하듯이, 고립된 직공은 자본가-제조업자와 거래하는 데 매우 불리한 지위에 있다고 한다면, 우리는 사환이나 전철수 자리를 구하는 지망자의, 대철도회사의 임원에 대한 지위에 대해서는 뭐라고 해야 좋을까? 여기서 거래라는 관념 자체는 없어진다. 이는 그러한 자본가가 반드시 절대적인 최저임금을 지시한다고 의미하는 것은 아니다. 회사는 자체의 이익에 따라 임금, 노동시간, 기타의 조건에 대해 어떤 정책을 채택할지 결정한다. 사환이나 전철수, 선로공이나 잡역부라고 하는 것은, 실제로 임의의 가격으로 몇 사람이든 채용할 수 있다. 인간이라는 동물이 일시 살 수 있는 최저임금을 주고, 낮은 정도의 체력으로 만족하는 것이 과연 가장 유리한 것인지, 또는 우수한 자에게 1주 90시간 노동을 하게 하는 것이 더욱 유리한지 여부의 문제는 '계약의 자유'에 어떤 간섭도 행해지지 않는 경우, 마차회사가 그 말을 4년간 사용하는 것과 7년간 사용하는 것 중에서 어느 쪽이 유리한지를 결정하면서 의거하는 원칙과 거의 동일한 원칙에 의해 결정된다. 일단 노동자가 그러한 거대한 독점사업체에 고용되면, 그 고용인의 명령에 복종하지 않으면 그의 상황을 변하게 할 뿐만 아니라, 생활을 위한 새로운 수단을 찾아야 하게 된다. 왜냐하면 철도 종업원은 그 직장을 떠나면서 증명서를 받지 못하는 경우, 또는 그 이름에 검은 표식이 달리는 경우, 그 나라의 어떤 철도회사에서도 직장을 구할 수 없기 때문이다. 따라서 자본가가 그 제방이나 방파제에 의해 확보한 특별이익의 비율을 임금소득자가 계급으로 갖는다는 것은 예외적인 경우에 불과하고, 그런 경우에도 일시적인 것에 불과하다. 이러한 예외적 이윤은 즉각 그 소유자에 의해 자본화되고, 프리미엄을 지불하고 새로운 주주가 되는 것으로 변동한다. 그 독점이 더욱 완전하고 법적으로 확보되면 될수록, 확실히 낮은 이윤이 되는 것에 불과한 가격으로 매매된다. 가령 도시의 수도사업처럼 극단적인 경우에는 실제 거의 국채의 이자에 가깝게 된다. 반면, 거대한 자본가의 회사 속에서 임금소득자의 지위는, 그 회사에 속하는 동종 사업 경영자의 유효한 경쟁이 없기 때문에, 확실히 더욱 저하하게 된다. 따라서 전략상 지위의 차이는 더욱 확대되고, 임금 계약은 그 순수한 의미에서 거래라고는 도저히 말할 수 없게 된다.[25]

앞에서 말한 자본가가 사용하는 모든 방법과 비교해보면, 노동자가 경

25) "한편으로 자본가, 다른 한편으로 노동자는 그 사이의 경쟁이, 후자에게 조직이 없고 법적 보호도 없는 경우, 이를 평등한 단위 사이의 경쟁이라고 하는 것은 완전히 공상으로서 사실에 반한다. 따라서 그러한 가정에서 나오는 결론은, 어떤 것이라도 현재의 사정하에서는 거의 가치를 가질 수 없다." B. R. 와이즈(Wise), 『산업적 자유(*Industrial Freedom*)』 (London, 1892), 13쪽, 15쪽.

쟁에 의한 압박의 본류에 대항해 자신을 보호하고자 하는 노력은, 비교적 온건하게 보인다. 자본가-대기업의 기업가와 달리, 어떤 부문의 임금소득자도 오늘날, 일정한 노무를 수행하는 독점적 권리를 의회에서 획득할 수 없다. 왜냐하면 어떤 나라에서도 수공의 새로운 기술 —대부분은 신기한 사용 방법에 불과하다— 에 대해, 그것이 산업 생산력을 매우 증대시키는 것이라고 해도, 그 발명자에게 특허권을 부여하지 않기 때문이다. 또 오늘날 가장 숙련된 노동자라고 해도, 그 독특품이나 법률이 보호하는 상표의 광고인처럼, 매우 다수의 원격의 개별 소비자라고 하는 확실한 고객을 확보할 수 없다. 나아가 임금소득자는 산업적 피라미드의 밑바닥을 형성하고, 그 밑에는 그 압력을 전할 수 있는 더욱 낮은 계급이 존재하지 않는다는 것이 그들에게, 앞에서 우리가 피복도매상을 이롭게 한 조류회피법이라고 하는 것을 택하지 못하게 한다. 이러한 제방과 방파제는 모두 자본의 소유이고, 언제나 반드시 그렇기 때문이다.[26]

26) 개별 노동자 중에는 물론, 아마도 도급인으로서 자본의 소유자가 되고, 그리하여 그들의 계급을 벗어나 출세하는 사람들도 있다. 그러나 이는 그 계급 자체의 경제적 지위에 대해서는 (실로 그 반대의 불행한 영향은 제외하고) 어떤 영향도 미치지 않는다. 어떤 파의 협동조합 주장자는 임금소득자의 노동조합에 의해 전적으로 자본가-고용인과 육체노동 임금소득자 사이의 관계를 없앨 수 있다고 주장한다. 고용인 연합이나 특제품의 제조업자가 실제로 상인을 그 대리인이 변화시킬 수 있는 것과 꼭 마찬가지로, 노동자의 노동조합도 자본가-기업인을 변화시켜 그 명령하에 일하는 유급 지배인으로 만들 수 있다. 그러나 이는 동시에 노동자의 일부가 그가 이용하는 자본의 소유자가 된다는 것을 의미할 것이다. 그리고 만일 생산자 조합에 의한 이러한 생산관계의 소유가 일반적으로 된다면, 물론 임금소득자 계급의 경제적 지위에 대해서 말하는 것은 불필요하게 될 것이다. 그러나 우리의 생각으로는, 그러한 자본가와 임금소득자 지위의 일반적 합병은 모두 본질적이고 영구적으로 불가능하다고 생각되는데, 그 이유 —종래와 같이 '생산자조합'이 영국 협동조합운동의 중요한 부분을 형성하지 못한 원인— 는 비어트리스 포터(시드니 웹 부인), 『영국 협동조합운동(The Co-operative Movement in Great Britain)』(London, 초판 1891, 제2판 1894)에 충분히 설명되어 있다.

영국 노동자들이 처음 택한 수단은, 방법이라기보다도 본능이라고 할수 있는 것이다. 산업계의 대부분에서 임금소득자는 완강하게 일정한 관습적 소비 표준을 고집했다. 고용인의 전투력이 아무리 강력해도, 또 임금소득자가 아무리 무조직이고 자력이 없어도, 특별한 종류의 노동자의 임금, 기타 조건을 막연하게 정한 일정 표준 이하로 저하하기란 분명히 불가능하다. 수천 명의 기계공이나 보일러 제작공, 석공이나 연공에게 거리를 헤매며 일자리를 구하는 극도의 불경기에 몇 년 동안, 그들에게 1주 10실링이나 15실링으로 일을 제공하는 것이 무익하다는 것은 욕망이 가장 큰 고용인도 알고 있다. 이처럼 그들은 조만간, 그 사회적 지위에 적당하다고 생각하는 것을 위반하기보다도, 비숙련 노동자로 일하거나 임시 일자리를 찾아 그들이 숙련공으로서 거절한 것과 같은 소득, 또는 그보다 낮은 소득을 감수한다. 이처럼 그들이 그 관습적 표준보다 터무니없이 낮다고 생각하는 임금으로 특별한 노무를 하는 것을 완강하게 거부하는 것은, 그들이 노동조합에 속하지 않기 때문이 아니다. 왜냐하면 그것은 조합원이건 아니건 간에 공통된 특징이고, 단결이 존재하지 않는 직업에서도 인정되기 때문이다. 어떤 부두 앞에서 업무를 차지하려고 다투고 있는 부두 노동자들은, 1일 1실링으로 일하라는 지시를 받게 되면 화를 내면서 몇 시간도 안 되어 그 일을 그만둘 것이다. 이는 단지 화폐 임금에만 해당되는 것이 아니다. 영국의 건축 노동자들도 시간급으로 종종 노동조합에 속하지 않음에도 불구하고, 매일 계속 15시간을 일하기보다도 다른 일자리를 구하려고 할 것이다. 이러한 관습적 최소한이라고 하는 것은, 실제 생계비에 대해 어느 정도 정확하게 지시할 수 있는 관계가 전혀 없다. 젊은 기계공이나 연공도 처자가 없음에도 불구하고, 수백만 명의 동료 시민이 그것에 의해 생활할 뿐 아니라 결혼도 하고 가족을 양육하는 임금으로 일하기를 분명히 거부한다. 반면 런던의 부두 노동자는 1일 1실링으로 일하려고 하지 않음에도 불구하고, 그 직업에 자주 생기는 실업 기간도 고려한다면, 건강이나 산업상의 능률을 유지하기에 분명히 불충분한 시간급으로 불규칙적인 일을 흔쾌히 받아들인다. 이처럼 고용인의 임금을 저하시키고자 하는 힘에 대한 실제의 장애는, 언제나 경제학자에 의해 인정되어왔다. J. S. 밀에 의하면 "국민 사이에, 또는 그 대다수 사이에, 이러한 저하에 대한 결연한 반항 ―기존의 생활 표준을 유지하고자 하는 결의― 이 없는 경우, 가장 빈곤한 계급의 상태는 진보적인 나라에서도 참을 수 있는 최저점까지 내려간다."[27] 고전파 경제학자들은 이러한 기존의 생활 표준을 유지하고자 하는 결의가, 여러 나라에서, 또는 같은 나라의 여러 지역이나 종족에서 그 임금의 평준에 영향을 주는 점에, 특히 놀랍게 생각했다.[28] 애덤 스미스에 의하면 "습관은 영국에서 가죽 구두를 필수품으로 만들었다. 남녀를 불문하고 체면을 생각하는 자라면 아무리 가난해도 사람들 앞에 구두를 신지

---

27) J. S. 밀, 『경제학 원리』, 제4편, 제6장, 제1절, 453쪽. "노동 계급 전체의 평상 소득은 노동자의 평상 욕구에 의한 것 외의 영향을 받지 않는다. 이는 어느 정도 변할 수 있을지 모른다. 그러나 임금이 불변인 기간, 임금은 영속적으로 그러한 욕구의 표준 이하로 내려가지 않고, 오랫동안 그 표준 이하에 머물지 않는다." 같은 책, 제4편, 제10장, 제5절, 564쪽.
28) "가령 영국에서 하층 계급은 주로 빵과 고기, 아일랜드에서는 감자, 중국과 인도에서는 쌀을 주식으로 한다. 프랑스와 스페인의 여러 지방에서는 반드시 포도주를 곁들인다. 영국에서는 노동 계급이 흑맥주, 맥주 및 사이다에 대해 거의 같은 생각을 하지만, 중국과 인도에서는 물만 마신다. 아일랜드의 농부들은 창이나 굴뚝이나 가구라고 할 만한 것도 없는 비참한 진흙집에서 사는 반면, 영국에서 농부의 집에는 유리창과 굴뚝과 가구도 충분히 갖추어져 있고, 아담하고 깨끗하고 만족스러운 것은, 아일랜드 집이 불결하고 비참한 점과 마찬가지로 유명하다. 생활양식의 이러한 차이는 동시에 임금의 차이를 야기한다. 따라서 1일 노동의 평균 가격은 영국의 경우 20펜스에서 2실링까지이지만, 아일랜드에서는 7펜스이하, 인도에서는 3펜스 이하이다." J. R. 매컬로크, 『임금률과 노동 계급의 상태를 결정하는 사정에 관한 연구』, 32쪽.

않고 나타나는 것을 부끄러워한다. 스코틀랜드에서는 이것이 남자에게는 최하급의 사람이라도 필수품이지만 여자에게는 그렇지 않아서, 여자는 맨발로 걸어도 명예와 무관하다. 프랑스에서는 그것이 남녀 모두에게 불필요하다."[29] 토렌스 대령에 의하면 "영국에서는 일반의 사정과 풍습에 의해 오래전부터 노동 계급 여성은 그 발을 가리고 밀로 만든 빵을 고기와 함께 먹어왔다. 지금은 오래전에 임금이 매우 저하하여 영국의 이 지역 여성에게 맨발로 걷고 감자를 아마도 약간의 우유와 거기에서 나온 버터를 곁들여 식사하도록 하고, 그렇게 하기 훨씬 전부터 모든 노동 계급은 교구의 구제를 구하여 그 토지의 인구가 감소한 것을 보기에 이를 것이다."[30] 그리고 매컬로크는 "이러한 생활양식의 차이는 임금의 차이를 똑같이 야기한다"고 요약했다. 그러나 그러한 사실이 분명히 인정되었음에도 불구하고, 그 충분한 설명이 행해지지는 않았다. 이러한 임금의 차이에 대해 고전파 경제학자들이 든 유일한 이유는, 그 관습적인 '생활 표준'이 인구 증가의 비율을 결정한다는 것이다. 즉 고용인이 임금을 그 평준 이하로 저하시키고자 할 때 언제나 즉각 산아의 감소를 야기하고, 그리하여 20년 뒤의 임금기금에 대한 노동자의 비율을 변경한다는 것이다![31] 그러나 이는 설령

---

29) 애덤 스미스, 『국부론』, 제5편, 제2장, 제4항, 393쪽.

30) 로버트 토렌스(Robert Torrens), 『대외 곡물 거래론(*Essay on the External Corn Trade*)』(London, 1815), 58쪽; 건턴(Gunton), 『부와 진보(*Wealth and Progress*)』(London, 1888), 193쪽에 나오는 다른 인용을 참조하라.

31) "설령 임금이 충분히 높아져서 식품의 값이 인상되어도 노동자와 그 가족의 필수품을 빼앗지 않는 정도의 여지가 있게 된다고 해도, 신체상으로 말하자면 더욱 나쁜 생활에도 견딜 수 있다고 해도, 아마 그들은 그것에 동의하지 않을 것이다. 그들도 쾌적한 생활에 익숙하고, 그들에게 그것은 이미 필수품이며, 그것을 상실하면 그들의 증식력이 제한을 받아, 사망의 증가에 의해서가 아니라 출생의 감소에 의해 임금은 인상될 것이다." J. S. 밀, 앞의 책, 제2편, 제11장, 제2절, 209쪽.

인구 통계가 우리에게 출생률에 관하여 그렇게 가정하는 것을 허용한다고 해도, 오늘날 노동자가 더욱 적게 받는 것을 거절할 수 있는 이유를 우리에게 말하지 못하는 것이 분명하다. 만일 경제학자가 예정된 기금이라는 오류에 사로잡혀 있지 않다면, 필경 그들은 어느 세대의 노동자도 이러한 관습적 생활을 고집하고자 노력하는 중에, 모든 노동조건을 고용 희망자 사이의 '자유 경쟁'에 의해 결정하고자 하는 혁신에 대항하는 원시적 방파제가 있음을 인정했을 것이다. 현대 연구자들에게는 1주의 생계비와 그 종류에 대해 특종의 직공 전부를 통하여 동일한 관념이 있다고 하는 것은, 그 자체가 이미 분명히 일종의 암묵적 단결과 같은 것이다. 그것은 사실 그것이 어떻게 발생했다고 해도, 초기의 공통규약으로서, 일반적이고 지속적인 취업 거부 —그것은 협동과 신중함이 결여되어도 여전히 일종의 파업이다— 에 의해 지지된다. 만일 모든 직공이 그 동료와 상담을 하지 않고, 이유 없는 선입견에 의해 그들과 그 가족이 오트밀이나 옥수수나 감자나 물을 먹고 사는 대신, 밀로 만든 빵과 고기와 맥주와 차를 먹어야 한다고 생각하는 경우, 고용인이 "어떤 식사라도 없는 것보다는 낫다"고 가르쳐도 소용없이 끝날 것이다. 그가 지불하는 임금으로는 더욱 싼 식품밖에 살 수 없다고 하는 경우, 그가 요청하는 계급의 누구도 그의 상황을 받아들이지 않는다는 것을 그는 바로 발견한다. 실제로 그는 사실상의 일반적 파업에 직면하게 된다. 모든 다른 파업과 마찬가지로 이것은 이런저런 이유에 의해 실패할 것이다. 그러나 그것이 지속되는 동안 고용인에게는, 그 노동자들과 협정을 할 수 없다고 하는 것이 단지 상용의 고용인으로부터 1명이 결여된다는 것이 아니라, 전적으로 노동자를 얻을 수 없다고 하는 것이다. 즉, 그 이윤의 작은 부분을 상실하는 것이 아니라, 그 공장을 폐쇄한다는 것이다. 따라서 이와 같이 생활 표준에 관하여 동일한 관념을 갖는 노동자 계급에서, 개별의 고립적 임금소득자는 그 계약을 체결하면서 그들과 그 동료가 임금을 전혀 얻지 못하기보다도 어떤 종류의 임금이라도 기꺼이 받고자 하는 경우, 훨씬 더욱 유리한 지위에 있음이 분명하다. 그러므로 어떤 종류의 일자리를 두고 다투는 노동자 전부를 통하여, 단지 그 최저생활비를 구성하는 것에 대해 동일한 관념이 있다는 것뿐이고, 그것은 협동 행위나 준비기금이 없는 경우에 경쟁의 압박에 대한 실제적 방파제가 된다.[32]

32) 여기서 우리는 생활 표준에 관한 이러한 일반적 관념이 존재하는 것 이상으로 언급할 수는 없다. 그것이 어떻게 발생하고 그 이유는 무엇인가, 가령 영국의 직공은 왜 비싸고 양분이 적은 밀가루 빵 식사를 언제나 고집하는가, 또는 어느 계급이나 종족이 그 표준에 대해 왜 그렇게까지 현저히 다른 경우보다도 더욱 완강한가라는 것은 경제적 연구에 유익한 소재일 것이다. 우리는 그 출발점으로서 하나의 가설적인 분류를 들 수 있다. 즉, 임금소득자의 인종 및 계급은 3종으로 나눌 수 있다. 첫째, 가령 앵글로색슨의 숙련 수직업자와 같이, 생활 정도의 관습적 최저한도 이하에서 일하는 것을 긍정하지 않지만 그 최고한도도 갖지 않는 경우이다. 즉, 그들은 언제나 수입이 증가하면 증가할수록 자극을 받아 더욱더 노력하고 더욱더 새로운 욕망을 갖게 된다. 둘째, 아프리카의 흑인들처럼, 일정하게 지시된 최저한도를 갖지는 않지만, 더욱 낮은 최고한도를 갖는 인종이다. 즉, 그들은 매우 낮은 임금으로 일하지만, 일단 그 원시적 욕망이 충족되면 어떤 수로도 일을 하게 할 수 없다. 셋째, 유대인이다. 우리의 생각으로 그들은 최저한도도 최고한도도 갖지 않는 점에서 다른 인종과 비교할 수 없다. 그들은 일이 전혀 없는 것보다도 어떤 최저 조건에서도 일을 한다. 그들은 출세함에 따라 더욱 새로운 욕망을 품고 더욱 노력을 하고, 어떤 액수의 수입원도 지칠 줄 모르는 활동을 약화시키지 않는다. 이러한 생활 정도의 현저한 신축성에, 유대인의 부의 원인도 빈곤의 원인도 찾을 수 있다고 생각한다. 즉, 그 임금 계급은 유럽 전체를 통하여 영원히 가장 빈곤한 민족임에 반해, 개별 유대인은 어느 나라에서도 가장 부유하다고 하는 놀라운 사실의 원인이 그렇다.

이 점과 관련하여 영국의 노동 여성의 지위는 특히 연구할 가치가 있다. 극빈에 고통받는 과부에게 키워야 할 어린이들이 있는 경우, 그녀는 아무리 낮은 임금률이나 아무리 긴 노동시간도 수용하고, 어떤 직장도 거부하지 않을 것이다. 한편, 충분한 교육을 받은 수직인의 딸은, 그 일자리를 찾으면서 완강하게, 일정한, 품위 있고, '상당한 존경을 받는 것'을 조건으로 요구할 것이다. 그러나 많은 경우 사실상 그녀는 그 임금으로만 만족하게 살지 못하여 즐겁고 설비가 좋은 공장을 떠나기보다도 어떤 보수라도 받으려고 하는 경향을 갖

그러나 이러한 원시적 방파제, 즉 조직이 없고 자력도 없는 임금소득자의 본능적인 생활 표준은 중대한 결함을 가지고 있다. 첫째, 그것은 힘이 약한 방파제로서, 불경기 때의 예외적인 압박에 거의 대항할 수 없고, 종종 모든 국면에 균등하게 커버하지 못하기 때문에 특히 그러하다. 나아가 그것은 보통 상층부가 가장 약하기 때문에, 고용인은 예외적인 불경기 때에 언제나 조금씩 인하할 수 있는 계획에 성공한다. 한편, 이는 어떤 신중한 공동 행위를 결여하기 때문에 실제로 그 압박이 철회된 경우에도 직공 자신의 노력에 의해 높일 수 없고, 따라서 더욱 좋은 보호나 어떤 외부적 힘의 간섭이 없으면 점차 낮아지는 경향이 있다. 이러한 결점은 우리가 뒤에서 밝히듯이 (1) 오로지 본능적인 생활 표준이 필연적으로 일정하지 않다는 것, (2) 임금소득자가 완강하게 그 주장을 유지하는 것에 대해 이를 지지하는 것이 없는 것, (3) 공동의 일치하는 행동 없이는 노동자의 본능적 요구를 가감하여 변동하는 산업 상태에 적응할 수 없다는 것에서 생기는 것이다.

확실성을 결여한다는 것은, 단지 본능적인 표준의 본질적인 특징이다. 고립된 개별 노동자가 느끼는 것은, 그가 어느 일정한 양식의 생활을, 막연한 액수의 1주 지출을, 마찬가지로 막연한 높이의 일상 업무에 대해 당연하게 할 수 있다는 것이다. 각자는 이러한 느낌을, 스스로 임금, 노동시간, 기타 조건으로 번역한다. 그리고 어느 나라의 각 지방에 사는 수천 명의 번역은 어쩔 수 없이 서로 다를 수밖에 없다. 가령 모든 기계공은, 주급 15실링이 그 최저 기준보다 더욱 낮다는 것에 동의할 것이다. 그러나 어떤

게 된다. 그리고 고용인 쪽도 그런 여성 노동자는 성과급이나 보너스 같은 자극이 있어도 상당히 낮은 최고한도를 넘어 그 노력을 증가시킬 수 없는 점에 대해 종종 불평을 한다.

협동 행동이 결여되는 경우에는, 어느 특정한 때와 장소의 그 화폐 등량(貨幣等量; Money Equivalent)은 1주 27실링이었는지 29실링이었는지에 대해, 또는 일정한 성과급 임금이 과연 정당한 것이었는지 여부에 대해 그들 사이에 의견의 상위를 낳고 있다. 노동시간의 길이, 식사 시간, 휴일에 관한, 각종 벌금이나 감급에 관한, 밀집 및 환기의 조건, 노동이 행해지는 주위 상황의 품위와 안전, 그 정신과 신체 및 의복에 미치는 손상에 관한 노동자의 본능적 생활 표준은 더욱 불확정적이다. 이러한 반역(反譯)의 상위는 고용인에게는 기회이다. 언제나 고용 지원자가 만드는 최저 반역을 채택하여, 일정한 점에서 그 표준으로 삼고 이를 언제나 주장함으로써 고용인은 점차 다른 모든 사람을 그 평준까지 억누를 수 있다.

어떤 공동 준비 기금도 없는 경우, 고립된 개별 노동자는 완강한 고용인에 대해 오랫동안 저항할 수 있다고 희망할 수 없다는 것도 위의 결점에 비해 덜하지 않은, 약점의 중대한 원인이다. 표준 임금 이하라고 생각되는 것을 받아들이는 점을 아무리 강하게 혐오하여도, 그 노동을 파는 것 외에 다른 방법이 없는 직공은, 반드시 그 요구 이하를 받아들여야 할 필요성에 의한 유혹을 매일 더욱 강하게 느낄 것이다. 그가 일단 고용된 뒤에는, 그 임금의 '잠식'이나 '노동시간을 훔치는 것', 기타 조건에 대하여 공공연히 반항한다는 것은, 특히 불경기에는 '먹기 위해 싸우는 것'을 주저함에 의해 저지될 것이다. 가장 궁박한 자가 따라야 하는 것은, 다른 모든 것도 이를 감수해야 하게 된다는 것이다. 따라서 가장 약한 자의 재정적 힘이 없는 경우, 단지 본능적인 생활의 표준이라고 하는 방파제는, 알지 못하는 사이에 고용인의 강요에 의해 붕괴하게 된다.

마지막으로 생활 표준이라는 방파제는 언제나, 격렬한 경쟁의 압박하에 붕괴하는 것이지, 그 압박이 완화된 시기에 다시 조직적으로 건설될 수 있는 것이 아니다. 자본가에게 불경기 해의 근소한 이윤은, 그것을 대신하는 상업 번영기의 방대한 이익에 의해 보충된다. 그러나 오로지 본능적인 생활 표준에 의해 결정되는 임금은, 고용인이 일시적으로 많은 이윤을 얻는다는 이유만으로는 오르지 않는다. 사람들의 '습성과 관행' ―쾌적하고 사회적으로 상당하다고 인정되는 생활에 필요한 것에 관한 그들의 생각― 은 여러 세대에 걸친 번영의 시기에 서서히 진행하여 조용히 부지불식간에 더욱 좋은 방향으로 변화할 것이지만, 그러나 그것은 현대 산업의 특징인 급속하고 간헐적인 변동에 전혀 영향을 받지 않는다. 그리하여 유능한 사람은 누구나 오래 비고용 상태에 있을 필요가 없는 호경기에는, 진취적인 직공은 노동조합이 없어도 일시적으로 더욱 좋은 조건을 확보할 수도 있지만, 계급 전체로서는 단지 규칙적인 고용을 그해 이래의 생활 표준에서 얻는 것에 불과하다는 것이 된다. 상호 협의와 집단행동이 없는 경우, 개인으로서는 더욱 높은 표준을 희망할 수 있지만, 일반적으로 때와 정도를 같이 만드는 향상은 있을 수 없다. 따라서 새로운 감정의 합치에 의해, 더욱 약한 노동자의 개인 교섭의 원조를 생각한다는 것도 불가능하다.

노동조합운동을 간단히 말하자면, 오로지 본능적인 생활 표준이 갖는 모든 결함을 보충하는 것이다. 그 표준을 정확하고 균일한 고용조건으로 해석하여, 이에 따라 그 단체의 모든 구성원에게 그들이 고수해야 할 일정한 최저한과, 고용인이 제의하는 모든 새로운 제안을 음미하는 확실한 척도를 부여하는 것이다. 정교한 표준 임금률과 성과급 임금표, 노동시간의 결정과 잔업의 제한에 대한 준칙, 위생과 안전에 대한 특별 규약, 이 모든 것이 모여 노동조합 규제의 일체를 형성한다. 이에 관한 우리의 설명을 읽은 사람은, 노동조합이 각 부문의 임금소득자의 생활 표준에 필수적인 확정성을 부여하고자 하는 이러한 목적을 얼마나 열심히, 얼마나 완강하게 추구했는지를 깨달을 것이다. 그리고 우리가 눈을 노동조합운동의 규제로부터 그 특징적인 방법으로 돌릴 때, 우리는 이러한 방법이 임금소득자의 본능적 방어의 다른 단점을 보충하기 위하여, 어떻게 정확하게 계산될 수 있는지 알 수 있다. 상호보험의 방법에 의해, 가장 궁박한 노동자 ―그 방법 없이는 그 위치의 가장 약한 부분― 도 그 특수한 궁핍의 압박을 면하고 그 동료와 전적으로 같은 지위를 확보하고, 그 고용인의 잠식을 저지할 수 있다. 공동기금의 준비는 실로 모든 조합원으로 하여금 균일하게, 경제학자의 소위 '유보 가격'을 그 노동에 대해 얻을 수 있게 한다. 그리하여 방파제는 모든 국면에서 마찬가지로 완강하게 된다. 그러나 상호보험의 방법은 또한, 이러한 방비의 약한 부분을 강고한 것으로 만드는 것에 한 발자국 나아가는 것이다. 호경기에 실업수당의 지급이 적을 때 절약된 화폐는, 압박이 가장 큰 불경기에 그 조합원을 지지하기 위해 사용될 것이다. 그리하여 방파제는 특히 파도가 높아질 때 강고하게 된다. 단체교섭의 방법은 새로운 종류의 지원을 가져온다. 계약 조항의 결정이 각각의 관련 노동자에 의해 개별적으로 행해지지 않고, 그들을 위해 임명된 대표자에 의해 공동으로 행해지는 경우, 고용인을 통하여 일하는 압박과 임금소득자의 걱정과 무지 사이에는 또 하나의 장벽이 세워지게 된다. 단체협약의 체결은, 앞에서 말했듯이 특정한 노동자나 특정한 회사나 특정한 지방의 궁박의 영향을 제거할 뿐만 아니라, 단결한 육체노동자에게 직업적 지식과 훈련된 거래 능력의 점에서 심지어 고용인 자신보다 우수한 전문가의 지극히 귀중한 도움을 주게 된다. 나아가 단체교섭의 방법은 단지 본능적인 생활 표준에 의하는 것보다도 훨씬 유리하다. 즉 그 조항은 이윤이 오르는 경우에는 그 시기를 이용하여 인상시킬 수 있고, 어떤 식으로든 가감되어 언제나 변동하는 산업의 요구에 응할 수 있다. 마지막으로 법률 제정의 방법 ─노동자가 이 방법을 사용하려면, 고급의 자발적 조직과 함께, 특히 그 길의 전문적인 유급 임원 간부를 필요로 한다─ 은 생활 표준의 한 가지 요소를, 차차 공장법으로 체현하여 이를 절대적으로 확보하고 그리하여 노동자가 세운 종래의 방파제를 강고한 국법의 장벽에 의해 지키게 된다.

그러나 노동조합운동에 대한, 그 공동기금의 존재와 전문적 교섭원의 봉사, 그리고 판사의 보호에 의해 강고하게 된, 일정한 생활 표준을 위해 제방을 이룬다고 하는, 이러한 일반적인 서술만으로는 ─시장 거래에서 그 위치를 보여주기에 충분하다─ 유익한 경제적 비판을 내릴 수 있는 지침으로서는 너무나도 막연하다. 그래서 이 책의 제2편에서 우리는 독자들에게 영국 노동조합 운동가들이 강행하는 규제, 그들이 그 목적을 이루기 위해 채택하는 방법, 그리고 마지막으로 노동조합 세계의 여러 부문의 정책에 의해 결정되는 사회적 이익에 관한 그 원대한 견해를 충분히 분석해두었다. 이 분석에서 우리는 또한 일반적인 것과 부분적인 것에 불과한 것을, 특히 그 범위와 강도에서 넓고 깊은 것과 위축된 것을 구별해두었다. 지금 우리가 행해야 하는 바는 영국 현대의 노동조합운동의 실질적인 각종 형태가 갖는 경제적 효과를 따라서 독자들에게 그 운동의 실질이 우리 산업의 발전에 미치는 결과에 관한 어떤 일반적 평가를 내리도록 하는 것이다.

3장
노동조합운동의 경제적 특징

경제학자와 정치가는 노동조합운동을 논의하면서, 그 결과로 어느 특정 시기에서 특정 부문의 노동자의 지위를 개선하게 되었다는 것에 의하지 않고, 그 국민의 영원한 능률에 미치는 효과에 의해 이를 판단하고자 한다. 만일 노동조합운동의 방법과 규제 중의 무엇이 그 결과로서, 그렇지 않은 경우보다도 더욱 낮은 능률의 생산요소를 채택하게 된다면, 또는 그러한 것들이, 그것들이 존재하지 않는 경우에 행해지는 것보다도 더욱 낮은 조직 형태를 채택하지 않을 수 없게 된다면, 특히 그러한 것들이 육체노동자와 정신노동자의 능력을 저하시키거나 품성을 타락시키는 것으로 기울어진다면, 노동조합운동의 그 부분은 아무리 특정 부문의 노동자에게 유리하게 보인다고 해도 비난을 받게 될 것이다. 반면, 노동조합운동의 방법과 규제 중 어떤 것이 자본, 두뇌, 노동의 어느 것에 의하든 간에 가장 능률적인 생산요소의 선택을 촉진하는 것으로 인정된다면, 또 그러한 것들이 이러한 생산요소를 더욱 잘 조직하는 경향이 있다면, 특히 그 효과가 진보적으로 정신노동자 및 육체노동자 모두의 활동을 증대시키고 그 품성을 개선하게 된다면, 그렇게 되어 그것이 아무리 자본가 계급의 개인적 힘을 축소시킨다고 해도, 경제학자에 의해 사회 전반의 능력을 높여 그 향유를 확대시키는 것으로 인정될 것이다.[1]

첫째, 우리는 노동조합의 규제를 검토해보자. 만일 그것이 유해한 효과를 낳는 것이라면, 그것이 어떤 방법에 의해 강제되는지를 고찰하는 것은 불필요하기 때문이다. 기술적인 세목에 대해서는 거의 무한한 종류가 있음에도 불구하고, 그러한 규제는 앞에서 서술했듯이, 두 가지 경제적 방안으로 축약될 수 있다. 즉 인원 삭감과 공통규칙이다. 과거의 노동조합에 속한 도제제도, 특정 직업에서의 새로운 경쟁자의 제외, 특정 직업의 기득권 주장에 대한 규제는 인원 삭감에 속한다. 공통규칙은 표준 임금률, 표준 노동시간, 일정한 위생 및 안전 설비를 직접 결제하는 더욱 현대적인 규제

---

1) 여기서, 그리고 이 장 전체에 걸쳐 우리는 사회의 '진보'는 바람직한 것이라는 가설에 서서 논의를 진행한다. 즉, 그 구성원은 세대를 거쳐가면서, 그 증대된 능력을 발전시키고, 더욱 복잡하게 되는 욕망을 만족시키는 것에 의해, 더욱 광범하고 더욱 풍부한 생활을 하게 된다는 것이다. 따라서 만일 우리가 간단하게 '최적자의 선택'이라는 말을 사용하는 경우, 그것은 이러한 사회적 진화라는 목적을 달성하기에 가장 적합하다는 것을 뜻하고, 또 '기능적 순응'이라고 말하는 경우, 그것은 개인이 그 능력 및 욕망의 강도와 복잡성의 증진에 순응하는 것을 뜻하고, 그 반대의 능력과 욕망의 감퇴를 뜻하는 '퇴화'와 구별된다. 우리는 이 가설이 일반적인 찬성을 얻지 못한다는 것을 알고 있다. 가령 동양에서는 이와 정반대의 인생철학을 가르치고 있다. 즉, 영국인은 "그 소유의 증가에서 행복을 추구하고 인도인은 그 욕망의 감소에서 행복을 추구한다"는 것이다. 그리고 만일 우리가 실수하는 것이 아니라면, 서양에서도 더욱 복잡해지는 욕망을 만족시킴과 동시에 그 능력의 증진을 더욱 크게 필요로 하는 생활에 대한 거의 무의식적인 반항에 의해 현대의 진보를 혐오하는 사람들이 많이 있다. 그러한 사람들에 대해서는 이 장에서 전개되는 논의가 모두, 노동조합운동의 더욱 현대적인 표현을 혐오하는 이유를 부가하는 것이 될 것이다.

를 포함하는 것이다.

(a) 인원 제한의 방책

모든 규제는, 법률에 의하든 관습에 의하든 간에, 고용인에 의해 정해지든 노동조합에 의해 주장되든 간에, 언제나 어떤 의미에서 어떤 직업에 들어가는 것을 제한하는 것이라고 할 수 있다. 어떤 규약도 그 강제가, 어떤 이유에 의해 그것에 따를 수 없거나 바라지 않는 사람을 우연히 제외한다는 것은, 그것에 고유한 것이다. 가령, 회사는 기업 관행으로 그 피고용인에게 정확한 출근, 업무 중의 끽연 및 음주의 금지를 요구하고, 또는 일정한 속도에 이르지 못한 자나 자주 과실을 범하는 자를 체계적으로 해고함으로써 그 고용을 일정 표준의 행위나 능력을 갖는 노동자에 한정한다. 마찬가지로 일반적으로 노동조합이 일정량의 업무에 대해 임금의 표준율을 주장하는 것은, 어떤 고용인도 그 비율로는 고용하고 싶지 않은 자를 각각의 직업에서 제외하게 한다. 고용인이나 노동자 어느 측의 규제이든 간에, 그것이 그 나라의 법률에 구체화되는 경우, 그 새로운 공장법은 자동적으로 그것이 적용되는 직업을, 그 규제에 따를 수 없거나 따르고 싶어 하지 않는 사람에 대해 폐쇄하게 된다. 영국도 어느 종족에 대해서는 위생법에 의해, 그 종족이 종교상 그것에 따르기를 금지하기 때문에, 폐쇄하는 경우가 있을 것이다. 그러나 각자에게 복종의 자유가 주어지는 공통규칙의 결과로서 우연히 제한하는 것과, 그 복종 여하에 관계없이 그 가입을 완전히 금지하는 규제에 의해 특정 계급 사람들을 직접 제외하는 것 사이에는 그 성질과 결과라는 점에서 큰 차이가 있다. 이 절에서 우리는 견습의 수를 제한하거나, 성별이나 경력이나 도제 결여라는 이유로, 고용인이 고용하고자 하고 노동자 자신도 그 직장의 표준 조건에 엄격히 따라 업무를 하고자 하는 사람들을 제외하여, 다소간 각각의 직업에 충분한 '독점'을 확보하거나 유지하고자 하는 직접적인 시도에 대해서만 논의한다.

산업적 능률이라는 점에서 보아, 인원 제한이라는 방안의 가장 분명한 특징은, 그 생산요소의 선택에 미치는 영향의 방식이다. 일정한 지위가, 가령 영국의 공무원처럼 경쟁시험에 의해 채용되는 경우, 그 지원자의 수에 가하는 제한은 어떤 것이라도 —그 지원자를 특정한 가정, 특정한 계급, 특정한 이력을 가진 자에 한정하는 경우에는 더욱 그렇지만— 그 경쟁의 승리자의 질의 평균을 저하시키는 것이 인정된다. 이와 동일한 결과는 고용인이 그 결원이 생길 때마다, 가장 능률이 높은 직공을 어디에서라도 찾아내어 충원할 수 없도록 하는 제한에서 생겨난다. 오로지 직원에 대하여 도제의 비율을 한정한다는 것은, 그렇지 않은 경우에는 그 직업을 배우고 그 직업에서 가장 유능한 직공이 될 수 있을 것으로 보이는 소년들을 그 직업에서 제외하는 것이 될 것이다. 만일 그 규제가 높은 입직료(入職料; Entrance Fee)의 징수나 그 입직을 직인의 자제에 한정한다는 형식을 취하는 경우 확실하다. 설령 도제에 어떤 제한이 없다고 해도, 그 직업은 일정한 연령 이전에 들어가야 한다는 규제가 있다고 한다면, 뒤에 가서 그 직업을 바꾸고자 하는 기민한 국외자(Outsider)를 제외하게 되고, 그 결과는 필연적으로 고용인의 선택 범위를 제한하는 것이 되고, 따라서 그 보호를 받는 직업에서 능력의 평균 수준은, 그렇지 않은 경우보다도 더욱 저하하게 된다. 그리고 한편 선택의 과정에 대한 제한은, 과거에 형성된 직업에서 유해하지만, 그것은 새로운 기계를 사용하거나 무엇인가 특별한 노무를 제공하는 노동자의 선택이 문제되는 경우, 분명히 더욱 유해하게 된다. 자본가가 이러한 새로운 노동자를 선발하는 범위가 제한되면 제한될수록, 그 능력의 평균 수준은 더욱 저하하게 될 것이다. 오로지 실업자가 없다고 하는 것은, 결원을 보충하기 위해 능률이 가장 높은 직공을 선택하는 고용인의 자유를 저지하는 것도 아니다. 실업자가 언제나 남아 있다는 것은, 고용인으로 하여금 '값싼 노동자'를 얻게 하거나, 또는 일반 임금을 저하시키게 하는 것을 돕게 될 것이다. 그러나 이러한 '예비군'의 경쟁은, 능률을 촉진하기에는 거의, 또는 전적으로 무력하다. 사람들이 직장을 잃는다는 사실로부터 그가 더욱더 궁핍해진다는 가정은 성립하지만, 그가 더욱 유능하다는 가정은 있을 수 없다. 고용인에게 그 결원이 생겼을 때, 한 단계 아래의 가장 유능한 자를 선택하지 않고, 언제나 그 직업에 남아 있는 실업자로 충원하게 한다는 것은, 종종 장래 능률이 가장 높아지리라고 예상되는 자를 고용하게 하지 않고, 그 규약성(Regularity)이나 능력에서 평균 이하에 있음을 보여주는 자를 고용하게 하는 것이 된다. 한편, 만일 인원의 제한이 그 극에 달하여, 각각의 결원에 대하여 한 사람의 희망자만이 있을 정도까지 된다면, 선택이란 전혀 무의미하게 된다. 만일 '플린트 유리공'이나 '실크햇 제조공'의 규제가 절대 보편적으로 강제된다면, 그 직업들의 각 고용인은 각각의 공장에 결원이 생길 때마다, 그 노동조합이 지명한 자를 그 품성이나 능력에 관계없이 채용하거나, 아니면 그 자리를 결원 그대로 두는 것 외에 다른 방법이 없음을 알게 될 것이다.

그리하여 결원을 보충할 수 있는 사람에게 가하는 제한은 누구도 부지불식간에 그 보충자의 질을 저하시키게 되고, 이와 동시에 그것과 동일한 영향에 의해 이미 그 직업에 있는 노동자의 질도 퇴화시키게 된다. 고용인에게 더욱 좋은 노동자를 얻을 기회가 전혀 없다든가, 또는 그의 선택은 그 직업에 잔존하는 실업자에 한정될 것이라는 것을 아는 경우, '보통의 감각을 갖는 자'는 능률을 더욱 높이거나, 심지어 행동을 규칙적으로 하는 것에 대하여 그 자극을 더욱 크게 상실할 우려가 있다. 인원 제한이라는 방책이 유효하게 실행되는 직업에서 고용인은 보통, 견습이나 조수를 자유롭게 높은 보수의 지위로 증진할 수 있는 경우보다도, 더욱 비규율적이고, 부주의하며, 무능한 직원을 갖게 되는 것을 습관적으로 참아야 한다.

그렇게 일반적으로는 인정되지 않는 것이지만, 노동자가 유효하게 인원 제한의 방책을 사용할 수 있는 직업에서는, 그 직업의 정신노동자 자신도 잘 선택되지 않고, 마찬가지로 능률에 대한 자극을 상실한다. 유리 불기와 수제지(手製紙; Hand Papermaking)와 같이 완전하게 조직된 고풍의 직업에서는 인권 제한의 방책이 매우 유효하게 행해져 왔기 때문에, 자본가는 거래가 활기를 띠어 이윤이 크게 생길 때, 기존의 공장과 경쟁하는 새로운 공장을 설립하고자 하는 희망을 품을 수는 있지만, 실제로는 숙련 직공의 충분한 공급을 얻을 수 없는 것의 어려움으로 인해 저지된다. 따라서 잠자는 경영과 시대착오적인 설비의 낡은 가족 사업은 노동조합의 규제에서 경쟁에 대한 적극적 보호를 발견한다. 이는 고용인과 노동자가 교섭할 때 종종 인정되고 있다. 가령 1874년, 수제지공의 대변자는 그 노동조합의 제한적 규제가 갖는 이 유리한 효과를 들어, 고용인이 더욱 좋은 조건을 양보해야 할 이유로 삼았다. 그에 의하면 "만일 직공이 높은 임금을 얻게 된다면, 고용인은 보통 큰 이윤을 얻게 된다. 그리고 큰 이윤은 새로운 자본을 산업에 투자하게 하는 유인이 된다. 그러나 만일 직공이 노동의 공급에 제한을 가하면, 이윤 여하에 관계없이, 새로운 자본이 도입될 수 없다. 왜냐하면 만일 어떤 사람이 새로운 종이통(Vats)을 시작하면 함께 일하러 가는 직공을 얻을 수 없다. 따라서 노동의 공급을 제한하는 규약은 이중으로 작용한다. 종이통 직업에서 우리의 지위는 폐쇄적 단체의 그것과 같다. … 노동을 얻을 수 있다면 그것은 그 산업에 자본을 투자하게 하는 유인이 될 것이지만 … 우리의 규약과 규제에 의해 경쟁은 저지된다."[2]

소비자의 입장에서 본다면 노동자가 이러한 인권 제한의 방책을 사용하거나 폐쇄적 단체를 형성하는 것은, 언뜻 자본가의 링이나 트러스트의 설립과 유사하게 보일 수도 있다. 두 가지 방책 모두 유리한 독점을 만들어 새로운 경쟁자를 제외하고, 이미 그 직업에 있는 것을 이롭게 하려는 목적을 가지고 있다. 그러나 노동자의 독점과 자본가의 독점 사이에는 그들이 만드는 산업조직의 형태에서도, 그 생산 능률에 미치는 효과에서도 중요한 차이가 있다. 성공한 트러스트는 다른 경쟁자와의 자유 투쟁에서 생기는 개량에 대한 자극을 상실하는 것이 사실이다. 반면, 그 사업과 수입을 더욱 증대시키고자 하는 이윤 제조가가 보통으로 갖는 동기는 감소되지 않고 보유되며 충분히 발전된다. 자본의 증가가 그 사용에 대해 은행가나

---

2) 왕실 조정관 루퍼트 케틀(Rupert Kettle), 〈임금 가불 문제에 대한 조정〉(Maidstone, 1874), 64쪽.
　동일한 상태가 프랑스 초기의 공장에서도 앙리 2세(1550년경)의 장려 뒤에 행해진 듯하다. 기록에 의하면, 17세기 말에는 종이 공장, 카펫 공장, 거울 공장의 노동자들은 공인되지 못했지만, 강력한 단체를 형성했다. 그 단체는 고용인에 의해서도 조장되었고, 오로지 노동자의 자식이나 사위로부터 배타적으로 보충되어, 실제로 세습적인 독점을 형성했다. 제지공은 그 세력이 강력하여 1693년에는 그 산업에 특히 억압적인 법률을 만들기에 이르렀고, 다시 1696년에 이를 되풀이했을 정도였다. 뒤 셀리에(Du Cellier), 『프랑스 노동 계급의 역사 (Histoire des Classes Laborieuses en France)』(Paris, 1860), 259~260쪽, 334쪽. 그리고 제지공에 대해서는 〈국제 사회학 평론〉 1897년 3월호에 실린 C. M. 브리케(Briquet)의 논문을 참조하라.
　이처럼 새로운 자본을 제외하는 것과 함께, 그 결과 고용인 사이의 최적자 선택의 과정을 저지하는 가운데, 우리는 '고용의 유지'의 장에서 서술한 생산액 제한의 정책에 대한 근본적 반대론을 발견했다. 이미 설명했듯이 노동조합에 대해서는 그 어떤 방법이나 규제에 의해도 총생산액을 제한하는 것은 불가능하다. 그러나 고용인은 관련 노동조합의 협력 유무에 관계없이, 그러한 제한을 할 수 있고, 종종 성과를 낸다. 이것이 새로운 자본가의 기업을 방지하거나 억제하는 것에 의해 이루어지는 경우에는, 그것은 고용인들 사이의 '부적합자 도태'를 저지하게 되고, 그로 인해 산업의 능률을 감소시키게 된다.

사채권자에게 지불하는 비용보다도 더 큰 이익을 낳는다고 전망되는 동안, 자본가 트러스트는 그 생산량을 증대하고, 가능한 한 그 생산 공정을 개량하고자 노력한다. 심지어 가장 안전한 독점을 갖는 자는, 그 생산물의 가격을 인상하여 매출액을 현저히 감퇴시키는 것이 불이익임을 알고 있다. 실제로 '스탠더드 석유회사'(Standard Oil Company)에서처럼[3] 그들은 종종 가격을 인하하여 수요를 자극하고 이에 따라 이익을 올린다. 어느 경우에나 그들은 언제나 트러스트 업무에 가장 뛰어난 자를 고용하고, 이와 동시에 가장 좋은 기계와 가장 새로운 발명을 사용하고자 노력한다. 언제나 생산비를 낮추려고 하는 한, 그것은 언제나 그들 자신의 이익이 되기 때문이다. 따라서 트러스트의 소유자에 의해 얻어진 수입이 아무리 크고 맞지 않는 것이라고 해도, 그것이 행사하는 사회적 힘이 아무리 전횡적이고 압박적이라고 해도, 이러한 자본가의 독점은 여하튼, 그 생산물을 더욱 염가로 제조하여 얻는 방식으로 생산요소를 선택하고 조직하여 경제적으로 이익을 얻는다. 반면 폐쇄적인 노동자 단체는 그 사업을 확대해도 아무런 이익을 얻지 못한다. 독점권을 갖는 개별 직공은 단지 자신의 힘을 팔 필요가 있음에 불과하다. 따라서 그들은 명확하게 한정된 산출에 대해 가능한 한 높은 가격을 얻어 이익을 올린다. 만일 그들이 가격을 올려 더욱 짧은 시간의 업무에 대해 동일 소득을 얻을 수 있다면, 세간의 수요의 어느 부분을 충족하지 않고 두는 것은, 적극적으로 그들을 이롭게 할 것이다. 그들은 그 생산 공정을 저렴하게 함으로써 이익을 얻지는 못한다. 사실 그들은 그 생산물을 더욱 적은 노동으로 산출할 수 있게 하는 모든 발명이나 조

---

3) 헨리 D. 로이드(Henry D. Lloyd), 『국가에 반하는 부(*Wealth Against Commonwealth*)』 (London, 1894); E. 폰 할레(E. von Halle), 『트러스트(*Trust*)』.

직의 개선에 의해 손실을 입는다. 요컨대 어떤 변경도 그들에게는 습관의 변화와 새로운 노력을 필요로 하고, 전혀 금전적 이익이 되지 않기 때문에 그들에게는 불쾌할 것이다. 그 개개인이 얻을 수 있는 높은 임금을 포기하기보다도, 그 보충을 전적으로 정지하고, 그 조합원이 한 사람씩 사라지고 마지막에 그 산업이 몰락하기까지는 점차 그 가격을 인상시키는 쪽이 그들에게는 유리하게 될 것이다.

지금까지 설명한 바로는 인원 제한이라는 방책이 산업의 능률에 대해 전적으로 유해한 것으로 보인다. 그러나 다른 방향에서 하나의 중요한 효과가 있다. 만일 전적으로 규제가 없는 상황에서 고용인이 자유롭게 어떤 장애도 없이 할 수 있는 한, 가장 유리한 거래를 개별 임금소득자와 할 수 있다면, 관계 인구의 모든 부문을 통하여 남자도 여자도 아이들도 그 건강과 산업상 능률에 현저히 유해한 조건하에 생활하고 노동하지 않을 수 없게 될 것이다. 이는 또한 규제가 전혀 없는 공장 조직의 역사와 현대의 스웨트 산업이라는 사실로부터 오로지 경제적으로 추론되는 것에 불과한 것이 아니다. 앞에서 우리가 '경제학자의 판단'의 장에서 고찰했듯이, 이는 지금 다음과 같이 증명되고 있다. 즉, '완전한 경쟁'과 직업과 직업 사이의 완벽한 이동이 행해지는 한, 임금의 평균 수준은, 전혀 고용되지 않는 경계에 서 있는, '한계 노동자의 부가적 노동에 의한 순수 생산물' 이상이 되지 않는 경향을 가지고 있다! 인원 제한의 방책은 분명히, 특권을 가진 조합원에게 그 고용인과 더욱 유리한 거래를 하는 것을 ─즉, 더욱 좋은 위생 설비, 더욱 짧고 규칙적인 노동시간, 특히 그 가족에게도, 그들 자신에게도 더욱 충분한 식품과 의복을 제공할 수 있는 임금을 주장하는 것을─ 가능하게 하는 것이다. 이처럼 더욱 높은 생활 표준을 확보하는 방책은, 그것이 아무리 모호하다고 해도, 그 자체로 그것은 무규제 산업에서 행해지는 긴 노동시간, 건강하지 못한 설비 및 단순한 생활 임금보다도 훨씬 고급의 기술, 작업 및 일반적 능률을 가능하게 한다는 점를 의심할 수 없다. 그러한 경우, 인원 제한의 방책은 유해함을 간접적으로 방지하고, 어느 정도의 능률 증진을 초래하는 공적을 가지며, 앞에서 설명한 개량에 대한 자극을 직접적으로 약화시킨다는 것을 상계하는 것이어야 한다. 가령 유리병 제조공은 그 엄격한 인원 제한에 의해 그 산업을 해친다고 쉽게 비난되었다. 그러나 그들은 이에 대해 다음과 같이 답할 수 있다. 즉 그들의 기술적 숙련이 높은 수준에 있다고 하는 것 자체는 그 높은 생활 수준을 유지하는 데 의존하는 것이고, 인원 제한은 이 높은 수준을 유지하는 유효한 수준이 되어왔고, 그리고 그것이 없다면 그들의 단결은 붕괴했을 것이고 그들의 성과급 임금률의 여러 표는 개인 교섭에 의해 파괴되었을 것이고, 그들 자신은 그 직업의 현재의 낙오자, 지하실과 '누더기 직장'에서 가장 흔한 약병을 만들어 기아 임금을 얻은 무력하고 무조직인 직공의 낮은 수준에까지 내려갈 것이다. 이러한 고찰에 의해 J. S. 밀은 다음과 같이 말하기에 이르렀다. 즉 이러한 "임금의 부분적 인상도, 만일 노동 계급의 다른 것에 부담을 주지 않고 확보된 경우에는, 해악이라고 간주되어서는 안 된다. 사실 소비자는 이를 지불해야 하지만, 상품의 염가는 그 원인이 그 생산에 있어서는 노동을 조금 소비하는 경우에 한하여 바람직한 것이고, 노동의 보수가 적은 것에 기인한 경우는 결코 바람직하지 않다. 따라서 만일 노동 계급의 일반적 상태에 어떤 개량도 바람직한 것을 얻지 못한다면 아무리 소수라고 해도 그 일부의 것이, 그들의 임금을 단결에 의해 시장률 이상으로 유지할 수 있다는 것은 전적으로 만족할 만한 것이리라."[4] 따

---

4) J. S. 밀, 『경제학 원리』, 제5편, 제13장, 제5절, 546쪽.

라서 인원 제한을, 그것에 의해 임금이 단순한 생존 수준 이상으로 유지될 수 있는 유일한 수단으로 간주하는 사람들의 견지에서 본다면, 그 조합원이 일반적 곤경에 빠지는 것을 구제하기 위해 그 방책을 사용한 노동조합에 대해서는 하등 반대할 이유가 없었다. 단결금지법 폐지 후 50년 동안 노동조합 운동가는 끊임없이 "노동자의 단결은 … 동시에 그 경쟁자 수를 제한하지 않으면 그 임금을 일정한 인위적 비율로 지지하는 것에 언제나 실패한다"[5]는 말을 들어왔다. 따라서 '플린트 유리공'이나 식자공, 제지공, 기계공이 엄격한 도제제도의 규제를 채택하고, 그것을 그들의 노동조합운동의 중요한 방책의 하나로 삼았을 때, 그들이 이 인정된 유일한 수단에 의해 그들의 비교적 높은 생활 표준을 그 무용한 퇴화로부터 방호하고, 그들의 비교적 높은 산업적 능률의 평준을 손해 없이 유지할 수 있게 한다는 점에서 그들은 당시 경제학의 설교에 따랐던 것이다.

요컨대, 인원 제한의 방책은 끊임없이 가장 유능한 육체노동자와 기업가의 자유 도태를 저지하여, 지위를 빼앗긴다는 공포에 근거한 자극을 양 계급에서 제거하여, 생산 공정을 고정화하고 생산량을 제한하여, 가장 좋은 기초 위에서 산업의 개조를 행하는 것을 어디까지나 방지하여, 일반적으로 생산 능률의 평준을 저하시키는 것이다. 반면, '완전 경쟁'과 비교하여 그것은 일반적 퇴화로부터 특정한 가족이나 등급이나 계급을 보호하는 경제적 이익을 가지고, 그리하여 그 사회에 대해 이러한 특권이 있는 범위 내에서 산업적 전통의 축적과 고급의 특수 기술, 그리고 단순한 생존 임금으로 달성할 수 없는 정도의 육체적 건강과 일반적 지식의 수준을 보존하

---

5) 같은 책, 제2편, 제14장, 제6절, 243쪽 또한 229쪽을 참조하라. "임금 유지에 성공한 모든 노동조합은 경쟁자의 수를 제한하는 기획에 의해 성공했다."

게 된다. 따라서 만일 우리가 완전한 '경쟁의 자유'와 인원 제한이라는 방책의 유효하지만 적정한 채택 사이에서 —가령 19세기 초기 랭커셔의 무규제 공장 노동과 중세의 동직 길드 사이에서— 선택해야 한다면, 현대 경제학자는 그 고풍의 방책을 전적으로 포기하도록 권유하기 전에 오랫동안 주저할 것이다.

다행히도 우리는 그런 어려운 선택을 할 필요는 없다. 먼저 인원 제한 방책을 유효하게 사용하는 것은 더 이상 실제적이지 않다. 이미 우리는 '직장에 들어가기'와 '직업에 대한 권리'의 장에서 지금 이 수단에 의해 그들의 생활 표준을 보호하고자 하는 소수의 노동조합이, 얼마나 소규모이고 쇠퇴하고 있는지를 고찰했다. 자본 가동성의 증대와 산업 공정의 지속적 변혁은, 최대 다수의 직업에서 상호보험이나 단체교섭이라는 방법에 의해 입직 희망자에게 가해지는 어떤 제한도 전혀 실행할 수 없게 만들었다. '기존이익설'(Doctrine of Vested Interests)에 대한 끝없이 증가하는 혐오는, 유능한 인물이 종래 그 업무에 종사하는 것보다도 더욱 잘 그것을 할 수 있음에도 불구하고, 그가 그것을 행하는 자유에 대한 어떤 제한을, 입법 제정의 방법에 의해 설정하거나 유지하고자 하는 것을 매일 더욱 절망하게 만들고 있다. 그리하여 오직 소수의 노동조합만이 실제로, 그 입직 희망자의 수를 제한하는 것에 성공할 수 있을 뿐이다. 우리가 보았듯이 노동조합 세계의 큰 부문이 여전히 이 낡은 방책을 고집하고 있다. 식자공, 기계공, 주철공, 공장제화공, 다수 지방의 일정 부문 건축업은 약간의 상위가 있지만, 엄격하게 각 공장의 견습 소년 수를 제한하고 있다. 그러나 이러한 규제는, 노동조합이 예외적인 지배권을 가지고 있는 공장이나 지방에서만 강제될 수 있는 것에 불과하고, 노동조합원의 노동 없는 공장이나 숙련 직공의 일부분이 조직되어 있는 것에 불과한 지방에서는 전적으로 무효이다.

따라서 이미 '직장에 들어가기' 장에서 지적했듯이, 이러한 노동조합은 그 도제제도의 규제에 의해 고용 희망자의 수를 제한하지 않고 있다. 그들은 그들 자신이 손해를 입어가면서, 오로지 소년들이 그 직업에서 가장 덜 숙련된 부문에서 훈련을 받아야 하고, 최악의 고용인과 가장 평범한 노동자에 의해 그 산업 생활의 초보를 안내받아야 하고, 필경 이에 더하여 선량한 노동조합 운동가를 대신하는 '파업 파괴자'의 감정과 전통으로 육성되어야 한다고 규정하고 있을 뿐이다. 어떤 이익이 조직적이고 유효한 인원 제한에서 생긴다고 생각되든 간에, 현대 노동조합이 이러한 방책을 부분적이고 편파적으로 채택하는 것은, 그들 자신의 조합원의 전략적 지위에 대해서도, 사회의 다른 사람의 이익에 대해서도 마찬가지로 경제적으로 유해하다고 우리는 믿는다.

대다수 노동조합에 그 전술을 변경하도록 하는 더욱 유효한 것은, —J. S. 밀의 권위 있는 주장과는 정반대로— 그들이 오로지 공통규약의 방책에 의해 높은 생활을 유지할 수 있다고 하는 발견이었다. 가령 '면사방적공 합동 노동조합'이나 '노섬벌랜드 광부 상호 신용조합' — 30년간 비교적 높은 임금, 짧은 노동시간, 진보된 위생 안전 설비를 멋지게 유지할 수 있었던 노동조합— 은 각 직업의 결원을 보충하면서, 그 이력의 내용과 무관하게, 고용인이 직공을 자유롭게 선택하는 것에 대해 어떤 간섭도 하지 않았다. 이미 설명했듯이 면사방적공의 경우, 노동조합은 그 직업을 유지하기에 충분한 수의 10배의 견습공이 언제나 존재해야 한다고 주장했을 정도였다. 이러한 산업을 지배하는 공통규칙이 법률에 의해 강제되는 경우, 이는 쉽게 이해될 수 있을 것이다. 인원 제한의 방책은 노동조합이 의회에 법령을 제정하게 하거나, 현행 법규의 엄격한 적용을 강제하는 힘을 증진시키는 것이 아니라, 반대로 그 힘을 감소시키는 것이다. 인원이 유효하게 제한되는 경우, 그것은 언제나 반드시 한편으로는 그 산업의 발전을 억제하고, 따라서 그것이 세력을 갖는 선거 지역을 축소하게 하고, 다른 한편으로는 폐쇄적 독점의 유지로 인해 피배척자의 동정을 상실하게 된다. 더욱 기묘한 점은, 다수의 사람들이 기꺼이 어떤 직업에 온다든가, 심지어 결원이 생길 때마다 다수의 지원자가 있다는 것이 실제로 단체교섭에 의해 공통규칙을 유지하는 데에 아무런 방해가 되지 않는다고 하는 사실이다. 이 사실에 대한 설명은, 공통규칙이라는 방책의 경제적 특징에서 구해야 한다.

(b) 공통규칙의 방책

우리는 이 책의 '표준 임금률', '표준 노동시간', '위생과 안전'의 장에서 공통규칙이라는 방책은, 노동자의 견지에서 본다면, 언제나 어떤 고용인도 그 아래로 내릴 수 없는 최저한을 강행하는 것이지, 고용인이 그것을 바라는 경우에도 그것보다 더욱 좋은 조건을 제기할 수 없는 최고한도를 강행하는 것이 아님을 충분히 설명했다. 이는 공통규칙이 법률에 의해 강제되는 경우에 특히 주목해야 하는 것이다. 고용인이 어떤 이유에 의해, 그 공장에서 가장 존중해야 할 젊은 여성들을 다수 고용하고자 하는 경우, 그는 공장법에 의해 이미 강제된 안락과 품위의 높은 수준에 머물 필요가 없다. 그는 기꺼이 작업장을 즐겁고 따뜻하고 밝게 하고, 식당과 의상실, 온수와 비누와 수건을 비치하고, 이에 대해 보통 부과되는 비용을 면제한다. 또 직공장의 사소한 전횡을 억제하기 위해 주의한다. 그리고 친절하게 생각한다는 정신을 공장 전체에 보급하고자 노력한다. 노동조합이 상호보험이나 단체교섭에 의해 그 공통규칙을 강행하는 경우에도, 노동조합은 결코 고용인이 그 공장에 우수한 직공을 데려오기 위해 표준율을 넘는 임금률을 채택하거나, 8시간 노동제를 채택하거나, 휴일이나 영업 중지 중에도 임금 전액을 지불하도록 약속하는 것에 반대하지 않는다. 따라서 단지 공통규칙을 채택한다는 것은, 설령 그것이 지금까지 그 산업의 평균이나 통례의, 또는 '공정한' 조건이었다는 점에 확정성과 일률성을 부여한 것에 불과하다고 해도, 따라서 그것은 '중간'을 '최저'로 변형시킨 것이고, 따라서 암묵리에 고용인과 노동자 양자의 눈에 그 직업에서 행해지는 가장 좋고 가장 나쁜 조건 사이에 있는 새로운 '중간'을 만들어내는 심리적 효과를 갖는 것이다.[6]

공통규칙의 방책은 생산요소의 선택에 관한 모든 점에서, 인원 제한 방책과 가장 현저하게 대조적인 것이다. 어떤 산업에서 표준 임금률, 표준 노동시간 및 소정의 위생 안전 설비를 강행하는 것은, 고용인이 다른 사람보다 뛰어난 1명을 선택하는 것을 방해하는 것이 아니고, 다수의 응모자로부터 가장 강건하고 가장 숙련되고 가장 품행이 좋은 직공을 선발하는 것을 금지하는 것도 아니다. 따라서 공통규칙은 결코 업무에 대한 경쟁을 배제하는 것이 아니다. 심지어 그것은 그러한 경쟁의 강도나 고용인이 그것을 이용하는 자유를 제한하는 것이 아니다. 이는 모두 압박을 거래의 어떤 요소로부터 다른 요소로 —임금에서 업무로, 가격에서 품질로— 변화시키는 것에 불과한 것이 아니다. 실제로 이 모든 가격의 저하를 —그것이 더욱 낮은 임금률, 더욱 긴 노동시간, 또는 더욱 나쁜 위생 안전 설비의

6) 표준 보수율에 관한 노동조합 운동가의 개념과 적용은, 거의 말할 필요도 없지만, 중세에 행해진 것과 같이 법률에 의해 임금을 정하고, 그로부터 어떤 방향에서 위배되면 똑같이 죄가 되게 한 것은 정반대에 선 것이다. 최저임금을 결정하는 경제적 효과와, 최고를 결정하는 것 사이에는 유사한 점이 전혀 없다.

형태로 나타나든 간에— 전적으로 계약에 미치는 영향으로부터 제외한다는 것은, 필연적으로 모든 다른 나머지 요소가 계약에 미치는 영향을 상대적으로 증대시킬 것이다. 만일 고용조건이 규제되지 않는 경우, 그것은 고용인에게 종종 가장 좋은 직공을 선택하기보다도, 무능하거나 허약한 자, '농땡이', 성격이 나쁜 자를 택하게 할 것이다. 그 경우 그는 충분히 낮은 임금으로 고용할 수 있고, 과도하고 불규칙적인 시간의 업무를 시킬 수 있고, 비위생적이고 위험한 조건에서 일하게 하면 된다. 만일 고용인이 임금을 공통의 최저율 이하로 내릴 수 없고, 그 밖의 고용조건을 공장의 최저이자 가장 빈곤한 임금소득자의 평준까지 인하할 수 없다면, 그는 경제적으로 어쩔 수 없이 전력을 기울여 그 모든 노동자의 능률의 평균을 인상시키고, 그 확정된 조건하에 가능한 한 많은 수입을 얻고자 하지 않을 수 없다.[7]

이것은 노동조합의 표준 임금에 대해 감상적인 여성이나 지방 위원회로부터 종종 반복하여 행해진 비난의 기초를 형성하는 것이다. 즉, 그것은 고용인이 결원을 보충하면서 먼저 노인이나 육체적·정신적 약자를 선택하는 것을 방지하는 것이다. 그러나 산업의 능률은 어떤 지위에서도 가장

---

7) 노동조합의 표준 임금률에 대해 레키(Lecky) 씨는 다음과 말한다. "그 결과는 고용인에게 필연적으로 오로지 가장 능률이 높은 노동을 고용시키는 것이다."(『민주주의와 자유(Democracy and Liberty)』, 제2권, 347쪽) 표준 임금률의 이러한 효과는 종종 시간제 임금에 한정된다고 생각된다. 그러나 그것은 (다수의 노동조합원 사이에서 행해지고 있듯이) 표준 임금률이 성과급 임금인 경우에도 작용한다. 심지어 고용인이 단지 행해진 일에 대응해 임금을 지불하는 것에 그친다고 해도, 그 공장이나 기계나 정신력에 대해 각각 최대의 능력을 발휘시키지 않는다고 하는 것은 그와 사회에 경제적인 불이익이 된다. 이러한 효과는 산업에서 자본이나 정신력의 사용을 증가시킬 때마다 강화될 것이다. 면사업자에게 경제적으로 능률이 높은 직공을 선택하여 그 결원을 보충하기에 이르는 것은, 높은 성과급 임금표와 마찬가지 정도로 기계의 고가에 의하는 것이다.

잘 도움이 되는 희망자를 충원함으로써 촉진되는 것이 분명하다. 만일 혈기왕성한 사람을 대신해 노인이, 착실한 노동자보다도 불규칙적인 성품을 가진 자가 고용된다면, 그것은 분명히 일반적인 손실이다.[8] 국민적 산업의 최고 능률을 확보하는 것에 착안하는 경제학자의 견지에서 본다면, 고용인이 그 결원을 충족시켜야 할 노동자의 선택에서 '값싼 직공'을 얻을 수 없게 되면, 그가 지불해야 하는 가격에 대해, 더욱 큰 힘과 숙련, 더욱 높은 표준의 절제와 규칙 바른 업무 수행, 책임과 창의에 대한 더욱 우수한 능력을 얻도록 언제나 노력하게 한다는 것은 공통규칙이라는 방책의 공적으로 헤아려져야 한다.[9]

그러나 공통규칙이라는 방책의 엄격한 이행은 업무에 최적인 노동자를

8) 충분히 유능한 노동자는 이미 전부 고용되고, 허약자나 타락자가 그 결원에 대해 유일한 지원자라면, 사업이 매우 활기찬 경우에는 언제나 일어날 수 있는 일이지만, 표준 임금률의 존재에도 불구하고, 그는 채용될 것이다. 그러나 만일 노인이나 불규칙적인 직공이 자선가의 의뢰나 인자한 정실에 의해 선택된다면, 실제 생활에서 그 결과는 더욱 유능한 노동자가 실업하게 되는 것이다. 따라서 자선가의 부담은 조금도 경감되지 않는다. 심지어 더 증대될 수 있다. 왜냐하면 혈기왕성한 실업 노동자는 충분한 건강과 활동력, 그리고 가정을 책임지기 때문에, 이를 부양한다는 것은 노인을 부양하기보다도 필경 더 많은 비용이 들기 때문이다. 누군가가 생각하듯이 이러한 논의는 어떤 고정된 '노동 기본액'을 예상하는 것이 아니다. 어떤 특정한 종류의 노무에 대하여 어떤 수요가 있다고 해도, 능률의 점에서 허약자는 더욱 유능한 노동자가 전부 완전히 채용되기까지는 한 사람도 고용되어서는 안 된다. 그 나라의 유능한 노동자는 모두 충분히 고용되었음에도 불구하고, 여전히 공급되지 못한 수요가 있지만, 표준 임금률을 한계적인 노인이나 열등한 노인에게 지급하기에는 충분하지 않다는 가설적인 경우는, 웅변가에 맡겨두는 것이 좋을 것이다. 일시적 실업자와 영구적 취업 불능자 모두에게 필요한 설비 ―표준 임금률의 강행에 의해 생기는 문제는 아니다― 는 이 장의 마지막에서 논의한다.
9) 뒤 셀리에의 『프랑스 노동 계급의 역사』는 1771년 봄, 프랑스 전역에 걸친 파업에 대해 언급하여(320~321쪽) 표준 임금률은 무능한 자에 비해 유능한 노동자에게 확실히 유리한 지위를 부여하는 효과가 있다고 했다. 1860년경에 대부분의 저술가들은 임금 표준율의 목적이 태만하고 무능한 노동자를 더욱 근면한 노동자와 동일한 평준에 두게 된다고 가정하고 있다.

선택하는 것에 대해 영속적 자극으로 도움이 되는 것에 그치지 않는다. 고용인의 마음이 언제나 가능한 한 가장 좋은 노동자를 얻는 것에 향한다는 사실은, 무언중에 부지불식간에 임금소득자의 반발을 초래한다. 젊은 노동자가 표준 이하의 조건에 종사하는 것을 신청함에 의해 고용에 대한 우선권을 확보할 수 없음을 알 때, 그는 자기를 추천하기에 선량한 성질이나 기술상의 숙련이나 일반적 지식을 얻기에 이른다. 따라서 공통규칙하에서는 가장 유능한 후보자가 언제나 선택된다는 것만이 아니라, 모든 계급에 대해 더욱 유능하게 되는 적극적 자극이 부여된다.[10]

여기서 우리는 앞에서 말한 모순으로 보인 사실, 즉 다수 사람들이 기꺼이 어떤 직업에 들어가고자 한다는 것은 실제로 단체교섭에 의해 공통규칙을 유지하는 데에 어떤 방해가 되지 않는다는 사실에 이르게 된다. 만일 랭커셔의 공장 주인이나 노섬벌랜드의 탄광주가 고용 희망자의 다수에게 유인되어 그 직업에 관례적인 조건과 다른 조건으로 면사방적공이나 채탄부를 고용하게 된다면, 그 회사의 다른 방적공이나 채탄부는 전부 바로 '그 경고를 발하고' 그 결과는 집단적으로 그 업무를 그만두게 될 것이다. '임금의 절하'도, 다른 표준 조건의 절하도, 고용인이 방적공이나 채탄부 전원을 대신하여 무경험의 노동자로 대체하는 것에서 받는 능률의 손실을 보상하지 않는다. 직업이 '개방적'일수록, 또는 그러한 표준 조건이 매력적

---

10) 원외 구휼(Out-Door Relief)이나 무차별적 자선, 또는 임시적 노동의 효과에 대해 연구한 사람들에 따라서는, 이와 반대되는 것이 종종 지적된다. 품성이 나쁜 자나 불규칙적인 습관을 가진 자도 가장 훌륭한 증명을 가진 실업직공과 마찬가지로, 쉽게 임시 부두 노동자로 채용될 수 있다는 사실은, 런던의 모든 노동에 퇴폐적 영향을 미친다고 하는 것이 정당하게 인정되고 있다. 만일 부두회사가 고용한 모든 노동자에게, 가령 1주 24실링을 지불해야 한다면, 반드시 회사는 규칙 바른 출근과 충실한 근무를 하여 신뢰할 수 있는 자만을 선택할 것이다.

일수록, 고용인은 이미 고용된 노동자의 주된 단체의 역할 없이는 경제적으로 불가능하다는 것을 알게 될 것임이 더욱 확실해진다.[11] 최저 고용조건이 확정적이고 균일한 경우, 경쟁은 질의 표준을 향상시키는 형식을 취하게 되고, 이러한 최저 고용조건이 상대적으로 높은 경우, 채용된 희망자는 다수의 응모자 중에서 발탁되었기 때문에 매우 정선된 계급이 되고, 개인적으로는 보충할 수 있어도 집단적으로는 도저히 대치할 수 없는 것이된다. 그리하여 끊임없이 '최적자의 선택'을 촉진함으로써 누진적으로 공통규약을 향상시키는 것은, 그 결과 더욱더 그 직능을 특수화하고, 분명한 집단을 형성하며, 그 신참자도 모두 기꺼이 일치할 수 있는 특유의 생활표준과 집단적 전통을 갖게 한다. 만일 우리가, 각 산업이 명확하게 각각의 공통규약에 의해 구획되는 사회를 상상할 수 있다고 해도, 노동자의 전략상 힘은 직업의 선택 위에 가해지는 어떤 제한과도 무관하고 무관한 것이 될 것이다. 각 산업의 고용인들은 어디에서도 그가 바라는 노동자를 선택할 자유가 있지만, 그 최저임금 이하로 내리거나 고용조건을 저하시킬수는 없기 때문에, 그들은 경제적으로 소비자의 수요를 충족하기에 필요한 업무량을 위해 가장 좋은 노동자를 선택하게 될 것이다. 마찬가지로 새롭게 도착한 노동자는 어떤 직업이든 그가 바라는 것에서 언제나 그가 얻을 수 있는 지위에 자유롭게 취직할 수 있으나, 그는 낮은 임금으로 열등한 업무를 하겠다고 신청하여 더욱 좋은 노동자를 구축할 기회를 전혀 갖지 못하기 때문에, 그는 일정한 수요의 배분과 일정한 특종 기능의 공급

---

11) 따라서 랭커셔 면사방적공 사이에서 드물게 일어나지만 오래 계속되는 일반적 파업에서, '피케팅'은 필요하지 않다. 고용인은 그 직공의 동일 단체를 다시 되돌려야 한다는 것을 알고 있고, 따라서 그들과 화해가 가능할 때까지 그 공장을 개방하지 않는다. 조직이 충분한 모든 지방의 탄광주에 대해서도 같은 것을 말할 수 있다.

하에, 그의 부가적 노동이 최대의 부가적 효용을 낳게 되는 종류의 직업에 경제적으로 떨어지게 될 것이다.

일반적인 최저임금의 유지가 그 자체, 자동적으로 노무의 질을 개선한다는 것은, 많은 독자에게 하나의 역설로 보일 것이다. 그러나 모든 다른 경우에서도 경쟁의 전환이 초래하는 결과는, 응용경제학에서 일반적으로 인정된 자명한 것이다. 유산 계급의 관리 단체 ─가령 지역의회나 철도회사─ 가 중류의 임원을 요하는 경우, 의사이든 건축가이든, 기사이든 지배인이든 간에, 가격을 정지시킴으로써 그것은 변함없이 경쟁을 질에 집중시킨다. 기업가의 실제적 경험은 그들에게 최저 보수로 의사나 지배인을 고용한다는 것이 지극히 불리한 거래임을 가르쳐준다. 그래서 그들은 언제나 그 유치하고자 하는 종류의 사회 계급의 생활 표준에 비추어 보수액을 결정하고, 그것을 제공하여 신청자 중에서 가장 좋은 자를 채택한다.[12] 가격을 일정하게 하는 것과 같은 효과는 심지어 상품 매각에서도 인정된다. 그러나 이 경우에는 정가를 정하는 데에도 어느 정도 독점의 요소가 포함된다. 만일 상품의 경쟁 생산자가 관습이나 단결에 의해 그 상품의 가격을 서로 '절하'할 수 없게 된다면 그들은 전력을 기울여 서로 품질의 점에서 이기게 될 것이다. 따라서 가령 영국의 조간신문 협정 가격이 오랫동안 1펜스였다는 사실은, 발행자들 사이의 경쟁을 조금도 제한하지 않는다. 그것이 한 일은 인쇄나 지질(紙質)이 좋다는 것, 뉴스를 즉각적이고 독특하게 수집한다는 것, 문체가 뛰어나다는 것, 기타 사람들이 좋아하는 모든 사항

---

12) 흥미로운 점은, 공공단체의 경험이 없는 '노동위원'에 의해 종종 행해지듯이, 정신노동을 하는 임원에게 종래와 같은 높은 급료를 제공한다는 것은 '더욱 적은 돈으로 그 일을 즐겁게 하는 사람이 다수'인 경우, 바보 같다고 하는 제의는 언제나 그 유산 계급의 동료에 의해, 따라서 노동조합 운동가 자신들의 논의에 의해서도 조롱된다.

에 대해 이기고자 하는 투쟁에 그 힘을 집중하는 것이다. 이와 같은 충동은 철도회사 사이에서도 매우 유력하여, 경쟁선의 수는 엄격하게 제한되어 그들 자신 사이에는 협정이 있음에도 불구하고, 지배인은 언제나 그들에게 남겨진 다른 방법에 의해 서로 다투어 세간의 평판을 얻고자 한다. 런던과 영국 북부 사이를 운전하는 3개의 철도회사가 동일한 요금의 징수를 협정한다는 것은, 속력이나 정확도나 유쾌함의 점에서 그 질을 끊임없이 향상시키게 한다.

그러나 어떤 종류의 독점도 없는 경우에는, 모든 생산자가 같은 가격을 채택하는 것은 자동적으로 질의 개량을 초래하는 경향이 있지만, 이와 동시에 그 점에서도 다른 점에서와 같이, 상품과 그것을 생산하는 노동자 사이에는 중요한 차이가 존재한다. 상품의 경우에 개량의 경향은 경쟁의 압력이 가격에서 품질로 변화하는 일반 룰의 움직임에서 나온다. 노동자의 경우 ―앞에서 보았듯이 공통규약이 오로지 존재한다는 것에 의해 같은 식으로 영향을 받았다― 우리는 역시, 살아 있는 인간에게 미치는 위생 설비의 개량이나 노동시간의 단축, 임금에 상당한 것의 효과도 고찰해보아야 한다. 가령 임금소득자 사이의 무제한의 개인적인 자유 경쟁이, 일반적으로 높은 표준의 육체적 및 정신적 활동이 왕성한 가운데 결과했다면, 단순한 위생의 개량, 단순한 노동시간의 단축, 또는 직공 및 그 가족의 옷과 식품의 단순한 증가가 그 자체로 그 산업적 능률을 증진시킬 것이라고 논의하기는 어려울 것이다. 그러나 사실상 모든 부문의 임금소득자가 공장법이나 단체교섭에 의해 비호되지 않는 경우, 언제나 생리학적 능률의 평준 이하로 억압된다. 영국에서 적어도 800만 명의 인구 ―찰스 부스 씨가 우리에게 말한 바에 의하면 런던에서만도 100만 명 이상― 가 현재 1주 1파운드 이하 소득의 성년 남자로 대표되는 상태하에 살고 있다.[13] 약간 불충분한 영양을 취하는 것에 불과하고, 그의 옷은 빈약하고 계절에 맞지 않고, 빈민굴의 단칸방에서 처자와 함께 살며, 그의 정신은 되풀이되는 취직의 불규칙에 의해 파괴되는 비숙련 노동자는, 어떤 자극에 의해서도 더 강력한 노력을 하기가 전적으로 불가능하다. 왜냐하면 그 생활 방법이 그를 생리적으로 필요한 육체적 및 정신적 정력을 만들어내기가 불가능하기 때문이다.[14] 1주 24실링에서 35실링의 소득이 있는 보통의 기계공이나 공장직공으로, 만족스러운 영양이나 적절한 수면, 상당히 유쾌한 분위기를 얻어 그 체격에 상응하는 육체적 및 정신적 정력을 완전하게 발휘할 수 있는 경우는 거의 없다. 어떤 중류 계급의 정신노동자라도 잠시 전형적 공장직공이나 직인의 가정에서 생활한 사람들은 그 영양, 피복, 휴식, 활기, 육체적 및 정신적 노력의 표준이 심하게 낮은 것을 통감하지 않을 수 없다.[15] 따라서 J. R. 매컬로크에서 마셜 교수에 이르는 많은 경제학자들은,

---

13) 왕립노동위원회 총회에서 R. 기핀(Giffin) 경의 증언. 문제6942, 6943을 참조하라. 찰스 부스, 『런던 시민의 생활과 노동』, 특히 제4권, 427쪽을 참조하라.

14) "영국에서는 오늘날, 식료품의 결핍은 거의 죽음에 대한 직접적 원인이 되지 않지만, 질병에 저항하는 것을 불가능하게 하는 신체의 일반적 쇠약의 원인이 되고, 또 산업적 무능의 주된 원인이 된다. … 식품에 이어 생활 및 노동의 필요물은 옷과 주거방과 연료이다. 이러한 것이 없는 경우, 정신은 둔감하게 되고, 결국은 체질도 파괴된다. 옷이 크게 결핍된 경우, 밤낮으로 입게 되고, 피부는 때로 덮이게 된다. 거실과 연료의 불비는 건강과 활기에 유해한 불결한 분위기에서 생활하게 한다. … 휴식은 혈기왕성한 사람들의 발달에 물질적인 필수물인 피복과 식품 등과 같이 결여되어서는 안 되는 것이다."(알프레드 마셜, 『경제학 원리』, 제3판, 277~278쪽; C. S. 디버스, 『경제학의 기초』에 나오는 흥미로운 설명적 사실도 참조하라) 매컬로크의 말에 대해서는 여러 문헌 중에서 그의 『경제학 원리』, 제2장, 특히 '고율 임금의 이익' 부분을 참조하라.

15) 부유 계급 및 중류 계급은 임금소득자의 일상적 건강의 표준이 너무나도 낮은 것을 거의 실감할 수 없다. 실제의 질병이나 불구는 별도로 해도, 노동자와 그 처자 및 가족은 끊임없이 사소한 질병으로 고통을 받고 있다. 이러한 비위생이나 불충분한 식품, 비위생 설비나 충분한 휴식이나 휴일의 부족, 의려의 부족에서 야기된다. 일시 임금소득자의 가정에서

가장 빈곤하고 약한 노동자에 관한 한, 고용조건의 개선은 생산의 적극적 증가를 초래한다고 지적했다. "모든 인구의 생활 표준의 향상은 국민적 배당을, 따라서 각 계급, 각 직업에 돌아가는 그 몫을 매우 증대시키는 것이다"[16]라고 그들은 오늘도 명백히 가르치고 있다. 따라서 우리는 공통규칙이 임금소득자에 관한 한, 진화 발전의 두 가지 힘의 작용을 촉진시키는 것임을 알고 있다. 즉 그것은 한편으로 언제나 '최적자의 선택'이 되고, 이와 동시에 더욱 높은 수준의 숙련과 정력에 기능적으로 순응하는 것에 필요한 정신적 자극과 물질적 조건이라는 두 가지를 제공한다.

이제 우리는 정신노동자 —이 말에는 산업의 관리에 관여하는 모든 사람이 포함된다— 에 대한 공통규칙 방책의 효과에 대해 고찰해보자. 어떤 산업의 모든 고용인이 공통규칙이 있기 때문에 고용조건을 인하할 수 없는 상태에 있을 때 —가령 법률에 의해 그 공장에 더욱 많은 직공을 고용하거나, 더욱 길게 취업시간을 늘리는 것이 금지될 때, 또 엄격하게 이행되는 성과급 임금률표로 인해 임금을 내릴 수 없는 상태에 있을 때— 그들은 그 경쟁적 투쟁에서 어쩔 수 없이 다른 길을 추구하게 된다.[17] 그래

생활했던 정신노동자는 그 가족이 차차 치통이나 종기, 두통이나 위통, 여성에게는 과도한 노동이나 부적절한 시기의 종업에 의해 야기되는 여성병이나 만성 빈혈증으로 고통을 받아 너무나도 억압된다. '스웨트' 산업에서는 오늘날 자유 직업인 계급에 보편적인 건강 상태는 거의 알려져 있지 않다는 것도 필경 과언이 아닐 것이다.

16) 알프레드 마셜, 『경제학 원리』, 제3판, 779쪽.
17) 따라서 먼델라 씨는 '노팅엄 제화공 위원회'(Nottingham Hosiery Board)에 의해 강제된 표준 가격표에 대해 다음과 같이 기록했다. "이전에는 불경기에 고용인의 개인적 성질에 따라 매우 불규칙적인 것이 지배적이었다. 냉혹하고 사려 깊지 못한 고용인은 직공의 궁박을 이용하여 임금을 합리적인 평준 이하로도 내릴 수 있었다. 그리고 더욱 사려 깊은 자도 선례에 따르거나 남보다 싼값으로 팔아야 했다. 우리 위원회는 이를 모두 바꾸었다. 지금은 모두 동일한 가격을 지불하고 있고, 경쟁은 누가 가장 많은 임금을 내리는 것에 있는 것이 아니라, 누가 가장 좋은 원료를 사서 가장 좋은 물건을 생산하는가에 있다." A. J. 먼델라,

서 우리는 예상하지 못한 결과를 얻게 된다. 즉, 노동조합에 의해 균일한 고용조건이 주장되는 것은 새로운 제조 공정의 발명과 채택을 적극적으로 자극한다는 것이다. 이는 종종 노동조합운동의 반대자에 의해서도 인정되어왔다. 가령 배비지는 1832년, 총신의 연마와 새로운 용접 방법의 발명과 채택은 그 구식의 작업에 종사한 모든 노동자의 단결에 의한 더욱 좋은 노동조건의 주장에 직접적인 원인이 된 것을 상세히 서술하며 다음과 말했다. "이러한 어려움을 만나 계약자들은 이 사건보다 수년 전에 그들이 확보한 특허 설계에 따른 총신의 연마 방법에 의거했다. 그것은 당시 특허권자가 받아야 하는 다른 어려움도 수반했지만, **수공에 의한 보통의 연마 방법이 염가였기 때문에**, 일반적으로 사용되기까지 성공하지 못했다. 그러나 **이러한 임금 인상을 추구하는 노동자의 단결에 따라서 행해진 자극은**, 그에게 두세 가지 시도를 하게 하여 그는 총신을 연마하면서 롤러를 사용하고, 그것이 매우 간편하고 업무 자체에도 충분히 완전할 수 있고, 대부분 장래 수공에 의해 연마하는 것은 거의 없어지게 할 수 있었다."[18] 그는 계속 다음과 같이 말했다. "이와 같은 사례는 우리의 제조장에 정통한 사람들도 봉착했을 것임에 틀림없지만, 이상만으로도 단결 결과의 하나를 설명하기에 충분하다고 생각한다. … 모두가 이러한 경향을 갖는 것이 명백하다. 또한 비용이 드는 새로운 공정에 이르기 위해서는 상당한 자극이 주어져야 한다는 것, **이러한 두 가지 사례에서도 만일 금전적 손실의 우려가 강력하게 움**

『파업 장치 수단으로서의 중재 재판』, 15쪽.

18) 찰스 배비지(Charles Babbage), 『제조업 경제학(*Economy of Manufactures*)』(London, 1832), 246쪽. 모든 종류의 관의 용접은 지금은 언제나 기계에 의해 행해진다. 이는 곧 현대의 자전거를 만들어낸 것이라고 할 수 있다.

직이지 않았더라면 개량이 없었을 것이라는 것도 마찬가지로 확실하다."[19] 랭커서 면업도 동시대에 이러한 종류의 '노동조합의 어리석은 행동'의 고전적인 예를 보여주었다. 동시대의 거의 대부분의 관찰자는 '자동' 정방기의 채택이 1829년부터 1836년 사이에 면사방적공의 성과급 임금의 강제를 요구한 빈번한 파업의 직접적 결과라는 것, 그리고 이 산업의 다른 많은 개량도 이와 같은 자극에서 나온 것임을 명언하고 있다. 〈에든버러 평론〉은 1835년, 다음과 같은 정도까지 주장했다. 즉 "만일 방적기계의 발명으로부터 오늘에 이르기까지 임금이 하나의 수준에 머물고, 노동자의 결속과 파업이 모르게 끝났다고 한다면, 우리는 이 산업이 반분의 진보조차 이루지 못했다고 단언하는 것도 과장이 아니다."[20] 그리고 우리 자신의 시대에도 우리는 스스로 관리에 유능한 산업 통수자가 지도하는 북부의 대규모 철강소에서 같은 경험이 행해진 것을 본다. 그리고 구공정에서 일하는 노동자가 그들의 강력한 노동조합을 통해 높은 성과급 임금률을 확보했기 때문에, 차차 개량이 고안되고 고용인은 이를 채택했다. 그러한 수직업자의 맹목적인 기계 반대에 익숙한 과거의 경제학자에게는, 높은 임금의 주장이라고 하는 이러한 의외의 결과가, 노동조합의 근시안적 행동에 대한 하나의 증명으로 보였다. 현대 연구자는 노동조합이 개인 교섭에 의해 확보될

---

19) 같은 책, 248쪽.

20) 〈에든버러 평론〉, 1835년 7월호. 마르크스도 같은 점을 지적했다. 즉 광산에서 여성과 아동의 노동을 금지하기까지 탄광주는 기계 견인차를 채택하지 않았다. 또 1856년의 공장 감독관 보고에 의하면, 모사공업에서 "반일제의 채택은 접합 기계의 발명을 자극하고" 이에 따라 엄청난 아동노동이 없어졌다(카를 마르크스, 『자본론』, 제4편, 제15장, 제2절. 1887 영역본 제2권, 390쪽). 1895년의 〈기계공학학회 회보〉(346쪽)에서는 수압기에 의한 "가스 레토르트의 장전과 배출에 대해 최근 행해진 많은 창의"가 '가스공 노동조합'의 창립 이래 "경험한 노동 분쟁의 직접적 결과"라고 한다. 그리고 "이는 그러한 분쟁의 일반적 경향이 무엇인지를 보여준다."

수 있는 것보다도 더욱 좋은 고용조건을 주장함으로써 "그들이 아는 것보다도 더욱 좋은 것을 건설"했음을 인정하고 있다. 하나의 계급으로서의 임금소득자에게는, 이윤과 같이 임금을 좌우하는 공동 생산물이 가능한 한 크기 위해서, 다른 생산요소 ―자본과 두뇌력― 도 언제나 가능한 고능률을 발휘해야 한다는 것은 가장 중요하다. 모든 공장에 공통규칙을 강행하는 것은, 경쟁의 압력을 고용인의 두뇌에 집중하는 것이고, 언제나 그들을 긴장하게 한다. 에머슨은 "인간은 가능한 한 게으른 존재이다"라고 했다. 그리고 고용인도 도매상인이나 외국의 경쟁 압박에 대해, 임금 인하나, '시간을 훔치는 것'에 의해 대응할 수 있는 한에서, 생산 공정의 참된 개량을 발견하기에 필요할 수 있는 '참을 수 없는 생각의 수고'를 하거나, 또는 배비지가 솔직하게 인정했듯이 이미 발명된 개량을 채택하는 것도 하지 않는 것이다. 따라서 단지 공통규칙이 존재한다는 것만으로도 압박을 받은 고용인은 가장 명백한 구제 수단에 호소할 수 없기 때문에, 나아가 다른 수단에 의해 생산비를 저하해야 하게 된다. 그리고 공통규칙은 보통 직공에게 그 노동에 대해 더욱 큰 보수를 초래한다는 사실은, 그만큼 고용인이 노동 절약의 기계를 채택하고자 하는 동기를 더욱 증대시킨다. 왜냐하면 우리는 "일급이 낮으면 낮을수록, 노동 절약의 방법과 기계 개량의 정도는 더욱 작아진다. … 노동이 가장 값싼 곳이 진보가 가장 늦은 곳이다"[21] 라고 배웠기 때문이다. "인간 노동의 염가는" 산업에 유리하기는커녕 "진부한 방법의 계속에 대한 최대 유인이 된다. … 대자본을 투자하여 구식의 진부한 것을 대체하고자 하는 유인이 결여되어 있다. 따라서 최적자의 생

---

21) J. 쉰호프, 『고임금의 경제』, 276쪽.

존은, 말하자면 높은 임금률의 결과이다."[22] 단 그 의미는 그 높은 임금률이 모든 공장에 균일하게 강제되는 경우이다. 이는 오늘날 자본가 자신에 의해서도 인정되고 있다. 최근 영국 산업의 지도자는 다음과 같이 말했다. "우리들 고용인은 하나의 집단(Body)으로 우리 스스로 인정하는 것 이상으로 **노동조합의 견고함과 독립성에 근거하여** 제조 방법의 개량을 인정하고자 한다. 우리 산업의 견실함과 기업심은 세계가 선망하는 것이다. 노동조합의 에너지와 부지런함은, 그것이 없었다면 고용인은 정치가에 의해 제기되지 않았을 의회의 법률을 통과시키게 되고, 이는 어느 것이나 영국의 산업을 개선시키는 것이 되었다.[23] … 모든 총명한 고용인은 그 공장이나 직장이 의회에 의해 그 노동자의 이익과 보호를 위해 규정된 모든 만족과 편의와 보호 설비를 갖추었을 때 —그것을 하기 위해 그는 엄청난 노력을, 그리고 필경 희생도 지불해야 하지만— 모든 의미에서 그것은 더욱 가치 있는 재산이 되고, 그 개량 노동조건을 위해 그에게 더욱 많은 이윤을 초래했음을 인정할 것이다."[24]

---

22) 같은 책, 38~39쪽.

23) 최근에는 세탁업의 소규모 사업이 하나의 사례를 보여준다. '이스터번 위생 증기 세탁 회사' 사장은 그 주주에게 1879년 1월 25일, 다음과 같이 보고했다. "새로운 공장법은 종래와 같이 긴 노동시간을 일하는 것을 금지했고, 따라서 이사는 기계를 비치하여 더욱 짧은 시간에 일을 할 수 있도록 해야 하게 되었다."(《세탁소 기록(Laundry Record)》, 1897년 3월 1일) 피복 세탁 기술의 지극히 늦은 진보와 숙련된 정규의 정직한 세탁 직인을 얻기 어렵다는 것은, 대체로 공통규칙이 없어서 생긴 고용인에 대한 자극과 직인에 대한 적절한 고용조건의 결여에 기인한다.

24) W. 매더(Mather)의 〈현대 리뷰〉 1892년 11월호에 실린 논문. 여기서 매더 씨는 현대 경제학자를 자기편으로 삼는다. 니콜슨 교수는 소럴드 로저스(Thorold Rogers)의 다음 말을 인용한다. "자유방임설과 모순되는 것으로 보이는 법률로 경험의 시련을 받은 것은, 무엇이나 노동의 일반적 능률을 증가시켰다고 하는 이유에 의해 시인되었다."(로저스, 『노동 및 임금의 6세기(Six Centuries of Work and Wages)』(London, 1891), 528쪽; 니콜슨, 앞

이처럼 고용인을 자극하는 직접적인 효과 외에 공통규칙이라는 단순한 존재는, 산업의 능률에 대해 또 다른, 심지어 더욱 중요한 결과를 갖는다. 즉, 그것은 언제나 사업을 최고의 지위, 최고의 설비를 갖춘 가장 유능한 자의 관리하에 있는 공장에 집중시키고, 무능한 구식의 고용인을 배제하기에 이른다. 이처럼 실무가에게 잘 알려진 사실도 구식 경제학자에 의해서는 인정되지 않았다. 그들은 그 이윤 균등이라는 가상 담론에 오도되어, 보통 생산비 증가는 그 산업의 모든 고용인에게 균등하게 유해한 것이라고 가정하는 것으로 보인다. 현대 학자들은 공통규칙이라는 방책이, 일정한 시점에서 실제로 필요하게 되는 최저의 평준 이상을 넘는 생산요소의 모든 상이한 이익에 상응하는 것을 확보하고자 한다면, 그것은 바로 그 성질상 실패로 끝나지 않을 수 없다는 것을 주저 없이 인정한다. 가령, '면사 방적공 합동 노동조합'이 영국의 모든 면사공장에 균일한 성과급 임금표나 동일한 노동시간이나 재해 및 질병에 대한 동일한 예방을 확보하는 경우, 그것은 결코 품질에 대한 오랜 평판이나 특별한 상업상의 기능이나 기술적 능력을 갖는 회사가 얻는 특별한 이윤을 침해하는 것이 아니다. 마찬가지로 그것은 특별하게 편리한 위치나, 최신 최량의 기계나, 가치 있는 특허권 또는 상업관계를 갖는 공장으로부터 이러한 우월에 상당한 예외적 이윤을 박탈하지도 않는다. 이는 광부의 경우에 더욱 명백하다. 광산규제법과 '주(州) 평균 임금액'은 전국에 고루 적용됨에도 불구하고, 현행 광산

의 책, 331쪽) 매더 씨는 대기계공장의 사장으로 다음의 유익한 팸플릿의 저자이다. 『1주 48시간제, 셀퍼드 제철소의 1년간 실험과 그 결과(*The Forty-Eight Hours' Week: a Year's Experiment and its Results at the Selford Iron Works*)』(Manchester, 1895); 『매더 씨의 1주 48시간제, 셀퍼드 제철소의 1년간 실험 보고에 대한 비평에 대한 답변(*A Reply to Some Criticisms on Mr. Mather's Report of a Year's Trial of the Forty-Eight Hours' Week*)』(London, 1894).

중 최저의 것을 제외하고는, 모두 그 채광 특허권에서 얻은 막대한 수입에 결코 손을 대지 않는 것이다. 노동조합운동의 이러한 근본적 방책의 성질 ―그 직업 전반에 공통되어야 할 규약의 필연적인 일률성― 이야말로 그 결정 시에, **노동조합 운동가가 일을 얻고자 하는 공장의** 가장 좋은 곳이 아니라, 가장 나쁜 상황에 의거하도록 강요하는 것이다. 이는 결코 잘 조직된 직업에서 표준 임금률이나 기타의 공통규칙이, 경제적으로 가장 약한 고용인에게 그 사업을 계속할 수 있도록 정하는 것을 의미하는 것이 아니다. 도리어 그 반대로, 노동조합이 단체교섭이나 법률 제정이라는 방법에 의해 사실상 공통규칙을 확보할 때, 언제나 그것은 그 산업에서 가장 지혜가 없고 가장 설비가 나쁜 고용인의 관에 못을 박는 것임은 일반적으로 경험되는 것이다.[25] 우리는 이미 제화업의 소규모 고용인이 '제화공 전국 노동조합'이 주장하는 '균일 임금표'나 높은 표준의 공장 설비가 그 산업의 대자본가가 승인한 것을 대자본가의 음모로 비난했음을 서술했다. 건설업에서도 대규모 도급인이 기꺼이 따른 '취업규칙'의 '전횡'에 대해 특히 반대한 것은 소규모의 '임시 사장'(Jerry Masters)이다. 그리고 랭커셔에서, 공장법과 성과급 임금표에 대해 그것이 무자비한 힘으로 무리하게 능률의 표준을 올덤과 벌턴의 수준까지 억누르고자 하는 것으로 비난된 것은, 진보가 늦어 이미 다수 공장의 폐쇄를 본 지역에서이다.[26]

---

25) "우리는 수년간 손실을 입으면서 일해왔다"라고 어느 대규모 방적업자가 노동조합 서기에게 말했다. 그러자 서기는 "그렇다"고 답하면서 "당신은 당신의 작은 공장을 잃고 더 큰 공장을 세웠다"고 했다. '이스리엘'(Ithuriel), 『노동조합에 관한 1등상 논문(*First Prize Essay on Trades Unions*)』(Glasgow, 1875), 31쪽.

26) 이는 현대 노동조합의 신중한 정책 문제이다. 그래서 면공의 기관지는 최근, 어느 저명한 노동조합 임원이 쓴 논설에서 다음과 같이 선언했다. "만일 회사가 노동에 대해 다른 것과 같은 액을 지불한 것에 불과한 것임에도 불구하고, 이윤을 얻어 제조할 수 없다는 것을 인

고용인 사이의 이러한 '최적자 선택'이라는 정책이, 어느 특정 시기에 어느 정도까지 행사될 수 있는가라는 것은, 미묘한 계산의 문제이다. 구식이거나 열등한 공장을 언제나 '제거하고' 모든 생산을, 임금을 저하시키지 않고 생산비를 저하하는 방법을 아는, 더욱 재주 있는 '산업 지도자'의 손아귀에 집중하도록 공통규칙을 정하는 것은 분명히 노동조합의 이익이다. 그리하여 그 산업의 더욱 유리한 지위에 있는 공장이 아직 그 최대한도의 능력까지 발휘하지 않는 한, 또 그 우월성을 잃지 않고 확장할 수 있는 한, 노동조합은 이론상 그 공통규칙을 인상하여, 가격이나 소비자의 수요에 영향을 미치지 않고, 따라서 고용의 범위를 좁히지 않고, 가장 열등한 고용인을 한 사람씩 성공적으로 제거할 수 있다. 그렇게 하여 '경작의 한계를 인상함'과 동시에 더욱 유리한 지위에 있는 공장의 생산량을 증대시킴으로써 그 공통규칙의 방책은 경제적 렌트의 성질을 갖는 생산물의 부분의 한계를 움직이고, 그 어느 부분을 노동자의 주머니에 들어가게 할 수 있

정하는 경우, 가혹한 주장이라고 볼 수 있을지 모르지만, 그 직공이 임금 저하를 당하고, 그 직업 전체도 그들과 같이 인하되기보다는 그 회사는 존속을 정지하는 쪽이 더욱 좋다." 〈방적공장 타임스(*Cotton Factory Times*)〉, 1896년 7월 17일자.

그래서 그 결과는 종종 "그 산업에서 자본을 구축하는" 노동조합의 어리석음을 보여주는 것으로 지적된다. 그러나 더욱 잘 관리되고 더욱 잘 설비되며, 또는 더욱 편리한 지위에 있는 공장이 그 사업을 증대시킬 수 있는 한, 그 산업의 유효한 자본액은 최악의 공장을 폐쇄함으로써 저하되지는 않을 것이다. 가격이, 따라서 아마 수요도 이전과 변화가 없다면, 생산물도 이전과 마찬가지로 생산되거나 매각될 것이다. 그 경우, 그 산업의 자본은 평균하여 더욱 유리하게 사용될 것이다. 현대 산업에서 이러한 사업을 가장 유리하게 하는 중심에 집중하는 것에 어느 정도의 여지가 있는지는, 1886년에서 1895년 사이에 매사추세츠주의 훌륭한 '제조업 통계'(Statistics of Manufactures)에 의해 판단할 수 있다. 그것에 의하면 조사된 2000~3000개의 공장에서 평균하여 사업은 그 모든 생산 능력의 60~70퍼센트만 행해진 것에 불과하다. 어느 산업에서는 현재 공장이 생산할 수 있는 것보다 반 이하가 만들어졌다. 〈제11 보고(*The Eleventh Report*)〉(Boston, 1896), 99~104쪽, 169쪽을 참조하라.

을 것이다.[27] 가령, 어느 고용인이 생산비를 현저히 저하시키게 하는 전매 특허를 갖는 경우, 그는 그 생산이 종래의 가격으로 공중이 수요하는 액의 일부를 형성하는 데 불과한 한, 그 개량에 상당한 전액을 자신의 주머니에 넣을 수 있을 것이다. 그러나 만일 노동조합이 점차 그 표준 임금률을 높여서, 다른 고용인을 한 사람 한 사람 그 산업 밖으로 구축하고 사업을 가장 유리한 지위를 차지하는 것에 집중하게 한다면, 총생산비는 그것에 의해 현저히 저하할 것이다. 그리고 증대된 이윤이 독점자의 수중에 머물게 된다면, 노동자가 충분히 강력한 경우, 그 잉여를 잠식하여 마침내 그것을 자본 이윤의 보통 비율까지 저하시키지 않을 이론상 이유는 없는 것이다. 그러나 그러한 과정에는 실제로 제한이 있다. 어떤 특정 공장이 아무리 유리한 지위에 있다고 해도, 실제로 그것이 그 산업 전체를 흡수한다고는 생각되지 않는다. 위치와 관계, 수요의 다양성, 자본의 결여에 대한 고려나, 무엇보다도 더 큰 사업을 경영하고자 하는 욕구나 능력의 결여는, 심지어 가장 유리한 지위에 있는 회사의 무한한 발전에 대해 제한을 가한다.[28] 그리고 이러한 제한이 한편에서는 산업의 집중을 저해함과 동시에, 다른 한 편으로는 노동조합으로 하여금 그 '평준 인상' 정책의 극단적인 수행의 희망을 포기하게 한다. 사업 집중은 직접적으로는 전체로서 그 직업에 이득이 되고, 결국은 가장 약한 조합원을 이롭게 하지만, 무엇보다도 먼저 집

---

27) 리카도는, 그리고 더욱 분명하게 J. S. 밀은 더욱 비옥한 경지의 생산액을 증대시키는 것은 모든 농업지의 총 렌트를 경감시키는 경향이 있다고 지적했다. 데이비드 리카도, 『경제학 원리』, 제4편, 제3장, 제4절, 1865년판, 434~436쪽.

28) 이러한 관념의 확장에 대해서는 〈경제학 계간(*Quarterly Journal of Economics*)〉, 1888년 4월호에 실린 시드니 웹의 「이윤 및 분배의 법칙」을 참조하라. 그래서 가령, 한계생산비는 우열의 차가 있는 공장에서도 동등하다고 가정할 수 없다. 한계생산비 이외의 다른 많은 요인이 사업의 분배를 결정한다.

중은 그 사업의 노동자에게 그 업무 방법의 변경이나 그 생활양식의 변경, 또는 새로운 지역으로의 이동조차 하지 않을 수 없게 하여 그들에게 고통을 준다. 기계공, 제화공, 면직공, 식자공과 같은 직업에서 노동조합은 여러 세대에 걸쳐, 가장 무감각하고 보수적인 조합원에게 '경제인'의 순응성과 가동성을 갖게 하고자 노력했다. '균일 임금표'나 '전국적 협약'이 여러 직업에서 차차 발달해온 것은 이러한 곤란이 어떤 경우에는 극복될 수 있음을 보여준다. 반면 법률 제정의 방법의 사용이 늘어나는 것은 부분적으로, 그것이 여러 지방에서 균등하게 강행되고, 그리하여 각 산업을 가장 유리한 경영의 중심에 집중하는 것을 분명히 돕는다는 사실에 기인한다고 우리는 생각한다. 이러한 뛰어난 정책이 가장 완강하게 추구된 것은 랭커셔 면사방적공의 경우이고, 그 결과는 만일 우리가 고용인의 말을 믿을 수 있다고 한다면, 계속되는 생산 개량의 적지 않은 몫을, 더욱 높은 임금과 더욱 좋은 조건으로 그 직공에게 부여한 것이었다.

공통규칙의 이러한 결과 ―산업 지도자 사이의 부단한 최적자 선택과 가장 유리한 중심에 사업을 집중하는 것― 는, 기묘하게도 종종 노동조합 운동으로부터 비난을 받아왔다. 가령 벤저민 브라운(Benjamin Brown) 경과 같이 인자한 고용인도, 기계공이 정한 9시간 노동시간제를 26년간 경험한 뒤에 회고하면서 그것에 의해 노동조합이 설비가 가장 좋은 회사에 사업을 몰아넣었다고 비난했다. 그에 의하면 "그때부터 일은 큰 회사에서 더욱 많아지고, 작은 회사에서 더욱 작아졌다. … 계속 비용이 드는 복잡한 기계가 채택되었다. 9시간제의 실제적 효과는 소규모 고용인을 파멸시킨 것이다."[29] 그러나 기계제품의 총량은 분명히 감퇴하지 않고, 도리어 그

---

29) 1897년 8월 11일 〈타임스(Times)〉지에 보낸 편지.

것은 증대할 것이므로 그 움직임이 가장 유리한 곳에서 행해진다는 것은 경제적 이익으로 간주되지 않을 수 없다. 만약, 공통규칙이 존재하지 않는 경우, '소규모 고용인'이 그 불완전한 기계와 불충분한 자본, 그리고 열등한 과학적 훈련과 부적절한 시장 지식을 가지고 있으면, 임금을 내리고, 잔업을 보통으로 하고, 공장이 과밀하고, 재해 예방을 게을리하는 회사로부터 사업을 우수한 공장에서 맡을 수 있게 되는 경우, 그의 존재는 그 직공에게 유해할 뿐만 아니라, 분명히 국민의 생산능률도 감소시킨다. 따라서 어떤 공통규칙을 강행하는 것은, 가장 열등한 고용인을 점차 배제하고, 경쟁의 모든 압력을 생산의 최고 능률 확보에 집중하며, 산업조직의 최고 형태의 부단한 발전에 기여하는 것이다.[30]

30) 연구자는 최근 기계 제조업의 어느 중요한 고용인의 훌륭한 연설 중에, 여기서 서술한 해설의 많은 점에 대해 오늘의 산업에서 나오는 흥미로운 증명이 있음을 인정할 것이다. 〈맨체스터 기사협회 회장 취임 연설〉(조지프 나스미스(Joseph Nasmith), Manchester, 1897)은 대부분 영국의 고용인에게 외국과 가장 잘 경쟁하는 수단을 논의한다. 그는 가장 중요한 3요소를 드는데, 그중에는 가장 낮은 임금도, 긴 노동시간도 없다. "첫째, 개량 설비의 경제적 효과. 둘째, 가장 좋은 산업 방법의 채택. 셋째, 산업에 종사하는 모든 사람, 특히 그 지도자의 충분한 숙련 발달. … 더욱 새로운 방법과 설비의 채택에서 생기는 직접적인 결과의 하나는, 노동의 신규 조직을 야기하는 것과 같은 어떤 종류의 작업 세칙이다. 그 사례는 어떤 하나의 물건을 만드는 것, 가령 리노타이프 기계에 사용되는 주형처럼, 또는 링 방적기를 위해 만들어진 방추처럼, 15명에서 20명의 직공이 그 물건을 취급하고, 각자에게 하나의 일이 맡겨지지만, 그것은 필경 완제품을 만들기에 필요한 작업의 작은 부분을 이루는 것에 불과한 것으로 유명할 것이다. 이는 다수의 기계나 설비의 설계 및 사용을 필요로 하고, 그 각각은 이러한 작은 일의 성취를 돕는 것을 목적으로 하며, 특히 그 사용을 수련하는 직공의 노고를 필요로 한다. 그리하여 묵묵하게 혁명은 행해지고, 이는 오늘날까지도 그 가치를 충분히 인정받지 못하고 있다. 그리고 그것은 직장의 경제에서 기계를 종속적 지위로부터 중요한 지위로 향상시키는 것보다 조금도 덜하지 않은 효과를 갖는다. 특별한 설비의 생산 위에 나타내는 창의가 초래한 상세한 편의의 결과로, 모든 조직된 산업에서 어떤 상품의 노동비도 끝없이 저하하게 된다. 필경 그때 생기는 경제적 변화가 일부만 그 가치를 인정받는 것에 불과하므로 우리는 오늘날, 사람들이 임금에 관하여 커다란 소란을 만드는 것을 본다. 사실상 임금의 비율은 반드시 어떤 물건의 노동비의 다소를

그리하여 공통규칙이 산업조직에 미치는 효과는, 그 육체노동자와 정신노동을 하는 기업인에 대한 효과와 마찬가지로, 모두 능률 증진 쪽으로 향하고 있다. 그것은 결코 경쟁을 없애는 것도, 그 강도를 줄이는 것도 아니다. 그것이 하는 일은, 가장 유능한 직공, 가장 훌륭한 설비를 갖춘 고용인, 그리고 가장 유리한 형태의 산업을 끊임없이 자극하는 것이다. 그것은 결코 어떤 생산요소도 악화시키지 않는다. 도리어 반대로, 그 영향은 언제나 육체노동자나 기계나 산업조직 능력을 더욱 개량하게 하는 유인으로 작용한다. 요컨대 노동에 관한 것이든 자본에 관한 것이든, 발명에 관한 것이든 장래의 조직 능력에 관한 것이든 간에, 모든 산업에 균일한 공통규칙이 단순히 존재한다는 것은, 최고 능률이 있는 생산요소를 선택하고, 그것이 더욱 높은 평준을 향해 점차 기능적으로 순응하고, 최고 산업조직 형태로 결합하는 것을 마찬가지로 촉진한다.[31] 그리고 이러한 결과는 영구적이고 누진적이다. 그 임금소득자나 고용인의 품성이나 체력에 미치는 효과

보여주는 가이드가 아니고, 이 사실을 더욱 충분하게 인정하는 것을 제거하게 될 것이다. … 결정적인 요소는 노동비이지 임금이 아니다. 그리고 양자 사이에 반드시 직접적 관계는 존재하지 않는다. 실제로 또한, 양자는 종종 반비례하는 것이고, 산업이 더욱 잘 조직되어 있으면 그만큼 더욱더 그렇게 되는 경향이 크다는 것도 주장될 수 있다. … 어떤 물건도 물품을 대량으로 제조할 가능성처럼, 큰 영향을 이 문제에 대해 미치지 않고, 기사에 의해 행해진 많은 것이 이 방면에 남아 있다. 어떤 것도 그러한 제조업자로 하여금 모든 종류의 상품을 언제라도 엄청나게 많이 생산하게 할 수 있는 기계의 발명과 제조처럼, 그렇게 유망한 영역을 기계 기사의 장래 노력에 대하여 희망적으로 제공하지 않는다. 임금은 그러한 사정하에 제2차적인 것이 된다. 그리고 그 지불된 비율의 변화는 일시적으로 경제적 조건을 좌우할지도 모르지만, 기사의 숙련은 곧 그를 그 새로운 조건에 따르도록 한다."

31) 공통규칙이 산업에서의 경쟁의 성질과 효과를 변경시키는 영향이 있음은, 물론 고용인과 노동자 사이의 관계에 그치지 않는다. 산업의 성질과 능률에 대한 각각의 결과, 즉 한편으로는 '기업의 완전한 자유'의 결과, 다른 한편으로는 위조품 규제령과 같은 균일한 제한, 건물 건축에 관한 세칙, 공동 숙박소의 관리에 관한 규정과 효과를 각각 그 견지에서 더욱 깊이 연구할 가치가 있다고 생각한다.

가 아무리 미약하다고 해도, 그 생산 공정이나 산업조직이나 개량이 아무리 늦다고 해도, 그러한 결과는 지속적이고 점차 힘을 강하게 하고, 따라서 최소의 진보도 언젠가는 매우 중요한 전진이 된다.

지금까지의 서술에서는, 어떤 직업에서도, 공통규칙으로 개인 교섭의 무정부를 대체하는 것은 모든 점에서 유리하게 보일 것이다. 이제 우리는 그러한 결론의 제한이 되는 어떤 특질을 고찰해야 한다.

먼저 이러한 결과는 확실하지만 필경 완만하리라는 점을 지적하지 않을 수 없다. 위생의 일정 표준이나 표준 노동시간을 강제하는 공장법의 제정은, 모든 노동자 계급의 누진적 퇴화를 저지하기 위해 반드시 필요한 것이리라. 그것은 경쟁의 압력을 견제함에 의해 다음 시대의 모든 사람의 건강을 만회하고 품성을 개선하며 능률을 증진하게 될 것이다. 그러나 그것을 바로 실행하면 설령 일시적이라고 해도 거의 틀림없이, 고용인에 대해 노동비를 높게 할 것이다. 균일한 성과급 임금표를 어떤 산업의 모든 공장에 보급하는 것은, 결국 모든 사업을 가장 유능한 고용인에 의해 관리하게 하고, 가장 좋은 설비를 갖춘 공장에 집중하며, 그 결과 적극적으로 생산비를 저하하게 할 것이다. 그러나 그 최초의 효과는, 아직 무용하지 않은 구식이나 원격의 공장에 그 비용을 높이게 하는 것일 것이다. 모든 개인적 성질이나 사회조직의 영구적 변화와 마찬가지로, 공통규칙이라는 방책의 경제적 효과는 그 작용에서 점차적이고, 질의 개량이나 생산비 저하에 바로 표현되지는 않을 것이다.

뿐만 아니라, 능률의 증진이라는 방면에서의 그 반응은 산업에 따라 다르다. 그 반응이 주는 속도나 그 개량이 행해질 수 있는 범위, 그리고 그 각각이 묘사하는 '보수 체감의 곡선'은, 당시 각 산업의 상황이 노동자와 자본가 각자에 대해, 기능적 순응과 최적자 선택이라는 두 가지 유력한 힘의 작용에 여지를 주는 정도에 따라 다를 것이다. 따라서 노동자 사이의 부단한 선택의 효과는 그 산업의 기술적 상태에서 고용인에게 선택할 수 있게 하는 범위에 따라 상위할 것이다. 이는 숙련을 요하는 직업에서는 실제로, 그 작업 공정 자체가 숙련공을 보충하는 소년 등 견습의 협력을 요청하는 범위에 좌우된다. 따라서 한 사람에게 두 사람의 사계공이 붙는 정방공은, 그 직업을 유지하기에 필요한 것보다 10배나 되는 비율의 견습이 있으므로, 웨스트엔드의 숙련 수공 재봉사의 직업과 같이 그 업무에 한 사람의 제자조차 두지 않고 대부분 그들을 대신할 수 없는 여성들에게 도움을 받는 경우보다도 더욱 '선택된' 계급이 된다. 우리는 매년 하나의 직업에 수천 명의 소년을 매혹하여 그 90퍼센트가 성년이 된 뒤 그 숙련된 직업에 종사할 기회를 전혀 갖지 못하고, 언젠가 생애의 어느 시기에 그것을 버리고 다른 새로운 생계의 길을 추구해야 한다는 것과 같은 구조의 사회적 편의를 논하고자 하는 것은 아니다. 그러나 그러한 구조가 낙제한 사계공에게 어떤 결과를 미친다고 해도, 그것은 하나의 계급으로 면사방적공에게 미치는 효과는, 그들을 기계의 누진적 복잡화와 그 '속도 증가'에 스스로 적응할 수 있는 최고 능력의 정선 귀족계급으로 만드는 것이다. 이와 유사한 상위점은 고용인 사이의 최적자 선택, 특히 기계와 위치에 관하여 고용인에게 작용하는 범위에서도 산업과 산업 사이에 존재한다. 그리하여 면사방적업과 견직업에서는 어떤 형태의 독점도 전혀 존재하지 않는다는 것과, 랭커셔 자본이 언제나 새로운 면공장을 일으키기에 충분히 쉽고 싸게 얻어질 수 있다는 것은, 그 면공 노동조합에 끊임없이 가장 약한 공장을 쫓아내어 그 산업의 능률을 증대시킬 수 있는 특별하게 유리한 기회를 부여한다. 이러한 사태와 완전히 대조적인 것이 철도, 수도, 전차, 가스와 같은 법적이고 자연적인 독점업이다. 그러한 산업에서는 노동조합이 아무리 무능한 이사회나 지배인이 그 영역을 장악하고 있다고 해도 맹종해야 한다. 산업과 산업 사이에 존재하는 상위는 고용인에 대한 기능적 순응의 작용에서도 마찬가지이다. 그래서 공장 제화업과 같이 거의 매일매일 새로운 발명이 생겨나고, 끊임없이 새로운 사업의 발흥에 의해 보충되는 것은, 영국의 농업처럼 대부분 대대로 같은 농장의 뒤를 이어 경제적 기업의 자유와 자본의 이동이 비교적 드문 산업보다도 더욱 많이, 고용인의 두뇌에 대한 압박에 의해 야기되는 개량의 여지를 제공하는 것이다. 일반적으로 산업과 산업 사이에서, 여하튼 진보와 같은 것이라고 볼 수 있는 유일한 방향은 직공의 식품과 의복과 휴식의 증가에 의해 초래된 개선으로 보인다. 이러한 점에서도 만성적 영양불량과 과도한 노동에 놓이기 쉬운 여성이나 비숙련 노동자에 의해 행해지는 산업 쪽이, 이미 높은 표준 임금률을 얻고 있는 숙련공을 고용하는 산업에서보다도, 더욱 많은 개량의 여지를 갖게 될 것이다. 그러나 일단 '수준의 인상'이라는 과정이 어떤 하나의 점에 이르게 되면, 그 반응의 불평등은 인식할 수 없게 된다. 이러한 단계에서는, 육체적인 건강과 체력의 개선에 의한 능률 증진은 충분한 식품과 휴식에 의해 가능하게 된 정신적 활동의 증가와 마찬가지로, 모든 직업에서 노동자 조건의 개선과 매우 밀접한 관계를 갖는다고 기대될 수 있고, 필경 그것은 각국의 모든 산업에 공통된 제한에 따르게 될 것이다. 다른 모든 점에서는 능률 증진의 방면에서 공통규칙의 자극에 반응하는 속도와 정도에 따라 각 직업은 현저히 상위하다. 그리고 이러한 직업 사이에 존재하는 능률 증진 가능성의 상위는, 따라서 직공의 전투력이나 정치적 힘과 어떤 일정한 관계를 갖지 않는다는 것이 분명하게 될 것이다. 어떤 직업에서도 노동자에게 실제로 고용인으로부터 상호보험이나 단체교섭이나 법률 제정 중 어느 방법에 의해 더욱 높은 임금, 더욱 짧은 노동시간, 더욱 좋은 위생 설비를 확보할 수 있는지 없는지는, 사실상 능률 증진의 가능성에 영향을 주는 사정과도 다른 많은 사정에 의존한다. 실제로 만일 우리가 이 점에 관해 어떤 일반론을 펼 수 있다면, 우리는 일반적인 '보수 체감의 법칙'에서 나오는 추론을 할 수 있을 것이다. 즉 임금소득자가 지금까지 너무 힘이 약하여 어떤 공통규칙을 가질 수 없는 직업 쪽이, 창업이 오래되고 조직이 정비된 유력한 산업에서, 노동조합이 과거 여러 세대에 걸쳐 이미 그 이익을 극도로까지 신장시키고, 따라서 필경 공통규칙의 사용에 의해 야기된 기계적 순응 및 최적자 선택의 증진에 대한 자극의 대부분을 사용한 것보다도, 능률 증진의 수확은 더욱 크게 되는 경향을 갖는다고 하는 것이다.

따라서 어떤 특정 시기에 공통규칙의 이익을 증진시키는 것에는, 실제적인 제한이 있는 것으로 생각된다. 최적자의 선택 ―그것이 고용인, 노동자, 공장, 또는 지방에서든 간에― 이 얻는 것은 그 당시 사회가 제공하는 목적에 대해 최선을 선택한다는 것에 머물고 있다. 기능적 순응도, 그것이 노동자나 고용인, 또는 그 상호 조직 중 어느 것이든 간에, 그 당시의 구성이 허용할 수 있는 범위를 넘어 조금도 더 나아가지 않는다. 그리고 그 다음에 생겨나는 공통규칙의 향상이 그 자체, 부가적 능률의 증진을 초래하게 되어도 그 순차적 압력의 적용에 대한 보수는 급속하게 체감한다. 따라서 노동조합은 조직이 완성되는 최초의 수년 동안은, 표준 임금률의 현저한 증가나, 표준 노동시간의 상당한 단축이나, 공장의 위생과 안전의 혁명적인 개선을 ―어느 것이나 조합원의 고용 정도와 계속을 저해하지 않고― 확보할 수 있음에도 불구하고, 곧 완성된 조직과 적립된 기금을 가지면서도, 향상의 속도는 더 지체되고, 전진의 운동은 서서히 속도가 늦어지며 성공은 적게 되고, 당시 다른 산업의 이득에 비하여 고용조건이 거의 언제나 정체하는 것을 보게 될 것이다.

노동조합 운동가는 어려운 항해에서 그들을 이끌어야 할 조잡한 기존의 척도를 가지고 있는 것에 불과하다. 가장 박식한 경제학자나 가장 노련한 실업가도 공통규칙의 진보가 어떤 결과를 초래할지 알 수 없다. 그러나 노동조합이 직업에 들어가는 수를 전혀 제한하지 않고 조합원이 완전하게 고용되는 것을 볼 때, 공통규칙을 현행 수준으로 유지하고, 심지어 상당한 기간을 두고 점차적으로 인상을 시도하는 것은 확실히 오해라고는 할 수 없다.[32]

실업 노동자의 비율이 상승하기 시작할 때 각 상품에 대한 수요가 줄어들기 시작하는 징후가 생겨난다. 그러한 수요의 감소는 곧이어 고찰하듯이, 직공이 향유하는 상태와 전혀 무관한, 거의 무수한 원인 중 어느 것에 근거할 수 있다. 그러나 이러한 가능성이 있는 원인의 하나는 가격의 인상이다. 그리고 가격 인상을 가능하게 하는 요인의 하나는 상응한 산업 능률의 증진을 어떤 형태로도 초래하지 않는 공통규칙의 진보이다. 따라서 수요의 감퇴는, 많은 가능성이 있는 원인 중 다른 것에 의하기보다도, 공통규칙 수준의 인하에 의해 야기될 수 있다고 바로 추론하는 것은 불가능하지만, 그러나 이러한 감퇴는 원인 여하를 불문하고 반드시 그 이상의 향상을 저지하게 된다. 왜냐하면 노동자가 전적으로 공통규칙이라는 방책에 의존한다고 가정하고, 그들이 임금 인상이나 노동시간 단축이나 위생 안전 설비의 개선을 확보하기 위해 그들 자신의 고용 계속을 줄이기까지 한

---

32) 이는 거의 언제나 그런 것처럼, 임금과 기타의 고용조건이 가장 완전한 생리적 능률의 한도 내에 있는 것을 가정하고 있다. 전형적인 숙련 기계공의 가정 수입이 영국에서도 100파운드 이하이고, 그 노동시간이 1주 40~50시간 이상인 동안, 육체적 및 정신적 능률의 개선 가능성은, 가정생활과 시민생활에서도 산업에서와 마찬가지로 큰 것이다.

다는 것은 그들에게 이익이 되지 않을 것이기 때문이다. 구체적으로 말하자면, 어떤 산업의 실업자 비율이 높아지기 시작하여 '호황'의 특징인 3~5퍼센트로부터, '불황'에 경험하는 10, 15, 25퍼센트에 이르는 경우에는 반드시 그 직공의 향상 운동이 중지되어야 한다.[33]

(c) 공통규칙의 부분적 적용이 산업 배분에 미치는 효과

이제 우리는 공통규칙이라는 방책이 적용되는 특정한 산업에 대한 효과가 아니라, 그것이 국가 산업의 발전에 미치는 효과, 즉 일정한 사회의 자본, 노동 및 두뇌력이 여러 산업 사이의 배분에 미치는 효과에 대해 고찰해야 한다. 자유 경쟁이 행해지는 현대 산업계의 복잡한 성쇠하에서 특정 산업의 단축 자체만으로는 도저히 판단할 수 없다. 보통의 제조업자도, 노동자도 자기 공장의 발전이나 쇠퇴는 같은 직업의 다른 공장의 축소나 팽창과 밀접하게 관련됨을 충분하게 분명하게 인식하고 있다. 경제학자는 직업

---

33) 비판적인 독자는 이에 반박하여 수요가 팽창할 때, 능률 증진을 수반하지 않는 공통규칙의 인상은 실제로 직공을 한 사람도 실업시키지 않고 그 팽창을 저지할 수 있다고 말할지 모른다. 이는 만일 능률 증진을 압도하는 공통규칙의 인상이, 상품 주문의 증가 이전에 생기고, 그 결과 생긴 가격 인상이 장래의 수요 증가의 일부나 전부를 저지한 경우에는 생길 수 있다. 그러나 이는 사실의 실제적 순서에 따라 생기는 것이 아니다. 가장 먼저 생기는 것은, 수요의 증대가 보통, 제조업자로부터 많은 주문을 받았을 때 나타난다. 따라서 현재의 직공은 완전하게 노동하도록 요구되고, 심지어 잔업까지 요구받는다. 그 직업의 실업자 대부분은 채용되고, 소년 등의 견습은 승진되며, 추가적인 직공이 요구되고, 오래된 공장은 확장되며, 새로운 공장이 문을 열게 된다. 이때 노동조합은 임금 인상이나 시간 단축을 요구한다. 만일 이것이 허용되고 능률 증진이 수반되지 않는 경우에는 생산비의 증가, 따라서 가격 인상은 반드시 실제로 어느 직공을 해고하기에 이를 것이다. 그 직업이 잘 조직되어 있다면 조직될수록 '실업수당' 지급의 조합원 비율을 나타내는 지수는 더욱 정확하게 될 것이다.

과 직업 사이에 마찬가지 경쟁이 동일 사회 내에 있음을 지적하고 있다. 그리고 여러 노동자 사이에 있는 경쟁의 범위는 국제 무역에 의해 무한하게 확대되는 것을 인정하고 있다. 각각의 직업 사이에서 행해지는 무언의 영구적 투쟁을 충분히 인식하지 않고서는 산업 배분에 어떤 특정 산업의 영향을 정확하게 평가하기란 전적으로 불가능하다.

우리는 먼저 동일 생산물을 제조하는 상이한 방법 사이에 존재하는 경쟁으로부터 시작해야 한다. 우리는 수기직공이나 제화공이 동력을 사용하여 일을 하는 직공과 경쟁한 역사를 상세히 설명할 필요는 없다. 또 수제 옷이나 구두, 못이나 로프, 기계제품 사이에 존재하는 지금의 경쟁에 대해서도 설명할 필요가 없다. 현대에 더욱 전형적인 것은, 어떤 기계적 방법과 다른 것 사이의 경쟁이다. 가령 무수한 제강법, 또는 더욱 간단한 예로는 면사방적업에서 남자 직공과 소년직공에 의해 사용되는 자동 정방기와, 여성에 의해 사용되는 완전한 정방기 사이에 존재하는 경쟁 같은 것이다. 경쟁의 새로운 단계는 하나의 재료로 다른 것을 대신하는 점에서 인정되는 것, 가령 침대를 만들기 위해 철을 목재 대신, 철도 건설에 강철을 철 대신 사용하는 것과 같다. 한 걸음 더 나아가면 동일한 욕망을 충족시키는 여러 가지 발명이 있다. 가령 철도와 도로, 말과 전동기 사이에 존재하는 경쟁이다. 마지막으로 전혀 무관한 상품을 제작하는 직공이, 좁은 의미에서 고객을 다투는 사례가 있다. 자주 인용되는 그 보기로는 책과 피아노의 수요가 크리켓 배트나 자전거에 대한 수요와는 반대로 계절적으로 변동하는 것이다.

지금까지 우리는 국가를 자족적 사회로 고찰했고, 고객은 자국의 많은 생산자 사이에서 선택을 하는 것에 그치는 존재로 간주해왔다. 여기에 외국 무역은 새로운 복잡함을 초래한다. 외국 시장을 향한 영국의 상품 생산자와, 외국으로부터 수입할 수 있는 상품을 국내 소비를 위해 제조하는 자들은, 그 산업의 성쇠가 국내 및 외국에서 그 생산물의 가격에 따라 좌우되는 것을 본다. 이는 영국 석탄에서 분명히 인식될 수 있다. 카디프와 타인에서 나오는 배의 화물은 전 세계를 가고, 수많은 외국 항구에서 사실 어떤 경쟁자도 만나지 않는다. 그러나 각 대륙의 내부에 영국 석탄이 들어가면, 가격의 변동이 있을 때마다 변화한다. 독일에서는 실레지아와 베스트팔렌의 석탄광, 호주에서는 뉴사우스웨일스의 석탄광, 남아프리카에서는 케이프와 나타르의 석탄광이 이미 그 지방 수요의 대부분을 공급하고 있다. 그리고 영국 석탄의 사용이 내국의 공급보다도 값싸게 되는 지리적 한계는, 실제로 온도계처럼 민감하게 움직이는 것이 인정된다. 다음으로 수입 무역의 영향 쪽으로 눈을 돌려보면, 우리는 영국의 밀 재배 지역 크기가, 밀의 세계적 가격의 동요와 정밀하게 상응하는 것임을 인정할 수 있다. 이상의 경우 세계의 고객을 얻는 경쟁에서 영국 생산자의 어느 계급이 성공하는 것도, 그것은 동일 물품을 외국 생산비보다도 값싸게 팔 수 있는 능력에 달려 있는 것으로 보인다. 그러나 이는 진실의 반에 불과하다. 국제 무역의 독특한 효과는 그 국내의 다른 많은 산업이 서로 무관한 것을, 부지불식간에 경쟁적인 적수로 만드는 것이다. 이는 적어도 수출과 수입의 관계를 생각하는 경우, 누구에게나 명백할 것이다. '국제무역이론'에 대한 정통학파의 심오함이나 외국 화폐 교환의 신비를 생각할 것도 없이, 영국의 수출 총액 증가는 언제나 실제로 영국 수입 총액의 증가를 야기하는 경향이 있음을 의심할 수 없을 것이다. 그러므로 만일 영국의 수출 무역이 어떤 이유로 증대한다면 —가령 만일 영국의 기계나 석탄이나 직물의 생산비 저하로 인해 랭커셔와 카디프가 중립적 시장에서 더욱더 그 외국 경쟁자에게 이길 수 있게 된다면— 어느 정도의 증가가 영국 수입 무역에 확실히 생길 것이지만, **그것은 기계나 석탄이나 직물에서가 아니라 전혀 다른 물품에서 생길 것이다.** 그것은 미국의 식품이나 오스트레일리아의 양모일 수 있고, 독일의 유리 상품이나 벨기에의 철과 같은 것일 수도 있다. 정확하게 어떤 물건이 영국에 보내지는 경우 그 수량이 증가하고, 기계나 직물이나 석탄의 수출 증가를 초래하는지는, 영국에서 소비되고 외국에서 생산될 수 있는 모든 상품의, 외국 및 내국의 쌍방 생산비가 비교적 저렴함에 의해 좌우될 것이다. 식품과 양모, 유리와 철, 그 모든 것이 영국에서 팔리는 값보다도 더욱 싸게 실제로 외국에서 생산되는 경우도 있을 수 있다. 그러나 수입(輸入)의 증가는 그 차이가 최소인 상품에서 생기지 않고, 주로 그 차이가 최대인 상품에서 생길 것이다. 따라서 영국의 국내 수요를 목적으로 하는 어떤 산업의 생산 신축은, 영국 시장에 오는 동일 상품의 외국 생산자에 의해서만이 아니라, 수출을 목적으로 하는 영국의 모든 산업의 성쇠에 의해서도, 또는 외국으로부터의 수입품 경쟁을 받는 다른 영국의 모든 산업에 존재하는 조건에 의해서도 영향을 받는다. 영국 식품 수입의 막대한 증가와 그 결과 생기는 영국 농업의 쇠퇴는, 따라서 그 당시 영국 수출의 증대와 단절될 수 없다. 영국의 농부와 가장 진지하게 경쟁하는 것은 랭커셔의 면사방적공이나 노섬벌랜드의 광부들이다. 또 하나 예를 들자면, 만일 셰필드의 값싼 칼 제조업의 품팔이(Jobbing) 가정 노동자가 비용이 드는 위생 설비를 하지 않고 생사를 걸고서 경쟁적인 기아 임금으로 오랜 시간 노동하여 저렴한 생산품 가격을 유지한다면, 그들은 필경 이 비참한 상황 덕분에 영국 시장에서 프랑스나 독일의 칼과 경쟁하는 것을 다행히 면할 수 있을 것이다. 그러나 이러한 결과는 국가의 수입(輸入)을 다른 상품으로 바꾸는 것이다. 따라서 요크셔의 유리 공장이나 제철소에서 높은 임금을 얻는 셰필드의 칼제조공 형제나 친척들은, 독일의 유리나 벨기에의 철이 계속 수입되기 때문에 그 업무가 없어지는 것을 볼 수 있을 것이다. 그리고 그들 직업의 성쇠가 한편으로는 랭커셔 수출업의 신축, 다른 한편으로는 셰필드 칼 생산의 염가와 관련됨을 전혀 알지 못할 것이다. 이와 마찬가지 논의가 분명히 다른 것에도 적용된다. 대부분 수출을 위해 일하고 있는 랭커셔 면사방적공의 사려 깊은 임원들은 새로운 공장법을 촉진하거나, 성과급 임금표의 저하에 반대하면서 매사추세츠와 봄베이와의 경쟁을 고려해야 한다는 것을 고용인과 마찬가지로 분명히 알고 있다. 그러나 이러한 외국 무역에 관련하여, 랭커셔 직공도 고용인도, 그들 자신의 문 앞에서 외국 경쟁자에 못지않게 위험한 경쟁자들을 만나야 한다는 것을 모른다. 영국 수출업의 총액이 외국에 대한 영국의 부채를 지불할 수 있는 점까지 자동적으로 유지되어도, 이는 결코 각 상품의 수출이 종전과 같다고 추단할 수 있는 것은 아니다. 이 점에서 영국은 하나의 대규모 상점과 같은 것으로, 여기서 외국인은 여러 가지 물건을 사는 것이 확실하다. 그러나 그가 그 매물을 영국의 여러 가지 생산물 중에 어떻게 나누는가 하는 것은, 그중에 어떤 물건이 다른 모든 것에 비해 외국 제품보다도 가장 유리한 것인가에 의해 정해질 것이다. 만일 임차 관계에 전혀 변동이 없고, 어떤 새로운 사업이 발흥하여 그 생산물의 비교적 염가인 것이나 사람들의 인기를 야기하는 것이어서 외국 시장을 좌우하기에 충분하다면, 영국의 다른 모든 상품 수출은 그 새로운 매출의 영향에 의해 손해를 보게 될 것이다. 그리하여 최근 20년간 기성복과 철기의 대규모 수출업의 발전은 어느 정도까지 종래의 산업을, 필경은 면사 및 양모 산업을 밀어낼 것임에 틀림없고, 그중 어떤 것은 이러한 새로운 경쟁자가 없었더라면 반드시 확장되어 영국 식품의 수입 증가와 균형을 이루었을 것이다.[34] 따라서 랭커셔의 뮬정방공(Mule-Spinner)은 랭커셔 자체의 링정방(Ring-Spinner) 여공 및 외국 면사공장의 물정방공과 경쟁하는 것에 그치지 않고, 모든 제품을 외국인에게 판매하는 모든 산업의 영국 노동자와 경쟁하는 것임을 알아야 한다.

따라서 우리는 다음과 같은 결론에 이르게 된다. 즉 어떤 산업에서도 그 고용인과 직공은, 사업이라는 점에서도, 자본이나 두뇌력이나 근육 운동이라는 점에서와 마찬가지로, 그 나라의 다른 여러 산업과 그것이 아무

---

34) 이는 사회의 자본에도, 두뇌력에도, 노동에도, 전혀 추가가 없다고 가정한다. 때로는 다음과 같이 논의되었다. 즉 동부 런던의 도매 피복상의 발달은 유대인 이주에 의해 비로소 시작되어 실현되었고, 그 신입자는 새로운 수출업을 창설하여 영국 수입의 증가를 야기했고, 그 결과 다른 내국 직업의 고용을 감소시키지 않고, 당시 어떤 수출업도 제한하지 않았다. 따라서 유대 이민은 영국의 임금소득자에게 손해를 미치지 않고 실제로는 영국 산업을 증대시켰다고 논의되고 있다.

사실, 기성복이라는 새로운 수출업을 창시한 자본도 두뇌력도 유대 이민에 의해 공급된 적이 없고, 이민 노동에 의해 행해지지도 않았다. 이 직업의 현재 상태를 낳은 기회는 이러한 것과, 다른 생활 표준이 낮은 노동자의 존재에 의해 생긴 것일지 모른다. 그러나 그 자본과 조직 능력은 오로지 영국인에 의해 공급되었고, 따라서 이 기회에 의해 다른 산업에서 이 새로운 직업으로 전환되어 다른 산업은 부지불식간에 제한을 받게 된 것이다.

사실 만일 유대 이민이 자신의 자본과 두뇌력을 가져와서 전적으로 수출을 목적으로 하는 새로운 산업을 창설했다고 한다면, 그 결과는 제시된 대로 영국 수입을 증가시키게 되고, 기타 수입을 제한하는 경향은 조금도 보여주지 않을 것이다. 그러나 그때에도 그 압박은 어디에서도 전혀 느껴지지 않을 것이다. 물론 그 증가된 수입은, 실제로 이민에 의해 소비되는 것이 아니라, 거기에는 직업의 전환이 생기고, 어떤 내국 산업은 수요 증가에 의해 팽창하고, 다른 것은 새롭게 자극된 수입품의 경쟁에 축소될 것이다. 그러나 산업 전체는, 이민 자신의 생산과 소비로부터 떨어져 생각해보면, 증대하지도 감소하지도 않을 것이고, 국부 전체는 이민 자신의 재산과 저축으로부터 떨어져 본다면, 영향을 받지 않을 것이다. 그래서 이주의 중요한 의의는, 직접적으로 국민의 품성과 능력에 미치는 효과에 있을 것이다. 만일 이민이 폴란드 유대인처럼, 더욱 낮은 생활 표준을 초래한다면, 그 결과는 (빈민굴의 인구 과잉을 증대시킨 것 외에) 언제나 그 영향에 의해 국민을 퇴화시키게 될 것이다. 반대로 만일 이민이, 위그노(Huguenots)처럼 더욱 높은 생활 표준을 초래한다면, 그들의 예에 따라 국민 품성의 영구적 개선이 행해지게 될 것이다. 거기에는 또 새로운 고찰을 요하는 인종 혼합의 결과라는 미해결의 문제가 있다.

리 자신과는 무관한 것으로 보여도, 실제로 가장 진실한 의미에서 경쟁하는 것으로 인정되어야 한다. 그리고 이러한 경쟁적 투쟁에서 승리는 언제나 강한 자의 것에 한정되지 않고, 언제나 빠른 자의 것에 한정되지도 않는다. 사업의 성쇠, 따라서 그 국민의 산업 배분 및 생산의 전환은, 관련된 고용인이나 노동자의 행동이나 능률 또는 보수와도 무관한 많은 조건에 의존한다. 취미와 유행의 변화나 과학적 발명, 또는 새로운 고객 계급의 발생이나 단순히 국부나 그 여러 계급 사이의 분배 변동, 전쟁과 기근, 심지어 사치금지법까지도 생산품의 생산비 증가와 무관하고, 어떤 산업을 확장시키고 이에 반하여 다른 산업을 축소시키게 된다. 그리고 설령 우리의 관찰을 특정 상품에 대한 수요를 증가시키거나 감소시키는 가격의 효과에 한정한다고 해도, 그 상품의 생산비는 관련된 고용인의 요망이나 그 노동자의 고용조건과 전혀 무관한 많은 이유에 의해 변동하는 것이 분명할 것이다. 원료의 풍부함이나 결핍의 다양성, 운송의 난이(難易)나 비용의 다소, 새로운 원료의 발견, 새로운 기계나 새로운 생산법의 발명, 조세 전가의 변화와 같은 모든 것과 다른 무수한 요인은 그 고용조건과 무관하고, 생산비에, 따라서 가격에 영향을 준다. 물론 이러한 극도로 복잡한 요인 ─거의 무한한 정도의 원인의 복잡성과 효과의 교차─ 이 있다는 것이야말로, 예증 수가 아무리 많아도 노동조합운동의 효험 유무를 논하는 것을 불가능하게 한다. 따라서 우리가 해야 할 바는, 여러 산업이 언제나 국내외의 여러 산업과 가장 치열하게 경쟁한다고 가정하고, 모든 다른 영향의 작용을 잠시 떠나, 공통규칙의 방책 자체가 산업의 배분에 미치는 효과를 음미하는 것이다.

우리는 앞에서 공통규칙이 적용되는 산업에 미치는 경제적 효과를 분석하면서, 이러한 규제가 그 수준을 점차 상승시킴으로써 적극적으로 그러한 산업의 생산비를 저하시키는 경향이 있음을 관찰했다. 그래서 이로부터, 다른 사정에 변화가 없다면, 이러한 산업은 무규제 산업보다도 더욱 높은 정도로 발전된다고 하는 것이 추리된다. 그러나 이렇게 야기된 발전의 특징은, 그것이 산업계 전체에 우연적 이익을 초래한다는 점에 있다. 국가 산업의 하나 또는 그 이상에 사용된 노동이나 자본이 종전보다 더욱 생산적이 되었다는 것은, 모든 수요나 모든 구매력을 감소시키는 것이 아니라, 반대로 증대시키는 것이다. 어떤 산업에서 그 생산물이 개량 산업에 의해 일부분 압도되었기 때문에 축소되는 경우, 이러한 개량 산업 자체의 구매력에 의해 언제나 어딘가에서 적어도 축소된 만큼의 발전이 야기되고, 그것에 의해 균형을 찾게 될 것이다. 나아가 노동 절약적 기계의 발명과 완성에 대한 유인의 증대, 새로운 시장과 새로운 원료와, 현재의 욕망을 만족시키는 새로운 방법의 발견에 대한 자극의 증가는, 이미 설명했듯이, 공통규칙이라는 방파제에서 오는 필연적인 반동으로, 이 모든 것은 무규제의 산업에, 기성의 설비와 시험된 발명과, 그들의 우둔한 머리로는 결코 생각될 수 없는 새로운 편의를 제공하기에 이른다. 이와 마찬가지로 임금소득자의 어느 부문에서 그 생활 수준에 일반적인 향상이 있다면, 그것은 모든 직업이 그 보충자를 구할 수 있는, 국민의 종(種)을 개선하게 된다.[35]

35) 그래서 영국의 대규모 구두제조업의 공장 산업은 최근에야 처음으로 가정 노동의 진구렁에서 빠져나와, 지금은 어떤 발명도 없지만, 실로 코네티컷과 매사추세츠 ─충분히 조직된 직공이 영국의 같은 직업인보다도 3배의 임금을 받는─ 의 놀라운 정신적 풍요에 의해 비로소 실제로 가능하게 되었다. 마찬가지로 인도의 면공장은 스스로 어떤 노력도 하지 않고 단지 자동적으로 ─만일 우리가 배비지나 〈에든버러 평론〉을 믿을 수 있다면─ 랭커셔 직공의 침략적인 노동조합운동에 그 성립을 빚지는 여러 발명을 채택하고 있다. 그리고 직인으로 인생을 시작한 유능한 영국인이 지금은 다수의 대륙 공장에서 책임 있는 지위를 얻고 있는 것도, 분명히 비교적 높은 임금과 짧은 노동시간 ─경영 훈련에 대해서는 잠시 접어두고─ 덕분이고, 이는 규제된 산업의 영국 노동자가 그 노동조합운동에서 얻은 것이

그러나 규제된 산업은 끊임없이 언제나 기계의 발명력이나 조직 능력이나 체력의 정도를 점차 올림에 따라, 모든 형태의 국민적 자본을 증가시킬 수 있고, 그러한 우월성이야말로 언제나 무규제 산업이 그 지위를 세계 시장에서 유지하고자 하는 노력을 더욱 어렵게 만들고 있다. 새로운 발명의 신속한 채택은, 거의 필연적으로 다른 산업의 쇠퇴와 파괴를 야기한다. 그리하여 철제 침대의 놀라운 보급 —고도의 조직을 갖는 산업의 산물— 은 이스트엔드의 '다락방 마스터'(Garret Masters)의 스웨트 소굴(Sweating Dens)에서의 저렴한 목제 침대의 제조를 축소한 것임에 틀림없다. 이는 새로운 상품으로 이전과 같은 욕망을 충족한 더욱 열등한 상품을 대체한 경우, 또는 하나의 욕망으로 다른 욕망을 대체하는 경우(가령 책이나 자전거 사이의 경쟁과 같은 경우)를 고찰해보면 충분히 알 수 있다. 이미 보았듯이 국제 무역은 서로 무관한 산업 사이에서 동일한 경쟁을 낳게 한다. 그리하여 철제 침대의 생산비 저하는, 오로지 영국의 목제 침대 생산에 손해를 끼쳤을 뿐만 아니라, 철제 침대의 수출을 자극하여 적극적으로, 전혀 상이한 종류의 물건을 영국에 수입하는 것을 증대시키고, 따라서 그 영향을 미치는 곳은 영국의 농업, 그리고 값싼 가스, 칼, 목제품의 제조를 축소시키는 하나의 요인이 되기에 이를 수 있다.

무규제 산업에 미치는 그 유해한 효과 중 더욱 중요한 것은, 그러한 산업에서 그 가장 좋은 보충자를 빼앗는 것이리라. 공통규칙에 의해 규제되지 않는 산업에서 고용인의 목전의 손익 계정은, 그 직공장으로 하여금 그

다. 이와 함께 기타 많은 방법에 의해 비교적 높은 생활 수준이 강제되는 나라와 산업은, 언제나 그 풍부한 기원에서, 그들의 무규제 경쟁자가 도저히 스스로에게 작용할 수 없는 것을 세계를 향하여 부여하고 있다.

생산물이나 생산 공정을 가장 잘 개량할 수 있는 자를 채택하지 않고, 임금을 내리거나 시간을 늘리는 것에 가장 유능한 자를 선정하게 할 것이다. 공통규칙이 임금을 내리거나 시간을 늘리거나 재해나 질병의 예방을 게을리하는 것을 저지한다는 것은, 스스로 고용인으로 하여금 직공장이나 지배인을 채택하게 하여 기계나 조직을 개선하는 것에, 노동자의 약점을 이용하기보다도, 더욱 영구적이고 누적적인 생산비 저하의 방법을 자유롭게 선택하기에 이르렀다. 이미 보았듯이 대규모 공장에 사업을 집중시키는 것은 공통규칙의 한 가지 결과로, 그것은 전문적 지식과 과학적 기능이 풍부한 사람들을 직접적으로 그 산업에 유치하고 있다. 무규제 산업의 전형적인 '작은 마스터'가 되는 종류의 사람과, 대공장의 사업 관리에 주어진 수련이 풍부한 조직가, 지배인, 매입자, 외판원, 대리인, 화학기사, 기사, 전기기사, 설계자, 발명가와 같은 계급 사람들 사이에 큰 차이가 있다는 것은 아직까지 충분히 인정되고 있지 않다. 그리고 그 보충자의 질에 존재하는 차이는 육체노동자의 경우에도 그것 못지않게 현저하다. 어떤 직공이라도 스스로 강하고, 지혜도 있고, 규칙적이어서 높은 임금과 짧은 노동시간과 상당한 노동조건을 갖는 직업인에 들어갈 수 있는 자들은 더욱 불리한 직업에 머물고자 하지 않을 것이다. 랭커셔 면사방적공이나 기계공, 노섬벌랜드의 광부가 향유하는 높은 수준은, 그러한 직업으로 각 지역 청년의 엘리트들을 이끌기에 충분하다. 따라서 무규제 산업의 마지막 저주는, 영원히 어디에도 고용될 수 없는 열등 노동을 참아야 한다는 운명에 있다. 공장의 직공과 광부의 생활 상태가 향상될 때마다 지방에서는 그 마을에서 가장 좋은 청년을 그것에 머물게 하기가 매우 어렵게 된다. 상공부가 철도 종업원의 노동시간을 단축하거나 생명을 보호할 때마다, 재해보상의 확실함과 금액을 증가시키는 새로운 법률이 발표될 때마다, 여론이 확보하는 표준 임금률이 향상될 때마다. 그것은 간접적으로 농부나 시골의 '작은 마스터'에게는 생존 경쟁을 더욱 격심하게 하는 것이 될 것이다.

(d) 기생적 산업

우리는 지금까지 산업 간 경쟁이 보조금이나 장려금의 성질을 갖는 어떤 것에도 영향을 받지 않는다는 전제에 근거하여 논의를 진행해왔다. 만일 어떤 나라가 특정 산업에서 모든 고용인에게 매년 조세 수입에서 장려금을 주는 정책을 채택한다면, 또는 그 산업의 모든 직공에게 그들의 임금을 보충하기 위해 매주 보조금을 구빈세에서 지급하고자 한다면, 그 특별한 은전은 다른 사정의 변화가 없는 이상, 그 은혜를 받은 산업에 대해, 그 경쟁자를 추월할 수 있게 하는 것이 분명하다. 보조금이나 장려금은 그것을 받는 제조업자에게 그들이 지불하지 않았던 부분을 양도하여 공중을 매수하고 그들의 상품을 소비하게 할 수 있을 것이다. 이와 유사한 이익을, 어느 특정한 산업의 고용인이 그 임금계산서에 포함되지 않는 노동을 사용할 수 있는 경우에도 확보할 수 있다. 이 책의 '시장의 흥정' 장에서 서술한 경쟁의 압박하에서, 무규제 산업의 어떤 것은 사실, 기생적인 것이 된다. 이는 실제로 두 가지 상이한 형태로 생겨난다.

첫째, 노동이 그 산업과 무관한 사람들의 수입에 의해 일부 보조되는 경우이다. 상당한 숙련 직업의 훈련을 받지도 않은 어느 고용인이, 부모 밑에서 생활하면서 실제로 푼돈을 위해 일한 소년소녀에게 그의 일을 하게 한 경우, 그는 완전하게 지불된 노동에 의해 행해지는 것보다도 경제적으로 유리한 이익을 그 생산 공정에 부여하는 보조금이나 장려금을 분명히 받게 된다. 그러나 이것만이 아니다. 심지어 그가 그 소년소녀에게 나이가

10대인 만큼 의식주 비용을 보상하기에 충분한 임금을 주고, 성인이 됨과 동시에 해고하는 경우에도, 그는 완전히 앞의 경우와 마찬가지 사정에 있게 된다. 왜냐하면 소년소녀 사회의 사회적 비용이라는 것은, 13세에서 21세까지의 나날의 식품만이 아니라, 그 출생에서 업무를 시작한 해까지의 양육비, 그리고 성인이 된 뒤 시민 및 부모로 살아가기 위한 비용도 포함하기 때문이다.[36] 만일 어떤 직업이 전적으로 소년소녀의 노동에 의해 행해지고 그들이 성인이 됨과 동시에 해고되어, 차차 교대되는 자들에 의해 보충된다면, 오로지 그 고용인이 그 젊은이들에게 충분한 생존 임금이라고 보이는 것을 지불한다는 사실만으로는, 그 산업이 경제적으로 기생적이라고 하는 것을 방해하지 않는다. 성년 여성을 고용한 고용인이 보통 자주 그런 것처럼, 부모나 남편 또는 애인에게 받는 것과 무관하게, 충분히 능률을 유지할 수 없는 임금을 지불받는 경우에도 사정은 마찬가지이다.[37] 이 모든 경우에, 젊은 남녀에 의해 행해지는 노동의 능률은, 다른 계급 사람들의 소득에 의해 유지된다. 따라서 이러한 산업은 그 내부의 직공이 '임금 보조금'(Rate in Aid of Wages)을 받는 것과 같이 분명히 하나의 보조금을 받는 것이다. 영국의 농민이 결코 높은 임금을 지불하지 않지만, 과거 구빈법의 폐지 이후, 단지 그가 지불하는 것만 되돌려받고, 그의 낮은 생

---

36) 엄밀하게 말하면, 이에 더하여 노년의 급양 및 매장비도 포함되어야 한다. 그러나 영국에서 노년 임금소득자 가운데 자신의 저축이나 친척의 보조로 급양되고 매장되는 것은 극히 일부분에 불과하다. 노인의 급양 및 매장은 교육과 마찬가지로, 이미 대부분 자선이나 구빈법이라는 형식으로 사회 일반의 부담이 되고 있다. 찰스 부스(Charles Booth), 『빈곤과 양로금(*Pauperism and the Endowment of Old Age*)』(London, 1892)과 『노년의 빈민(*The Aged Poor*)』(London, 1894)을 참조하라.

37) "여성은 원칙적으로 보충적인 임금소득자이다." 찰스 부스, 『런던 시민의 생활과 노동』, 제4권, 205쪽.

활 수준은 이에 응하는 낮은 노동 수준을 낳는 것이 사실이다. 한편 일부의 보조를 받는 여성이나 아동 노동의 고용인은 실제로, 자립하는 산업에 대해 이중의 이익을 얻는다. 즉, 그는 그 자신은 조금도 부담하지 않고, 별도의 식품으로 살아가는 별도의 힘을 얻고, 그 위에 그는 또 —필경 경쟁적 공정이나 경쟁적 산업에 종사하는 노동자로부터— 다른 직업에 던져졌다면 그 힘을 증대시켜 이익을 초래했을 그 수입의 일부를 착취한다.

그러나 이 다른 계급에 의해 부분적인 지지를 받는 경우보다도 더욱 유해한 기생의 형태가 있다. 어느 국가 산업의 능률의 지속은, 분명히 그 시민의 건강과 힘의 지속에 의존한다. 따라서 경제적으로 자립한 산업에서는, 그 노동자 전원을 수와 활력의 점에서 저해하지 않고 유지함과 동시에, 사망이나 노후 도태에 의해 야기되는 모든 결원을 보충하기에 충분한 수의 아이들도 유지해야 한다. 만일 어떤 산업의 고용인이 노동자의 궁핍을 이용하여 실제로 보통의 건강을 유지하기에 충분한 의식주 제공에 불충분한 임금으로 그들을 고용할 수 있다면, 또는 만일 그들이 그 노동자의 상당한 휴게와 오락을 빼앗을 정도로 긴 시간 노동을 시킬 수 있다면, 또는 분명히 그 수명을 단축하기에 틀림이 없는 위험하고 비위생적인 조건에 따르게 할 수 있다면, 그 직업은 분명히 대가를 지불하지 않는 노동력의 공급을 받는 것이다. 만일 그렇게 사용되고 만 노동자가 말이라면 —가령, 도시 철도에서와 같이— 그 고용인은 필경, 나날의 식품이나 오두막 또는 휴식의 정량 외에 사업의 유지에 필요한 다음 말을 사육하고 훈련하는 비용 전액을 준비해야 할 것이다. 그러나 고용인에 의해 구매되지 않는 자유인의 경우, 새로이 대체되는 노동자의 이러한 자본 가치는 나날의 생계비를 지불하는 것만으로 아무런 대가 없이 고용인의 자유로운 처분에 맡겨진다. 이러한 기생적 산업은 다른 계급의 수입으로부터는 금전적 보조금을 전혀 받지 않는다. 그러나 그렇게 하여 그 직공의 체격이나 지력이나 품성을 저하시킴으로써 그들은 그 국민의 자원을 침식한다.[38] 만일 그렇게 사용된 것이 실제로 '그 스웨트 시스템'하의 노동자에게 자신을 대신하는 새로운 자손을 만들 수 없을 정도로 급속하지 않다고 해도, 그 산업은 여전히 기생적이다. 사용되는 자원을 끊임없이 퇴화시킴으로써 그것은 부지불식간에 사회의 생활력을 고갈시킨다. 이는 그러한 노동자로부터 매주 임금에 의해 그들에게 회복될 수 있는 것보다도 많이 빼앗는 것이다. 그리하여 사회 전체는 그 자체에 대해, 또는 그 장래에 대해 기생적이 된다고 생각할 수 있다. 만일 영국의 모든 산업의 모든 고용인이 그러한 의미로, 그 노동을 '착취'한다고 상상할 수 있다면, 영국 국민은 필경 대대로 끊임없이 품성과 산업적 능률에서 퇴화할 것이다.[39] 인간사회에서도 동물계

---

38) 노예 소유자의 경제적 지위는 최근 미국과 브라질에서와 같이, 노예가 노동시장을 위해 육성되어야 하는 경우, 말의 힘을 사용하는 철도회사의 경우와 흡사하다. 아프리카 노예 산업이 존속하는 동안, 노예를 수입하는 것이 그것을 육성하는 것보다도 필경 염가이기 때문에, 노예노동에 의해 운영된 산업은 경제적으로 마치 영국의 스웨트 산업, 즉 염가이기는 하지만 퇴화하는 노동에 의해 계속 교체되는 산업과 똑같은 지위에 있다. 그리고 이 생산품의 염가는 밀에 의하면 "일부는 인위적인 염가로, 그것은 생산 장려금이나 수출 장려금에 의해 생기는 것과 비교할 수 있고, 그것에 의해 확보되는 수단을 생각하면, 그것은 장물이 염가라는 것과 더욱 잘 비교할 수 있을 것이다." J. S. 밀, 『경제학 원리』, 제3편, 제25장, 제3절, 1865년판, 413쪽.

39) 농업의 실무가는 토지의 경우에도 이와 유사한 것을 인정할 수 있을 것이다. 이론경제학자들은 종종 토지를 불멸의 생산 기관처럼 보지만, 노련한 농민은 더 잘 알고 있다. 완전한 산업적 자유하에서 만일 토지 임차인이 오로지 자신을 위해 최대 이윤을 확보하고자 한다면, 수년 중 최소의 지출에 대해 가능한 수확을 얻는 것이 이익일 것이다. 그렇게 취급된 토지는 생산 기관으로서는 실제로 파괴되고, 막대한 자본을 투자해야 비로소 다시 경작할 수 있게 될 것이다. 그러나 이는 그 임차인에게는 만일 그가 자유롭게 황폐한 농장을 버리고, 새로운 것을 얻을 수 있다고 한다면, 전혀 문제될 것이 없다. 이 경우의 구제책은 토지 소유자가 임차인의 사용을 규제하여 그 완전한 능률의 유지를 확보하는 계약서에 있다.

에서와 같이, 기생에 의해 발전한 더욱 낮은 형태는 ―그 더욱 낮은 능력과 더욱 적은 욕망을 갖는 것이 특징인― 반드시 자유 경쟁에 의해 없어지지 않는다.[40] 도리어 반대로 그 퇴화 형태는 그런 형태로 더욱 번영하고, 더욱 고등의 형태로부터 더욱더 멀어지게 될 수 있다. 요컨대 진화라는 것은, 만일 인간의 도태력에 의해 저지되지 않는다면, 우리가 즐겨 진보라고 부르는 것과 마찬가지로 퇴화로 결과할 것이다.

만일 기생적 산업의 존재가 분명히 국부의 증가를 초래한다고 설득된다면, 즉 그렇지 않은 경우 쓸모없이 끝날 우려가 있는 자본을 이용하여 노동에 직장을 부여하고자 한다면, 또는 그렇지 않다면 만족할 수 없는 욕망을 충족하고자 한다면, 그 부수적 해악은 피할 수 없는 것으로 받아들여야 할 것이다. 그러나 이는 사실이 아니다. 우리는 먼저 어떤 기생적 산업이라는 것이 단지 존재한다는 것이 부수적인 것으로, 자립적인 산업의 발전을, 그 규제 여하에 관계없이, 함께 저지하게 된다는 사실을 들지 않을 수 없다. 그러한 해를 받는 것은 농업과 같은 비진보적인 산업에 국한되지 않는다. 면사방적업에서 교양 있고 훌륭한 젊은 여성들이 1주 10실링이나 12실링으로 고용될 수 있다는 것은, 공장주에게 널리 링프레임으로 방적기를 대체하게 하고, 이는 고용인이 그 링방적공에 대해 충분한 생활 임금을 지급해야 하는 경우에도 유리하거나, 1주 10실링이나 12실링으로는 오로지 불규칙적이고 비효율적인 직공밖에 얻을 수 없는 경우에 유리하다고 하는

---

40) 자유방임주의의 사도들이 그 낙천주의를 강요한 범위에서 종종 놀라는 것이 있다. 그래서 해리엇 마르티노 여사는 공장조사위원에 의해 1833년에 수집한 증거에 따라 "유일한 희망은 이 종족이 2, 3대 중에 절멸하는 것처럼 보이는 점이다"라고 했다(마리아 웨스턴 채프먼, 『해리엇 마르티노 자서전』, 제3권, 88쪽). 그러나 공장 아동에 대해 그 존속을 자기의 재생산에 의존하는 종족은 존재하지 않는다.

범위보다도 더욱 널리 행해진다. 여성 릴방적공이 뮬방적공 자신이나 기계공과 같이 다른 수입이 좋은 직업에 의해 육성되고 부분적으로 유지된다는 것은, 그리하여 그렇지 않은 경우보다도 더욱 많은 뮬방적공을 적극적으로 실업시키게 된다. 그리고 이미 앞에서 보았듯이, 더욱 미묘한 경쟁이 존재한다. 도매 피복 도급자가, 기성복을 만드는 스웨트하의 자택 노동자라는 불행한 사람들을, 그 업무로 훼손하고 사용해버릴 수 있다는 사실은, 실제로 그에게 상당한 임금과 휴식으로 보상할 필요가 없거나, 보상도 될 수 없는 생활력을 끊임없이 공급하는 것이고, 그렇게 하여 그에게 그 생산물을 더욱 염가로 팔 수 있게 되고, 따라서 그 산업이 사회적 기생이 아닌 경우보다도 더 많은 수출을 증대시킬 수 있다. 그리고 이러한 경쟁적인 수출업의 발전은 앞에서도 보았듯이, 언제나 외국인에 대한 다른 물품의 매각을 배제하는 것이 되고, 따라서 철기나 기계나 직물의 수출을, 그리고 그 제조를 제한하게도 된다.

또 '스웨트 산업'의 생산물에는 어떤 특징이 있고, 그래서 그것은 그 유해한 기생 없이는 우리에게 능률적으로 공급될 수 없다고 하는 것은 상상할 수 없다. 도리어 그 반대로, 우리는 기생적 산업의 전반에 걸쳐 생산된 어떤 것이라고 해도, 엄격하게 규제를 받는 공장 산업에 의해 더욱 큰 기술적 능률과 더욱 적은 노동으로 제조할 수 없는 것은 없다고 감히 주장한다. 그러나 그러한 개별 산업에서 '값싼 노동'을 얻을 수 있는 무규제하의 고용인이 기계의 도입에 냉담한 것과 마찬가지로, 국가에 있어서도 역시, 무엇인가 새로운 재료를 이용하거나, 새로운 욕망을 충족하고자 하는 기업적 자본가라는 것은, 필연적으로 저항이 가장 적은 길을 선택한다. 만일 그들이 기생적 노동에 의해 일을 얻을 수 있다고 하면, 그만큼 그들에게는 동일한 업무를 기계와 증기력의 도움을 받아 행하는 수단을 강구하게 하는 유인은 적어지고, 그만큼 이미 그들이 사용할 수 있는 기계적 발명을 채택하는 이익은 적어질 것이다.[41] 그리하여 기생적 산업은 다른 임금소득자 소득의 일부를 탈취하고, 국민의 에너지 자원을 소진할 뿐 아니라, 그것은 실로 국민 산업의 가장 유리한 배분을 방해하고, 그리하여 자본과 두뇌력과 육체노동을 전체적으로, 그렇지 않은 경우만큼 생산적일 수 없게 한다. 우리가 모든 산업은 경제적으로 자립해야 한다고 가정하는 한, 산업 간의 경쟁은 그 나라의 자본과 두뇌력과 육체노동의 배분을 언제나 가장 생산적으로 만드는 경향을 갖는다고 간주할 수 있다. 각 산업은 공중의 욕망을 충족하기에 더욱 유능하게 됨에 따라 팽창하게 되고, 또한 어떤 산업이 그러한 측면에서 그것을 능가하는 점에 이르러 비로소 제한을 받게 된다. 국가 자본의 각 단위는 그 유능한 기업가와 노동자의 각 단위와 마찬

---

41) 구스타프 슈몰러 교수는 "산업계의 이기심이라는 것은, 마치 증기기관의 증기와 같은 것이다. 우리는 어떤 압력하에서 작용하는지를 알기 시작할 때 비로소 그것이 무엇을 이룩할 것인지를 말할 수 있다"고 했다(『폰 트라이치케 씨에게 보낸 편지(Sendschreiben an Herrn von Treitscke)』(Berlin, 1875), 37쪽). 이는 영국에서 스웨트 산업에 대해서는 표준 임금률의 압박이 없기 때문에, 불행히도 구식의 비경제적 방법이 지금까지도 사용되고 있다고 하는 점에 의해 분명히 설명된다. "공중의 주목을 최근 더욱 강하게 더들리 지방의 '못공'의 비참한 처지에 향하게 했다. 미국에서는 이러한 종류의 노동 상태가 현존의 경제적 사정에 의해 불가능하고, 못은 더들리 지방에서 일반적으로 행해지고 있는 것보다도 더욱 낮은 노동비로 만들어진다. 미국의 못공장에서 직공 한 사람당 산출량은 1주 2와 2분의 1톤을 넘지만, 스태퍼드셔의 못공은 구식 방법으로 일하므로 200헌드레드웨이트(hundredweight)를 생산하는 것에 불과하다. 그 노동자가 후자의 경우에는 1주에 겨우 12실링을 얻는 것에 그치고, 전자의 경우에는 6파운드를 얻는다는 것은 무슨 쓸모가 있겠는가? 1헌드레드웨이트에 대한 노동비는 하나의 경우 0.8펜스, 다른 경우에는 0.257펜스이다. 따라서 그 소득은 미국 직공의 경우 8배 이상임에도 불구하고, 그 노동비는 영국 직공이 만든 못의 경우보다 3분의 1에 불과하다. 이는 … 모든 산업에서 행해지는 하나의 원리의 하나의 보기에 불과하다." 맨체스터 기사협회, 〈회장 조지프 나스미스 씨 취임 연설〉(Manchester, 1897), 6쪽.

가지로, 언제나 그 생산물의 최대한의 증가를 초래할 수 있는 산업에 이끌리는 경향을 갖는다. 그러나 만일 어떤 산업이 보조금이나 장려금을 받는 경우에, 그러한 기생물은 그 참된 능력에 상응하지 못하게 발전하고, 그리하여 국민의 자본과 두뇌력과 육체노동의 몫을, 그렇지 않은 경우보다도 더욱 많이 사용할 수 있게 되고, 그 결과 총생산량을 감소시키고, 자립적 산업의 발전을 빨리 억제하기에 이를 것이다. 이처럼 산업이 염가를 추구하는 압박으로 인해 가장 좋은 길이 아니라 가장 나쁜 길을 선택하게 되는 경향은 과거 구빈법의 결점을 적발한 날카로운 관찰자들이 인식한 것이다. "그리하여 모든 부문의 제조업은 광맥이나 수로에 의하지 않고, 빈곤선에 따르게 될 것이다. 그것은 부패 속에서 생기는 병균과 같이, 그것들이 경영되는 장소의 모든 다른 이익을 파괴하는 폐해로 인해 번영하고, 더욱 잘 관리되는 지방에서 더욱 좋은 관리를 위해 존립하지 않게 될 것이다."[42]

이러한 기생 상태는 더욱 운이 좋은 산업의 자기 상태를 개선하고자 하는 자조적 노력에 의해 만들어진 것이 아니고, 그러한 어떤 부분적 행동에

---

42) 〈구빈법 위원회 제1회 보고〉, 1834, 65쪽, 1884년에 재판됨. 구빈법하의 '임금부조료'가 미친 비참한 효과는, 경제학에서는 상식이 되었다. 가정에서 행해지기 때문에 업무가 주어지는 경우, 언제나 이러한 장려금 제도가 행해진다는 것은 간과되는 것으로 보인다. 여성의 자택 업무의 적은 수입은, 그 업무가 자주 중단되는 것과 함께 개인의 자선에 도움을 받게 하는 것을 —공공 기금으로부터도 받지만— 피할 수 없게 한다. 그래서 글래스고의 조사원은 최근 다음과 같이 보고한다. "빈민감독관의 보고에 의하면, 다수의 자택 노동자는 충분한 시간 일해도 그들이 살아가기에는 임금이 매우 적어 구빈세로부터 보조를 받고 있다. 뿐만 아니라 그 범위를 확정할 수는 없지만, 낮은 임금을 얻는 자택 노동자의 다수는 교회와 자선의 도움도 받고 있다. 여기서는 임금의 일부가 외부인에 의해 지불되고 있다. … 이러한 사정하에 만들어진 상품이 염가인 것은, 구빈세와 자선의 필요의 증대에 의해 가능한 것이다." 마거릿 H. 어윈(Margaret H. Irwin), 『여성의 가정 노동(Home Work amongst Women)』(Glasgow, 1897).

의해 구제될 수 있는 것도 아니다. 스웨트 산업하의 희생자를 타락시키고 파괴하는 적절하지 못한 임금, 과도한 노동시간, 비위생적인 상태는 주로 고용인에 대한 그들 자신의 전술적 무력으로 인한 것이고, 고용인 자신은 이 책의 '시장의 흥정' 장에서 서술한 부지불식간의 압박에 의해 노동자의 궁핍을 이용하기에 이르렀다. 그러한 무력과, 그 결과 필연적으로 초래된 산업상의 무능은, 다른 부분의 임금소득자가 높은 임금을 얻고, 짧은 시간 일을 하고, 건강한 고용조건을 누리는 것에 의해 야기되지 않고, 조장되지도 않는다. 앞에서 논의했듯이, 만일 이러한 상태가 공통규칙의 방책에 의해 강행되고, 스스로 고도의 특수한 능률을 올릴 수 있다고 한다면, 그들의 존재는 사회에서도 어떤 부분에서도 불이익이 되지 않는다. 도리어 반대로 그 결과 생기는 규제된 산업의 발전은 진구렁으로부터 더욱 많은 지역을 빼앗게 될 것이다. 반면 만일 그것이 그것에 상당히 충분한 능률을 수반하지 않는 경우, 그들이 규제를 받는 산업 중에 존재한다는 것은, 생산비 증대로 인해 산업 간의 경쟁상, 규제되지 않는 산업과 거기에서 일하는 노동자에게 불리하게 되지 않을 수 없다.[43] 어떤 견해에 의한다고 해도, 광부나 기계공에 의해 확보된 비교적 양호한 조건이 블랙컨트리의 체인 및 못제조공, 셰필드의 자택 칼제조공, 맨체스터의 스웨트 셔츠 제조공, 동부

---

43) 그리하여 직업 사이의 국제적 경쟁에서, 인원 제한의 수단에 의해 고율의 임금을 유지하고자 하는 것은, 그 방책을 실현하는 직업에서는 재앙이 될 수 있다. 노동의 고가가 그 능률의 감퇴를 수반하는 경우, 그 생산물의 가격 상승을 야기하는 것은 거의 면할 수 없다. 만일 이것이 외국 상품과 경쟁하게 되거나, 염가의 대용품을 쉽게 얻을 수 있는 경우에는, 그 직업은 쉽게 금방 억제되고 수요의 감퇴는 어떤 직공을 실직하게 하고, 새로운 견습을 더욱 엄격하게 배척하게 할 것이다. 따라서 어떤 직업에서 인원 제한의 효과는, 만일 그것이 그 생산물 가격을 현저히 인상시키기까지 엄격하게 행해진다면, 그 결과 실제로는 더욱더 국가의 자본과 노동을 그 제한된 산업 밖으로 구축하게 되고, 이는 점진적으로 쇠퇴하여, 심지어 모두 소멸하거나 다른 나라로 이전하게 할 것이다.

런던 빈민굴의 일용 부두 노동자에게 조금이라도 유해하다고 할 수 없다. 그것들의 영향은 여하튼 다른 방향에 있다. 형제, 종형제, 친구가 더 높은 임금과 더 짧은 노동시간과 더 좋은 위생 설비를 향유한다는 것은 마찬가지 이익을 위해 싸우고자 하는 유인이 된다.[44]

불행하게도 기생적 직업이 자신의 부분적 행동에 의해 구렁텅이에서 발을 씻을 기회는 전혀 없다. 가령 런던의 일용 부두 노동자가 상호보험이나 단체교섭에 의해 그 고용인의 뜻에 반해 어떤 유효한 공통규칙을 주장하고자 시도하는 것은 바람직하지 않다. 심지어 어떤 주간에 부두 노동에 고용된 사람들이, 노동조합의 성실하고 충성적인 조합원이었다고 해도, 또 그 노동조합은 그러한 사람들이 모두 더욱 좋은 조건을 위해 싸워 얻기에 충분한 기금을 갖는다고 해도, 그들은 그 목적을 달성할 수 없을 것이다. 그 고용인 쪽은 손해를 입지도 않고, 바로 그 다음날에는 실제로 마찬가지 일을 할 수 있는 전혀 새로운 사람들로 그 창고에 짐을 넣을 수 있을 것이

---

44) 기생적 직공의 한 계급 —여성과 소년 노동자— 은 다른 보통의, 더욱 좋은 임금을 받는 직공의 임금에 의해 반은 부양되고, 따라서 이러한 기생은 이처럼 더욱 좋은 임금을 받는 직공의 존재에 의해, 따라서 어떤 의미에서는 노동조합운동에 의해 가능하다고 말할 수 있을지 모른다. 그러나 양자 사이에는 어떤 관계도 존재하지 않는다. 이러한 종류의 기생은 실제로 장려금의 수령자와 증여자가 있음을 의미하지만, 개인 간이나 계급 간에 소득의 차이가 있는 것은 결코 노동조합운동에 의하는 것이 아니다. 그 뿐만 아니라 마찬가지로 낮은 임금의 두 직업이 상호 부조에 의해 서로 기생한다고 말할 수 있는 경우 —가령 동부 런던의 가정 노동과 일용 부두 노동자 사이의 관계와 같은 것— 도 많다. 찰스 부스 씨는 다음과 같이 말한다. "값싼 임금 노동의 대규모 공급을" 쉽게 얻을 수 있다는 것은 "동부 및 남부 런던의 가장 현저한 특징인 제조업의 어떤 것 —가구, 구두, 모자, 의복, 종이가방, 상자, 성냥, 잼 등— 의 발전의 가까운 요인이 될 수 있다. … 이러한 사업들은 비숙련공이나 반숙련공, 또는 계속 좋은 일을 하는 사람이 대부분을 차지하는 지방의 이웃에 존재하는 것이다. 앞에서 말한 노동을 하는 사람은 주로 그러한 사람들의 딸이나 아내나 과부이기 때문이다." 찰스 부스, 『런던 시민의 생활과 노동』, 제4권, 193쪽.

다. 실제로 전문적이지 않은 육체노동에 대해서는, 다른 모든 종류의 일시적 실업자로 성립하는 무제한의 '예비군'이 존재하고 있다. 이들은 끊임없이 이동하는 집단을 형성하고, '보통의 인부'라는 직업은 어떤 도제도 필요로 하지 않기 때문에 어떤 단결도, 설령 그것이 어떤 때에 사실상 고용되어 있는 노동자 전체와 관련되어도, 그 고용인이 전혀 새로운 부류의 노동자를 고용하는 자유를 빼앗을 수 없다. 이와 같은 이유에 의해, 상호보험이나 단체교섭이라는 방법으로 보통의 여성 노동자의 임금을 어느 정도 올리고자 시도하는 것은, 영원히 바람직하지 않은 것이다. 보통 그러하듯이, 여성 노동자가 단지 가장 짧은 경험을 필요로 하는 것 외에는 실제로 숙련을 요하지 않는 일에 고용되는 경우, 또는 설령 숙련을 요한다고 해도 그 업무가 어떤 여성이라도 그 보통 교육의 일부로 인정되는 종류의 것인 경우, 어떤 단결도 그 자신의 힘에 의해서는 표준 임금률이나 표준 노동시간이나 일정한 위생 안전 설비를 강제할 수 없다. 이는 기생적 노동이 어떤 산업적 경험을 전혀 갖지 않고 채용되는 소년소녀의 그것인 경우에는 더욱 명백하다. 상호보험이나 단체교섭이라는 방법은 공통규칙을 강제하는 수단으로서, 업무가 숙련을 요하지 않거나 전문적이지 않아서 고용인이 경제적으로 불이익을 받지 않고 현재의 직공을 전부, 그 경력 여하에 관계없이 전혀 새로운 부류의 수련이 없는 사람들로 교체할 수 있는 경우, 무력하게 된다.

이러한 분석의 결과에 의하면 세계의 고객을 다투거나, 국가의 두뇌와 자본의 사용을 다투는 가장 강력한 경쟁자는 한편으로는 규제를 받는 산업, 다른 한편으로는 기생적 산업일 것이다. 규제를 받지 않으면서 자립적인 산업은 내국과 외국 쌍방의 산업의 잔여물과, 양과 질이 저하하는 조직 능력 및 육체노동을 감수해야 할 것이다.[45] 국가 산업이 어떤 비율로 이

두 가지 승리자 사이에 나누어질 수 있는가는, 분명히, 규제가 행해지는 범위에 주로 따를 것이다. 공통규칙이라는 방책의 사용이 넓고 유효하다면 그만큼, 다른 사정에 변화가 없다면, '스웨트'의 참화로부터 보호되는 인구의 비율은 더욱 커질 것이다. 이에 반하여 일반적으로 고용조건이 개인교섭에 의해 자유롭게 맡겨져 있다면 그만큼, 기생적인 산업의 범위는 더욱 넓어질 것이다. 그래서 규제를 받지 않지만 동시에 자립하고 있는 산업은 ―이미 서술했듯이 어떤 승자에 따르는 것이므로― 그것을 고려하지 않아도, 이러한 나날의 산업 간 경쟁에서, 한편으로는 공통규칙에 의해 부여되는 완만하지만 집단적인 자극과, 다른 한편으로는 기생에 의해 비로소 실현 가능하게 되는 생산물이 직접 싸게 되는 것 ―그것이 그 산업 이

---

45) 오해가 생기는 것을 방지하기 위해, 우리가 이러한 산업을 세 가지로 분류한다고 제안하는 것은 형태에 의한 것이지 정의에 의한 것이 아님을 확실히 밝히는 것이 좋을 것이다. "그것은 외부의 경계선에 의해서가 아니라 내부의 중심점에 의해, 그 엄격한 제외에 의한 것이 아니라 명백하게 포함되는 것에 의해, 선입견에 의해서가 아니라 사례에 의해 결정된다."(훼월(Whewell), 『과학사상사(History of Scientific Ideas)』, 제2권, 120쪽; J. S. 밀, 『논리학 체계(System of Logic)』, 제2권, 276쪽) 자연의 어느 경우에나 마찬가지로 여기에도 명확한 분류선은 존재하지 않는다. 여러 산업은 지각이 불가능할 정도로 서로서로 변하게 한다. 우리가 아는 한 완전하게 규제받는 산업도 없고, 완전하게 규제 없이 자립하는 것도, 완전하게 기생적인 것도 없다. 가령 뮬정방법은 높은 규제를 받는 산업이지만, 그것에 의해 부양되지 않는 사계공의 후계자의 공급을 받는 점에서는 다른 산업에 기생하는 것이다. 농업은 대체로 자립적이지만, 어느 지방에서는 그것과 결합되는 산업, 가령 어업이나 주택임대업과 같은 것에 기생한다. 그리고 주로 규제를 받지 않지만, 어떤 경우에는 표준임금률에 의해 지배되는 임금으로 노동자를 고용하고, 또는 공중보건법을 강제하고자 하는 어떤 시도가 있는 농장의 오두막에 거주하는 노동자를 고용한다. 기생적 산업 자체도 보통 소량의 조직 노동을 고용하고, 그 작업은 종종 높은 규제를 받는 공장과 규제가 없는 가정 사이에 분할된다. 따라서 어떤 산업이 기생적인지를 알기 위해서는, 그 지불된 총임금이 그 고용원 전체 사이에 분배되는가라는 방법에 의할 수는 없다. 어떤 산업도 만일 그것이 그 특정한 산업에 부여된 임금 등의 조건에 의해서는 완전히 유지될지도 모르고, 또는 교체되지도 않는 노동을 조금이라도 사용하면 그만큼 기생적이다. 따라서 기생적 산업에 대한 우리의 논의는 그것이 기생적인 한, 모든 산업에 적용된다.

외의 사람들로부터 받는 생활 보조의 보조금 형태에 의하든, 또는 노동의 자원을 무료로 소비하는 형태에 의하든 간에— 가운데 어느 것이 비교적 강한지를 평가하기 위해서는 미묘한 경제적 연구가 필요할 것이다. 우리는 이 두 가지 산업상의 유력자 각각의 경제적 특징으로부터 다음과 같이 추론할 수 있다. 즉, 규제를 받는 산업은 끊임없이 발전하고, 세대를 거듭하면서 그 가격을 저하시키기보다도 필경 더욱 급속하게 그 생산물의 품질을 개량하고, 그리하여 주로 더욱 복잡한 생산 공정과 더욱 정교한 정도의 기술이라는 점에서 그 경쟁자를 능가하게 될 것이다. 이에 반하여 기생적 산업은 언제나 변하는 집단을 형성하고, 돌연히 새로운 형태로 예기하지 못한 장소에 나타나 각각 그 생산물의 염가에 의해 세계 시장에 급속한 발전을 초래하고, 그동안 종종 거대한 부를 만들어내기도 하지만, 점차 다른 경쟁자 앞에 그 지위를 상실하고 그리하여 개별적으로는 국가 산업 속에 영속적인 지위를 확보하지 못하고 끝난다.

매우 복잡한 인간사회에서, 어떤 개괄론으로도 그 귀납적인 증명을 하는 것은 불가능하다. 그러나 우리의 분석 결과는, 확실하게 19세기 영국 산업의 중요한 발전 및 그 현재 상황과 일치하고 있다. 따라서 만일 우리가 50년 전의 영국에서 행해진 산업의 배분과 오늘의 그것을 비교한다면, 우리는 바로 섬유공업(특히 면공업), 조선업, 기계 제조업, 채탄업[46]에 의해 점유된 비율이 농업과 비교하여, 또는 영국이 자랑하는 시계 제조업, 견직업, 장갑 제조업과 같은 정교한 수공업과 비교하여 현저히 증가했음에 놀랄 것이다. 우리는 그 전자의 산업이 성공한 것을 어떤 원인에 돌린다고

---

46) 이 네 가지의 중요한 대산업은 오늘날 영국의 모든 신제품 수출의 4분의 3을 차지하고, 국내에서 소비되는 제조업 비율에서도 더욱 증가하고 있다.

해도, 그런 것은 바로 공통규칙이라는 방책이 —그것이 단체교섭에 의해 강제되든, 법률 제정에 의해 강제되든 간에— 가장 넓고 지속적으로 적용된 산업이라는 것은 적어도 놀라운 정도의 일치일 것이다. 이와 마찬가지로 현저한 사실은, 영국 제조업의 발전이 대체로 품질이 더욱 높은 것보다도, 더욱 낮은 것에서 비교적 적게 나타난다는 것이다. 가령 랭커셔의 수출시장이 최대 시장을 갖는 것은 더욱 가는 번수(番手)[47]의 실, 최고의 면포,[48] 가장 정교한 모양의 모슬린(Muslin)으로, 보통의 종류의 면제품이 아니다. 조선업에서는 매우 복잡하고 완벽하게 완성된 군함이나 여객기가 가장 독특한 영국의 산물이다. 그리고 영국의 증기기관, 도구, 기계는 매년 더욱 많은 외국인에게 팔리고 있지만, 그것은 많은 대륙 제품보다 가격이 낮기 때문이 아니라, 품질이 우수한 점을 더욱 많이 갖기 때문이다. 이처럼 영국의 규제를 받는 산업이 가장 숙련을 요하는 부분에서 발전됨과 동시에, 보통 종류의 가구, 유리, 종이, 칼 —모두 영국 노동자가 충분히 조직되지 못해 표준 임금률이나 표준 노동시간을 강요할 수 없었던 부분[49]— 의 영국 제품은 심지어 내국시장으로 점차 구축되었다. 우리는 이 발전과 규제의 부합을 더욱 진전시켜, 수공업 대 기계공업 사이에 놓여 있는 틈을 넘어 그것을 추구하면, 그리고 잘 조직된 켄트의 수제 종이공이나 노팅엄의 기계 레이스공이 모두 실제로 무조직의 저임금 직업인 기계 제지공이나 수공 레이스공의 외국 경쟁에 대해 비교적 미력한 것에 비하여 성공

---

47) Count는 실의 굵기를 나타내는 단위. (옮긴이 주)

48) Longcloth는 얇고 가벼운 고급 면포. (옮긴이 주)

49) 이러한 산업 자체에서도 더욱 정교한 종류의 유리나 칼이나 종이나 가구를 생산하는 더욱 숙련을 요하는 업무 부분에서 직공은 높은 표준 조건을 주장하고, 그들의 구식 노동조합은 인원 제한 방책을 고집하며, 우리가 믿는 바에 의하면, 그 직업의 발전을 저지해왔다는 사실이 있음에도 불구하고, 보통 외국인의 침입을 받는 것은 비교적 적다.

한 것을 지적할 수 있다. 수공 레이스공을 제외하면, 이 모든 미약하고 쇠퇴하는 산업은 성년 남자에 의해 행해지며, 따라서 보통 형태의 기생적 보조금을 받지 않음이 인정되는 것은 흥미로운 것이다. 그러나 무규제의 자립적 산업으로 가장 현저한 쇠퇴를 보여주는 것은 영국의 농업이다. 영국의 농부가 언제나 그 노동을 실제의 생존비로 고용할 수 있고, 나아가 공장주와 달리 자유롭게 무제한의 노동시간을 강요하며, 어떤 위생적 규제에 의해 구속되지 않는다고 하는 것이 농업의 번영에 가장 나쁜 결과를 초래했다고 우리는 믿는다. 먼저, 이는 그 전형적인 시골 산업에 시골 인구의 잔재를 남기는 것 외에 다른 어떤 것도 남기지 않았다. 1세기 전부에 걸쳐, 가장 현명하고 가장 정력적인 소년들이나 가장 강인하고 가장 모험적인 청년들은 시골을 뒤로 하고, 공통규칙이 지배하는 산업이 제공하는 훌륭한 조건을 만났다. 그 결과 고용인은 여러 세대 동안, 거의 모든 노동의 선택을 할 수 없었고, 실제로 다른 직업에서 새로운 직공의 교체를 확보할 기회를 조금도 갖지 못했다. 나아가 그는 임금을 생존비까지 인하할 수 있어도, 결국은 그 노동자로부터는 낮은 임금에 상당한 것밖에 얻을 수 없는데, 그 이유는 그가 업무를 계속하기 위해서는 오로지 그들과 그 가족에 의하는 수밖에 없기 때문이다. 그러므로 지방 인민의 낮은 수준의 식품과 의복, 긴 노동시간, 비위생적인 주택 설비는 느리고 기력이 떨어지며 우둔한 노동을 만들어내게 된다. 즉 우리가 앞에서 설명했듯이, 낮은 생활 표준은 낮은 노동 표준을 수반한다. 이보다 못하지 않게 중요한 것은, 그 고용인이 모든 계급 중에서 발명과 생산 방법의 개선에 가장 무관심한 것이다. 만일 농민이 그 수지를 보상받을 수 없는 경우, 구제책은 지대의 감액을 받는 것이다. 농업 임차인이 광산업자나 면공업자와 달리 지주와의 계약을 엄격하게 이행하지 않고, 이익이 오르지 않는 해에는 종종 지대의 일부를 면제받는다는 사실은, 바로 랭커셔의 능률의 중요한 요소 중 하나인 능력 열등자의 단호한 도태나, 부적격자의 끊임없는 구축을 억제하는 것이다. 따라서 거의 모든 생산 공정에서 유례없는 기술적 개량이 진보한 1세기 동안, 농업의 방법이 다른 어떤 산업보다도 변화가 더욱 적었다는 것은 놀라운 일이 아니라고 우리는 믿는다. 산업 간 경쟁에서 그것은 끊임없이 토대를 상실하고, 그 자신에게 국가의 자본을 확보하는 비율은 더욱더 감소하며, 그것이 육성하는 인구의 정상은 더욱더 언제나 상실된다. 국제적 경쟁의 압박 속에서 점차 추격을 받아 채탄업이나 기계업과 같은 고도의 규제 산업에서처럼, 세계 시장 공급에 선발되는 것이 아니라, 국내 거래에서조차 점점 쇠퇴해간다. 그것은 그 경쟁자 가운데 특히 유리한 지위에 있는 것에 대해서가 아니라 그 모든 것에 대해서이고, 밀의 재배에서만이 아니라 그 직업의 모든 부분에서이다. 물론 영국 농업의 쇠퇴에는 다른 여러 가지 원인이 있다. 그리고 우리는 그것이 가령, 제조업이나 기계업과 비교하여 비교적 뒤떨어진 지위에 있는 점에 대한 완전한 설명을 부여하고자 하는 것이 결코 아니다. 그러나 1833년에서 1847년까지의 지방 젠틀맨처럼 흔쾌히 공장법을 공장주에게 부과하고자 하면서, 농업에 적용되는 그것과 유사한 규제에는 전적으로 반대한 사람들도, 만일 그들이 이러한 공통규제의 경제적 효과를 분명히 이해했다면, 필경 섀프츠베리 경을 그렇게까지 열렬히 옹호하지 않았을 것이다.[50]

50) 같은 직업 중에서도 그 공통규칙이 엄격하게 이행되는 지방은, 그러한 개량을 결여하는 지방을 종종 능가한다. 그리하여 면사방적업에서도 글래스고는 한때 리버풀과 경쟁하여, 19세기 최초의 30년간, 이 두 지방은 그 규제 범위에서 아무런 상위가 인정되지 않았다. 최근 60년간, 랭커셔 노동조합운동의 발달은, 그 산업을 지배하는 공통 규제를 끊임없이 정밀하게 만들고 향상시켜 더욱 엄밀하게 이행하게 만들었다. 이에 반하여 글래스고에서는 직공의 폭행과 고용인의 독재적 태도가 1830년부터 1837년까지 중대한 범죄를 야기했

불행하게도, 규제를 받는 산업이 규제를 받지 않는 자립적 산업에 비해 승리의 진보를 이룩했다는 것이, 영국 산업 생활의 그림을 완성해주는 것은 아니다. 대도시의 조밀한 빈민굴, 영국의 대부분을 종횡 좌우로 횡단하는 주택의 연쇄로 변한 교외나 공장 촌락과 같은 장소에는, 언제나 모든 종류의 모든 상황의 제조업이 버섯처럼 발생한다. 즉 무수한 피복품, 값싼 구두, 실내화, 지팡이와 우산, 소다수와 과자, 조잡한 가구와 가정용품, 가방과 상자류, 장난감 같은 종류의 놀이 도구들이다. 요컨대 무한하게 잡다한 산업에서, 그 무엇도 영속성에서도 범위에서도 도저히 중요 산업의 무엇과도 비교할 수 없는 것이, 그러나 전체적으로는 일정 부분, 영국의 고객과 자본과 조직 능력을 흡수하는 것이 발생한다. 이것이 언제나 원료를

고, 그 결과 이 섬유공업에서 노동조합운동은 엄청난 압박을 받아 일반적으로 침체되었다. 1838년부터 지금까지, 글래스고 면공업주는 노동조합운동에 대해 실제로 그것에 관계없이 멋대로 값싸게 널리 그 노동을 고용할 수 있었고, 뿐만 아니라 조직을 결여하기 때문에 공장법의 공통규칙도 최근 수년 전까지 랭커셔보다도 더욱 적게 이행되었다. 이 시기에 다른 제조공업이 매우 진보했음에도 불구하고, 글래스고 면사방적업의 능률이 끊임없이 저하되었다는 것은 적지 않게 흥미로운 부합이다. 낮은 정도의 노동이 오늘날 고용되어 그 다수는 단지 가장 비참한 생활 임금을 지불받는 데 불과하다. 업무의 속도와 직공 한 사람당의 생산량은 증가하지 않고, 기계 개량의 채택은 늦어져 부적절하게 되고, 새로운 공장은 최근에 전혀 건설되지 않았다. 겨우 2, 3개의 공장이 번영한 산업이었던 것 중에서 잔존한 것에 불과하고, 그것이 오랫동안 남을지 의심스럽다.

면포 공업도 이와 같은 예를 보여준다. 영국 서부의 직포 공업은 옛날부터 계승된 전통의 이익과 품질이 좋다는 세계적인 명성을 누리고 있다. 19세기 시작부터 이 산업은 전적으로 노동조합운동과 무관했다. 임금은 매우 낮았고 공장 감독관도 확실히 특별하게 활동하는 것처럼 보이지 않았다. 수력은 풍부하고, 석탄은 값싸고 이와 동시에 운하와 철도는 브리스틀과 런던을 접근시켰다. 그럼에도 불구하고 그로스터셔나 서머셋셔나 월트셔의 직포업은 시종 요커셔나 랭커셔의 그것에 비해 더욱더 힘을 잃어왔다. 그들 가운데 가장 기업적인 사람에 의하면, 이러한 쇠퇴는 직공장과 고용인 누구에게도 분명한 개량의 자극이 결여됨에 의한 것으로 인정된다. 그러나 이 제보자가 과연 강력한 노동조합의 공통규약에 의해 초래된 기능 순응과 적자 선택의 촉진을 자각적으로 환영했는지는 의심스럽다!

외상으로 구입하고 제품을 그 즉시의 필요에 의해 팔아야 하는 '작은 마스터', 자본을 갖고 있으면서도 기계 공업 기술의 세목에는 수련이 없는 투기적 상거래인, 경쟁의 압박과 규제의 결여로 인해 빈민의 고혈을 짜내는 하청인들의 무리이고, 다른 한편으로는 좋은 기회와 힘과 기술적 수련의 결여로 인해 어쩔 수 없이 무규제의 결과 생기는 산업 능률에 맞지 않는 임금, 기타 노동조건에 복종해야 하는 지방이나 직업에서 벗어날 수 없는 수백만 명의 무조직 남녀 아동 노동자가 있는 특별한 세계이다. 여기서 우리는 영국이 그 산업적 힘을 빚지는 대산업의 세계와는 전혀 다른 영역을 본다. 이러한 '스웨트 산업'이 고도로 조직된 자립적인 중요 산업과 직접 경쟁을 하는 경우는 거의 없다. 발생한 것은 어떤 형태의 기생이 다른 것의 뒤를 악착스럽게 뒤쫓는 것이다. 즉 도매상인이나 하도급인은, 점차 퇴화하는 자택 직공을 계속 사용하고, 생활 보조를 받는 상당한 젊은 여성들의 노동을 사용하는 공장주로부터 싼값으로 매출을 올린다. 그러나 이러한 스웨트 산업 중의 어느 것이 일부 공장 조직 안에 들어가고, 그리하여 노동시간이나 위생에 관한 공통규칙의 지배를 받게 되는 경우, 그 공장이 설령 그 여공에 대해 잔돈 같은 임금 이상의 것을 거의 지불하지 않는다고 해도, 서서히 그보다 더 비참한 기생적 경쟁자를 추월함을 보는 것은 매우 흥미롭다.[51] 그러나 이러한 보조를 받는 공장 노동과 퇴화적인 자택 직공 사이의 경쟁이야말로, 그 후자에게 더욱 사정을 불리하게 한다. 시장의 흥정이라는 것이 대도시 빈민굴의 주민을 어느 정도 불행과 타락에 빠뜨리는지에 대해 과거 경제학자들의 현학적인 '생존선'이라고 하는 말로는 도

---

51) 기성복업에서 리즈 등의 공장은 소녀와 여성을 매우 낮은 임금이지만 적절한 위생 설비와 일정한 노동시간하에 고용했으므로 끊임없이 그 수가 증가되었다.

저히 측정할 수 없다. 불행히도 착취자가 행하는 해는 그의 뒤까지도 잔존한다. 상원위원회가 말하듯이 "겨우 생존을 유지할 만한 임금과, 노동자의 생활을 거의 끊임없이, 그리고 더 이상 어렵고 불쾌할 수 없는 노고의 기간이 되는 노동시간과, 고용된 노동자의 건강에는 유해하고 공중에는 위험한 위생 상태"[52]에 잠시라도 따르게 되는 사람들은 남자도 여자도 도저히 이익이 되는 노동을 할 수 없다. 그들이 할 수 있는 것은, 그들이 영원히 채울 수 없는 장소를 두고 발작적으로 다투는 것이다. 그리하여 모든 다른 무규제 노동의 임금을 인하할 뿐 아니라, 그 불규칙적인 행위와 지속적인 노력을 하지 않는다는 것에 의해 생산 기관의 교란을 돕게 된다. 그러나 그것만이 전부가 아니다. 런던, 글래스고, 리버풀, 맨체스터의 빈민 사이에서 생활한 적이 없는 사람은 누구라도, 이 불행한 결과 필연적으로 생기는 사회적 오염에 의해 국민성에 가해지는, 눈에 보이지 않고 측정할 수 없는 해독에 대해 충분히 상상할 수 없다. 한 사람의 타락한 노동자나 나쁘게 행동하는 노동자는 그 가족을 타락시킨다. 하나의 문란한 가정은 필경 그 지역 전체의 행동을 저하시킬 것이다. 어느 지역 내의 하급 사회의 생활은 나쁜 영향을 그 방면 전체에 미칠 것이다. 빈민굴은 인간의 교제라고 하는 눈에 보이지 않는 무수한 실에 의해 다른 사람과 결합되므로 부지불식간에 모든 시의 건강과 도덕과 공공심의 수준을 내리게 된다. 따라서 이미 공통규칙에 의해 제방이 세워져 있는 국민 생활의 부분에 대해서는 그런 비도덕이 실제로 침입하지는 않겠지만, 우리는 그것이 계속 존재하고, 인구 증가와 함께 다시 적극적으로 그 지역을 넓히는 것을 인정하는

---

52) 〈스웨트제에 관한 상원의 특별위원회 최종 보고〉, 1890.

것이다.[53]

(e) 내셔널 미니멈

노동조합운동은 결코 부분적 행동에 의해 산업상의 기생을 박멸하는 수단을 제공하지 않지만, 공통규칙이라는 방책의 경제적 효과에 대한 분석은, 이 문제의 해결 방법을 지시한다. 어느 산업 내에서 어떤 공통규칙도 존재하지 않는 경우, 여러 회사 간의 경쟁은 이미 관찰했듯이, 그 모든 산업을 퇴화시키는 수단을 채택하기에 이른다. 그 산업을 통하여 어떤 공통의 최저 기준을 강행할 때, 그 퇴화를 정지시킬 뿐 아니라, 모든 점에서 산업상 능률을 높이는 데 도움이 된다. 하나의 사회에서도 마찬가지로, 규제가 없는 경우에는 산업 간의 경쟁이 어떤 산업에서 국민 전체에 유해한 고용조건의 발생이나 지속을 야기하는 경향이 있다. 그 구제책은, 이러한 공통규칙이라는 생각을 산업에서 사회 전체로 확대하고, 내셔널 미니멈을 규정하여 절대적으로 어떤 산업도 공공의 복지에 반하는 조건하에서는 경영

---

53) 이러한 건강한 생활의 수준 이하로 내려가는 인구 비율은 1837년에서 1896년까지 60년간, 의심할 바 없이 매우 감소했으나, 이와 동시에 그 실제 수는 이전과 조금도 다르지 않다고 믿을 만한 충분한 이유가 있다. 그 수는 더 많을 수도 있다. 시드니 웹, 『최장기 지배하의 노동』을 참조하라. 저임금 직업이 차지하는 범위가 광대하다는 것은, 찰스 부스 씨의 런던 450만 명의 경제 상태에 관한 조사의 주도면밀한 개요로부터 추론할 수 있다. "우리의 조사 전체의 결과에 의하면, 인구의 3분의 1은, 빈곤선 위이거나 그것에 가깝거나 그 이하에 있다는 것이 매우 확실하다. 대체로 언제나 평균적으로 하나의 소가족에게는 21실링에서 23실링(또는 그보다 많은 수의 가족은 25실링에서 26실링)의 수입이 있고, 많은 경우에 이 수준은 훨씬 내려간다. 다른 3분의 1은 필경 앞의 그것보다 10실링 많다. 즉, 1년간 1주 25실링에서 35실링을 얻고, 그중에는 임금소득자 외에 많은 소매상인과 소규모 마스터도 들어간다. 그리고 나머지 3분의 1은 더 잘사는 사람을 포함할 것이다." 찰스 부스, 『런던 시민의 생활과 노동』, 제9권, 427쪽.

할 수 없게 하는 것이다.[54] 이는 그야말로 오늘날 여러 산업 국가에서 사용하는 공장 입법이다. 그러나 어떤 고용인이라도 그 가장 궁박한 직공에게 그 이하로 빠지는 것을 허용하지 않는 최저 조건을 규정하는 정책은, 불완전하게 행해지고 있음에 불과하다. 공장 입법은 보통, 약간의 위생 조건과, 어떤 특종에 한정된 노동시간에 적용되는 것에 그친다. 그 한정된 범위에서도 그것은 언제나 비조직적이고 편파적이다. 만일 유럽 정치인에게 확고하게 진지하게 스웨트업 문제에 직면하기를 바란다면, 그는 그 나라의 공장법을 확장하여 하나의 조직적인 포괄적인 노동법전으로 만들고, 그 나라가 산업경제상 허용할 수 있는 최저 조건을 규정하여 위생 및 안전의 일정한 예비 설비와 최장 노동시간에 그치지 않고, 나아가 주급의 최저액도 역시 포함하고자 해야 할 것이다. 우리는 여기서 각국 산업 정책의 복잡한 문제에 들어가려고 생각하지는 않는다. 또 언제나 공장 법규의 개량과 확장을 저해하는 실제의 어려움이나 정치적 장애를 논할 생각도 없다. 그러나 우리의 경제학적 분석을 완성하기 위해, 우리는 내셔널 미니멈이라는 관념의 조직적 적용이 노동조합의 법률 제정이라는 방법의 어떤 발전을 의미하는지라는 것과 함께, 이미 서술한 폐해에 대해 이것이 어떤 영향을 줄 수 있는지에 대해 고찰해보아야 한다.

---

54) 영국 정치인의 대다수는 프랑스와 독일이 그 조세 중에서 제당업에 장려금을 부여하는 것은, 설탕 소비자 —가끔은 외국 소비자— 를 이롭게 하고 그 나라에 해를 주는 것이라고 믿는다. 그러나 프랑스와 독일에 대한 이러한 정책의 부담은, 전함 한두 척을 파괴하는 것과 마찬가지의 1년 액수에 불과하다. 만일 언제나 임금, 기타 고용 조건에 의해 회수하는 것 이상을 그 노동자로부터 빼앗는 산업을 하여 자유롭게 발전한다면 —나아가 만일 그 산업의 효과가 다음 세대의 직공의 품성과 체격을 저하시켜 끝내는 그 직공에게 경멸적인 자선가의 모임이나 구빈법에 호소하게 한다면— 국민은 그 산업에 대해 내리는 어떤 돈보다도 더욱 쉽지 않은 장려금을 지불하지 않겠는가?

산업적 기생의 가장 현저한 형태 중 하나는, 아동노동의 고용이다. 초기의 섬유 공업가는 그 공장을 거의 전부 아동노동에 의해 움직이게 하는 것이 돈벌이에 가장 좋다는 것을 발견했다. 그가 고용한 아동은 성장하여 기계 밑을 기어갈 수 없게 되고, 고용인의 임금계산서가 주는 것보다 많은 임금을 요구하는 경우, 그들이 어떻게 될지에 관계없이 사용되었다. 그 결과, 공업 인구의 퇴화는 매우 현저하여, 의회는 편견이 격심했음에도 불구하고, 마침내 간섭을 하지 않을 수 없게 되었다. 요크셔의 수직공은 오늘날의 플린트 유리제조공처럼 구식의 수업적 봉사 기간을 부활하여 그런 경우에 급히 응하고자 했다. 옥양목 염색공은 제임스 경 이전의 제화공 전국 연합처럼 단순한 고용 아동의 인원수 제한을 목표로 했다.[55] 그러나 이러한 수단은 어느 것도 실제적인 것으로 생각되지 않았다. 이에 대한 하나의 구제책은, 제조업자가 일정 연령 이하의 아동을 고용할 수 없고, 그 이후에도 일정 기간에는 아동이 하루의 반을 학교에서 보내도록 해야 한다는 것이었다. 아동에 관해 공장법은 오래전부터 인도적인 근거만이 아니라, 사회의 산업적 능률을 분명히 돕는 것으로 일반적 승인을 얻기에 이르

---

55) 〈옥양목 염색공의 청원에 관한 위원회의 증언 및 보고〉, 1804년 7월 4일 및 1806년 7월 17일. 한사드(Hansard)의 〈의회의사록〉, 제9권, 534~538쪽. 『노동조합운동의 역사』, 50쪽. 우리는 산업 간의 경제적 경쟁을 분석함에 의해, 소년 노동의 불법 사역을 예방하고자 하는 단순히 부분적인 수단은 아무런 도움도 되지 않는다는 것을 알 수 있다. 그 피해자는 그 산업의 성년 직공에 그치지 않기 때문이다. 산업과 산업의 경쟁에서, 국내 시장을 위하는 것이든, 외국 시장을 위하는 것이든 간에, 장려금으로 육성된 산업의 불법적 발전은 반드시, 다른 산업이나, 필경 전혀 무관한 산업의 상대적 축소를 의미한다. 따라서 대규모 구두 공장에서 소년이 부당하게 증가되어 손해를 입는 것은, 성인 제화공만이 아니라 주로 그들이라고도 할 수 없다. 엄격하게 자신의 도제를 제한하는 플린트 유리제조공이나 소년의 잔재를 수용하는 농업과 같은 산업도 다소 간접적이지만, 제화업이 그 수출의 원조로 이 보조금을 받아 종종 독일의 유리나 미국의 식품과 같은 형태로 들어오는 외국 수입품의 증가를 촉진한다는 사실에 의해 아마도 같은 손해를 입게 될 것이다.

렀다. 그러나 그러한 '아동 헌장'이 아동노동의 모든 기생적 사용을 유효하게 저지하는 것이라고 할 수 있게 되기까지는 많은 것이 행해져야 했다. 설령 아동이 공장에서 11세까지 고용될 수 없고, 13세나 14세가 되기까지는 모든 시간 사역될 수 없다고 해도, 다른 직장에서는 그보다 어린 나이에 고용되는 것이 자유로웠다. "잉글랜드와 웨일스의 어느 지방에서는 10세 아동도 5년간의 의무교육 수료증을 받은 경우, 공장이나 작업장이나 광산 외의 어디에서도 그 이상 어떤 교육적 시험이나 조건 없이, **노동시간의 수에 대해서는 아무런 제한도 없이** 고용될 수 있다."[56] 설령 공장의 아동 고용에 관한 법률이 영국의 모든 지방의 모든 산업에 일률적으로 적용된다고 해도 오늘의 연령 제한은 기생을 저지하기에는 분명히 부적절하다. 영국은 이 점에 대해 보호 입법의 선구자라는 명예를 상실했다. 우리는 바로 모든 소년소녀의 산업 생활에 들어갈 수 있는 연령을 인상하고, 오늘날 제네바에서 행해지는 15세까지는 아니라고 해도, 이미 스위스 연방법전[57]에 채택된 14세까지로 해야 하고, 결국은 1896년 '국제 사회주의자 및 노동조합대회'에서 요구된 16세까지로 해야 한다. 그러나 아동 노동에 대한 가장 유효한 억제는 반일제(半日制)의 확장에서 볼 수 있을 것이다. 오늘날 대다수 사람에 대해 적절한 기술적 수련을 확보할 수 있게 하는 유일한 방법은 학교에서 규칙적인 교육을 받는 것 외에 없다고 하는 것은, 이미 우리가 믿는 이유를 갖는 것이다. 그러한 교육은 소년이 공장이나 광산에서 하루

---

56) 〈취학 및 유년 아동노동 상황 조사에 관한 특별위원회 보고〉, 1893년 하원 인쇄물 제31호, 25쪽. 아일랜드에서는 취학이 도시에서만 강제된다. 따라서 어떤 연령의 아동도 지방에서는, 공장이나 직장이나 광산이 아닌 한 몇 시간이라도 주야 구분 없이 법률상 고용할 수 있다.

57) 1877년 3월 23일의 스위스 연방법.

종일 일해야 하는 이상, 결코 완전하게 이용할 수 없다. 교육적 견지에서도, 순수한 산업적 견지에서도 기술 학교나 보수 교육에 강제적으로 다니게 하기 위해 반일제를 점차 확장하여 결국 공장의 전일(全日) 노동은 18세까지 연기한다고까지 되는 것은 크게 변호해야 한다. 그러한 모든 제의는 오늘날, 아동 소득의 상실을 긍정하지 않는 부모들의 엄청난 반대를 받을 것이다. 그러나 더욱 사려 깊은 노동조합 운동가들은 그러한 반일제의 발전 외에 도제제도의 수련을 대신할 유일한 것을 제공함과 동시에 종종 고용인의 소년 노동의 과도한 사역에 대해 가장 합법적인 방법에 의해 유효한 억제를 한다는 이익을 갖는다는 것을 알게 되었다.[58] 공급의 긴축과 함께, 소년의 임금률은 인상할 것이다. 따라서 반일에 대해서도, 이전의 전일에 대한 것과 거의 변함없는 액수를 얻을 수 있을 것이다. 따라서 소년 노동은 고용인에게 더욱 이윤이 적게 되고, 새로운 세대의 성년 직공으로 훈련시킨다고 하는 정당한 목적을 위해서만 사용하게 될 것이다.[59] 요컨대, 기생을 방지하기 위해서는, 우리는 소년소녀를 나날의 생활에 의해 만족

58) 가령 〈왕립노동위원회 노동조합 운동가 소수파 보고〉, 1894년을 참조하라. 이것과 몇 가지 유사한 제도는 노이샤텔에서 1891년 도제법하에, 또는 2, 3개의 스위스 주에서도 이미 시행되었다.

59) 고용인이 소년 고용을 전적으로 폐지하고 싶다고 생각하는 산업에서도 소년의 적정한 기술적 교육을 위해 요금을 지불하는 것은, 사회에 필요한 것이다. 개인 기업에서 개인 고용인이 다음 세대의 숙련공 양성을 위해 이익에 대한 선견지명과 그 영속성을 갖는 것이 요구된다. 따라서 잉글랜드 북부의 어느 훌륭한 조선소에서 그들의 도제에 대해 상당한 주의를 기울였지만, 미들랜드의 제화공장 규약에서는 이미 서술했듯이, 실제로 소년에게 어떤 교육도 하지 않도록 규정되었고, 런던의 건축업자는 소년 고용을 전적으로 하지 못하게 되었다. 1895년, 건축업의 모든 부문에서 런던의 41개 전형적 회사는 1만 2000명의 직인을 사용했으나, 그 공장에서는 겨우 81명의 도제와 143명의 견습을 갖는 것에 불과했음이 분명했다(직업교육국에 의해 행해지고 〈런던 직업교육 시보〉 1895년 10월호에 발표된 〈런던 건축업의 도제제도 조사 보고〉를 참조하라).

할 만한 독립된 부의 생산자로 간주하지 않고, 21세까지는 발육과 교육에 적절한 조건을 제공받는 것이 가장 중요한 장래의 시민 및 부모로 생각해야 한다. 따라서 내셔널 미니멈이라는 정책 ―노동자에게 생산자 및 시민으로서 실력을 갖는 상태로 유지하는 것과 어울리지 않는 모든 고용조건의 금지― 은 유년 및 소년의 경우, 나날의 생활과 잔돈의 요구만이 아니라, 대대로 건강하고 실력 있는 성년을 끊임없이 준비하는 것을 보장하는 양육 조건의 요구를 뜻한다.

성년의 경우 기생의 형태는, 다시금 상원의 더할 나위 없는 증언을 빌리자면, "오로지 생존을 유지하기에 충분한 정도의 임금과, 노동자의 생활을 거의 끊이지 않는 어렵고 불쾌한 노고의 기간을 이루는 노동시간과, 고용된 노동자의 건강에는 유해하고 공중에게는 위험한 위생 상태"[60]이다. 이러한 점의 각각은 각각 별도의 고찰을 요한다.

위생에 관하여 영국의 법률은 이미 모든 제조업 직공에 대해, 그 공장이나 작업장에 고용되는 것을 불문하고, 남녀도 불문하고, 상당히 보건적인 취업 조건을 확보하는 것이라고 말해진다. 일반적으로 공중보건법이 요구하는 것에 더하여, 고용인은 공장법에 의해 그 산업의 경영을 허락하는 조건으로 그 고용하는 모든 직공의 취업 중 위생 및 안전에 필요한 모든 것을 설비하고 유지할 의무를 진다. 만일 산업이 사실 그 성질상 건강하지 못한 것이라고 한다면, 고용인은 전문의 학자에 의해 필요하게 되고, 각 직업에 대한 특별한 규약에 의해 각각 규정된, 기술적 주의를 하도록 요구된다. 이상으로부터 위생상의 내셔널 미니멈이라는 정책은 이미 영국의 법률에 구체화된 것으로 보일 것이다. 그러나 외관은 그렇지 않다. 산업상

---

60) 〈스웨트 시스템에 관한 상원 특별위원회 최종 보고〉, 1890.

임금소득자의 모든 계급이 완전히 공장법 밖에 있기 때문이다. 그리고 명의상 포함되어 있는 자도, 커다란 부문에서 실제의 보호를 전혀 받지 못하는 경우도 있다. 따라서 위생과 안전의 내셔널 미니멈을 모두에게 확보해주는 것이 아니라, 법률은 오늘날, 임금소득자의 최강 부문, 특히 광부와 면공의 취업 조건을 보호하기 위하여 실제로 시행되는 것에 불과하다. 그리고 이에 반하여 그중의 최약 부문, 특히 '스웨트'의 자택 노동자는 노동 시간과 임금과 같이, 위생에서도 압제를 받고 있다. 만일 이에 대해 내셔널 미니멈의 정책을 행하는 것이 바람직하다고 한다면, 의회는 모든 고용인에게, 그가 공장주이든 소규모 작업장의 마스터이든 간에, 다른 곳에서 만들어진 재료를 제공하는 상거래인 것을 묻지 않고, 모두 똑같이 그 업무의 위생 조건에 대해 책임을 지도록 고려해야 할 것이다.[61]

위생에서 눈을 돌려, 그것과 함께 불가결한 조건인 여가와 휴식을 살펴보면, 영국의 공장 입법은 다시금 불완전하다. 여성에게 1주 60시간 이상의 육체노동을 시키는 것이 일반 공중의 정책에 반하는 것임은 지난 50년간 인정되어온 것으로, 이 원리는 이미 법률에 구체화되었다고 생각된다. 그러나 여기서도 또한 가장 많은 압제를 받는 계급 —도매 피복상인을 위해 주야로 일하는 여성들과 상점 계산대나 음식점 술자리에 종일 서 있는

---

61) 1891년과 1895년의 공장법 규정 가운데, 자신의 공장 밖에서 행해지는 일을 제공하는 사람들에 대해, 그 자택 노동자의 위생 조건에 관한 어떤 의무를 부과하는 조항에 의해 여기에 하나의 단서가 열렸다. 그러나 그 현재 형태로는 이러한 조항을 갖는 절이 명확하게 행해질 수 없는 것이고, 1890년 스웨트 시스템에 관한 상원위원회에 의해 지적된 폐해를 제거하기 위해 아직 진지한 노력이 행해지지 않고 있다. 「스웨트 시스템의 원인과 대책」(《페이비언 트랙트(Fabian Tract)》, 제50호), 비어트리스 포터(시드니 웹 부인), 「스웨트 시스템은 왜 폐지되어야 하는가?」(협동조합 팸플릿)과 「왕립노동위원회 노동조합 운동가 소수파 보고」(1894)를 참조하라.

여성들― 은 모두 법률의 범위에서 제외되어 있다. 법률이 적용되어도 그것이 적용되는 것은 가장 어려운 직업의 가장 적은 곳이다. 우리는 이미 섬유업 이외의 모든 산업에서 잔업 규정이 공장법의 효과를 파괴하고 있고,[62] 소규모 상점의 세탁공이나 여성복 재봉공과 같은 경우에는, 실제로 전혀 도움이 되지 않는다는 점을 서술했다. 또 다른 영국의 노동입법에 관한 모순을 보여주는 그것은, 섬유공장에 있는 여성들만이, 사실 모든 여성 노동자 중에서 가장 강하고 계급으로서는 가장 잘살 수 있는 사람들임에도 불구하고, 그 노동시간의 참으로 유효한 제한을 확보했다고 하지만, 그것은 1주 56시간 반이라고 하는 낮은 정도에 불과한 것이다. 그리고 여성으로부터 남성으로 눈을 돌려 보면, 노동시간에 관한 법령집은 지금 백지로, 겨우 1893년 철도규제법의 시험적 규정이 기입되어 있음에 불과하다. 우리가 여가와 휴식에 관한 내셔널 미니멈이 확립되었다고 말할 수 있기까지는 섬유직공에 대한 공장법의 규정이 각각의 특정한 직업에 대한 상당한 특별 규정을 두고, 모든 육체노동자에게 그 어떤 경우에나 적용되어야 할 것이다.

그러나 위생과 여가는 그 자체로, 그 나라의 직공의 건강과 능률을 유지하고, 산업상의 기생을 방지하는 것이 아니다. 고용인이 여성을 고용하여 과도한 시간이나 비위생적인 조건하에서 일을 시키는 것을 허용하는 것이 일반 공중의 정책에 반하는 것과 같이, 그 건강의 유지에 결여될 수 없는 식품과 주거를 갖추기에는 불충분한 임금으로 그녀를 고용하는 것을 허용하는 것도 마찬가지로 일반 공중의 정책에 반하는 것이다. 일단 우리가 최저 조건을 규정하여 이에 따라 고용인은 공장을 여는 것을 허용해야 한다

---

62) 앞의 '표준 노동시간'(Normal Day)에 관한 장을 참조하라.

고 하는 이상, 임금 계약의 각종 항목 사이에 논리적 차이를 설정하기는 불가능하다. 고용인의 견지에서 본다면 생산비를 증가시키는 하나의 방법은 다른 것과 동일하지만, 이와 마찬가지로 경제학자와 정치가에게는 영구적인 산업의 능률과 국민의 건강 유지에 관해서는 상당한 식품은 합리적 노동시간과 충분한 배수 설비와 같은 정도로 중요한 것이다. 따라서 완전하게 유효하기 위해서는, 내셔널 미니멈의 정책이 임금에도 적용되어야 할 것이다.

임금에 대한 내셔널 미니멈의 제의 —어떤 고용인도 그 이하로 노동자를 고용하는 것은 허용되지 않는, 일정한 1주 소득액의 제정— 는 아직 어떤 노동조합 운동가의 유력한 부분에 의해 행해진 것이 없고, 어떤 내무부 장관에 의해서도 고려된 적이 없다. 그러한 공장 입법의 정책을 논리적으로도, 실제적으로도 분명히 완성하고자 하지 않는다는 것은, 노동자와 고용인 어느 측도, 모두 임금이 법률에 의해 결정되는 것을 두려워하는 것에서 생기는 것이라고 우리는 생각한다. 그러나 이상의 제의는 이것과는 전혀 다른 종류의 것이다. 위생에 관한 내셔널 미니멈을 정하는 것은, 영국 산업의 대중심지에서 법률에 의해 규정된 최저한에 비해, 채광이나 환기나 공간이나 난방이나 위생 설비라는 점에서 궁전과 같은 공장의 설립을 방해하지는 않았다. 여가와 휴식에 관한 내셔널 미니멈, 가령 섬유공업의 1주 56시간 반의 표준 노동시간 결정은, 결코 노섬벌랜드의 광부가 그 1주 37시간제를 유지하고, 또는 런던 기계공이 1주 48시간제를 계약하는 것을 방해하지 않는다. 그래서 더 나아가 임금에 관하여 내셔널 미니멈의 제정을 한다는 것이, 전국에 걸친 무수한 종류의 직업에서 실제로 현재 행해지거나 장래 확보되어야 할 높은 임금률과 서로 어울리지 않는 이유는 더욱 존재하지 않는 것이다. 런던 주 의회가 그 의결에 의해 1주 24실링 이하로는 어떤 노동자의 고용도 허용하지 않는다는 것은 협정에 의해 그보다 높아지는 비율로 노동자를 고용하는 것을 방해하지 않는다. 만일 하원이 현재의 스웨트 시스템의 폐해에 대항한 고상한 선언을 유효한 최저한으로 대체하고자 한다면, 정부의 여러 장관은 계속하여 최저한의 노동자를 제외한 모든 노동자에게는 그보다 높은 임금을 지불할 것이다.

내셔널 미니멈의 목적은 산업상 기생이라는 폐해에 대해 사회를 보호하는 것에 있으므로, 남녀 각각에 대한 최저임금은 국민의 풍속과 습관에 따라, 체질의 저하를 피하기 위해 생리학상 필요한 의식주 비용에 관한 실제적 연구에 의해 결정될 것이다. 따라서 그러한 최저한은 낮을 것이고, 그 설정은 무규제 산업의 비숙련공에 따라서는 선물로 환영될 것이지만, 그것은 결코 면공이나 광부에 의해 만들어진 '생활 임금'의 개념과 일치하지 않을 것이다. 성년 남자의 내셔널 미니멈은 과연 성년 여자의 그것에 대해 어떤 비율이어야 하는지, 만일 도시와 지방 사이에 차이를 둔다면 그 비율은 얼마나, 또 그 수준은 (소년과 여성의 노동시간처럼) 중앙 당국에 의해 정해져야 하는지, 또는 (아동 노동에 대한 교육 조건처럼) 지방 당국에 의해 정해져야 하는지 주도면밀한 고려를 필요로 하는 것이다. 영국의 산업과 정부 행정 조직의 실제에 정통하지 않은 사람들에게는, 그러한 사상이 실행하기 어려운 것으로 보일지 모른다. 그러나 사실상 당국이 최저임금을 설정하는 것은 이미 매일 행해지고 있다. 전국에 걸친 모든 행정 단체는 그 최하급 노동자에 대해 어떤 임금을 지불해야 하는지를 여론의 비평하에 결정해야 한다. 그것은 어떤 가격이라고 해도, 심지어 하루 1실링으로도 그들을 고용할 수 있다. 그러나 실제로 행해지는 바는, 그 당국의 공무원이 이 정도라면 영원히 충분하게 좋은 일을 얻을 수 있다고 생각하는 임금을 정하는 것이다. 나라 안에서 가장 최대 규모의 노동 고용인인 중앙정부는 이와 마찬가지로, 그것이 얻을 수 있는 가장 값싼 노동자를 그들에 대한 최저임금으로 취하지 않고, 신중하게 각 부의 최저임금을 정한다. 이러한 정부 노동에 대해 지불되는 비율의 조직적 결정은 새뮤얼 페피스(Samuel Pepys)[63] 시대부터 존재한 것에 틀림없지만, 최근 수년간 서서히 의식적으로 우리가 부르는 생활임금이론이라는 것에 기초하기에 이르렀다. 그래서 해군부는 현재 언제나 노동부나 자신의 공무원에 의해 여러 지방의 생활비에 관한 재료를 수집하고, 그것에 의해 그 노동자의 임금을 그 생활비에 적응시키고자 한다. 그리고 지방 정치 단체에서는, 여론의 압박에 의해 그 위원회가 신중하게 결정한 최저한으로 여러 부서 공무원의 우연한 결정을 대신하는 것을 우리는 매일 목격한다.[64] 일반적으로 인정되지는 않지만, 확실히 이와 같은 변화가 개인의 기업에도 생기고 있다. 산업의 중요 지도자들은 그 사업의 영속적 능력에 이해관계를 가지므로, 오래전부터 최저 계급의 비숙련 노동자에게 지불되어야 할 최저임금을, 그 노동자가 생활할 수 있다고 생각되는 것에 따라, 신중하게 결정되어야 한다는 관행을

---

63) 새뮤얼 페피스(1633~1703)는 영국의 해군 장관. (옮긴이 주)

64) 프랑스, 미국, 벨기에, 이탈리아, 스위스에서 공공 당국을 위해 노동하는 사람들에 대한 표준 임금률의 지불을 확보하기 위해 취하는 수단에 대한 흥미로운 조사는, 오귀스트 쿠페(Auguste Keufer), 『현행 입찰제도의 폐해를 제거하는 정책에 대한 조사 보고(*Rapport tendant à rechercher les moyens de parer aux funestes conséquences du système actuel des adjudications*)』(Paris, 1896), 48쪽에서 볼 수 있다. 또 루이스 카첸슈타인(Louis Katzenstein), 『영국 입찰제도하의 임금 문제(*Die Lohnfrage unter dem Englischen Submissionswesen*)』(Berlin, 1896)와 브뤼셀 시의회의 공공 도급 업무에서 지불되는 임금률을 정하는 효과에 대해 중요한 〈조사〉 2권(Brussel, 1896)과 〈정부 계약 조건에 관한 하원위원회 보고〉(1897년 7월)를 참조하라.

어떤 보수도 받지 않는 견습이나 도제를 고용하는 습관을 금지하기 위해 1869년 빅토리아 공장법(제1445호)은(제16편) "누구도 1주에 최소한 2실링 6펜스의 임금을 받지 않고서는 어떤 공장이나 직장에 고용될 수 없다"고 규정했다.

채택했고, 최저 가격으로 노동을 얻고자 하는 것을 유일한 목적으로 삼는 하수인에게는 그 업무를 주지 않았다. 철도 회사는 결코 그 지위를 입찰 도급에 내어 최저임금에 응하는 노동자를 고용한다는 것은 꿈에도 생각하지 않았고, 보통 행해지는 바는 철도 사환이나 전철수의 급료율은 미리 신중하게 결정되는 것이었다. 그리고 이러한 최저한의 결정이, 어떤 최대 산업의 경우에는 개별 고용인의 손에서 벗어나, 중재자에 의해 조정되기에 이른 것이 최근 10년간 현저한 특징이 되었다. 최하급 노동의 임금은 어떤 경우에도 그 노동자의 산업적 능률을 유지하기에 충분한 것이어야 한다는 가설은, 실제로 어느 쪽에서도 승인하는 것이므로, 중재인의 일은 비교적 쉬운 것이 되었다. 가령 제임스 경은 최근, 북동 철도회사에 고용된 모든 하급 노동에 대해 최저임금을 정했는데, 이는 일반적으로 인정되었다.[65] 사실 생리학적 기초에 서서 최저임금을 정하는 것은, 위생의 최저한을 정하는 것보다 더 간단하고, 더욱 기술적인 지식을 요하지 않는다. 그리고 이는 또한 여성이든 남성이든 간에, 그 노동시간을 정하는 것보다도 일상적인 산업 관리나 그 생산력을 방해하는 것이 훨씬 적다. 이를 구체적으로 말하면, (암스트롱의) 다이어 대령이나 (사우스 메트로폴리탄 가스 공장의) 리브세이(Livesey) 씨가 임금 법정에 대한 추상적 공포로부터 조금이라도 도망칠 수 있다면, 그들은 위생이나 안전에 관한 공장법의 요구나 노동시간의 제한이라는 쪽이, 최하급의 노동에 대한 임금의 내셔널 미니멈보다도 훨씬 그들 자신의 재량에 의한 사업의 최저 관리에 대해 더욱 유해하다는 것을 인정할 것임에 틀림이 없을 것이다. 사실로서도 일어나는 것은, 더욱 좋은 회사에서 실제로 지불하는 임금을 내셔널 미니멈으로 채택하는 것

---

65) 〈노동 가제트〉, 1897년 8월호에 실린 그의 판정을 참조하라.

이고, 따라서 이러한 좋은 회사가 받는 영향은 그 경쟁자를 그들 자신과 같은 수준에 두는 범위를 벗어나지 않는다.[66]

내셔널 미니멈에 대해 실제로는 그 영향을 받지 않는 고용인 측의 **선천적** 반대론보다도 더욱 두려운 것은, 언제나 기생적 산업에서 이윤을 얻는 사람들로부터 그러한 제의가 받는 격렬한 방해일 것이다. 이러한 방해는 필연적으로 두 가지 중요한 논의에 집중된다. 그들은 만일 자신 등이 고용하는 모든 사람에게 상당한 조건을 부여하여야 한다면 그 산업은 바로 이윤이 없게 되고, 따라서 없어지거나 외국으로 쫓겨나게 된다고 주장한다. 또는 그러한 산업의 범위의 축소와는 전혀 별도로, 체질이 약한 자나 무능한 자, 장애자나 노인, '성질이 좋지 못한 자'나 '불쌍한 과부'처럼 지금은 일종의(즉 어떤 부분의) 생활 자료를 얻고 있지만, 만일 그들에게도 내셔널 미니멈의 임금을 지불해야 한다면, 당연히 전적으로 고용될 가치가 없게 되는 그런 경우는 어떻게 해야 하는지 물을 것이다.

내셔널 미니멈의 제정은, 오늘날 기생적 노동에 의해 영위되는 산업을 반드시 파괴하는 것을 뜻하는 것은 결코 아닐 것이다. 어떤 특정한 산업

---

[66] 우리는 다음을 강조하고 싶다. 즉, 법률에 의해 국민적 최저임금을 정하는 것에 어떤 정치적 반대가 있다고 해도, 또 그것을 실행하기에 어떤 실제적 어려움이 있다고 해도, 그 제의는 이론경제학의 견지에서 본다면 법률에 의해 위생의 내셔널 미니멈을 정하는 것이나, 여가에 대한 내셔널 미니멈을 정하는 것 ―양자 모두 원칙적으로 영국 공장 입법 중에 이미 구체화된 것― 과 같이 반대를 받아서는 안 된다. 그리고 실로 최저임금이 기계와 공장의 충분한 사용을 저해하거나 그 밖에 생산력을 저해한 적은 결코 없으므로, 노동시간의 제한보다도 경제학적 비평을 받는 것이 적을 것으로 생각된다.
임금의 내셔널 미니멈은 필연적으로 시간급이 됨을 뜻한다고 생각해서는 안 된다. 그것이 표준 성과급 임금표의 형태를 취해도 반대는 없을 것이다. 이러한 임금표가 ―유력한 노동조합에서 언제나 볼 수 있듯이― 직공이 고용인에게 고용되는 동안, 반드시 매주 표준 성과급 임금률로 충분한 일을 제공받아 1주의 최저 수입을 얻을 수 있거나, 또는 그렇지 않은 경우 그 시간의 지불을 받을 수 있다는 보증과 결합될 필요가 있다.

경영 방식이 장려금이나 보조금에 의해 조성되는 경우, 이는 거의 틀림없이 채택되고 그 결과는 사업 운영의 다른 방법을 제외하게 될 것이다. 만일 그 보조금이 철회되는 경우 종종, 그 산업이 다른 과정, 즉 자본가에게는 보조금을 받는 방법보다도 목전의 이익은 적지만, 결과는 장기적으로 그 산업에 분명히 더욱 유리하게 되는 방법으로 돌아간다. 자유무역주의자가 즐겨 주장하는 이러한 결과는, 그 장려금이나 보조금이 보호관세, 과세 면제, 직접 부여금이라는 형태를 취하지 않고, 임금 등의 고용조건에 의해 회복되어 그 이상의 노동력을 육체노동자로부터 착취하는 특권인 경우에는, 더욱 확실한 것이 된다. 미국의 남부 여러 주에 흑인 노예가 존재하는 동안, 다른 산업 경영의 방법을 전적으로 경제적으로 불가능하게 했다. 그러나 이는 면의 재배에 대해 경제적으로 참으로 유리한 것이 아니었다. 초기의 공장제에서 '백인 노예'는 그것이 허용되었을 동안, 어떤 제조업자도 더욱 인도적인 고용조건을 채택하는 것을 방해했으나, 랭커셔의 공장주들은 더욱 인도적인 조건이 그들에게 강제되는 것을 보고, 그것은 무제한적 경쟁을 자유롭게 명령하는 조건보다도 더욱 이익이 많은 것이었음이 발견되었다. 무규제 산업에서 경쟁적 압력의 흐름이 고용인과 직공 양자를 함께 따르게 하는 낮은 임금은, 그 자체로는 초기 랭커셔 면공장의 긴 노동시간과 위생 설비 결여보다 산업에서 경제적 이익이 되는 것이 아니라는 것에는 크게 믿을 만한 이유가 있다. 솔직히 말하면, 고용인이 더 많이 지불하면, 그 노동은 즉시 더 가치 있는 것이 된다. 그리고 이것이 분명한 사실인 한, 내셔널 미니멈은 노동의 손실도, 고용인의 부담도, 사회의 불이익도 낳지 않고, 생활 수준을 높게 될 것이다. 나아가 고용인이 현재, 그 제안된 최저한보다도 더 낮은 임금을 지불한다는 단순한 사실은, 결코 그 노동이 그들이나 그 소비자에게 그 이상의 가치가 없다는 증명이 되는 것이 아니다. 왜냐하면 그 최하급 노동의 임금은 개별 노동자의 가치에 따라 결정되는 것이 아니라, 대부분은 한계적 직공의 곤궁에 의하기 때문이다. 어떤 특정 상품이 생산되지 않고 끝난다고 하기보다도 사회는 그것에 대해 기꺼이 더 많은 것을 지불하리라는 것도 충분히 가능하다. 그럼에도 불구하고 임금소득자가 생존 임금, 더 정확하게 말하면 기생 임금으로까지 압착되어가는 동안, 경쟁의 압박은 고용인에게, 소비자가 바라든 바라지 않든 간에, 임금소득자를 압착하게 될 것이다.

그러나 기생의 금지는 어떤 산업을 제한하는 효과를 갖는다는 것을 인정할 수 있다. 가장 유능하고 가장 좋은 설비를 갖추고 있으며 가장 유리한 지위에 있는 고용인은, 그 새로운 조건하에 사업을 진행할 수 있을 뿐 아니라, 그 변화에 의해 이익을 얻을 수도 있을 것이다. 바로 한계에서 투쟁하는 회사는 아마도 망할 것이다. 심지어 특정한 스웨트 직은 외국으로 넘어갈 수도 있다. 만일 프랑스 정부가 제당업에 대해 지금의 장려금을 철회하는 경우, 프랑스의 어떤 공장은 분명히 폐쇄될 것이고, 다른 사정에 변화가 없다면, 프랑스 설탕의 모든 수출액은 감소할 것이다. 그러나 단순히 장려금에 의해 어떤 산업을 존속시키는 것은, 달리 어떤 이익이 있다고 생각되어도, 그 자체로는 그 나라의 생산 총액이나 업무의 범위를 증대시키지 않는 것임은 모든 경제학자가 승인할 것이다. 그 장려금이 행하는 바는, 그것이 없는 경우에는 다른 상품의 생산에 사용되고, 필경 더욱 큰 이익을 낳을지도 모른다고 생각되는 자본과 노동을 제당업으로 바꾸게 된다. 왜냐하면 만일 그렇지 않은 경우 장려금은 요구되지 않았을 것이기 때문이다. 그래서 장려금이 철회되는 경우, 그 전환은 정지하고, 이용할 수 있는 자본과 노동은 다시, 더욱 유리하게 국가의 산업에 배분된다. 만일 이에 대해 그 다른 상품에 대한 수요가 없으리라고 항의되면, 답은 명백하다. 만일 장려금을 받는 설탕의 수출이 정지된다면, 그것과 교역되는 상품의 수입도 정지되고, 따라서 그것은 국내에서 생산되어야 한다. 앞서 설탕 생산에 사용된 자본과 노동은 이제 자유롭게, 앞에서 설탕의 수출에 의해 얻어진 상품을 생산하게 된다. 요컨대 총생산액은 변하지 않기 때문에 총수요액이 감소할 수 없다. 왜냐하면 양자는 동일물의 다른 측면에 불과하기 때문이다.

이와 정확하게 동일한 이론이 우리가 위생적 산업이라고 부르는 것과 관련하여 적용된다. 이러한 산업의 고용인은 지금까지 그 임금의 보상 이상의 노동력을 얻었다고 가정한다면, 고용조건에 관한 내셔널 미니멈을 유효하게 강제하는 것은, 언제나 장려금의 단순한 철회와 같을 것이다. 따라서 우리는 이러한 산업의 축소를 예상해야 한다. 그러나 다른 쪽으로는 적어도 이와 상당한 정도의 확장이 있을 것이다. 가령 피복도매상이 그 자택 노동자 전체에게 상당한 조건을 부여해야 한다고 가정하자. 이는 어떤 피복 생산비를 인상시킬지도 모른다. 이는 확실히 그 수출 무역액을 감소시키고, 심지어 어떤 시장을 완전히 상실하게 할지도 모른다. 이처럼 우리가 수출액을 저지하는 것은, 두 가지 결과 중에 하나의 결과를 초래할 것이다. 만일 우리의 수입을 계속 감소하지 않는다면, 우리 수출 총액은 외국에 대한 우리의 채무를 갚기 위하여 어떻게든 메워야만 하고, 그래서 국제적 수요는 다른 부문의 영국 수출업을 확장시키게 될 것이다. 그러므로 이 가정에 의하면, 피복도매상에서의 기생 구축은 분명히 수출의, 따라서 가령 직물이나 기계나 석탄과 같은 생산자 수를 적극적으로 증가시키게 될 것이다. 그러나 피복 도매업의 축소는 우리 수입을 감소시킬 것이라고도 논할 수 있다. 이 경우에는 결국 가난한 영국의 농민에게 희망의 빛이 생겨나고, 그들의 매각량은 이전에 외국의 식료품으로 충당된 수요에 응하기 위해 증가될 것이다. 그러므로 새로운 국민 생산의 배분이 기생의 금지에 의해 행해진다고 해도, 총생산액, 따라서 이에 따라 보면 총수요액이나 업무의 모든 범위가 어떤 방식으로 감소할 것을 우려할 이유는 전혀 없다고 하게 된다.[67]

67) 이 논의를 따라 그 논리적 결론에 이르게 되는 것은 흥미로운 일일 것이다. 모든 산업이 기생적인 하나의 나라 —즉 모든 육체노동자가 영원히 산업적 능률을 유지하기에 충분하지 않은 조건하에서 일하는 있는 나라— 가 있다고 가정하자. 이 경우 내셔널 미니멈의 시행은, 반드시 생산되는 모든 상품의 자본가-기업인에게 (실제의 노동비가 아니라고 해도) 그 생산비를 인상시키게 할 것이다. 그럼에도 불구하고 경제학자는 이 정책의 채택을 권고한다. 일반적 기생에 의해 야기된 사회적 퇴화와 산업적 진보를 저지하는 것은, 사회 전반의 경제적 이해관계라는 점에서 말하면, 사활의 문제일 것이다. 미래를 이끄는 것의 금지에 의해 야기되는 생산비의 증대는, 일반적으로 물가 인상을 초래할 것이다. 그리고 그러한 인상은 임금 인상의 이익을 말살하게 된다고 종종 논의된다. 허버트 스펜서 씨는 『종합철학(Synthetic Philosophy)』의 마지막 권에서 무비판적으로 이를 노동조합운동에 대한 경제적 반대론으로 삼고 있다. 그는 말한다. "만약 임금이 인상된다면, 생산된 상품의 가격도 인상될 것임에 틀림없다. 그 경우, 만일 오늘날처럼, 노동조합이 거의 모든 노동자 사이에서 설립되고, 그러한 노동조합이 각각 임금 인상에 성공한다면, 어떤 결과가 될까? 그들이 제조한 여러 상품은 모두 가격 인상을 초래함에 틀림없다. 그래서 모든 노동조합 운동가는 임금 인상에 의해 그만큼 수입이 더 많아짐과 동시에 인상된 만큼 비싸게 사야 하므로 그만큼 더 지출을 해야 한다."(『산업제도(Industrial Institutions)』, London, 1896, 536쪽) 그러나 이는 임금소득자가 그가 생산하는 상품과 노무의 전부를 소비자로서 구입하는 것이라고 가정하는 것이다. 우리는 독자에게 이것이 진실이 아님을 주의하게 할 필요는 없다. 영국에서 임금소득자는 인구의 5분의 4를 차지하지만, 그들은 —가장 많이 견적하여— 그 1년 생산품 및 노무 총액의 겨우 3분의 1에서 5분의 2를 소비하는 데 불과하고, 그 나머지는 유산 계급과 정신노동자에 의해 향락되고 있다. 가령 임금이 40만 파운드 인상되고, 그로 인해 일반 물가가 그 50만 파운드의 범위에서 널리 모든 생산품에 걸쳐 균일하게 인상된다고 해도, 임금소득자가 자신의 매물에 대해 하나의 계급으로서 그 증가한 가격의 3분의 1에서 5분의 2 이상을 부담해야 한다고 말할 수 없다. 만일 그 가격 상승이 상품 및 노무 전부에 미치지 않고, 겨우 다른 계급에 의해 소비되는 것만 야기한 경우, 임금 인상은 순수하게 임금소득자의 이득이 될 것이다. 그 인상이 전적으로 임금소득자에 의해 소비되는 상품에만 생긴다는 —위에서 말했듯이 이러한 상품은 전체의 3분의 1에서 5분의 2에 불과하기 때문에— 있을 수 없는 경우에 한하여 그 계급은 그 임금 인상의 행동이 스펜서 씨가 상상한 것처럼 간단하게 무효가 되는 것을 알 것이다. 따라서 가령 모든

따라서 그 기생의 금지는 현재 스웨트업에서 일하는 개개인에게 어떤 효과를 미치는가라는 문제를 야기한다. 우리는 모든 산업의 변동이나 생산 공정의 변화에 따라 종종 생기는 불가피한 개인적 곤란에 대해 논의할 필요는 없다. 모든 국가 산업의 분배에 관한 의미 있는 개선은, 따라서 서서히, 피해자에 대해 공정하게 고려하면서 행해져야 한다. 그러나 오늘날 내셔널 미니멈보다도 더욱 적은 액을 받는 사람들은 모두 그 제정에 의해

임금소득자 계급의 생활 수준이 올라가, 그것으로 인해 일반적으로 상품 가격이 그것과 같이 상승했다고 해도, 결과는 그것과 관계없이 임금소득자의 순수한 이익을 초래할 것임에 틀림없다. 이 과정은 이론상, 매우 멀리까지 나아갈 수 있다. 즉 그 궁극의 부담자는 지대와 이자의 불로소득자로서, 그들의 수입은 명의상 변화가 없지만, 점차 더욱 적어지는 매년 생산액의 부분을 얻게 된다. 그러나 실제로는 임금을 무제한으로 인상시킨다는 것에는 한계가 있다. 왜냐하면 시민-소비자의 사회에서 최하급 부문 사람들의 이익을 위해 어떤 하나의 법정 최저임금이라고 하는 것 —이는 언제나 유복한 구매자 대다수에게 부담을 주는 것이므로, 이 다수에게 공공의 복리에 필요한 것이라고 생각될 수는 없다— 을 허용하기에 이르지 않을 것이기 때문이다.
이와 같이 노동 가격의 일반적 상승이 심지어 물가의 일반적 인상을 초래해도, 그 나라의 외국 무역에 불리한 영향을 초래한다고 추정할 수는 없다. 어떤 상품의 가격이 인상되면 거의 언제나, 그 상품의 수입이나 수출 무역액에 직접 영향을 준다. 그러나 물가 인상이 그 나라의 모든 상품에 대해 일반적이고 균일적인 경우, 그 나라의 수출 총액은 단지 그 인상으로 인해 감소하지 않을 것이다. 영국의 수입액은 (기타 모든 대외 부채와 함께) 수년간 평균적으로, 영국의 수출액(그중에는 기타 영국에 대한 외국의 채무도 모두 산업하여)에 의해 지불되어야 한다는 것은, 학문적인 경제이론뿐만 아니라, 모든 나라의 실제적 재정가의 자명한 이치가 된다. 모든 노동비의 일반적 증가, 즉 생산 수준의 상승이나 공장 입법의 일반적 진보, 또는 8시간제의 보편적 채택과 같은 것은, 만일 논의를 위하여 그 결과 똑같은 물가 인상이 초래된다고 가정할 수 있어도, 외국에 대한 영국의 1년 부채액을 —설령 그것은 일시적으로 수입을 촉구하여 이를 증가시키지 않았다고 해도— 감소시키지는 않는다. 따라서 어떤 나라의 단순한 일반적이고 균일적인 물가 인상은, 그 총가치액에서 그 나라의 부채를 변제하기 위해 이전과 다름없이 상품이 수출되는 것을 저지하지 않는다는 것은 확실하게 추정된다. 요컨대, 단순히 육체노동자가 생산 총액의 더욱 큰 비율을 얻어 산업의 지배자, 즉 자본가가 더욱 작은 비율을 받는다는 것은, 그 나라에 대하여 국제 무역의 총액이나 이익에 어떤 영향도 미치지 않는다. 이 문제를 충분히 다룬 부록 2를 참조하라.

배제될 필요는 전혀 없다.

우리는 먼저, 위생이나 노동시간이나 임금의 표준 조건의 이상이라고 하는 것이, 어떤 방면에서는 노동의 수요를 적극적으로 자극하는 것을 본다. 전일제나 반일제에 대해서도 연령을 필요한 만큼 인상하는 것에 의해 초래된, 소년소녀 고용의 감축은 그 자체, 성년자가 차지한 취직처의 수를 증가시킬 것이다. 표준 노동시간의 강행은 오늘날, 가장 궁박한 직공에 의해 행해지는 과도한 노동시간을 금지하고, 고용 인원을 증대시킬 것이다. 나아가, 자립적인 산업의 발전은, 이미 고찰했듯이, 반드시 스웨트업의 축소를 수반하기 때문에, 자동적으로 실업 노동자 중에서 가장 좋은 사람을 그 자체나 유사 산업에 흡수하고, 견습에 대해서도 새로운 수요를 만들어낼 것이다. 마지막으로 자택 노동자나 런던 부두 노동자에 대해 그렇게까지 비참한 영향을 미치는 고용의 불규칙성을 폐기하는 것은, 새로운 상용 직원의 채용을 결과할 것이다. 이 모든 변동은, 오늘날 오직 부분적으로, 또는 발작적으로 고용된 것에 불과한 사람들 사이에서 선택된 모든 계급의 직공에게, 그 내셔널 미니멈에서 또는 그 이상에서 정규 업무에 들어가게 할 것이다. 그리하여 가장 유능하고 가장 훌륭한 사람들은 모두 확실하게 정규의 취직처를 갖게 된다. 그러나 이러한 고용의 집중은 분명히, 무규제의 경우나 일부의 생활 자료를 '확보한' 사람들을 전적으로 배제하는 것이다. 이처럼 영구적으로 고용되지 못한 사람들이 산업적 업무로부터 학교 교실로 옮겨진 아동에 불과한 경우에는, 이러한 변동이 전적으로 유익한 것임을 전혀 의심할 수 없다. 모든 고용을 오로지 상용자에게만 집중하고, 돌보아야 하는 유아를 데리고 있는 여성들을 점차 임금노동에서 제외하고, 그들을 자유롭게 가정 업무를 하게 하는 산업조직의 개조에 대해 환영하는 사람들은 적지 않을 것이다. 그럼에도 그 외에 성년 남성의 노동이나 독립적인 여성의 노동에 대한 수요가 증대함에도 불구하고, 어떤 자격에서도 내셔널 미니멈을 얻을 수 없는 잔존자가 남아 있음은 고찰할 필요가 있다. 사실 우리는 실업자 문제가 아니라 취업 불능인 문제에 직면해야 한다.

(f) 취업 불능인

여기서 우리는 단호하게 매우 중요한 구별을 할 필요가 있다. 즉, 일시적 실업자와 취업 불능인의 구별이다. 평상시에는 자신의 생계를 꾸릴 수 있는 노동자가 단지 일시적으로 일이 없기 때문에 실업하는 것과, 언제나 정규직에 들어가 충분한 급양을 받을 수 없기 때문에 직업이 없는 노동자의 경우는 전혀 다른 입장에 있는 것이다. 실업의 기간이, 만약 직장에서 직장으로 이동하는 것에 불과한 것이라면, 그것은 거의 모든 직업에서, 심지어 가장 유능하고 가장 훌륭한 노동자에게도 일시적으로는 불가피한 것이다. 그러한 강제된 태만의 기간의 빈도와 길이를 줄이는 것, 그것이 야기하는 어려움을 완화하는 것, 이로 인한 개인적 품성의 영구적 퇴화의 생산을 저지하는 것은, 이미 고찰했듯이, 노동조합운동의 가장 중요한 목적 중 하나이다.[68] 그러나 이러한 폐해는 주로 유능한 자에 대한 고용 양의 계절적 또는 순환적 변동에 의해 생기는 것으로, 무능자를 어떻게 취급해야 하는가라는 문제와는 아무런 관계가 없다. 이러한 두 가지 문제가 서로 어쩔 수 없이 연결되고, 언제나 같은 하나로 간주되는 한, 그 어느 것도 과학적으로 취급할 수 없다.

---

[68] 이에 대해서는 다음 장 '노동조합운동과 민주주의'에서 다시 논의한다.

취업 불능인의 문제는 법률로 내셔널 미니멈을 정하는 것에 의해 발생하는 것이 아니다. 취업 불능인은 언제나 우리와 함께 있다. 인구의 어떤 부분과 관련하여, 이러한 종류의 실업은 사회적 질병의 징표가 아니라, 사실 사회적 건강의 징표이다. 국가적 능률이라는 점에서 본다면, 인도라는 점에서 보는 것과 같이, 아동이나 소년이나 임산부가 빈곤으로 인해 끝없이 노동시장에서 생활 자료를 구해야 할 필요가 없는 것이 바람직하다. 그러나 그 밖의 모든 경우, 생계를 얻을 힘이 없거나 그것을 거부하는 것은, 육체적 또는 정신적으로 건강하지 못하거나 질환이 있다는 징후이다. 이러한 취업 불능인의 중요한 계급 ―병자나 불구자, 바보와 정신이상자, 맹인과 농아자, 죄인과 구제할 수 없는 게으름뱅이, 실제로 '도덕적 결함이 있는' 모든 사람― 에 대해 그 무력은 어떤 사회도 도저히 완전하게 면하는 것을 예상할 수 없는 개인적 질환의 결과이다. 그러나 우리에게는 제3의 부류의 취업 불능인이 있다. 즉 보기에는 신체나 정신에 질환을 갖고 있지 않지만, 규칙적으로나 지속적으로 일을 할 수 없거나, 역량이나 속도나 숙련이라는 점에서 현저히 결여되므로 그로 인해 자신이 종사하는 산업질서 중에서는 어떤 직장에서도 그 생활 자료를 얻을 수 없는 남녀이다. 그 뒤의 두 가지 부류 ―신체나 정신에 질환을 가지고 있거나 선천적인 무능인― 는, 우리가 사회적 대책을 현명하게 세울 수 있느냐에 따라 각각의 소부류에서 그 수가 증대하거나 감소할 수 있다. 만일 우리가 이러한 취업 불능인을 최저한으로 줄이고자 바란다면, 각각의 소부분에 따라 이중의 정책을 실행할 필요가 있다. 즉 우리는 한편으로, 우리의 사회조직을 조정하여 육체적으로도 정신적으로도 그런 퇴화가 생기는 것을 가능한 한 최저한에 그치도록 해야 한다. 그리고 다른 한편으로는, 이미 생긴 환자에게 질병의 진행을 멈추도록 하고, 가능한 방법을 사용하여 병자의 건강을 회

복하도록 해야 한다. [69)]

이제 우리는 여기서 각종 취업 불능인의 발생과 감소, 그리고 회복을 촉진하기에 가장 효과가 있는 사회적 섭생법과 치료법까지 검토할 수는 없다. 이러한 육체적 및 정신적인 허약자와 낙오자는 여하튼 타인의 부담에 의해 부양되어야 한다. 그들은 어떤 일을 능력의 범위 내에서 하든 하지 않든 간에, 자신의 재산이나 저축에 의해, 또는 자선이나 공금에 의해 부양된다. 그러나 그러한 불행한 기생자를 다루는 모든 수단 중에서, 사회에 가장 위험한 것은, 그들이 임금소득자로서 자유롭게 산업조직 내의 지위를 다투는 것을 방임하는 것이다. 왜냐하면 그것으로 인해 바로 경쟁의 결과가 최적자 선택으로 되지 않고, 따라서 경쟁의 참된 목적을 파괴하기 때문이다. [70)] 어떤 공통규칙도 존재하지 않는 경우에는, 이미 고찰했듯이, 고용인으로서는 기생적 임금으로 노무를 제공하는 육체적인 또는 정신적인 허약자를 채택하는 쪽이, 그 능률의 유지에 필요한 조건을 주장하는 가장 유능한 직공을 채택하기보다도 유리하게 될 수 있을 것이다. 이와 마찬가지로, 모든 산업이 기생적 노동에 의해 국민의 자본과 지력을 더욱 생산적인 방법에서 전환시켜, 더욱 유능한 직인의 지위를 전복하여 번영할 수도 있다. 그 산업적 기생이 불규칙적인 고용 형태 ―가령 모든 대도시의 자택 노동자나 런던 부두 노동자 사이에서와 같은― 를 취하는 경우, 그 효과

---

69) 신체적 질환에 관련된 이 이중 정책은, 오늘날 공중보건법에 규정되어 있다. 높은 건강 수준을 유지하기 위해 배수와 급수, 공해(Nuisance)와 인구 밀집에 관한 '공통규칙'이 각자에게 시행되고 있다. 그럼에도 불구하고 생기는 질환에 대해서는 병원이 설립되어 있다. 그리고 그 병자가 건강한 사람에게 해를 준다고 인정되는 경우, 격리와 적절한 수단이 강제된다.

70) "경쟁의 중요한 기능은 선택의 기능이다." 폭스웰(Foxwell), 원저 689쪽에 인용된 논문에서 인용.

는 실제로 그 질환의 범위를 확대한다. 이 경우의 업무량은 그런 자유노동의 어떤 부분을 상당한 1주 소득액에 가까운 것으로, 정규 업무에서 일하기에 충분할 것이다. 그러나 그것은 그 전체 계급에 걸쳐 부분적인 고용과 부분적인 급여로 나누어지므로, 그 불충분하고 불규칙적인 것은 모두 하나같이 타락시키고, 우리 대도시 인구의 모든 부분을 영구적으로 규칙적인 행동과 지속적인 업무를 불가능하게 한다. 그리하여 그 질환은 영속되고, 그 범위가 광대하기 때문에 격려하는 것도, 적절하게 대우하는 것도 불가능하게 된다. 모든 일상생활에 섞는 것에서 생기는 유해한 효과를 희미하게 인정하는 것은, 물론 인도적인 동기의 첨가와 함께 병자나 허약자, 심신허약자나 정신병자, 불구자나 간질환자까지, 어떤 문명사회에서도 차차 경쟁적 시장에서 멀어지게 하여, 그 능력과 그 욕구에 따라 과학적으로 다루게 하기에 이르렀다. 이러한 견지에서 본다면, 네덜란드나 독일의 '노동 식민지'는 이와 동일한 정책의 확장이다. 우리가 산업상의 약자나 심지어 게으른 자를 공금에 의해 유지하게 하는 것은 사회에 대한 일정한 부담을 의미한다. 그들을 자유롭게 건전한 사람들과 기생적 경쟁을 할 수 있도록 방임해두는 것은 노동시장을 더럽히는 것이고, 그들만이 아니라 모든 임금소득 계급의 생활 수준과 행동 수준의 비참한 저하를 뜻하는 것이다.[71]

그리하여 우리의 의견으로는 교육, 위생, 여가, 임금의 내셔널 미니멈의 정책을 채택하는 것은, 자신의 생활 자료를 만들 수 없는 사람들에게 어떤

---

71) 만일 모든 계급의 노동자 임금은, 완전 경쟁하에서, 전혀 고용되지 않는다는 한계에 있는 계급의 한계 노동자의 부가적 노동에 의한 순생산물과 균일하게 되는 경향이 있다고 한다면, 한계 임금 노동자의 능력을 향상시켜, 빈민을 ―반드시 그들에게 유리한 생산적 노동에서가 아니라도― 경쟁적 노동시장에서 제외하는 것은, 모든 노동 계급의 임금을 증대시키는 것으로 보일 수 있다.

형태로 사회에 의해 행해지는 급여액을 결코 증대시키는 것이 아니다. 도리어 반대로 그것은 매년 살아 있는 허약자나 낙오자의 수를 감소시키거나 기존의 그런 사람들을 명확하게 구별하여 그들을 격려하고 이를 적절하게 취급하여 끊임없이 이를 감소시키는 경향이 있는 것일 것이다.[72)

그러나 내셔널 미니멈은 정확하게 어떤 점에 정해져야 하는가라는 것

---

72) 경쟁적 노동시장에서 제외된 사람들은, 허약자나 노인이나 빈민이나 범죄인을 불문하고, 반드시 게으를 필요는 없다. 반대로 보통, 그 자신을 위하여, 또는 그것과 같이 사회의 금전적 이익을 위해 그들은 그들이 할 수 있는 일을 해야 할 것이다. 그러나 그 생산물을 공개 시장에서 팔면 안 된다는 것은 매우 중요하다. 만일 그 생산물이 팔린다고 하면, 그것은 반드시 자립적 직공에 의해 만들어진 상품보다도 값싸게 팔릴 것임에 틀림없다. 그래서 이러한 사람들에게는 그 직업이 그렇지 않은 경우보다도 더욱 불안한 것을 보게 되고, 따라서 그 고용인에 의해 그들에게 강제되는 임금 저하에 대해 항쟁할 수 없을 것이다. 이는 종종 설명되듯이, 그러한 양육원이나 감옥 등의 시설에 있는 노동자가 다른 노동자를 대신하기 때문이 아니라, 그들이 그 생산물의 가격을 내리기 때문이다. 그 시장에 미치는 심리적 효과는, 그 직접 고객을 바꾸기보다도, 더욱 쉽지 않은 것이다. 모든 개인 제조업자는, 그 생산비를 전혀 고려할 필요가 없는 영조물에 대한 고객을 빼앗게 되어 있다고 두려워하고, 이러한 심리는 그 제품의 매입자에게 가격 이하를 강제하는 힘을 부여한다. 그 피해는 다른 계급의 생활 수준을 저하시키고, 증가될지도 모르는 고객을 그들로부터 빼앗게 되는 것은 아니다. 따라서 그 영조물에 사는 사람들은 그 안에서 소비하거나 사용하기 위해 생산하는 것에는, 결코 경제적 해가 있는 것은 아니고, 이득이 있을 뿐이다. 이는 장외의 가격이나 임금을 저하시키는 경향을 조금도 가지고 있지 않다. 그것은 마치 해상의 수부가 자신의 옷을 세탁하는 것이, 육상의 세탁녀의 임금을 저하시키지 않는 것과 같다. 그리고 부조를 필요로 하는 노동자가 사회에 대해 어떤 새로운 일의 전체를 이루는 경우에도, 만일 그것이 그들의 능력으로 될 수 있고, 더욱 유능한 노동자는 달리 사용하는 방법이 더욱 좋은 수입을 얻게 한다고 말하는 경우에는 결코 경제적으로 피해가 없다. 결코 그 일이 새롭지 않다고 해도, 만일 그것이 현재 노동자에 대해 상당한 고려를 해서 전적으로 경쟁적 산업의 범위 밖에 제외한다면, 그 경우도 이와 같을 것이다. 그리하여 모든 유능한 영국인은 그 지능과 노동을 곡물 재배나 목축에 의해서보다도 더욱 유익하게 사용할 때가 올지도 모른다. 그리고 농업의 중요한 생산 과정은 필경 오물 이용 농장이나 도축장이나 낙농장과 함께, 모두 구빈법에 의한 직업이 되고, 이윤을 위해서가 아니라 빈민이나 병약자나 노인에게 건강한 직업에 부여하기 위해 생산을 하고, 그 생산물은 외국 수입품에 의해 정해진 가격에서, 이 수입품과 경쟁하여 팔게 될 것이다.

은, 언제나 격렬한 논쟁의 대상이 될 것이다. 내셔널 미니멈이 그들에게 좋은 임금을 보증하는 것으로 가능한 한 높이 정해져야 한다는 것은, 분명히 임금소득 계급의 직접의 이익이고, 특히 자립적이지만 비교적 비숙련인 성년 노동자 대다수에게 그러할 것이다. 나아가 수입업에 의해서든 수출업에 의해서든 간에, 대외적 경쟁을 위하여 엄청난 압박을 받는 직업은, 간접적으로 경쟁자인 사람들의 생활 수준을 인상시키는 것에서 자신의 이익을 볼 것이다. 심지어, 이미 최저한 이상을 지불한 고용인들도 경제적 이익을 위해 이 방향에 들어올 것이다. 반면, 낮은 임금의 노동을 고용한 산업의 고용인들은 강제적인 조건 인상으로 입은 실각에 대해 분개할 것이고, 증가된 취업 불능의 하층민을 공공시설에 의해 부양해야 한다는 예상에 위협을 받은 납세자 전체를 그 강력한 동료로 만들 것이다. 경제학자들은 이러한 논의의 어느 것에 대해서도 중점을 두는 것을 좋아하지 않을 것이고, 그들은 현대의 납세자에게 부당한 무게를 주지 않고, 사회 전체의 능률을 끊임없이 증진하도록 내셔널 미니멈을 정하고 점차 그것을 상승시킨다고 하는, 매우 필요한 것을 정치가에게 역설하고자 할 것이다.

(g) 공통규칙 방책의 경제적 성격 요약

공통규칙이라는 방책이 갖는 경제적 효과에 대하여, 앞에서 말했듯이, 먼저 그것이 고립된 개개인의 직업에 의해 실행되는 것으로, 다음에는 그것이 국내나 외국에서 대용적인 생산 방법이나 생산물의 대치에 의해 제한을 받는 것으로, 마지막으로는 그것이 그 대용의 불법적 사용을 억제하는 것에 의해, 특수한 직업으로부터 사회 전반에 확장되는 것으로 분석해왔으나, 독자는 이에 따라 각 직업에서 임금소득자 전체가 일정한 시기와 장소에서 실시될 최상의 고용조건을 확보하는 조건과, 이와 동시에 국가 산업의 극도의 능률을 확보할 수 있는 방법을 분명히 알게 될 것이다.

우리는 먼저, 공통규칙의 필요는 사회적 피라미드의 저변에서 가장 중요한 것임을 인정한다.[73] 사회 전체의 최고 능률을 확보하는 제일 요건은, 생존 경쟁을 통제하여 어떤 부문의 사람도 그것으로 인해 기생하거나 퇴화의 상태에 빠지지 않도록 하는 것이다. 기생적 노동 계급에 의해 그 노동을 배제할 우려가 있는 임금소득자의 경제적 독립 부문의 이익이라는 점에서 말해도, 또 그것과 같이 퇴화하거나 종속되는 계급의 증대에 의해 위협되는 사회 전체의 시민의 이익이라는 점에서 말해도, 산업적 피라미드에 견실한 기초를 세우고, 그 이하로는 아무리 압박이 커도 어떤 부문의 임금소득자도 억누르지 않도록 하는 것은 매우 중요하다. 이와 같이 공통규칙의 방책을 산업에서 전 국민으로 확대하는 것 —위생과 안전, 여가와 임금에 관한 내셔널 미니멈의 조건을 널리 강행하고, 그 이하의 조건으로는 어떤 산업도 경영하지 못하도록 하는 것— 은 그 나라의 산업에, 공통규칙의 채택이 모든 특수한 산업에 대해 미치는 것과 같은 경제적 효과를 가진다고 우리는 추론할 수 있다. 그리하여 그것은 어떤 식으로도 직업 사이의 경쟁을 저지하지도, 그 강도를 약화시키지도 않을 것이다. 소비자는 자유롭게 그가 바라는 생산물을 선택할 수 있다. 그것이 남자에 의해 만들어지든 여자에 의해 만들어지든 간에, 수공에 의하든 기계에 의하든 간에, 동

---

73) 이처럼 강력한 단결의 형성이 불가능한 가장 약한 계급의 임금소득자가 스스로 포기하지 않는 것의 사회적 중요성에 대해서는 하인리히 헤르크너(Heinrich Herkner) 박사의 『경제적 진보의 필요로서의 사회 개량(*Die Soziale Reform als Gebot des Wirtschaftlichen Fortschrittes*)』(Leipzig, 1891), 제10장, 그리고 〈파업과 고용·계약의 완성〉(Leipzig, 1890)이라는 보고서, 1쪽, 35쪽 등을 참조하라.

포에 의하든 외국인에 의하든 간에 그러하다. 자본가는 자기에게 가장 유리하다고 생각하는 어떤 기계도, 어떤 공정도, 어떤 계급의 노동도 자유롭게 사용할 수 있다. 직공은 또 남녀를 불문하고 자신의 바람에 따라 어떤 직업에 들어가는 것도, 하나의 직업에서 다른 직업으로 이동하는 것도 자유롭게 할 수 있다. 사회의 모든 요구는 어떤 기생적 노동도 존재해서는 안 된다는 것일 것이다. 즉, 그 사회가 최하층 계급이 생산자와 시민으로서 충분하고도 지속적인 능률을 유지하기에 필요하다고 결정한 최저한 이하의 조건으로는 어떤 고용인도 업무를 제공할 수 없고, 어떤 직공도 이를 수용할 수 없도록 하는 것이다. 그러한 사정하에서, 경쟁의 압력은 임금으로부터 품질로 옮겨질 것이다. 계급 사이에서도, 생산 공정 사이에서도, 생산물 사이에서도 마찬가지로, 어떤 장려금에 의해서도 장애가 되지 않는, 순수한 최적자 선택이 자유롭게 행해질 것이다. 만일 어떤 계급의 직공이 다른 계급에 의해 대체되는 경우가 있다면, 그것은 그 자리를 차지한 직공이 스스로는 어떤 보조금도 받지 않고, 퇴화의 우려가 전혀 없이, 그 경쟁자보다도 그 일을 확실히 더 잘할 수 있기 때문이다. 그 결과는, 보건의 필요조건이 확보되고, 생존 경쟁은 끊임없이 언제나 더욱 높은 수준으로의 기능 순응이라는 형태를 취하고, 각 계급은 어느 것이나 기술적 능력을 개선하여 지위를 유지하려고 노력할 것이다.[74]

74) 많은 사례 중에서 두 가지만을 들어도 우리는, 여성의 사회적 지위를 개선하고, 그들의 성적 관계로부터 경제적으로 독립하는 것을 허용하기 위해서는, 점차 법정 최저임금제도를 채택하여 그 이하로는 그들의 고용을 허용하지 않아야 한다고 생각한다. 현재, 여성과 소녀가 오로지 낮은 임금을 감수하면 지금처럼 직장을 얻을 수 있다고 느끼는 것만큼, 여성이 산업에서 기술의 숙련을 얻는 것을 저지하고, 소녀들이 기술적 교육을 받고자 하는 자극을 빼앗는 것이 없다! 낮은 임금은 적당한 생리적 조건과 더욱 큰 노력에 대한 자극 양자를 결여하기 때문에, 매우 낮은 수준의 능률을 결과한다. 최근 20년간, 여교사의 능력과

가장 난감하고 의존적인 노동자 계급에 대한 조건의 이러한 내셔널 미니멈은, 분명히 법률 제정이라는 방법에 의해 비로소 확보할 수 있다. 그리고 그것은 각 부문의 사람들이 자신을 위해 확보하고자 하는 이상적 조건이 아니라, 기생하거나 퇴화하는 계급의 증대에서 생기는 재정적 부담과 사회적 해독을 제거하기 위해 다수의 더 잘사는 시민들이 더욱 불행한 소수에게 양보하고자 하는 것에 불과함을 보여준다. 그러나 만일, 각 산업의 노동자 수입의 최대한과, 모든 산업적 기관의 능률의 최대한이 확보될 수 있다면, 어떤 부문의 사람들도 그러한 최저 조건에 만족하지 않을 것이다. 최대의 진보는, 각종 노동자가 단결하고, 또 끝없이 향상을 위해 노력하여 얻어질 것이다. 즉, 공통규칙의 방책에 의해 각 직업 내에서 경쟁의 전력을 임금으로부터 품질로, 보수로부터 업무로 전환시켜, 언제나 최소의 욕구를 갖는 사람들보다도 가장 발달한 능력을 갖는 사람들의 선택을 확보하고자 하는 것이다. 각 부문의 목적은, 자신의 노무를 향상시킬 수 있을 만큼 높은 정도의 전문적 장점을 갖게 되어, 오로지 내셔널 미니멈을 얻는 것에 그치는 비전문적인 '비숙련' 노동으로부터 자신을 가능한 한 차별화시키는 것에 있다. 그리하여 각각의 전문가 단체는 자신이 갖는 '재능의 렌트'나 '기회의 렌트'를 주장할 수 있게 된다. 그 직업의 길이 신참자에 대해 개방적이면 개방적일수록, 또 이미 고용된 사람들이 확보하는 조건이 매

기술적 능률의 개선은, 교육부가 일정한 자격 수준을 채택하고, 어느 정도까지는 학교위원회(School Boards)가 충분한 생활 임금을 채택함에 수반하여 생긴 것으로, 이와 관련하여 특히 중요하다. 또 하나의 예는 대도시의 비숙련 자유노동자의 경우이다. 오늘날, 그는 품행증명서도 없이, 나날의 규칙적인 취업도 없이, 기술적 숙련도 없이, 수시로 변하는 고용에 의해 비참한 박봉을 받는 것에 불과하다. 그런 자에 대한 법정 1주 최저임금을 정하면, 반드시 그 고용인에게 노동자를 선택하게 하고, 이와 동시에 규약성과 신용과 숙련을 위해 최적자 선택을 하게 할 것이다.

력적이면 매력적일수록 그만큼 최적자 선택은 유효하게 될 것이다. 그 산업이 진보적이면 진보적일수록, 더 부여되는 기술 교육의 기회가 많아지면 많아질수록, 그만큼 더욱 높은 수준을 향한 기능 순응은 더욱더 커진다. 그리고 이러한 공통규칙의 누진적 향상이 이에 따르고, 기능 순응이나 최적자 선택에 의해 그 직공 자신의 생산 능률 위에 그것과 같은 양의 증가를 초래하는 한, 증가 임금이나 기타 노동조건의 개선은 그 자체로 분명히 그 사회의 수입 증가를 만들어낼 것이다. 그리고 공통규칙을 지지하는 것이 고용인의 두뇌에 압박을 가하는 한, 그래서 그들에게 그 산업의 기술적 개선을 강제하는 한, 또 표준의 누진적 인상을 가장 유능한 고용인의 손의 산업이나, 가장 좋은 설비가 있는 공장이나, 가장 유리한 위치에 집중하는 한, 조직한 임금소득자는 자기의 상태를 개선하고자 노력하면서, 우연히 그들 자신과 같이 그 사회의 다른 계급의 자원도 확실하게 증가시키게 될 것이다. 이상과 같은 것만으로는 임금소득자의 상태 개선이 반드시 상품 가격의 인상을 초래하지 않는다. 그러나 어떤 산업의 직공이, 고용인 측이나 노동자 측에 작용하는 기능적 순응과 최적자 선택의 작용에 의해 생기는 능률의 증가를 더 이상 초래하지 않게 된 경우, 그 이상의 임금 인상은 매우 예외적인 경우가 아닌 한, 생산물의 수요의 감퇴를 초래할 것이다. 이와 같은 결과는 임금의 인상이 일시적으로 능률의 향상을 추월하는 경우, 더욱 자주 생겨난다. 또는 임금이나 가격의 인상이 없는 경우에도, 유행의 변천이나 새로운 발명으로 인해 다른 종류의 노동이 이를 대체하는 경우에도 생긴다. 이 모든 경우에, 특정한 직업의 향상 운동의 진보는 그 실업 조합원의 비율 증가에 의해 유력하게 저지될 것이다. 이는 실제로, 어떤 직업에서도 그 노동조건이 나아갈 수 있는 한계를 보여주는 것으로, 그것을 넘어서면 공통규칙의 누진적 인상이 단체교섭의 방법에 의하든, 법률 제정의 방법에 의하든 간에, 그 목적을 달성할 수 없게 된다. 소비자 수요의 적극적 감퇴에 대해 생산자는 어떤 구제책도 갖지 못한다. 실제로 만일 종래 확보한 임금, 기타 조건이 불필요할 정도로 산업에 양호한 것이었다고 한다면 ―즉, 만일 그러한 것이 그 직업의 각 전문화 정도를 충분히 유지할 수 있는 것이라고 한다면― 이론상으로는 저하를 받는다는 것이 노동조합에는 이익이 될 것이다. 우리의 의견으로는 이런 일이 실제는 거의 드물다. 심지어 비교적 급료가 좋은 직업에서, 비교적 호경기에 숙련 기계공의 보통 수입 ―영국에서는 1년 수입이 80~150파운드이다― 은 자신과 처자가 그 최고 능률을 올리기에 필요한 액수보다 낮다. 만일 그 소비자의 수요가 감퇴하여 다른 생산 방법이나 생산물로 옮겨갈 경우, 그 감퇴는 약간의 가격 하락에 머무는 것이 아니다. 그리고 노동조합은 임금의 10퍼센트에서 20퍼센트까지 내려갈 정도로 총생산비의 비교적 적은 절약도 필경 전적으로 무효라고 생각할 수 있다.[75] 반면, 이미 이 책의 '새로운 공정과 기계' 장에서 말했듯이, 숙련 직공의 경우, 조금이라도 그 전문적 능력을 해치는 임금의 저하나 시간의 연장이나 위생 조건의 악화에 따르는

---

75) 어떤 특정 직업에 대한 수요의 감퇴가 어떤 대용에 의하는 것이 아니라, 단지 세계 산업의 일반적 긴축 결과에 불과한 경우 ―가령 일반적 흉작― 특정 직업에서 또는 일반적으로 세계의 임금소득자에 걸쳐 그 임금을 줄이는 것은 아무런 이익이 되지 않을 것이다. 그 모든 저하는 필경 총수요액(즉 총생산액)을 증가시킬 수 없으므로, 그것은 세계의 자본가에 대해, 그렇지 않은 경우에 그들이 받을 수 있는 수입 감소의 액을 메우는 외에는 그 목적에 전혀 도움이 되지 않을 것이다. 그러한 경우, 고용의 표준 조건의 저하를 감수하기보다도, 종래대로의 임금률을 유지하고 그 실업 조합원을 보조하는 쪽이 노동자에게 더욱 이익이 될 것이다. 일반적 불경기에 무질서한 경쟁으로 인해 종종 생기는 결과 ―고용 직공의 노동시간은 그 전술상의 힘의 약화로 인해 분명히 연장되고, 따라서 실업자 수는 불필요하게 증대된다는 것― 는 전적으로 광기의 사태로, 만일 '자연'의 무정부가 여하튼 학문의 신중한 조정보다 우수하다는 미신을 믿지 않는다면, 도저히 허용할 수 없을 것이다.

정책을 채택할 정도로 폐해가 큰 것은 없다. 그들 자신의 직업과 마찬가지로, 사회 전체의 이익이라는 점에서 보아도, 그들 중에 계속하여 그 직업에 있는 것은 혼자서 그 재능을 발휘하기 때문에 종래대로의 높은 생활 수준을 유지하며 행해져야 한다. 노동조합으로서 그 조합원의 일에 대한 수요가 끝없이 감퇴하는 것을 인정한 경우, 노동조합이 할 수 있는 것은 그 전문가 임원을 파견하여 그 수요 변동의 정확한 원인을 발견하게 하는 것이다. 만일 그 감퇴가 단순한 일시적 불경기에 의한 것이 아니라고 한다면, 즉 만일 실제로 생산 방법이나 생산물의 대용이 행해지고 그것이 지속된다면, 노동조합의 제1 의무는 그 사실을 널리 자신의 조합원과 공중에게 알리고, 이에 따라 조합원으로 하여금 모든 기회를 이용하여 그 직업을 그만둘 수 없게 하고, 부모로 하여금 아동을 장래성 없는 직업에 근무하지 않게 하는 것이다. 위협된 직업의 제2 의무는 그 대용품이 생산되는 조건이나 (외국 경쟁에서는) 그 나라의 모든 수출업 상태를 엄격하게 연구하는 것이다. 필경 이 중에는 전적으로 규제를 면하는 것도 있을 수 있고, 고용조건의 법정최저한의 인상을 요하는 경우도 있을 것이다. 그래서 위협을 받는 직업이 채택해야 할 가장 좋은 정책은 내셔널 미니멈의 인상 운동에 크게 힘을 쏟는 것이다. 그리고 이 정책은 여론의 후원을 더욱 많이 받는 것을 기대할 수 있을 것이다. 왜냐하면 만일 어떤 조직을 갖는 모든 직업에서, 그 공통규칙의 상승과 자신의 특수한 재능의 발달을 도모하는 정책이 채택된다고 하면, 사회 전체에서 모든 노동자 계급의 상당한 생활에 필요한 것에 관하여 이미 새로운 관념이 발달할 것이기 때문이다. 앞에서 말했듯이, 각각의 직업에서 공통규칙을 강제하는 것은, 자동적으로 그 직업에 대해 다시금 새로운 '평균'을 만들어내는 것이고, 그것은 새로운 최저한이 되는 것이다. 마찬가지로 내셔널 미니멈이 유효하게 시행되고, 여러 가지 직업이 계속하여 그 특별 기능의 정도에 따라 그 최저한 이상으로 향상되는 경우, 임금소득자와 기타 계급 —고용인까지 포함하여— 의 여론에서, 보통의 노동자 계급 가족의 가계 지출에 관한 새로운 표준이 가능할 것이다. 이러한 새로운 표준이 심리적으로 가능하다면, 한때 은혜로 간주된 낡은 최저한을 '기아 임금'으로 보이게 한다. 따라서 가장 빈곤한 계급의 노동자들 사이에 불평이 더욱 증대되고, 그들의 곤혹에 대한 동정은 더욱 높아져 결국은 최저한의 인상이 될 것이다. 이러한 인상은 경제학자들에게 법정 최저한의 강행에 의해 초래될 능률의 증진에 의해 시인될 것이다. 그리하여 그 최저부분을 포함하는 임금소득자의 모든 계급은, 공통규칙의 방책을 완강하고 조직적으로 사용하여, 이에 따라 그 생산 수준을 어디까지라도 —물론 무제한은 아니지만— 인상할 수 있다. 그리고 이러한 일반적이고 주의 깊은 공통규칙의 적용 중에서 경제학자는, 현대 산업 상태에 적응하고, 각각의 직업 사정에 따라 적용되고, 전체의 임금소득자에 의해 수용되고, 국민적 능률과 국부를 특별하게 증진시키는 노동조합운동의 건전하고 일관된 이론을 발견한다.

(h) 노동조합의 방법

노동조합운동의 경제적 특징에 관한 우리의 연구는, 앞에서 말한 노동조합이 그 목적을 달성하고자 사용하는 세 가지 방법에 대해 경제적 견지에서, 몇 가지 시도를 시도하지 않는 이상 안전하다고 말할 수 없을 것이다. 언뜻 보기에 이는 불필요하다고 생각될지도 모른다. 노동조합의 규제가 한때 어떤 산업의 고용인과 노동자에 대해 성공적으로 실시되었을 때, 그 규제의 확보가 법률 제정에 의하거나 단체교섭에 의하거나, 상호보험이라는 더욱 조용하지만 덜 강력한 영향이 있는 방법에 의하건 간에, 이는 경제학상 중요한 것이 아니다. 광산채굴권의 소유자나 탄광임차인이나 개별 채탄부는, 노섬벌랜드 탄광의 톤당 임금률의 결정이 법률에 의해 행해지든, 연합위원회의 불가항력적 명령에 의해 행해지든 간에, 그들의 능력과 욕구가 전적으로 마찬가지 영향을 준다고 인정될 것이다. 구식의 면공장주에게는 결국 그 이윤의 한계를 파괴하는 시간 단축이나 직공 한 사람당 공간의 최저한의 인상이, 공장 감독관의 방문에 의해 강제되든, 고용인과 직공의 조합의 임원의 순찰에 의하든 간에, 그것은 중요한 것이 아니다. 요컨대 산업의 조직에 영향을 주고, 생산비나 이윤이나 가격을 변동시키는 것은, 노동조합의 규제 그 자체이지, 그 규제를 확보하는 특정의 방법이 아니라고 할 수 있다.

그러나 이는 노동조합의 규제의 유지가 하나의 방법에 의하든 또는 다른 방법에 의하든 간에, 그것이 확보되거나 시행됨에 있어, 같은 고장, 같은 효과, 같은 보편성, 그리고 변동하는 사정에 대한 적용의 같은 속도로 하는 것이라고 가정되고 있다. 그리하여 1870년에서 1880년 사이 10년간의 특징이 된 노동시간의 일반적 단축은, 그 수행에 있어 (섬유공장에서와 같이) 법률 제정에 의하거나 (기계공장에서와 같이) 단체교섭에 의하든 간에, 그 자체 특유의 경제적 효과를 초래했다. 그러나 경제학자는 전자의 경우, 그 단축이 추호도 산업의 정지를 야기하지 않고 영국의 한쪽 끝에서 다른 쪽 끝까지 그 산업의 모든 공장에서 보편적으로 시행되었고, 그 뒤에도 수년간 아무런 투쟁 없이 엄격하게 유지되었다는 사실을 간과할 수 없다. 후자의 경우, 시간 단축으로 인해 사회는 기계 공업의 가장 중요한 중심지의 하나에서 5개월간의 사업 정지와 기타 많은 희생을 지불했다.[76] 이는 동일 산업에서도 보편적으로 결코 행해지지 않았고, 하나로 유지되지도 않았다.

반면, 기계공은 그 단축을 면공보다도 3년이나 빨리 확보했고, 호경기에는 잘 조직된 지방에서 그 이상의 단축도 확보할 수 있었다. 우리는 노동조합 운동의 경제적 분석을 완전하게 하기 위해, 따라서 그러한 규제의 적용 위에 생기는 중요한 차이가 어느 정도까지 이러한 규제를 강행하는 여러 방법의 특징이 되는지를 물어보아야 한다. 이러한 연구에 있어, 우리는 상호 보험의 방법을 제외할 수 있다. 왜냐하면 그것은 그 경제적 방면에서 불완전한 단체교섭과 거의 구별할 수 없고, 두세 가지 작은 직업을 제외하고는 다른 방법의 부속물이라고 간주할 수 있기 때문이다.[77] 따라서 문제는 여러 가지 노동조합 규제의 경제적 결과가 그 단체교섭이나 법률 제정에 기초해 강행됨에 따라 어떻게 변경되는가 하는 것이다.

영국의 현재 사정에 한하여 보면, 단체교섭이라는 방법에 의해 노동조합의 규제를 확보하고 강행한다는 것은, 앞 장에서 서술했듯이, 반드시 종

---

76) 『노동조합운동의 역사』, 299~302쪽.
77) 여기서는 노동조합운동의 순수한 공제조합적 방면을 고찰하지 않는다. 임금소득자의 가정에서 질병이나 재해에 대해 행해진 저축과 장례 비용은 그들의 복지에 중요한 영향을 미치고, 따라서 경제학자가 무시할 수 없는 것이다. 그러나 이 점에 대해서는 이미 이 책의 '상호보험의 방법'이라는 장에서 보았듯이, 노동조합은 공제조합의 대규모 운동과 (사망수당이라는 점에서) 이와 같은 정도로 널리 행해지는 '산업보험' 조직의 작은 분파에 불과하다. 영국에서 이러한 것은 전체적으로 노동조합 전부를 하나로 하는 것보다도 여러 배나 많은 질병 및 장례수당을 제공한다. 그래서 이러한 형식의 저축의 경제적 효과는 단지 개인적인 저축이나 저축은행 예금과 같이, 결코 노동조합운동의 특징이 아니다. 노동조합은 이미 서술했듯이, 공제조합으로서는 하나의 나쁜 형식이고, 따라서 만일 그것을 전적으로 공제조합으로 생각해야 한다면, 그 보험 기술적 기초를 전적으로 결여하고 보증이 없기 때문에 가장 엄격한 비난을 받을 것이다. 그러나 노동조합이 제공하는 중요한 수당금은 결코 질병 요양비나 장례비가 아니라 실업수당금이고, 이미 지적했듯이 이는 그 자체가 목적이 아니라, 조합원의 고용조건 유지나 개선의 수단으로 ―즉 노동조합의 규제를 지지하는 방법으로― 생각해야 하는 것이다.

종의 분쟁과 업무 정지라는 불이익을 야기한다. 매년 상공부[78]에 보고되는 700건이나 그 이상의 파업과 직장폐쇄는, 상당한 경제적 알력을 보여준다. 고가이고 마모되는 기계와 설비를 놀리는 것이나, 사업 계획의 혼란이나, 외국으로의 주문 전환이나, 영국 산업의 더 큰 발전에 기여할 수 있는 지력을 분노의 쟁점으로 빼앗는 것 —특히 수천 명의 노동자를 빈곤과 유사기아 상태에 빠트리는 것— 은 국부에 대한 심각한 침해를 뜻한다. 이처럼 거래 당사자 사이가 언제나 불화하는 경향에 있음은 계약의 자유에 필연적으로 따르는 것이다. 만일 거래 당사자가 동의하거나 동의하지 않는 것을 자유롭게 하는 것이 바람직하다고 생각한다면 인간성이 변하지 않는 이상, 반드시 때로는 막다른 골목에 빠지게 되고, 그 결과 자유롭고 독립된 계약 당사자 사이의 모든 교섭의 배후에 숨어 있는 힘을 시도하게 된다는 것을 우리는 이미 지적했다. 노동조합의 단체교섭이라는 방법은, 설령 노동조합의 산업적 외교의 기관에 의해 산업적 전쟁의 발생을 최소한으로 줄일 수 있다고 해도, 앞에서 보았듯이, 그 발생을 전적으로 방지할 수는 없다. 나아가 우리는 그 산업적 규제의 이러한 특별한 방법이 갖는 것과 같은 커다란 결점에 대해서도 논의할 필요가 없다. 왜냐하면 이는 여론도, 경제학의 권위도 함께 확신하는 것이고, 극단적인 견해라고 판단되기 때문이다.

　노동조합이 법률 제정이라는 방법을 사용하는 것은, 앞에서 설명한 소모와 알력을 전적으로 피할 수 있다는 엄청난 경제적 효과를 갖는 것이다. 새로운 공장법의 효과가 어떤 것이든 간에, 그것은 결코 파업이나 직장폐

---

78) 1888년 이래 상공부가 매년 펴내는, 노동부와 미국 여러 주정부에 의해 매년 발표되는 파업과 직장폐쇄에 대한 연차 보고는 이러한 분쟁의 건수와 종류에 대해 소중한 설명을 준다.

쇄의 희생에 의해 얻어지는 것이 아니다. 새로운 법령이 고용인과 노동자 양자를 만족시키지 못한다고 해도, 가령 1896년의 실물임금금지법과 같은 경우에도 국민의 산업을 정지하거나 방해하지는 않았다. 야기된 모든 것은, 고용인과 노동자가 각자의 의회 의원에게 조르고, 각 대표가 내무부장관을 방문하게 하여 악법의 개정이나 폐지를 요구한 것에 불과했다. 규제 그 자체는 비난된 실물임금금지법의 조항과 같이 넌더리나고 무용하며 경제적으로 유해한 것일지 모르지만, 확보되어 시행된 방법은 평화적이라고 하는 계산할 수 없는 가치를 갖는 것이다.

1896년의 실물임금금지법은 법률 제정이라는 방법의 불이익을 보여주는 하나의 예이다. 의회 법률은 확보하기도, 변경하기도 어렵다. 따라서 어떤 산업이 어떤 연한 동안, 그것에 경제적으로 유리할 수 있는 규제도 확보하지 못하고 경영되어야 하거나, 어떤 기간 동안 개정을 유리하게 할 수 있는 과거의 규제에 따라야 한다는 경우도 있을 수 있다. 이처럼 사정의 변화에 따르는 탄력성이 결여된다는 것은, 현재와 같이 유일한 중앙 입법부가 복잡한 사회가 추구하는 법률의 부단한 새로운 청구에 분명히 응할 수 없는 시대의 영국 입법 기관에는 특히 현저한 것이다. 이러한 결점이 법률 제정이라는 방법에 고유한 것인지 여부를 탐구하는 것은 흥미로운 일이다. 만일 고용조건을 규제한다는 원칙이 명확하게 의회에 의해 채택된다면, 행정부나 지방자치체나 강제중재법원이 법률의 힘을 가지는 그 명령에 의해 특별한 산업에 대해 규제를 제정하거나 이를 개정하는 것에 어떤 불가능한 이유도 없다.[79] 그러나 설령 고용조건을 법률로 규제하는 것이 좋

---

79) 수공 길드의 규약이나 중세 시의회의 조례, 재판관에 의한 임금률의 결정은, 달리 반대해야 할 점이 많아도 신속하고 탄력성이 있는 법률 제정의 유명한 사례이다. "영국의 행정부

다고 믿는 사회가 그 입법 기관을 단순화하여 발전시킬 수 있다고 해도, 법률적 강제력이 있는 규약을 제정하거나 개정하는 것은 연합위원회에 의해 임의 협정을 체결하거나 그것을 변경하는 것보다도 반드시 더욱 경직되고 귀찮은 방법임에 틀림없다고 우리는 믿는다. 따라서 규제 그 자체나 규제의 해석 적용의 엄격함이 시기마다 변동하는 사정이나 고용인과 노동자의 상대적인 지위에 따라, 끊임없이 상하로 변동하는 것이 바람직한 경우, 단체교섭의 방법 쪽이 법률 제정이라는 방법보다도 훨씬 유리하다.

따라서 지금까지 서술한 바에 따라 보면, 법률 제정이라는 방법은 평화로움과 이를 확보하는 데에 알력이 없다는 특징의 점에서 우수하고, 반면 탄력성과 목적 달성의 신속성, 그리고 변경이 쉽다는 점에서 단체교섭 쪽이 뛰어나다. 규제의 유효성 ―즉 규제 적용의 엄격성과 공평성과 일반성― 이라는 점에서는 문제가 더욱 복잡해질 여지가 있다. 공통규칙의 경제적 효과를 분석하면서 우리는 실제로 그것이 어떤 사회에서 그 산업 전체에 얼마나 중요한지를 고찰했다. 시간단축이나, 비용이 드는 위생 설비 개선의 경제적 효과에 대해, 모든 경쟁적 고용인이 마찬가지로 그 규제에 따르든, 또는 오로지 어느 공장이나 지방에 강행되는 것에 그치든 간에,

---

가 프랑스의 그것처럼 명령이나 규약이나 포고와 같은 법률의 효력을 갖는 것에 의해, 입법부의 법률에 따른 일반적 원칙의 상세한 적용을 정할 수 있다면, 그 법률의 형식과 같이 내용도 역시 개선될 수 있을 것이다."(A. V. 다이시(Dicey), 『영국 헌법(*The Law of the Constitution*)』, 제1장; H. 시지윅(Sidgwick), 『정치학 원리(*Principles of Politics*)』, 제22장, 433쪽) 이미 오늘날에는 영국의 대다수 법률은 행정부의 '명령'이나 '규약'의 형태로 제정되고 있으며, 이것들이 어떤 경우에는 법률에 의해 부여된 일반적 권한하에, 그리고 오로지 명의상으로는 의회에 제출되고, 어떤 경우에는 단순한 행정권에 의해 행해진다. 가령 법률의 효력을 갖는 현행의 『법령집』 8권(London, 1897)을 보라. 하원이 차차 더욱 많아지는 업무와 함께 나아가지 않는다고 하는 것은, 필경 이러한 관행을 암묵적으로 확대할 것이다. 우리는 사실 영국왕의 특권에 의해 구제될 것이다!

분명히 중대한 차이를 낳을 것이다. 언뜻 보면, 이는 법률 제정이라는 방법에 매우 유리한 논의로 보인다. 지금 영국에서 현재의 공장법은 하나같이 영국의 구석에서 구석까지 적용된다. 만일 그것이 적절하게 제정되거나참으로 그 적용이 시도된다면, 그것은 내무부에 의해 엄숙하게 공정하게시행될 것이다. 그러나 불행히도 영국에서는 규제를 시행하는 기관이 매우 유능함에도 불구하고, 규제 자체는 매우 불완전하다. 섬유업이나 광산업을 제외하면 보통 그러한 규제는 인민의 압박에 따르고, 그 자신은 고용인의 '기업의 자유'에 간섭하는 것에 원칙적으로 반대 의견을 갖는 장관이나 입법부에 의해 기초되거나 거세되는 것이라고 해도 과언이 아니다. 영국 노동법전에는 '가짜'(Bogus) 조항이 다수 있다. 이는 그 기초자도 결코그것이 적용된다고는 생각하지 않았기 때문에, 가장 열렬한 공장 감독관이라도 시행할 수 없는 것이다. 이에 반하여 강력한 노동조합의 예리하고경험이 풍부한 임원에 의해 단체교섭으로 확보되는 규제는, 처음부터 이행을 목적으로 하고, 그 직업이 완전하게 조직되는 경우에는 공장 감독관이나 재판관이나 도저히 경험할 수 없는, 가차 없고 세밀한 정확함으로 시행된다. 그러나 법률은 아무리 불완전해도 모든 공장과 모든 지방에 동등하게 적용되지만, 노동조합의 경우에는 앞에서 서술했듯이, '전국적 협정'을 확보하기 어렵고, 나아가 직업 전반에 걸쳐 좋은 조직의 힘에 의해 모든 고용인에게 강요할 수 있는 점은 더욱 어렵다. 그래서 보통의 결과는,노동자가 그 규제를 '좋은' 노동조합이 있는 도시의 '노동조합 공장'에서 그나라의 법률보다도 더욱 엄격하게 시행할 수 있지만, 노동조합의 힘이 전혀 없는 다수의 공장도 있고, 때로는 모든 지방에서 그렇다.

마지막으로 우리는 산업상의 기생을 저지하기에 어떤 방법이 가장 좋은가 —앞에서 말했듯이 정치인에게는 매우 중요한— 라는 문제를 갖는다.

사회적 견지에서 본다면, 모든 산업이 그것이 고용하는 모든 사람에게, 적어도 위생이나 안전, 여가나 임금의 내셔널 미니멈을 제공하고, 이에 따라 그것은 어떤 산업도 사회로부터의 실질적 '장려금' —이는 일부 다른 것으로 지지되는 노동의 형태로 행해지든, 그 사용 중 질이 저하한 직공을 계속 보충하는 교체의 형태를 취하든 간에— 을 받는 것을 저지하기 때문에 중요한 것이다. 이러한 조건하에서 비로소, 앞에서 말했듯이, 그 국민은 그 산업이 그 자본과 두뇌력과 육체노동을 경제적으로 가장 유리하게 응용되고, 그것에 따라 가장 큰 '국민적 배당'을 생산하는 방면으로 향하게 한다는 보증을 얻는다. 그런데 어떤 특정한 노동조합의 부분적 행동에 따르는 특유한 결점은, 일의 성사가 노동자의 실제의 필요에 따르지 않고, 그 전술상의 지위에 따르게 된다는 점이다. 따라서 단체교섭의 방법에 의해 위생과 안전의 설비를 하게 되면, 그것은 직업마다 다르고, 생산 공정의 불건강이나 위험에 따르는 것이 아니라, 노동자가 갖는 조직 능력이나 지도자가 갖는 재능, '투쟁기금'의 다소, 노동의 상대적 희소성, 고용인의 '착취 가능성'에 따라 달라진다. 실제로 지금 우리는, 노동시간이 법률의 영향을 받기는커녕, 그것이 관련 노동자의 평균 체력이나 노동의 피로도와는 전혀 관계없이, 직업에 따라 다르다는 것을 보게 된다. 가령 런던 은세공공이나 버밍엄의 플린트 유리공이나 대도시의 여러 종류의 건축공이 실제로 8시간제를 향유함에 반해, 셰필드의 자택 칼제조공이나 런던의 운전사나 매우 많은 재봉공은 앞의 여러 종류의 노동자보다도 더욱 적은 보수로 적어도 반이나 많은 시간을 일하고 있다. 그리고 400만 명의 여성 임금소득자에게 눈을 돌리면, 우리는 여기서 모순된 하나의 결과와 만나게 된다. 즉, 법률에 의해 규제되지 않는 곳에서는 언제나, 노동계에서 육체적으로 가장 약한 계급이, 가장 부당한 생활비로, 가장 긴 시간 일한다는 것이다. 위생이나 안전, 여가나 임금 그 어느 것에 관한 것이든 간에, 그 내셔 널 미니멈은 그것을 가장 필요로 하는 곳에서는, 법률에 의하지 않으면 도 저히 확보할 수 없다는 것이 분명하다.[80]

따라서 만일, 일시적으로 우리가 규제 자체를 도외시한다면, 법률 제정 의 방법은 그것을 사용할 수 있는 경우에는 언제나, 단체교섭의 방법보다 도 경제적으로 상당히 유리한 점을 갖는 것이 인정된다. 그것은 먼저, 산 업의 정지를 피하고, 경제적 알력을 가장 적게 한다는 커다란 가치를 갖는 다. 영국에서는 여하튼 법률 제정에 의해 시행되는 규제는, 단체교섭의 규 제에 의해 시행되는 규제의 경우에 언제나 예상될 수 있는 것보다도, 더욱 획일적이고 더욱 공정하게 하나의 산업 전체에 걸쳐 적용될 것이다. 그 최 대의 불이익은, 규제의 실시에서 운전되기를 요하는 기관이 성가시고, 따 라서 그 규제를 신속하게 새로운 사정의 발생에 적응하기가 어렵다는 점 이다. 따라서 법률 제정의 방법은, 건강이나 노동자의 효율성과 같은 영속

80) 심지어 어느 노동조합이 자신을 위해 법률 제정의 방법을 사용하는 경우에도, 보통 그것 은 더욱 약한 자의 계급에 대해서도 이익을 확보하는 것이다. 그래서 성년 남자 방적공이 그들 자신을 위해, 시간 단축과 위생 설비의 개선을 확보했을 때, 그들은 그들에 비해 힘 이 약한 랭커셔의 여성 링방적공이나 글래스고 공장 뮬방적공의 보조로 고용된 실제 무조 직의 여성들을 위하여 동일한 조건을 확보했다. 그리고 이러한 규제의 획일성은 1만 9000 명의 남자 방적공에 의해 비로소 확보되었지만, 이는 면공장에서 일하는 30만 명의 노동 자 —방적공이든, 직공이든, 권취공이든, 연사공이든, 소기공(Cardroom Hands)이든 간에 모든 직공— 에게 보급되었을 뿐만 아니라, 경쟁품인 모직물이나 리넨이나 견직업의 20만 명의 공장직공까지도 확장되었다. 마지막으로, 방적업의 50만 명 직공은 이미 말했듯이 법 률에 의한 동일 조건하에서 일하고 있지만, 그것과 동시에 다른 한편에서는 공장법이 개정 될 때마다 언제나 그것은 영국의 다른 모든 산업에 적용되는 시간과 위생의 규제를 이러한 '방적업의' 수준에 가까이하고자 하는 부단한 경향이 존재한다. 요컨대 의회가 고용조건을 결정해야 할 때, 그것은 직업 여하에 관계없이, 하나의 동일한 공통의 가정 —즉 모든 종 류의 노동자에게 적어도 건강과 능률에 필요한 것의 최소한을 확보할 필요— 에 근거하여 반드시 그 행동을 하게 되는 것이다.

적인 고려에 기초를 두는 규제에 가장 적당하다. 위생과 안전을 위해 필요한 최저한은, 급격한 변경을 필요로 하지 않는다. 거의 이와 같은 논의가 표준 노동시간을 정하는 것에도 적용되고, 나아가 심지어 어떤 종류의 노동자도 보건적인 생활의 수준 이하로 떨어지지 않도록 하기 위해 계산된, 임금의 최저한을 정하는 것에 적용된다. 이 모든 것은 생리학에 관한 것이다. 법률 제정의 방법은 사실상, 생활 임금의 학설에 근거한 모든 규제를 강행하는 경우 경제적으로 가장 유리한 길이다.[81]

그러나 단체교섭의 방법은 그 자체의 정당한 범위를 갖는다. 공통규칙의 경제적 특징을 분석하면서, 우리는 각 직업의 이익과 함께 사회 전체의 이익이라는 점에서 보아, 어떤 부문의 노동자도 법률에 의해 확보된 내셔널 미니멈에 언제까지도 만족해서는 안 된다는 것, 그리고 각 직업은 언제나 자신의 생활 수준을 높이고 그 직업 안에서 기능 순응과 최적자 선택의 힘을 극도로 자극하도록 노력하는 일이 얼마나 중요한지를 지적해두었다.

---

81) 이러한 견해를 입증하기 위해 다행히도 우리는 영국 여론의 대기관인 전성시대의 〈타임스〉지 사설을 인용할 수 있다. 1846년 11월 10일자 사설은, 상점 보조인의 노동시간 단축에 대해 다음과 같이 썼다. "지금 우리는, 결국 의회 법률이 목표로 삼는 것을 수행하기에 가장 간단하고 가장 확실한 방법이라는 것을, 감히 제안하고자 한다. 그것은 그 작용의 점에서 일반적일 것이다. 그것은 결코 부분적인 예외나 편애를 허용하지 않을 것이다. 그것은 모든 것에 효력을 미칠 것이다. 우리의 생각으로는, 그것은 변화에 의해 이익을 보고자 희망하는 모든 사람에 의해 요구될 것이다. 악의나 완고함이나 희생자 정신에서, 연설에 반대하거나 설교에 귀를 기울이지 않았던 주인들도 이 법률의 위엄 앞에서는 고개를 숙일 것이다. 존 매너스(John Manners) 경의 뛰어난 덕행과, 보건(Vaughan) 박사의 역사적 개설 속에서보다도 5파운드 벌금을 부과하는 시시한 형법 조항 속의 쪽이, 더욱 웅변적인 것을 포함한다. 누구도 그것에 대해 종종 저항하고자 하지 않고, 영원히 저항하지도 않는다. … 젊은 남녀에게 … 의회에 대해 그 명령을 통해 어떤 입법도 그 자랑으로 삼고 사명으로 삼는 원칙 ―빈민을 오욕으로부터, 약자를 폭압으로부터 보호하는 것― 을 인정하도록 호소하게 하라.

여러 부문의 노동자는, 그들이 얻을 수 있는 만큼을 요구하는 것을 사양하지 않고, 앞에서도 말했듯이 종종 법률을 자기편으로 삼는다. 그러나 만일 기득이익이론이 포기된다면, 우리가 이 부분적인 '능력의 렌트'나 '기회의 렌트'라고 하는 것을 확보하기 위해 법률 제정의 방법을 채택하는 것을 저지하는 많은 이유가 있다. 실제로 만일 어떤 특정한 직업의 노동자가, 전체 사회의 대표자들에게 향하여, 그들의 일을 적당하게 수행하기 위해 보통의 여가와 수입 이상의 것을 필요로 하는 것을 분명히 증명할 수 있다면, 그러한 예외적인 조건이 새로운 공통규칙에 체현되고, 법률에 의해 확보되는 것을 그들이 요구하지 않을 이유는 전혀 없다. 그러나 여러 직업이 임금 등의 조건을 내셔널 미니멈 이상으로 높이고자 하는 시도는, 우리가 이미 배웠듯이, 순수하게 실험적인 것이다. 공통규칙의 수준을 올리면, 언제나 그것에 수반하여 그 산업의 능률도 역시 증진하는 동안은, 어떤 노동조합도 안전하게 그 이익을 촉진할 수 있다. 그러나 그러한 시도의 성공 여부는 모두 예측할 수 없는 세력의 성공에 의존하고, 그 대부분은 육체 노동자 자신의 능률과는 전혀 무관할 것이다. 특정한 산업에서 산업상 발명의 속도나, 그 산업이 새로운 정신노동자에 의해 보충되는 범위나, 새로운 자본을 얻을 수 있는 용이함은 모두, 노동조합이 그 공통규칙을 상승시킴에 의해 어느 정도까지, 얼마나 빠르게 사업의 능률을 증진시키고, 가장 유리한 중심지에 집중시킬 수 있게 하는 것을 결정하는 힘일 것이다. 그리고 개인 기업 제도하에서는, 노동조합이 성공적으로 조합원의 요구를 추진할 수 있는 방향이 또 하나 있다. 이 책의 '시장의 흥정' 장에서 우리는, 거의 모든 부문의 자본가가 각각의 특별 이윤의 풀(Pool)을 독점하기 위해, 압박의 흐름에 대항해 각각 그 방파제를 구축하는 모습을 고찰했다. 법률에 의한 독점이나 배타적인 특권이나 링이나 신디케이트는 그 산업의 자본가에게 경쟁을 면하고 예외적인 이익을 확보하게 할 수 있을 것이다. 이와 마찬가지 결과는, 새로운 생산물에 대한 수여의 급격한 발흥 또는 생산비의 급격한 하락의 경우에도 생겨난다. 따라서 만일 이러한 산업에서 임금소득자가 강력한 조직을 갖는 경우에는, 그들이 그러한 예외적 이익의 어떤 부분, 즉 그 고용인이 그 산업의 완전한 정지에 의해 위협되는 경우에 양보하려고 하는 것을 빼앗을 수 있다. 사회적 견지에서 본다면, 이러한 '약탈의 배분'에 반대해야 할 이유는 전혀 없다. 왜냐하면 노동자가 받는 몫의 소비는, 수천의 가족에게 분배되고, 비교적 소수인, 새롭게 부자가 된 고용인의 법외 수입의 소비처럼 사회적으로 유리할 수 있기 때문이다.[82]

　이러한 종류와 다른 모든 종류의 '기회의 렌트'에 대해서는, 분명히 법률

---

82) 그러나 여기서도 역시 우리는 다시, 어떤 특정 상점의 예외적 이윤에 대해서는, 노동조합이 어떤 공통규칙에 의해서도 침입할 수 없다는 것을 독자에게 상기시켜야 한다. 전매특허와 등록상표, 특수한 광고물과 특제품은 그 힘이 미치지 않는 곳에 있다. 버밍엄 동맹의 경우와 같이, 법외의 이익이 그 산업 전체에 널리 행해지고 있는 때에 한하여, 노동조합은 그 약탈의 배분을 주장하고, 그 효과를 들 수 있다. 그리고 그러한 경우, 그 임금소득자는 대체로 충분히 잘 조직되지 않고, 그들 자신의 지위를 옹호할 수 없는 것이 보통이다. 그 산업의 이윤 증가가 수요의 급격한 발흥이나 생산비의 급격한 저락에서 생기는 경우, 그것은 보통 (미싱 기계나 자전거의 경우처럼) 새롭게 모이지만, 유력한 단결로 보호되지 않는 노동자에 의해 생산되는 새로운 생산물이나 새로운 생산 공정의 문제이다. 따라서 예외적으로 유리한 산업의 임금소득자는, 고용의 계속과 약간의 임금 인상은 종종 확보할 수 있을지 모르지만, 그들은 결코 실제로, 우리가 서술한 '이윤 풀'의 상당한 몫을 얻을 수는 없다. 따라서 양조업자, 식료품 도매상, 전매 약품 특허권자, 비누 및 약품의 광고주, 피복도매상, 미싱 기계 제작업자, 자전거와 공기 주입 타이어 제조업자, 광천수 상인과 같은 자들은 모두 과거 8년간 거액의 이윤을 올렸음에도 불구하고, 그러한 직업에 고용된 임금소득자는 거의 모두 조직되어 있지 않고, 전체적으로 그 지위는 영국의 평균 이상이라기보다도 평균 이하에 있다. 그 대부분의 경우, 임금소득자의 상태는 실제로 '생활 임금'의 평균 이하에 머물러 있다.

은 전혀 적용되지 못한다. 요컨대 각 직업의 유능한 시민에게 필요한 조건을 확보하기 위해, 내셔널 미니멈과 그 기술적 해석을 초월해 무엇인가를 구하고자 한다면, 임금소득자는 단체교섭의 방법에 의하지 않을 수 없다.

4장
노동조합운동과 민주주의

　노동조합운동이 어떤 특정한 나라나 정치 형태와 이론적이거나 필연적인 관련을 갖지 않는다는 점은 쉽게 논의될 수 있다. 만일 우리가 그 근본적 목적 ―육체노동자를 산업적 경쟁의 유해한 영향으로부터 지키고자 하는 방법으로 근로조건을 신중하게 규제하는 것― 만을 고찰한다면, 그것은 어떤 종류의 정체와도 전혀 모순되지 않는다는 것이 분명하다. 이러한 종류의 규제는 사실, 황제와 대통령하에서는 물론, 귀족제와 민주주의하에서도 존재한다. 산업혁명의 보급과 국제 무역의 엄청난 발달은 모든 곳에 통제되지 않는 경쟁의 폐해를 놀라울 정도로 초래했다. 따라서 최근의 경제학적 성과에 정통하고 국가의 진보적 개선에 흥미를 갖는 현명한 현대의 전제 군주라면, 가장 민주적인 정치가와 마찬가지로 산업상의 기생(Parasitism)이 발달하는 것을 저지하고자 할 것이다. 그러므로 우리는 그러한 전제 군주가 그 국민의 건강과 지성과 품성을 해치는 모든 형태의 경쟁을 그 산업조직에서 배제하고자 하는 '내셔널 미니멈'(National Minimum)을 강행하는 것도 쉽게 상상할 수 있다. 최근의 준전제적인(Semi-Autocratic) 나라들에서 공장 입법(Factory Legislation)이 급속하게 확장되고 있는 것은, 이러한 진실의 몇 가지 암시가 유럽 관료의 심리에 도달했음을 보여준다. 현대 노동조합운동에서 의심되는 점은 그 목적이나 방책이 아니라, 그 구조와 방법이다. 노동자들이 함께 모여 그들의 불만을 검토할 때, 나아가 전국적인 단체를 만들고 독립적인 재정을 확보하며, 상설 대의원회를 선출하고 단체로 협상하며 운동을 전개할 때, 그들은 국가 안에서 그들 자신의 자발적인 민주주의를 형성하는 것이다. 전제군주는 이러한 산업민주주의에서 마을의 자치체나 소비조합 이상으로 국가권력에 적대적인 것이라고는 보지 않을 수 있다. 그래서 러시아의 차르는 미르(Mir)나 아르텔(Artel)과 같은 공동체의 자발적 활동에 대해 안심하는 것으로 생각된다. 그러나 전제군주는 최하의 자치 형태에 대해서도 그 교육적 영향을 불신하는 것이 더욱 일반적이다. 그리고 그 단체의 범위가 전국적이고, 오로지 하나의 계급으로만 구성되며, 어떤 강제적 규약에 의해서도 구속되지 않는 경우, 그 단체의 목적에 대한 그의 신뢰나 방책에 대한 그의 관용은, 명백하게 혁명적인 조직에 대한 그의 공포에 의해 완전히 사라지게 된다.[1] 따라서 유럽의 전제군주가 공장 입법을 엄청나게 확장하고자 해도, 심지어 경제학자들의 조언이나 임금소득 계급의 여론에 귀를 기울여 교육 · 위생 · 여가 · 임금의 '내셔널 미니멈'을 서서히 시행한다고 해도, 그들은 결코

---

1) 이 점에 대해 구식의 자유당원들은 전제군주와 정반대의 입장에 섰다. 그들이 노동조합운동에 대해 좋아하는 것은 구성의 임의적인 자발성과 방법의 자조성이었다. 심지어 목적의 가능성을 의심하고 방책을 혐오하는 경우에도 그러했다.

각 부문의 '공통규칙'(Common Rules)을 '단체교섭'(Collective Bargaining)의 방법에 의해 진보시킨다고 하는, 영국 노동조합운동의 뚜렷한 특색을 이루고, 이미 보았듯이 사회 전체의 최대 생산력이 의존하는 바에 의해 장려하고자 생각하지는 않는다.[2]

　노동조합운동이 어느 정도까지 전제 정부와 일치할 수 있는가 —이는 유럽 대륙 연구자에게 중요한 문제이다— 하는 문제는 영국인에게 실제로 무관한 것이다. 영어권에서 여러 제도는 그 지위를 유지하고 개선하고자 하는 이상, 어떤 것이라도 민주주의와 조화시켜야 한다. 관리위원회의 감독하에 일해야 하는 현명한 간부는, 위원회의 행동 방식과 이해관계 및 의견을 주의 깊게 고려하여, 그가 원하는 정도의 거절을 배제하는 방식으로 대책을 수립하고 설명할 수 있다. 마찬가지로 각 부문의 노동조합 운동가는 다수 민중의 이익과 이상에 반하지 않는 정책을 제창해야 할 것이다. 우리는 민중적 정부와 함께 현명하게 지도되는 노동조합운동이, 여러 노동자 계급을 위한 사회적 편의임을 믿고, 어떤 수정과 범위를 제시함에 의해, 그리고 어떤 제한을 붙인다면 영국의 노동조합운동은 현대 민주주의 국가에서 그 정당한 역할을 가장 훌륭하게 할 수 있다는 점을 제시하면서 우리의 작업을 끝내고자 한다. 그러므로 이 점에서 우리는 교양과 예언으로 옮겨가기 위해 사실의 설명과 분석, 그리고 그것을 일반화하여 경제적 이론으로 만들고자 하지는 않는다.

　민주주의라는 것은 사회 전체의 이해관계에 대한 예민한 의식을 가지고, 모든 시민에 대해 기회 균등을 주장하는 것이기 때문에 그것을 완전

---

2)　따라서 다른 사정이 동일하다고 가정한다면 전제군주제는 민주주의만큼 거대한 국부의 생산을 이룩할 수 없다고 추정된다.

하게 받아들이기 위해서는, 노동조합 운동가가 그 세 가지 교의(Doctrines)를 다시 고찰할 필요가 있음을 인정할 것이다. 즉 하나의 포기, 다른 것으로의 수정, 그리고 장기적 확장과 발전이다.[3] 첫째는 '기득 이익이라는 교의'(Doctrine of Vested Interests)이다. 먼저 어떤 계급의 '기정의 기대'(Established Expectations)에 대해 어떤 존경을 표한다고 해도, 그것이 발명에 반대하거나 산업 공정의 개량을 방해하는 것이라면 허용될 수 없다고 추론할 수 있다. 현존 노동자들의 이익을 공정하게 고려하는 것은 의심할 바 없이 더욱더 기대될 것이고, 민중 정부는 심지어 새로운 기계에 의해 배제된 직공에 대해 일정한 지급을 하자는 J. S. 밀(Mill)의 제안을 채택할 수도 있다. 그러나 이러한 고려나 지급이 고용을 제한하거나 특정 직업이나 서비스에 대한 독점적 권리를 인정하는 것이어서는 안 된다. 따라서 직업적 기득 이익이라는 낡은 노동조합 사상은 완전히 포기되어야 한다. 이미 보았듯이,[4] 지금은 어떤 조합도 실제 정책에서 이러한 사상을 실현할 수 없으므로 그 전선의 전환은 쉬울 것이다.

다음은 '수요공급이라는 교의'(Doctrine of Supply and Demand)이다. 어떤 부문의 노동자가 '인원 제한의 방책'(Device of Restriction of Numbers)에 의해 그 전술상의 지위를 더욱 좋게 하고자 시도하는 경우, 어떤 시도도 반드시 비난받으리라는 것을 알게 된다. 그러한 방책은 모든 시민에게 가능한 한 널리 기회를 부여하고자 하는 민주적 본능과 모순될 뿐 아니라, 국민의 자본과 지성과 노동을 더욱 비생산적으로 배분한다는 점에서 사회 전체의 복지에, 특히 육체노동자들에게 불리한 것이다.[5] 따라서 노동조합

---

3) 2부 13장 '노동조합운동의 가설'을 참조하라.
4) 2부 10장 '고용'과 11장 '직장에 대한 권리'.

운동은 그 두 가지 방책 중 하나는 절대적으로 포기해야 한다. 이러한 독점의 원죄를 면한다는 것은, 현대 산업의 유동성을 위하여 인원 제한을 유효하게 사용하는 것이, 몇 가지를 제외한 모든 직업에서 이미 전적으로 실행하기 어렵게 되었다는 사실에 의해 용이하게 될 것이다. 심지어 특별한 경우에는 이 낡은 방책이 다시 실행될 수 있게 된다고 해도, 그러한 노동조합이 그것을 실행하는 경우에 그 조합은 자신의 계급과 다른 계급, 그리고 사회 전체의 자각적 이익과 정반대가 될 것이다. 그리고 산업이 개별 자본가의 손에서 떠나 소비자의 관리로 옮겨짐에 따라 —임의적인 협동조합이라는 형식에 의하든,[6] 지방자치체나 중앙정부의 형식에 의하든 간에 —결원의 경우 언제나 가장 우수한 남녀를 선택할 자유에 간섭한다는 것은, 더

---

5) 3부 3장 '노동조합운동의 경제적 특징' (a) '인원 제한의 방책'을 참조하라.

6) 이 장의 여기와 다른 곳에서 협동조합이라고 하는 것은, 소비자가 희망하는 물품의 제조와 분배를 유급 노동에 의해 행하는 것을 목적으로 하여 모인 영국 특유의 소비자조합을 뜻한다. 이러한 종류의 협동조합 —소비조합(Store)과 도매조합(Wholesale), 그리고 그 부속물인 협동제분공장(Co-Opertative Corn Mill)— 은 영국 협동조합운동의 자본 중 20분의 19, 그리고 실제의 분배 업무 전체와 총생산액의 4분의 3을 차지한다(상무성 노동국의 〈제3연보 C〉 8230, 1896, 25~48쪽). 소비자들의 임의적 조합에 의해 공급되는 물품과 서비스는 시기에 따라 변동하지만, 우리는 이러한 형태의 협동조합을 민주주의 국가의 영속적 요소로 생각한다. 중앙 정치나 지방 정치의 범위를 아무리 확장할 수 있다고 해도, 소비자의 임의적 조합에 공공 당국이 공급할 수 없거나, 공급하기를 바라지 않는 것을 공급할 여지는 언제나 있을 수 있다. 협동조합으로 알려진 다른 형태의 조직, 즉 생산자조합이나 소위 '생산조합'은 이것과 너무나도 다른 지위를 차지하고 있다. 우리는 이러한 종류의 조합의 장래를 충분히 발달한 민주 국가 내에서 볼 수 없다. 그 본래의 이상적 형태를 갖는 육체노동자의 자치적 조합은 우리에게(달리 중요한 반대론도 있을 수 있지만) 거대 산업에 의해 불가능하게 된 것으로 보인다. 동시에 '이익공동분배제'로 알려진 그 후신은 우리에게 노동조합운동과 그것에 없을 수 없는 공통규칙의 유지와는 양립하기 어렵게 보인다. 시드니 웹 부인이 쓴 『영국 협동조합운동(*The Co-operative Movement in Great Britain*)』(London, 1894, 제2판)과 〈협동조합과 노동조합운동의 관계(*The Relationship between Co-operation and Trade Unionism*)〉(Manchester, 1892, 협동조합동맹 팸플릿)를 참조하라.

욱더 자각적으로 여론에 의해 비난을 받고, 결국은 아마도 용납되지 않을 것이다.

그러나 노동시장을 어떤 특정 부류의 사람들에게 유리하게 조작하는 것은, 반드시 언제나 도제 제한이나 인원 제한이라는 형태로 나타나지는 않는다. 면방적공 중의 소년공이나 면직공 중의 보조공은 각각 성년의 직공 자신에 의해 고용되고 임금을 지급받는다. 따라서 그 직공의 소득은 부분적으로 이 소년 노동에 대한 이윤에서 생겨난다. 그러므로 이러한 종속적 견습공의 연령이나 인원에 대해서는 가능한 한 제한을 가해서는 안 된다는 것이 자본가 제조업자와 마찬가지로 그 성년 직공의 이익에도 합치되는 것이다. 앞에서 여러 번 말했듯이 실제로 면방적공은 더욱 나아가 그 직업을 보충하기에 충분한 10배의 인원이 언제나 있다고 주장했다. 이러한 아동노동의 기생적 사용에 의해 '면공'(綿工; Cotton Operatives)은 사회 전체로부터 받는 보조금을 사실상 제조업자와 나누게 된다. 그리하여 '내셔널 미니멈'의 시행은 앞에서도 말했듯이[7] 반일 노동과 전일 노동에 대해 최저 연령을 인상하게 되고, 이로 인해 단체적 자조라는 특수한 표현 형태는 정지되게 된다.

그리하여 '수요공급이라는 교의'는 각각의 직업이 그 공통규칙의 수준을 누진적으로 인상시킴으로써 그 특수한 종류의 기술을 전문화하고자 하는 지속인 시도 안에서만 배타적으로 나타나게 된다. 그 결과, 그것에 따라 능률이 증진되는 동안은 이미 설명했듯이,[8] 그 직업 자체를 이롭게

---

7) 3부 3장 '노동조합운동의 경제적 특징'.
8) 3부 3장 '노동조합운동의 경제적 특징' (c) 공통규칙의 부분적 적용이 산업 배분에 미치는 영향.

할 뿐만 아니라, 그 사회의 자본과 지성과 노동을 가장 생산적으로 배분하고자 한다. 그리고 어떤 '인원 제한'도 없고 혁신에 대한 반대도 없는 경우, 그 여러 직업의 여러 종류가 요구하는 바는 자동적으로 소비자가 자유롭게 대용적 생산품으로 옮겨갈 수 있고, 산업 지도자가 전적으로 자유롭게 대용적 생산 방법을 채택하거나 다른 종류의 노동을 선택할 수도 있음에 의해 스스로 제한될 것이다. 그리하여 육체노동자가 끊임없이 임금 인상과 노동시간 단축에 기우는 경향은, 결국 다른 것 ―고용의 유지에 대한 마찬가지로 열렬한 욕구― 에 의해 언제나 중화된다. 언제나 어떤 산업에서도 공통규칙이 더욱 높아지게 되거나, 그것에 상당한 산업 능률의 증진에 의해 보상받기보다도 더욱 빨리 높아진 경우, 그 생산비는, 따라서 그 가격은 더욱 비싸지고, 그 특별한 상품에 대한 소비자의 수요는 대다수의 경우 억제될 것이다. 그러한 경우에 임금 인상은 상당수의 사람들을 실업에 몰아넣는다는 희생을 치르게 할 것이다. 그리고 노동자 계급의 간부들도 자본가나 경제학자와 마찬가지로 특별한 임금 인상이 수요에 미치는 영향을 예언할 수 없지만, 노동조합의 가장 전투적인 조합원이라도 그들이 부양해야 할 동료 실업자의 비율이 증가하는 경우 과대한 요구를 반복하는 것에 대해 명백하게 절대적인 억제를 발견한다. 이 억제가 어느 정도로 노동조합 간부의 마음에 끊임없이 유효하게 작용하는가 하는 것은, 그들의 사적 토의의 상황을 목격하거나, 특정한 조합이 품고 있는 그 목적을 암묵리에 연기하는 것을 본 사람들만 알 수 있다. 1897년 면공에 대해 8시간제 또는 성과급 임금률 인상의 확보에 힘을 기울이는 것을 방해한 것은, 사용자의 힘을 두려워했기 때문이거나 시간 단축의 희망이 결여된 탓이 아니라, 면공의 일부를 랭커셔로부터 쫓아낼지 모른다는 점에서 언제나 갖게 되는 공포가, 방적공의 실업자가 있고 면직공이 시간 단축으로 일하는 모습의 목격에 의해 강요되었기 때문이다. 역설적으로 보일지 모르지만, 이와 관련되어 노동조합은 작위의 죄보다도 부작위의 죄를 범하기 쉬운 경향이 있다. 그 요구가 위생, 노동시간, 임금에 관한 것이라고 해도, 모든 노동조합은 새로운 발명의 장려를 두려워하고, 가장 완전한 능률을 올리는 데 필요한 정도에 이르기보다도 더 빠른 시점에서 그 요구를 정지시키고, 어디까지나 그 직장의 전문화를 진행시키기 위해, 일부 동료가 일반 이익을 위해 희생하여 실직하는 것을 피하고자 하기 때문이다.[9]

지금까지 민주주의는 산업 지도자와 육체노동자 사이에 행해진 상호 협정에 의해, 특수한 계급에게 특수한 임금률을 정하는 것도 평화롭게 방관할 수 있었다. 그러나 특정 부문의 이익을 위하여 단체교섭이라는 방법을 사용한다는 것 —자본가와 임금소득자 사이의 '계약의 자유'— 도, 사회 전체의 사업이 방해받아서는 안 된다는 근본적인 조건에 점점 따르게 될 것이다. 교섭을 진행하게 될 때[10] 노동자는 파업을 하고 사용자는 폐업을 하는 경우, 관계 당사자의 이해관계 이외의 다른 많은 이익도 그 영향을 입게 된다. 따라서 우리는 노동쟁의가 어느 정도에 이른 경우, 민주적 국가는 언제나 사회 일반의 이익을 위해, 주저하지 않고 그것에 간섭하여 권력에 의한 명령에 따라 그 쟁점을 결정하리라고 예상할 수 있다. 실제로 점차 산업상의 혼란을 혐오하게 되는 결과, 단체교섭이 실패하면 일정한 형식의 강제 중재에 의해, 즉 법률의 제정에 의해 그것을 대신하게 될 것이다.[11] 그리고 어떤 산업을 경영하는 데 필요한 조건의 결정이 사용자와 노

---

9) 2부 8장 '새로운 공정과 기계'를 참조하라.
10) 2부 2장 '단체교섭의 방법', 3장 '조정', 4장 '법률 제정의 방법'을 참조하라.
11) 이와 관련하여 W. P. 리브스(Reeves)가 기초하여 통과된 뉴질랜드 산업화해중재법 규정은 매우 의미 깊다. 이 법률(즉 1894년 법률 제14호, 그 뒤에는 1895년 법률 제30호 및

동자의 손에서 뺏어진 경우, 그 해결은 더 이상 관계 당사자의 전략적 지

1896년 법률 제57호에 의해 약간 개정됨)에 의해 완전한 산업심판원(Industrial Tribunal)이 구성되었다. 그것은 공익의 입장에서 명백하게 그들에게 위임된 단체협약의 해석과 시행에 한하지 않고, 모든 종류의 산업쟁의를 취급했다. 첫째, 각 지방에는 화해국(Board of Conciliation)이 설치되고, 사용자와 노동자의 각 조합에 의해 선출된 동수의 인원과, 화해국에 의해 외부에서 선발된 중립 의장을 더하여 구성하게 된다. 산업쟁의의 당사자 —즉 사용자 조합과 노동자 조합 또는 조합에 가입하지 않은 한 사람 이상의 사용자— 는 그 쟁의를 화해국에 제소하고, 화해국은 다른 당사자가 응하느냐에 관계없이 쟁의를 조사하고 최선을 다해 화해를 권고한다. 화해가 실패한 경우, 최초의 소를 제기한 날부터 2개월 내에 "사건의 진상과 실질적 정의에 따라 그 문제를 결정"해야 한다. 이처럼 그 조직은 관계 당사자가 따를 의무가 없는 형식적 판정을 내리는 강제 중재(Compulsory Arbitration)의 하나에 불과하다. 그러나 화해국은 자신이 적당하다고 인정하는 경우, 사건의 진상에 대한 화해국 자신의 판단을 첨가하거나 첨가하지 않고, 미해결 쟁의를 중앙의 중재법원(Court of Arbitration)에 회부할 수 있다. 중앙 중재법원은 총독에 의해 임명된 3명의 구성원으로 조직되는데, 그중 2명은 각각 사용자와 노동자의 조합이 지명하고 나머지 1명은 대법원이 판사 중에서 재판장으로 임명하여 위원장의 직무를 수행하게 한다. 지방의 화해국이 그 사건을 회부하지 않는 경우, 각 당사자는 중재법원에게 화해국이 보고하도록 요구할 수 있다. 따라서 법원은 당사자의 동의 여부에 불구하고 법원의 권력에 의해 쟁의를 가능한 한 완전하게 조사하도록 요구받는다. 그 판정은 어떤 경우에도 명의상 그 속에 명기된 조합이나 개인에 대해 지정된 기간(2년 이내)은 구속력이 있다. 그 조합에 관한 판정은 판정 당일 현재의 모든 조합원에 대해서만이 아니라, 그 뒤에 가입한 자에 대해서도 그 기간 중에는 구속력을 갖는다. 단, 그 판정이 명의상 구속력이 있다고 해도 그것을 법률상 강제하는 것은 법원의 재량에 맡겨져 있다. 법원은 적당하다고 인정하는 경우, 바로 또는 당사자 일방의 청구가 있으면 그 뒤에 판정을 대법원 사무국에 제출하여 등록하고, 그렇지 않으면 대법원 판결처럼 법원의 허가를 얻어 강제할 수 있다. 판정은 손해 및 비용을 지불하고, 위반의 경우에 대해 벌금을 정하는 명령을 내릴 수 있다. 단 벌금은 개별 노동자에 대해 10파운드를 넘지 않아야 하고, 조합이나 개별 사용자에 대해서는 500파운드를 넘을 수 없다. 중재법원의 판결은 다수결에 의해 구속력을 갖게 되지만, 법원의 결정에 의해 그 나라 법률의 일부가 될 수 있다. 쟁의가 화해국이나 중재법원에 제출된 경우, "파업이나 폐업의 성질을 갖는 행위나 사항"은 모두 명백하게 금지되고, 이를 위반하면 모욕죄로 처벌될 수 있다. 이 법률의 실시 이후 3년 동안, 16개의 노동쟁의가 있었고, 어느 경우에도 법률이 적용되어 반은 화해국에 의해, 반은 중재법원에 의해 해결되었다. 판정은 관계 당사자에 의해 모두 승인되었고, 일반적으로 존중되었다. 그중 여러 개는 대법원에 등록되어 법률의 힘을 확보했다. 이상과 같이 그 법률은 산업의 혼란을 피하는 데 완전하게 성공했다. 그 성공은 물

위에만 의존하지 않고, '생활 임금의 교의'(Doctrine of a Living Wage)에 의해 크게 영향을 받을 것이다. 그러면 노동조합 간부는 그 조합원이 요구하는 것이, 오로지 '내셔널 미니멈'을 얻을 수 있는 최저 노동자에 비하여 더욱 큰 노력에 의해, 또는 그들이 갖는 기술의 희소성에 의해 보증된다는 것을 증명해야 한다. 이와 동시에 사용자 조합에서는 그 요구 조건이 그 노동자의 능률에 유해하지는 않아도 불필요하다는 것을 증명하고, 또 내셔널 미니멈 이상으로 노동조합이 요구한 특수한 '능력의 임차료'를 지불하지 않고도 동등의 능력을 갖는 것을 충분히 보완할 수 있다는 증명을 제출하여 변호해야 한다.

따라서 현대 노동조합운동의 정책이 최대로 발전시키고자 요구하는 것은 '생활 임금의 교의'이다. 민주적 여론이 기대하는 바는 각각의 직업이 전략적 지위를 이용하여 특별한 사회적 기능을 최고도로 가능한 방법으로 수행하기에 충분한 필요조건을 확보하는 것이다. 즉 '평균적인 감각을 갖

론 대부분 그 식민지의 여론이 중재 재판주의를 일반적으로 지지한 것에 의한 것이다. 현재는 쟁의가 얼마나 공공복지에 화를 입히든 간에 관계 당사자가 중재를 요구하지 않는 경우, 법원이 그것을 취급할 수 있는 규정은 전혀 존재하지 않는다. 지금까지 그 판정에 따르는 것을 거절한 경우가 없어서 실제의 강제절차가 사법법원에서 시험되지는 않았다. 어떤 조합에도 가입하기를 거부하거나 단지 비조합원만을 고용한다는 식의 완고한 사용자는 노동조합을 인정하지 않기 때문에 (따라서 그로 인해 쟁의를 야기하지 않는다) 재판을 면할 수 있다고 했다. 그러한 사례가 실제 남부 오스트레일리아에서 생겨났다. 그래서 뉴질랜드와 거의 같은 것이지만 그 정도의 효력을 갖는 법문이 아닌 법률이 시행되었다. 그러나 쟁점은 법적으로 결정되지는 않았다(1897년 〈경제정치학 리뷰〉에 실린 안톤 베르트람의 '오스트레일리아의 국가 화해제도 경험' 참조). 뉴질랜드의 현재 여론 상태로는 이 법률이나 기타 법률의 회피는 법관에 의해 매우 엄격하게 다루어지며, 결함이 발견된 경우, 바로 법률의 수정에 의해 보완된다. 화해국이나 법원은 사회에 유해하다고 생각되는 쟁의를 스스로 취급하는 것도, 또 직공의 전부 해고나 정당하게 등록된 조합의 조합원의 명시적 거절을 하나의 쟁의로 보아 재판 관할권에 속하게 하는 것도 가능하도록 쉽게 만들 수 있을 것이다.

는 보통 사람'이 직접 최대한으로 향유할 수 있는 것이 아니라, 오랫동안 그 사람의, 전문가로서, 부모나 시민으로서의 능력에 최대한 도움이 되도록 확보해야 한다. 이에 따라 노동조합의 정책은 어느 정도 수정될 수 있을 것이다. 힘이 강한 노동조합은 그들이 확보하는 방법을 아는 최고의 화폐 임금을 얻는 데에 결코 뒤지지 않는 것을 보여준다. 그러나 가장 잘 조직된 직업에서도 오늘날에는 사용자와의 단체교섭의 일부로, 과도하고 불규칙적인 시간의 노동을 하거나, 안전하지 못하고 비위생적이며 품위 없고 불쾌한 환경에서 노동하는 것에 동의할 것이다.[12] 오늘날 영국의 모든 고임금 직장에서는 더욱 짧고 더욱 규칙적인 노동시간, 더욱 건강하고 만족스러우며 쾌적한 노동조건, 휴식과 여행을 위한 정기휴가 규정을 정하는 쪽이, 표준 임금을 인상하는 것보다도 더욱 열심히, 산업상으로도 시민으로서도 유효한 것으로 더욱 중요하게 요구되고 있다. 이러한 '생활 임금의 교의'를 적용한 결과, 일반 노동자 사이에서 사려 깊은 선견과 자기절제를 증진시켰을 뿐만 아니라, 동시에 노동조합운동의 사무직원의 능력도 발전시켰다. 임금 인상에 대한 시비는 어떤 노동 지도자도 처리할 수 있지만, 사용자와 입법자에 대하여, 직공에게 최대한의 만족감을 부여하고 산업에 대해 비용과 불편을 최소화하기에 적당한 '특별한 규약'을 제안하는 것은 더욱 높은 정도의 기술적 경험을 요구하는 것이다.[13]

어떤 직업에서도 자신의 '생활 표준'(Standard of Life)을 유지하고 향상시키고자 하는 것만으로는 충분하지 않다. 임금이 높은 직장이 국내외 시장에서 경쟁을 하면서 은밀하게 장애요인이 되지 않기 위해서는, 앞에서도

---

12) 2부 6장 '표준 노동시간', 7장 '위생과 안전'을 참조하라.
13) 2부 7장 '위생과 안전'을 참조하라.

설명했듯이,[14] 어떤 국민 산업도 보조를 받는 노동이나 그 질을 저하시키는 노동을 사용하여, 기생적 성질을 갖는 일은 결코 있어서는 안 된다. 따라서 조직된 직업에서는 모든 직업의 '착취'(Sweating)를 폐지하는 것이 가장 중요하다. 그리고 그 경우 그것들이 같은 수요에 대해 제조를 하여 고객을 다투거나, 그 국민의 조직 능력과 자본을 바꾸어 생산수단을 다투게 되는 것을 묻지 않는다. 나아가 우리가 앞에서 보았듯이, 임금이 더 높은 직장의 이러한 사리사욕은 사회의 복지와 일치한다. 사회의 복지는 사회의 약자 부문과 마찬가지로 강자 부문에서도 건강과 지성과 품위의 가능한 한의 발전을 확보한다는 것에 의존하기 때문이다. 그래서 우리는 '생활 임금의 교의'라는 특별한 방책, 즉 정밀한 '노동법전'(Labour Code)에 의해 일정한 정도의 교육·위생·여가·임금을 모든 산업의 모든 종류의 직공에게 의미 있게 강행한다고 하는, 우리가 내셔널 미니멈이라고 명명한 것에 이르게 된다.[15] 이러한 '내셔널 미니멈'은 민주적 국가의 여론이 지지할 뿐만 아니라, 공동의 이익을 위하여 적극적으로 주장하는 것이다. 그러나 공공적 여론만으로는 충분하지 않다. 내셔널 미니멈의 원칙이 아무런 유보 없이 철저히 적용되고, 필요한 기술적 세부 사항에 대한 의회 입법이 계속 제정되어 구체화되며, 그 법률이 적정하게 실시되고, 그 규정을 즉각적이고 교묘하게 국민 산업의 변동에 따라 적응시키기 위해서는 부단한 노력과 전문적 기술이 필요하다. 이러한 과제를 위하여 산업적 규제의 장기적 경험과 훈련된 임원 간부를 갖는 조직적 직업만큼 직접적 이해관계를 갖고 적절하게 준비된 것은 공동체의 어떤 부문에도 다시없다. 따라서 민주적

---

14) 3부 3장 '노동조합운동의 경제적 특징' 중의 '기생적 산업'을 참조하라.
15) 3부 3장 '노동조합운동의 경제적 특징' 중의 '내셔널 미니멈'을 참조하라.

국가가 자극과 전문적 조언, 그리고 부단한 감시를 받기 위해서는, 무엇보다도 노동조합에 의존해야 한다. 그렇지 않으면 '내셔널 미니멈'은 확보될 수도 없고, 실시될 수도 없다.

노동조합 정책에서 요구된 변화에 대한 이러한 관찰은 우리를 바로 다음과 같은 결론에 이르게 한다. 즉 민주적 국가의 산업 경영에서 노동조합운동이 기능하도록 기대되는 바에 관한 것이다. 산업 경영은 무수한 결정에 의해 성립되는데, 그 결정은 다음 세 가지로 나누어진다. 첫째, 생산되어야 하는 것에 대한 결정이다. 즉 소비자에게 제공되어야 할 일정 상품과 서비스에 대한 결정이다. 둘째, 생산을 하기 위한 방법에 관한 판단이다. 즉 원료의 선택과 생산 공정의 선정 및 인원의 선택이다. 셋째, 앞의 두 가지와는 전혀 다른 것으로, 고용된 인력의 노동조건 문제이다. 즉 노동을 하는 작업장의 온도와 공기, 위생 설비, 노동의 강도와 기간, 그 보수로 주어지는 임금에 관한 문제이다.

사회에서 최대한의 만족을 얻기 위해서 핵심이어야 하는 것은, 생산되어야 할 상품과 서비스를 결정하는 가장 중요한 요인을 소비자의 필요와 욕망으로 삼아야 한다는 점이다. 이러한 필요와 욕망을 가장 잘 확인하고 만족시킬 수 있는 것은, 고객 확보에 너무나도 열심인 자본가적 이윤 창출의 개인적 기업이냐, 아니면 (영국 협동조합운동에서와 같은) 소비자의 조합 또는 시민의 조합(지방자치단체나 국가)을 만족시키고자 하는 유급 공무원의 공공 서비스냐 하는 것, 현재 민주 정치의 가장 중요한 문제이다. 그러나 이러한 문제가 어떤 방식으로 결정되든 간에, 하나의 사실은 분명하다. 즉 노동조합에 가입하는 여러 부문의 육체노동자는 개인 기업하에서도 '집산주의'(Collectivism)하에서도, 생산되어야 하는 것에 관한 결정에 대해 내려야 할 많은 것을 다른 시민이나 소비자와 마찬가지로 갖지 못하고 있다. 육체노동자와 임금노동자로서는 이 문제에 대해 어떤 특별한 지식도 제공하지 못하고, 특정한 서비스를 제공하기에 적절한 개인으로서는 진보적인 사회의 특징인 수요의 불가피한 변동에 대해서 편견을 갖기도 한다.[16] 이는 산업 경영의 제2의 부문인 원료의 선택, 생산 공정의 선정, 인원의 선택에 관하여 더욱 분명하게 나타난다. 여기서 관련된 노동조합은 특히 부적절하다. 이는 가능한 선택에 대한 무지 때문만이 아니라, 어떤 특정한 원료나 특별한 생산 공정, 또는 특정한 종류의 노동자에 대하여 그것들이 소비자의 욕망 만족에 가장 잘 적합한가 여부에 관계없이, 압도적인 편견을 갖기 때문이다. 한편, 산업 지도자들은 경쟁적 투쟁에 의해 출세한 자든, 소비자나 시민에 의해 신중하게 임명된 자든 간에, 특별히 소비자의 욕망을 만족시키는 가장 좋은 수단을 발견하기 위해 선발되거나 훈련되어 왔다. 나아가 그들의 이기적 편견은, 그 고객이나 사용자의 목적, 즉 가장 질이 좋고 가장 값싼 생산이라는 것과 합치된다. 그리하여 만일 우리가 개인 기업에서의 독점의 교란적 영향과 공공적 관리에서의 부패를 도외시한다면, 최초의 관찰로는 어떤 제도하에서도 안심하고 생산 분배의 조직을 산업 지도자의 전문가적 지혜에 맡길 수 있는 것처럼 보인다. 그러나 이는 매우 중요한 제한을 받아야 하는 것이다. 이윤 추구자의 변함없는 편견, 심지어 협동조합, 지방자치단체, 중앙정부 부서의 유급 간부들도 갖는 편견은, 생산비를 낮추자고 하는 것이다. 직접적인 결과에 관한 한, 생산비 절감이 원료·공정·인원의 더욱 좋은 선택에 의해 행해져도, 또는 임금 저하나 인적 자원이 고용된 작업장의 노동조건 저하에 의해 행해져도 그것

16) 2부 9장 '고용의 유지'를 참조하라.

은 마찬가지로 유리하게 보인다. 그러나 민주적 국가는 앞에서 말했듯이[17] 그 모든 시민의, 특히 전체의 5분의 4를 차지하는 육체노동자의 생활 표준을 가능한 한 가장 높게 유지하기에 참된 이해관계를 갖는다. 따라서 값싼 것을 좋아하는 산업 지도자들의 편견은, 언제나 사회 전체의 이익을 위하여, 고용조건을 유지하고 점진적으로 올리고자 하는 결정에 의해 궁극적으로 통제되고 지도되어야 한다.

이는 우리로 하여금 산업 경영의 제3부문에 이르게 한다. 즉 인간이 고용되어야 할 조건의 결정이다. 다른 원료가 아닌 하나의 원료를 채택하고, 여러 생산 공정이나 공장 조직의 여러 방법 중 하나를 선택하며, 특정한 종류의 노동자나 특정한 직공장을 선발하는 것은 관련 직공의 생활 표준에 악영향을 미칠 수도 있다. 이러한 고용조건에 대한 간접적 영향은 어느 틈엔가 변하여 임금이나 노동시간 등의 임금 계약 조항의 직접적인 결정 요인이 된다. 이 모든 사항에 대해서 한편으로는 소비자, 다른 한편으로는 산업 지도자가 함께 중재자로 행동하기에는 언제나 적합하지 못하다. 이 책의 '시장의 거래'를 다룬 장[18]에서 우리는 현대 산업제도의 특질인 세밀한 분업하에서 하나의 상품을 시장에 팔기 위하여 수천 명의 직공이 어떻게 협력하는지를 설명했다. 그리고 어떤 소비자도 수많은 종류의 직업의 고용조건을 확실하게 알고 판단하는 것은, 설령 그가 그것을 알고자 희망해도 절대적으로 불가능하다. 그래서 모든 계급의 소비자는 낮은 가격에 대해서만 편견을 갖는 것이 아니다. 그들은 이 분명하고 순수한 염가를 생산의 효율성에 대한 유일한 실제적 시험으로 받아들이도록 강요된다. 그

---

17) 3부 3장 '노동조합운동의 경제적 특징'을 참조하라.
18) 3부 2장 '시장의 흥정'을 참조하라.

리고 각 부문 노동자의 직접적 사용자는, 그들이 일하는 시간이나 그들이 받는 임금을 알고 있다고 해도, 소매상인과 도매상인을 통하여 오는 경쟁의 압력의 흐름으로 인해, 끝없이 노동의 염가화를 향한 사리사욕의 추구를 유효하게 억제할 수 없는 상태에 놓여 있다. 나아가 비록 그가 고용조건에 대해 통계적으로 알 수 있어도, 조건에 대한 개인적인 경험이 없기 때문에, 효과에 대해서도 어떤 참된 지식을 갖지 못하게 된다. 자기 자신과 가족의 생활을 위해 1년에 수천 파운드를 소비하며 정신노동을 하는 산업통제자에게, 육체노동을 하며 임금을 얻는 자들은 자신과 전혀 다른 정신적 능력과 육체적 능력을 가진 인종에 속하는 것처럼 보인다. 상류와 중류 사람들에게는 어린 시절부터 노년에 이르기까지, 공장의 먼지, 악취, 소음, 추악, 불결한 공기 속에서 살아가고, 처음부터 끝까지 명령적인, 때로는 직공장의 잔혹한 명령에 따라야 하며, 매년 계속하여 매주 60 내지 70시간에 이르는 엄청난 육체노동을 하고, 음식, 의복, 주택 시설, 휴양, 가정생활을 1주 10실링과 2파운드 사이의 안정된 수입을 얻어 살아간다는 것의 결과, 어떤 육체적·정신적 상태, 어떤 표준의 품성과 행동이 되는지를 전혀 깨달을 수 없다. 만일 민주적 국가가 가장 완벽하고 가장 좋은 발전을 이룩한다면, 관련된 인간적 요소의 실질적인 필요와 욕망이, 고용조건의 결정에 주된 고려 사항이 되어야 한다.[19] 그러면 여기서 우리는 산업 관리에 있어서 노동조합의 특별한 기능을 발견하게 된다. 노동 계급 조직의 가장 평범한 조합원이라고 해도, 재앙의 근원에 대해 어느 정도는 알고 있다. 노동조합 간부는 그 동료 노동자들에 의해, 그들이 당하는 불만의 표현 능력과 그것에 대한 구제책을 강구하는 그의 역할을 훈련받기 때문에

---

19) 2부 5장 '표준 임금률'과 3장 '조정'을 참조하라.

특별하게 선출된다. 그러나 노동조합은 그 조합원의 욕망을 표현하고 그것에 필요한 개량을 주장함에 있어서, 고용 확보의 필요에 의해 제공되는 지속되는 마찰 브레이크 속에서 행동한다. 특정한 종류의 노동자를, 요구된 조건으로 고용하고자 배려하는 것은, 언제나 소비자, 소비자만이 결정하는 것이다. 그 경우, 그들은 이윤을 취하는 기업가를 통하여, 또는 그들 자신의 유급 직원을 통해 행동하는 것은 문제가 되지 않는다.[20]

따라서 무엇을 생산해야 하는가를 결정하는 것은 소비자이지만, 그것은 자본가적 기업가를 통하거나 소비자 자신의 유급 직원을 통해서 행해지는 것이다. 그것이 어떻게 생산되어야 하는가를 결정하는 것은 산업 지도자이고, 그들은 이윤 추구자이거나 간부들이다. 그 결정에 있어서 그들은 그 고용조건에 미치는 효과에 관한 노동자 대표의 항의를 고려하여야 하지만 말이다. 그리고 이러한 고용조건의 결정 시에, 여러 종류의 노동자가 그 노동을 팔고자 하는 조건을 제시하는 것은, 조합원의 요구에 의해 지배되는, 노동조합의 전문가적 교섭원을 통해서이다. 그러나 이 모든 것의 위에 사회 자체가 서 있다. 선출된 대표와 훈련된 '공무원'(Civic Service)에게 전 국가의 영원한 이익을 끊임없이 고려할 의무가 주어진다. 어떤 소비자 집단이 공공복지에 유해하다고 간주되는 것, 가령 독약, 폭발물, 외설 문학, 부도덕한 성교나 도박을 추구하는 경우, 사회는 그러한 욕망의 만족을 금지하고 규제한다. 산업 지도자가 유해하다고 간주되는 원료나 공정, 가령

20) 플리밍 젠킨스(Fleeming Jenkins)의 추상적 경제학의 수학적 분석의 결론도 이와 같다. 즉 "노동의 가격을 결정하는 것은 판매자이지만, 거래의 수를 결정하는 것은 구입자이다. 자본은 몇 사람이 일정한 임금으로 요구하는지를 결정하는 것이지만, 노동은 어떤 임금을 사람들이 얻을 수 있는가를 결정하는 것이다." 플리밍 젠킨스, 「수요공급 법칙의 도해」, 『연구 여록』, 184쪽.

건강을 해치고자 혼합한 식료품, 소비자에게 유독한 조제, 강이나 공기를 오염시키는 공정을 사용하고자 하는 경우, 그들의 행동은 공중건강법에 의해 금지된다. 그리고 관련 노동자가 무지나 무관심 또는 전략적 무력에 의해 그들의 몸을 해치고 지능을 손상시키며 품성을 타락시키는 조건하에 서 일하는 것에 동의하는 경우, 사회는 사회 자신의 이익을 위하여 교육·위생·여가·임금의 '내셔널 미니멈'을 강행해야 한다. 따라서 우리는 민주적 국가에서 산업 관리는, "자신의 사업을 자신만의 방식으로 처리하는 권리"를 요구한 구식 자본가가 단순하게 상상하는 것보다도 더욱 복잡한 것임을 인정한다. 그 세 가지 범위에서, 각 부문의 이익과 의지가 유력한 요소가 된다. 그러나 어떤 부문도 그 자체의 범위에서도 무구속의 권위를 발휘하지 못한다. 국가는 모든 사업의 파트너이다. 사회 전체의 이익이라는 점에서, 무수히 계속되는 결정의 어느 하나도, 한편으로는 소비자를, 다른 한편으로는 생산자를, 또는 그 둘을 초월한 국민을 대표하는 전문적 의견의 합치에 거슬러 행해져서는 안 된다.[21]

21) 가장 유능한 노동조합 간부 몇 사람은 이미 실무적으로 이러한 분석에 도달했다. 그래 서 기계공 합동조합(Amalgamated Society of Engineers)의 새로운 위원장인 조지 반스 (George Barnes)가 쓴 최근의 연보에서 산업 관리에서의 사용자와 노동자의 기능에 관한 최근 노동조합의 견해에 대하여 다음과 같은 흥미 있는 설명을 하고 있다. 즉, "사회에 있 어서 높은 임금 표준을 유지하고, 따라서 거대한 구매력을 유지하는 것이 중요하다는 점에 서는" 임금소득자의 이익과 사회의 그것이 동일하다. 그러나 사용자 쪽에서는 노동자의 선 택 배치와 보수에 대한 권위를 수행하는 것에 대한 절대적 자유를 요구하고 있다. 그가 그 이유로 내세우는 것은, 자신이 기계와 공장을 제공한다는 점이다. 그러나 그는 일반적으로 사업에 관한 이러한 행동의 자유는, 이미 오래전부터 그로부터 박탈되었고, 지금은 의회의 입법과 노동조합의 압박 속에서 구체화되는 여론에 따라 산업적 기업을 할 수 있는 자유만 을 가진다는 사실을 망각하고 있다. 이러한 인간화된 영향의 결과, 노동시간은 단축되었 고, 아동노동은 금지되었으며, 기계는 방책으로 둘러싸였고, 공장은 청결하게 되었다. 요 컨대, 경쟁의 수준은 더욱 높아졌고, 그 결과 공공복지에 엄청난 편의를 부여하게 되어, 사

이러한 분석에 의해 노동조합운동은 단순히 자본가적 산업의 현재 형태에 부수하여 생기는 것에 불과한 것이 아니라, 민주적 국가에서 충족해야 할 영구적 기능을 갖는다는 것이 분명해졌다. 자본주의가 발전되어 거대한 독점의 방향으로 나아가게 된다면, 각 산업의 육체노동자 단체는, 사회적 압제에 저항하는 유일하게 유효한 방파제가 될 것이다. 한편, 소규모의 마스터 제도가 부활하게 된다면, '공통규칙'의 강행은, 산업적 기생으로부터 사회를 보호하기 위해 더욱 필요하게 될 것이다.[22] 그리고 우리가 개인적으로 기대하듯이, 민주주의가 발전되어 협동조합, 지방자치단체, 정부 부서의 유급 간부들에 의해, 이윤 취득자와 독점을 대신하게 된다면, 노동조합운동은 여전히 마찬가지로 필요하게 될 것이다. 왜냐하면 심지어 가장 완전한 집산주의하에서도, 각 산업의 지도자는 소비자 사회의 대리인

용자의 "자신의 것에 대해서는 자기가 하고 싶은 대로 한다"는 구실은 이제 시대착오적인 것이 되었고, 그래서 더 이상 유지될 수 없다. 그러나 우리는 어떤 방향에서는, 사용자도 노동자도 함께 행동의 자유를 가져야 한다는 것을 인정하고자 한다. 가령 우리 사회는 사용자가 계약의 기간을 정하고, 노동자 사이에서 선택하거나 구별을 하며, 그 수완이나 숙련에 따라 임금을 지급하는 권리를 갖는다는 점에 의문을 갖지는 않는다. 그러나 기초로서의 일정한 표준, 즉 최저임금의 준수가 규정되어왔고, 규정할 권리를 갖는다. 그리고 만일 이미 사용자 회의에서 말했듯이, 기계의 채택이 생산을 단순화했고, 기계와 수공 사이의 기술 차이를 확대시켰다고 한다면, 그 경우 수공의 임금은 그만큼 증대되어야 한다. 기계의 채택은 생산을 단순화함과 동시에 생산을 증대시킨다. 그래서 분명히 사용자와 구매자에게는 노동자의 임금을 침해하지 않아도 충분한 이익을 얻게 하지만, 노동자는 기계를 사용하든 손 도구를 사용하든 간에 여전히 궁핍하다. 이러한 근거에서 우리는 우리의 주장을 내세우지만, 이는 다른 대다수의 문제와 마찬가지로 결국, 공동 이익과 일치하여 정해져야 함을 확신하고, 고 더비 경(Lord Derby)이 "모든 이익 중 최대 이익은 평화이다"라고 한 말에 포함된 지혜를 믿기 때문에, 우리는 기꺼이 이 문제에 대한 쌍방의 전문적 지식에 도움을 받는, 공적이고 공정한 권위의 중재에 위임하고자 한다. 〈기계공 합동조합 제46연보〉(London, 1897), 6~7쪽.

22) 2부 12장 '노동조합운동의 함의'를 참조하라.

으로서, 여전히 생산비 절감을 좋아하는 편견을 가질 것이고, 정신노동자로서는 결코 직접적으로 육체노동자의 상태를 알 수 없기 때문이다. 나아가 사회 전체로서는 그 구성원의 어떤 부분을 고의로 억압하고자 할 수 없다고 해도, 대규모로 행해지는 모든 관리의 경험은, 그것이 공적이든 사적이든 간에, 복잡한 조직에서는 고립된 개개인이 그 상급 간부의 악의나 변덕이나 단순한 부주의로 인한 고통을 받을 경우, 구제를 받는다는 것은 언제나 매우 곤란한 것임이 분명하다. 심지어 노동자 계급 전체나 일정한 종류의 노동자 전체가 그 자신의 단체를 만들지 않는 이상, 그 특별한 욕구에 여론의 주의를 환기시킨다든가, 그 국민의 의회에 유효한 호소를 한다는 것은 사실상 불가능하다. 나아가 생산자들이 그 각종 각 부분의 단체를 만들지 않는 경우, 사회가 그 실시를 필요로 하는 '내셔널 미니멈'이나, 기타 '생활 임금의 교의'의 실현을 그 특수한 조건에 특별하게 적용시키기 어려울 것이다. 앞에서 보았듯이, 국민의 최대 생산력을 좌우하는 각 계급의 특별한 '공통규칙'을 진보적이고 실험적으로 향상시키기는 불가능할 것이다. 요컨대 적어도 각종, 각 부문의 생산자가 잘 조직되어 여론으로 하여금 그 요구에 귀 기울이게 할 수 있고, 또 필요하다면 더욱 강하게 단결하여, 관료의 우둔함이나 공적 압박에 대한 최후의 수단으로서, 동맹파업에 의해 그 요구를, 공공 법정의 판결이나 의회 자신의 신중한 판단을 제외한 모든 권위에 대해 강요할 수 있다.

그러나 비록 산업이 점차적으로 공공 관리로 넘어간다고 해도, 노동조합운동은 여전히 민주적 국가의 필수 요소로 남게 될 것임에 틀림없지만, 그러한 발전 속에서 그것은 변화할 것이다. 전국적 단체협약이나 공장 입법이 이미 널리 확대되고 있다는 사실만으로도, 가장 잘 규제되고 있는 직업에서 어제의 사용자와 노동자 사이의 작은 경합은 없어지고, 노동조합의 간부는 지방 차원의 파업 지도자로부터 산업 차원의 전문적 교섭원이 되어, 주로 사용자 조합의 서기 및 공장 감독관과 긴밀히 협력하여 그 직업에 규정된 '공통규칙'의 정확한 준수를 확보하기에 이르렀다. 그리고 최저 고용조건의 각 부분이 명확하게 공공적 산업을 다루는 규약 안에 제정되거나, 그 나라의 법률 속에 구체화됨과 함께, 그것은 더욱더 산업 지도자에 의해 당연한 것으로 인정되어 주의 깊은 관련 공무원들에 의해 강행될 필요가 없게 될 것이다.[23] 따라서 조합원의 생활 표준을 저하시키고자 하는 기도에 대해 언제나 무장적 저항을 하고자 하는 노동조합의 기능은, 그 주의를 약하게 만드는 것으로 기대될 수 있다. 이와 반대로, 그 '공통규칙'의 수준을 끝없이 향상시키고, 그것에 의해 그 직업 특유의 기술적 능률을 증대시킬 의무는 여전히 없어지지 않고 있다. 따라서 우리는 한편으로는 공무의 국유화나 시유화(市有化)가 점차적으로 행해지고, 다른 한편으로는 협동조합운동의 보급과 함께, 직접 시민 소비자들에게 고용된 노동자의 노동조합은 점차 전문적 직업인의 조합이라는 성질을 갖게 된다. 현재의 전국교사조합과 같이 위생·노동시간·임금에 관한 직접 교섭에는 전혀 관여하지 않고, 개인적 불만을 구제하거나 어떤 변경의 제안의 효과에 대한 전문적 지식을 제공하는 것에 불과하게 되었다. 고용조건은 그 직업이 도달한 기술적 전문화의 정도에 의존하고, 그 필요에 대한 여론에 좌우되는 것이므로 각 노동조합은 전국교사조합과 같이, 더욱더 그 직업이 갖는 능력의 수준을 올리고, 그 조합원이 갖는 직업적 교양을 향상시켜, 그 직업을 수행하는 가장 좋은 방법에 관하여 "그 주인을 교육하고", 또는

---

23) 2부 4장 '법률 제정의 방법'을 참조하라.

모든 수단을 통해 그 사회적 평가의 지위 향상에 노력하기에 이르렀다.[24]

이상과 같이 민주적 국가의 노동조합운동의 기능에 대한 우리의 관점은 산업조직 부분에 그쳤다. 그러나 노동조합은 다른 방면에서도 사용되고 있다. 가령 현재, 그것들은 보통의 공제조합이나 산업보험회사와 경쟁하여, 재해·질병·사망 시에 급여금과 양로연금을 지급한다.[25] 이는 보통 노동조합운동이 최고의 칭찬을 받는 기능이지만, 우리의 생각으로는 쇠퇴할 수밖에 없는 부문이다. 노무불능자 계급이 계속 늘어나 직접적으로 공공의 보호를 받게 됨에 따라, 노동조합에 의해 지급되는 공제급여금은 더 이상 그 조합원을 절대적 궁핍으로부터 구제하기에 필요한 것이 아니게 되었다. 국가 자신에 의해 지급되거나 보증되는, 산업재해에 대한 일반적 보상제도와 함께, 종래 노동조합에 의해 지급된 비용인 '재해급여금'은 과거의 것이 될 것이다. 질병에 걸린 경우 병원이나 요양원의 이용이 증가하고, 격리와 능숙한 간호의 중요성이 늘어나며, 공중위생을 위해 채택된 최고의 의학 기술을 갖춘 공립 병원에서 무료로 치료하는 것은, 부수적으로 노동 계급 가정에서 병에 걸린 경우 육체적 불능기간의 참기 어려운 고통으로부터 벗어나게 할 것이다.[26] 국영 양로연금에 관한 정부의 여러 계획, 가

---

24) 전국교사조합이 주로 관여하는 사업인 초등학교 경영은 2세대 만에 영리적 범위에서 전적으로 벗어나 공무의 범위로 들어갔다. 이 조합(1870년에 설립된 조합의 조합원은 1896년 말 3만 6793명이었다)은 집산주의 조직하에서 발달했다. 그 기능과 육체노동자 노동조합 기능 사이의 비교는, 흥미롭고 의미 깊은 것이다. 교묘하고 진지한 연보는 언제나 이상과 같은 설명의 추론을 제공해준다.

25) 2부 1장 '상호보험의 방법'을 참조하라.

26) 경제적으로 관련자 전체에게 큰 이익이 되는 죽은 자를 묻는 것이 하나의 공적 서비스가 되면 안 되고, 일반의 부담이 되면 안 되는 이유는 없다. 아마도 영국의 모든 장례의 대다수는 이미 공공 비용으로 행해지고 있고, 묘지 설비도 한때는 이윤 형성의 일반적인 기업 형태에 의했지만, 지금은 거의 공공적 기능에 의하고 있다. 잘 알려져 있듯이 파리에서는

령 찰스 부스의 제안에 의한 것은, 노동조합이 현재, 양로급여금의 형태로, 그 노년 조합원에 의한 표준 임금률의 붕괴를 정지시키고자 한 시도를 무용한 것으로 만들었다. 재해·질병·노년에 의해 야기된 절대적인 궁핍에 대항하는 국가의 급여는 개인적 저축을 대신하는 것도, 그것을 감소시키는 것도 아니다. 반대로 찰스 부스 등에 의하면 국가 연금이란 적립의 기초가 되는 것을 보증하는 것이므로 절약을 장려하는 것으로 이 방책을 확보하는 하나의 근거가 된다.[27] 그러나 국가의 급여를 넘어서는 약간의 위안과 기쁨을 부여하는 이러한 보완적 저축은, 노동조합을 통해 행해지는 것이 아니라는 것이 우리의 의견이다. 육체노동자의 지성과 통찰이 진보함에 따라, 그들은 점점 더 노동조합이 아무리 성실하고 유능하게 관리되어도 공제조합으로서는 필연적으로 재정상 불건전한 것임을 알게 될 것이다. 지금까지 노동조합운동의 공제조합적 측면에 대해서는, 그것으로 새로운 조합원을 유인하고 거액의 준비금을 적립하며 법률을 유지하는 점에서 그 단체에 미치는 우연적인 이익이 그 보험 기술상의 결함을 보완해 왔다. 그러나 민주적 국가에서 이러한 우연적 원조는 더 이상 필요한 것이 아닐 것이다. 노동조합은 명확하게 승인된 공익제도로, 일정한 직장에서

매장이 엄격한 규제와 허가를 받는, 실질적으로 공공의 성격의 독점단체에 의해 행해지고 있다.

27) 양로연금에 대해서는 시드니 웹이 〈현대 리뷰(*Contemporary Review*)〉, 1890년 7월호에 쓴 '구빈법의 개정'(1891년 3월 〈페이비언 트랙트〉, 17호로 재간)을 참조하라. 1891년 12월 통계협회에서 강연하고 이어 '빈곤, 노인의 상태와 그 급여, 하나의 논증'이라는 제목으로 출판된 찰스 부스의 〈빈민의 수와 분류 및 국영 양로연금제〉(London, 1892)와 J. 프롬 윌킨슨(Frome Wilkinson)의 〈연금과 빈곤〉(London, 1892)을 참조하라. 이러한 제안들은 보험의 구조, 즉 빈민으로 하여금 스스로 그 연금을 준비시키고자 하는 구조와는 구별되어야 한다. 후자에 대해서는 2부 12장 '노동조합운동의 함의'를 참조하라.

노동하는 모든 사람은 (이미 무게 조사원의 임명과 관련하여 행해졌듯이)[28] 설령 법률에 의해 강제되지 않는다고 해도 반드시 가입하는 것으로 예상할 수 있을 것이다. 그리하여 노동조합의 조합원이 사실상 또는 실제로 강제적인 것이 되면, 노동조합의 지도자는 전력을 기울여 그 단체의 근본적 목적에 집중하고, 단순한 보험 사무는 이를 공제조합에 양도하는 편의를 인정하게 될 것이다. 그래서 노동조합으로 하여금 민주적 국가의 기본적 기관으로 완전히 인정함과 동시에, 공제조합과 상호보험회사는 오로지 그 힘을 노동자의 노년·질병·상해에 대해 더욱 많은 기회와 부가적인 위안을 주는 협동적 급여에 힘을 쏟고, 보험 기술적 결함을 갖는 노동조합과 경쟁하는 것을 면하게 되고, 따라서 그들 자신의 지위를 발전시키고 견고하게 만들어 사회조직의 필수불가결한 일부가 되기를 기대할 수 있을 것이다.

노동조합운동의 이러한 공제조합적 측면의 쇠퇴에 대하여 아마도 하나의 예외가 있을 것이다. 민주적 국가에 있어서, 교차로 생기는 수요의 팽창과 긴축의 나쁜 결과는, 어떤 사람들이 말하듯이, 소비자의 유급 간부를 투기적 중간 상인으로 바꿈에 의해서가 아니라, 산업의 규제와 집중이 점차 행해짐에 의해 의심할 바 없이 완화될 것이다. 그러나 소비자 자신의 기호에서 피할 수 없는 변동은, 수확의 부침과 함께 언제나 어떤 직업이나 지방의 어느 노동자를 일시적으로 실업에 빠뜨리는 것일 것이다. 따라서 '실업급여금'은 민주적 국가의 영구적 특징을 형성할 것이다. 취업 불능자는 '내셔널 미니멈'의 수준 이하로 떨어진 사람들과 주의하여 구별해야 한다. 일시적 실업 노동자에 대한 급여는 앞에서도 지적했듯이, 노동조합에

---

28) 2부 2장 '단체교섭의 방법'과 5장 '표준 임금률'을 참조하라.

의해 가장 잘 행해지는 것이다. 불경기가 극심할 때나 새로운 발명의 채택에 의해 배제될 때, 일시적 실업자에 대한 약간의 보조가 공공 기금으로부터 나오는 경우에도, 이는 노동조합에 대한 두당 지급의 형태로 행해지고, 각 실업자에 대한 급여금을 정부, 그리고 분배를 하는 조합 사이에 분담시키는 것이 아마도 가장 경제적일 것이다.

이처럼 노동조합운동은 현행의 부수적 기능을 상실할 것으로 예상할 수 있지만, 민주적 국가는 새롭게 수행해야 할 의무를 부여할 것이라고 말할 수 있다. 등록, 과세, 아동의 일반교육, 의원의 선거를 포함한 정부 직무의 대부분에 있어서, 그 시민을 주거지에 따라 지리적으로 구분하는 것은 물론 가장 편리한 방법이다. 그러나 그 밖에 지리적 단체가 전문적 직업에 따른 단체에 의해 보충되는 것이 유익한 직무가 있다. 가령 노동자의 기술적 교육도, 노동조합이 각각의 직업과 관련 있는 기술적 과정의 사무에 어떤 방법으로 직접 관여하게 된다면 아마도 활기와 실용성을 증가시킬 수 있을 것이다. 심지어 지금, 노동조합의 위원회는 직업적 과제를 주의 깊게 감독하고, 제안과 비평을 하며, 실제로 그 도제를 참석하게 강요하여 가끔은 놀라울 정도의 성적을 올리고 있다. 그리고 일단 '기술 교육'의 목적이 숙련공의 수를 증가시킴에 의해 임금을 감소시키는 것이 아니라, 이미 여러 종류의 직업에 취업하고 있는 사람들의 능력을 향상시킴에 의해, 그들의 생활 수준을 높이는 데 있다는 것이 분명하게 이해된다면, 노동조합과 사회 전체는 이 점에 관하여 동일한 이해관계를 갖는 것을 알 수 있게 된다. 사실 노동조합을 '실업교육국'(Technical Education Authority)의 지방관리위원회로 취급하여, 적당한 감독하에 공공 기금을 자신의 기술 수업을 하는 데 사용하도록 허가해서 안 된다는 이유는 전혀 없다.[29] 다른 방면에서도 마찬가지로, 가령 각각의 직업에 관한 통계의 작성이라든가, 각 직업의 구성원에게 유익한 정보의 반포라든가 하는 것에서 민주적 국가는 노동조합의 기관을 더욱더 이용하게 될 것이다.

마지막으로 고문으로서의 역할이 있다. 산업 규제의 모든 과제에 대해, 자신의 직업이든 다른 직업이든 관계없이, 노동조합의 간부는 당연히 기술적 전문가의 입장에 서고, 여론은 그들에게 지도를 구하게 될 것이다. 그러나 산업 규제는 민주적 국가가 노동자 계급의 단체로부터 조언을 필요로 하는 유일한 것이 아니다. 어떤 제안이나 기획이, 육체노동에 의한 임금 취득자들의 일상생활에 관련되는 경우, 노동조합 세계의 대표적 위원회와 경험 있는 간부는 언제나 도저히 다른 어떤 계급도 하기 어려운 보고와 비판을 부여할 수 있는 지위에 있다. 그들은 물론 법률의 복잡함과 미묘함을 배울 수 없지는 않다고 해도, 무지한 것이 보통이다. 그들의 제안은 일면적이고, 때로는 실현할 수 없는 것도 있다. 그리고 그들의 의견은 결정적으로 받아들여질 수도 없다. 그러나 중앙정부의 각료가, 가령 서민 주택 문제나 주류 판매의 규제, 치안판사나 마을 법원 판사에 의한 사법 행정, 실업자나 취업 불능인, 교육법이나 구빈법의 시행, 또는 전적으로 다른 방향인 민중 오락의 조직이라는 문제를 취급하는 경우, 그 입법이나 행정을 참으로 성공시키고자 바란다면, 언제나 반드시 육체노동자들이 선출한 위원회와 간부들에 의해 대표되는 노동자의 욕구와 필요에 귀를 기울여야 한다.

---

29) 직업적 수업과 일시적 실업자에 대한 수당을 결합하는 것에는 상당한 이유가 있는 것으로 보인다. 가령 런던식자공조합(London Society of Compositors)의 사무소 부근을 걸어다니며 사용자로부터의 '부름'을 고대하는 실업 인쇄공의 대부분은 너무나도 평범한 직공들로서, 그중에는 실제로 도제 수업을 전혀 받지 못하고 직업을 '건진' 젊은 직공들도 많다. 그래서 실업급여를 받는 조건으로 그들이 놀고 있는 때를 그 직업의 수업에 해당한다고 보면 매우 유익할 것이다.

노동조합의 기능에 대한 이상의 검토는 우리에게 그 고유한 한계에 직면하게 한다. 노동조합운동은 먼저 사회 수입의 분배에 관하여 하나의 완전한 구조를 제공하는 것이 아니다. '공통규칙의 방책'은 그 성질상, 당시 행해지고 있는 사업의 최고의 것에도 최저의 것에도 균일하게 적용되는 최저선 이외에 그 생산물의 어떤 부분에도 미치지 않는다. 그것은 앞에서 보았듯이[30] 총수입 안에서 여러 가지 생산요소 ―노고나 지위, 또는 기계나 조직, 또는 지성이나 체력과 같은 점에서 아무리 우수하다고 해도― 가 그 한계적 수준을 넘어 갖는 상이한 이익에 상응하는 방대한 부분에는 일절 손을 대지 않는 것이다. 요컨대 상이한 지방 사이, 상이한 사업 사이, 상이한 개인 사이에서 노동조합운동은 경제적 임차(Rent)의 성질을 갖는 모든 것에 관여하지 않는다. 그리고 각 부문의 생산적 산업이 그 사회 전체에 하나의 자본가 트러스트, 또는 정부의 어느 부서에 통합되리라고 상상한다고 해도, 그 각 부문의 육체노동자가 받는 것은, 모든 생산물의 균분 부분이 아니라, 그 기능을 유효하게 수행하기에 필요한 최저선에 의해 결정되는 임금인지, 아니면 내셔널 미니멈을 넘는 모든 단계의 노동자에 대하여 그 기술적 전문의 정도에 따라, 따라서 특정한 서비스를 초래하는 상대적인 희소성의 대소에 따라 결정되는 임금인지를 발견하게 될 것이다. 생산물의 잔고의 처분, 즉 토지와 자본과 임차료의 관리는 어떤 사회조직하에서도 반드시 물질적 생산수단의 소유자에게 돌아간다.

노동조합운동은 토지와 자본의 소유에 대한 어떤 특수한 형태와도 논리적인 관련이 없다. 그리고 영국 노동조합의 조합원들은 노동조합 운동가로서 개인주의나 집산주의 어느 것과도 무관하다. 우리가 '노동조합운동

---

30) 3부 3장 '노동조합운동의 함의' 중 '공통규칙의 방책'.

의 함의'에 대한 장[31]에서 지적했듯이, 노동조합 세계의 어떤 부분도, 민주적 정부 당국에 의해 양보받기보다도, 자본가 사용자로부터 더욱 좋은 조건을 얻을 수 있음을 알고 있다. 한편 다른 부문은 공공 고용의 확장 속에서, 비참한 노동의 불규칙성과 착취제의 모든 폐해에 대한 유일한 구제책을 발견하고 있다. 상이한 부문의 생산자 사이에 존재하는 직접적 이해관계의 상위는 앞으로도 반드시 존속할 것이다. 그러나 어떤 산업의 국유화나 시유화라는 것, 즉 중앙정부가 전화, 해저 통신, 철도, 광산 사업을 인수하거나, 시에서 도살장, 전차, 증기선, 숙소를 경영하는 경우에는 고용된 임금소득자의 부분적 이해관계보다도 더욱 광범한 입장에서 결정되어야 한다. 육체노동자가 사회적 조직의 경쟁적 형태 사이에서 그 무엇인가를 선택하거나, 국민의 토지와 자본의 경제적 임대료를 어떻게 분배할 것인가를 결정하는 경우, 그들은 노동조합으로서의 자격이 아니라, 시민으로서의 자격으로 해야 한다. 그리고 현대 민주주의의 가장 중요한 문제에 대해서도, 육체노동자는 그들의 빈곤에 영향을 받아 협동 노동에 의한 이익을 더욱 평등하게 분배하는 방법에 찬성하게 되지만,[32] 그들은 그들 자신의 공통규칙의 방책을 제외하고는, 그 노동조합운동에 의해, 그러한 결과를 확보하는 특정한 계획에는 결코 찬성하려고 하지 않을 것이다. 나아가 생산수단의 소유나 산업 관리라는 문제로부터, 가장 좋은 통화 형태나 지방정부와 중앙정부 사이의 적절한 관계라는 실제적 문제나, 도덕적·종교적 교육의 집단적 조직이나, 연구와 학문에 대한 시설이나, 예술의 장려

---

31) 2부 12장.
32) "장래의 사회 문제는 개인의 행동에 관한 최대의 자유와 지구에 존재하는 원료의 공유, 협동 노동의 이익에 관한 만인의 균점을 어떻게 합치시킬 것인가에 달려 있다고 우리는 생각한다." 존 스튜어트 밀, 『자서전』(London, 1879), 232쪽.

와 같은 중요한 문제로 옮겨오면, 아일랜드 '자치안'이나 외교라고 하는 더욱 긴요한 문제는 물을 필요도 없이, 노동조합 세계에 속한 조합원은 분명한 의견을 갖지 못하고, 그들의 대의원이나 간부도 특별한 지식을 갖지 못한다. 따라서 우리는 민주적 국가에서 임금소득자는 자신들의 노동조합에 속하는 것으로, 또는 경제적 계급의 상위에 근거한 더욱 광범한 그 어떤 조직에 속하는 것으로 만족하지는 않는다고 추론할 수 있다. 그들은 임금소득자와 육체노동자로서 갖는 특별한 이해관계와 의견 외에, 모든 종류 모든 직업의 사람들과 공통의 것을 갖고 있다. 민주적 국가의 이러한 시민은 먼저 그 지역적 선거구민으로 등록하고, 이어 그 직업의 전문가적 조합에도 역시 가입하게 되지만, 나아가 종교와 정치 또는 특종의 오락이나 취미에서 일치하는 사람들과 함께 특별한 목적을 갖는 임의적 단체를 만들게 될 것이다.

이러한 점은 노동조합 구성의 발달에 관한 예상과 바로 관련된다. 우리는 이 책의 최초 부분[33]에서 노동조합 세계가 역사적 전통에도 불구하고, 민주주의가 오로지 소규모 자치 공동체에만 적용될 수 있다고 하는 조잡한 사고에도 불구하고, 나아가 지방적 폐쇄성을 선호하는 강력한 편견에도 불구하고, 그 전체 역사를 통하여 언제나 지방적 직업 구락부를 결합시켜, 집중된 기금과 중앙집권적 관리를 갖는 전국적 조합으로 만든 강력한 추진력을 보여주었다고 서술했다. 노동조합운동의 경제적 특징은, 각종 직업이 우리나라의 구석에서 구석까지 적용되는 자신의 '공통규칙'에 의해 통제되어야 한다는 근본적 중요성에 그 열정의 원인이 있음을 분명히 우리에게 보여주었다. 이러한 중앙집권적 관리는 전국적 직업 정책의 채택,

---

33) 1부 1장 '초기 민주주의', 2장 '대의제도', 3장 '지배의 단위'.

그리고 무엇보다도 저임금 지역을 지속적으로, 더욱 유리한 중심지에서 정해진 더욱 높은 수준으로 인상시키는 것을 의미하고, 나아가 이는 분명히, 특별한 능력이 있다는 점에서 선발되고, 그들이 대표하는 산업 부문의 상업적 지위와 기술적 세부 사항에 전력을 집중하여, 전국을 통해 그 부분 전체를 위해 활동할 수 있는 유급 간부의 발달을 필요로 하는 것이다. 우리가 '단체교섭의 방법'이라는 장[34]에서 보았듯이, 오늘날의 노동조합 중에는 전국적 협약을 확보하거나, 확보한 공통규칙을 일률적으로 강행하는 경우가 극히 소수인 것은 간부가 결여하기 때문이다. 따라서 장래의 노동조합은 그 범위가 모든 직업에, 그 지역은 전국적으로, 그 관리는 집중적으로, 그 운영은 전속 전문가인 간부에 의해 행해지게 될 것이다.

각 직업의 전국적 조합의 중앙 본부에 권력을 집중시키면서, 지부는 그 활동을 증대시킬 것이다. 우리는 노동조합의 구성을 설명하면서[35] 발안권과 일반투표라는 조잡하고 기계적인 수단은, 더욱 복잡한 통치 문제를 만나 점차적으로 대의제도의 유기적 분화로 대체되었음을 보았다. 조합이 일반투표에 의한 통치에 만족하는 동안, 필요한 모든 것은 실업 조합원이 순회 투표 상자를 가지고 돌면서 각 공장과 각 광산의 '소리'를 모은다고 하는 것이었다. 대의원이 선출되면, 그에게 지부의 집회는 그 선거구민의 희망을 확인하고, 그들에 대해 자신의 의견을 설명하며, 비상시에 그들과 협의하는 기회를 부여한다. 그리하여 그 지부는 조합의 지적 생활의 지역 중심이 된다. 이와 동시에, 그것은 배심원이나 지방관리위원회로서의 기능을 상실하지 않고 도리어 확대한다. 왜냐하면 설령 노동조합이 점차 그 순

---

34) 2부 2장.
35) 1부 1장 '초기 민주주의', 2장 '대의제도'.

수한 '공제' 급여금을 포기하게 되어도, 지부는 지극히 중요한 '실업급여금' —필경 공공 기금에서 나오는 기부금에 의해 보충될— 의 사무를 관리해야 하기 때문이다. 그리고 민주적 국가가 노동조합 기관을 이용하는 것이 증가함에 따라, 기술적 수업을 실시하거나 통계를 수집하거나 보도를 반포하는 것은 지부이지 중앙 본부가 아닐 것이다. 마지막으로 노동조합 세계에서 법제정의 방법을 이용하거나, 지방자치단체가 인가한 고용조건을 감독하고자 하는 경우에는, 앞에서도 보았듯이[36] 모든 지역에 미칠 수 있는 지부의 네트워크에 의해서만, 직업에 의한 조직위에 선거구민에 의한 조직을 중첩시킨다는 실제적 방법이 사용될 수 있다.

지부(또는 더욱 큰 중심지에서는 여러 지부를 대표하는 지방위원회)가 업무 증가에 따라 자치권이 축소되는 경우가 있다. 각 직업의 본부에서 중앙집행부와 유급 간부는 주로 전국에 걸친 국민적 최저 고용조건을 확보하는 것에 힘을 기울일 것이다. 따라서 지부와 지방위원회는 그 지방의 특수한 필요나 특별한 기회를 언제나 고려하여야 한다. 그러나 어떤 '전진운동'의 비용은 조합 전체 기금의 부담으로 돌아간다고 하는 사실은, 모든 조합을 대표하는 중앙집행부에게 사정을 신중하게 고려한 뒤가 아니면 절대로 어떤 쟁의도 시작해서는 안 되고, 심지어 어떤 요구도 해서는 안 되게 한다. 이러한 민주적 재정이라는 기준은 자본의 힘이 집중됨에 따라 더욱 중요하게 된다. 어느 마을의 지부가 임금 인상이나 노동시간 축소를 위해 요구하는 바가, 전국에 걸친 모든 직업의 폐쇄에 의해 저항을 받을 우려가 있는 경우, 그 지역 지부가 자유롭게 싸우도록 하는 조합은 분명히 스스로 재해를 초래한 것에 불과하다. 직업 정책과 관련하여 지부나 지방위원회는 감

---

36) 2부 4장 '법률 제정의 방법'.

독과 지방적 해석과 제안의 업무 증가에도 불구하고, 자치에 대한 요구를 분명히 포기해야 한다.[37]

기금의 집중화라는 불가피한 결과로, 권력의 집중이 필요하게 되는 것은, 노동조합이 그들의 경험으로부터 얻어온 것이거나, 민주적 국가에서 그 충분한 기능을 실현하는 것으로 배우게 될 조합의 구성에 대한 유일한 교훈은 아니다. 우리는 '노동조합 간의 관계'라는 장[38]에서 여러 부문을 단일 조합으로 결합시키는 것은, 극단에까지 이르기 쉬운 것이라고 지적했다. 모든 조합원의 균일한 모금에 의한 중앙 기금의 성립은 필연적으로 참정권의 평등과 다수에 의한 통치를 초래한다. 모든 조합원의 이해관계가 일치하는 한, 그러한 다수결 정치가 유효한 대표기관을 발달시켜온 경우, 그것은 행정상의 실효와 민주적 감독을 결합시키는 데 가장 손쉬운 수단이다. 그러나 그 조합 내에 여러 종류의 상이한 계급의 노동자가 포함되어 있고, 상이한 정도의 기량, 현저한 차이가 나는 지출의 수준, 상이한 욕구와 기회를 갖는 경우, 언제나 경험이 보여주는 바에 따르면, 평등화된 재정 정책과 중앙집권적 행정을 행하는 어떤 구조도, 설령 최고의 민주적 기관을 통해서도 어떤 효과도 올릴 수 없고, 민주적 감독의 목적을 달성할 수도 없으며, 따라서 언제나 불안정한 상태에 빠지는 것을 면할 수 없다. 몇 개의 소수는, 어떤 특별한 요구와 기회에 민감하여 언제나 자기 이익을 진정시키는 데 방해를 받고, 그 생활 조건에 대한 유효한 지배권을 박탈당한다고 느낀다. 그 결과, 임의적 조합에서는 끝없는 분열 경향이 생겨나고, 각 부문은 스스로 독립하여 별개의 전국적 조합을 만들게 된다. 이

---

37) 1부 3장 '지배의 단위'를 참조하라.
38) 1부 4장.

와 같이 민주적 구성의 상태에서 발생하는 합동 과정의 제한은, 다음에 분명히 밝히듯이, 경제상의 고려에 의해 강요된다.[39] 임금소득자의 최대 수입과 산업의 최고 능률은 앞에서도 지적했듯이, 육체노동이나 하나의 산업의 모든 노동자에 대한 동일 임금에 의해 확보되는 것이 아니라, 그 반대로 개별 부문의 노동자가 공통규칙의 방책을 사용하여 가능한 한 그 고용조건을 최대한 인상하고자 하는 것에 의한다. 이처럼 각 계급의 노동자를 향상시키고자 하는 것은, 반드시 언제나 생산품 가격의 등귀와, 특정 부문 노동자에 대한 수요의 감퇴라는 위험에 의해 위협을 받았고, 분명히 그 부문의 위험과 비용을 걸고 시작될 수 있는 것이다. 따라서 실제로 다른 부문의 투표에 구속되지 않고, 자신의 발의로 실행할 수 있다. 따라서 우리는 민주 국가에서 단일한 모든 노동 계급의 단체를 기대할 수 없고, 각각의 대규모 산업에 대한 단일한 합동 노동조합을 예상할 수도 없다. 반대로 특수한 공통규칙을 향유하고 필요에 충분할 정도로 그 직업이 전문화된 각종 부문의 생산자에 대하여 개별의 단체를 만들 수 있다.

그러나 이러한 분리된 전국적 단체도 분명히 많은 이해관계를 공통적으로 가질 것이다. 가령 공기의 양, 통풍, 습도, 위생시설, 방화시설, 기계 방벽 설치, 그리고 마지막으로 ―그러나 결코 최소의 것은 아니다― 표준 노동시간의 확정과 할당이라는 것에 대한 고용조건이 대다수 제조업에서는 각 공장의 모든 종류의 노동에 대하여 동일해야 한다. 심지어 단체교섭에 대해 그것들은 반드시 어떤 연합적 기관을 발달시키고, 그 공통의 고용인에 대한 동일한 요구를 협의하여, 협동의 행동에 의해 이를 지지해야 한다. 앞에서도 지적했듯이, 나아가 모든 종류의 문제에 대해 민주 국가는

---

39) 1부 4장 '노동조합 간의 관계'를 참조하라.

주로 '생활임금설'에 의해 영향을 받을 것이다. 따라서 이러한 문제는 더욱 더 생리적 근거에 의해 결정되고, 법률 제정의 방법에 의해 강행되는 경향을 갖게 될 것이다. 반복할 필요도 없지만, 의회 정치 국가에서는 이 방법을 유효하게 사용하기 위해, 직업에 의한 조직은 선거구에 의한 지역적 조직에 의해 보완되지 않는 이상 실제로는 무효이다. 그래서 우리는 노동조합 세계에서, 가령 '건축업 연합위원회'와 같은, 하나의 사업에 고용된 집단 사이의 연합적 행동이 아니라, '방적공장직공 연합 노동조합'이나 지방 노동평의회 또는 노동조합대회와 같은 정치적 연합이 발생하는 것을 보게 된다. 그러나 공통규칙의 경제적 분석은 우리에게 상이한 직업 사이에서 행해지는 연합적 행동에는 제3의 더욱 중요한 이유가 있음을 보여준다. 앞에서도 관찰했듯이, 민주 국가의 노동조합은 그들 자신의 공통규칙만이 아니라, 임금소득 계급 전체에 대한 내셔널 미니멈을 지지하고, 끊임없이 향상시킨다고 하는 그 중요한 임무를 수행할 것이다. 각 부문의 전국적 합동과 여러 대규모 산업의 각종 부문의 연합 노동조합 외에 모든 노동조합 세계의 연합이 더해져야만 한다.

민주주의 국가의 노동조합운동의 판도에 대한 우리의 예상은 노동조합 세계가 단계적인 연합제도로 발전하는 것이라고 설명하는 것에 그치지 않는다. 이는 또한 그 정치적 강령도 표시한다. 현재의 노동조합평의회와 노동조합대회의 미력과 무능의 원인은 앞에서도 지적했듯이, 그 극단적으로 불완전한 구성만이 아니라 그 본래의 전적으로 오해하는 것으로부터도 생기고 있다.[40] 사실 노동조합 운동가 중에는 여러 가지 색채의 정치적 견해를 갖는 사람들 ―즉 랭커셔의 보수주의자도 있고 스코틀랜드의 자유주

---

40) 2부 4장 '법률 제정의 방법'을 참조하라.

의자도 있으며 런던과 요크서의 사회주의자도 있다— 을 포함함에도 불구하고. 오늘날의 영국 노동조합의 연합단체는 일반 정치의 문제 —이에 대해서는 그 단체 구성원의 대다수가 어떤 일정한 정치적 의견도 갖지 않거나, 정당의 뒤를 따르는 것에 그치거나 하는 일반 정치의 문제— 에 언제나 머물고 있다. 상원의 폐지, 교육과 종교의 분리, 은본위제도의 복위, 자작농제도의 설치, 토지 임차권의 해방, "생산 분배 및 교환 수단의 국유화"라는 결의 —노동조합 운동가가 노동조합 운동가로서는 다른 시민들에 비하여 더욱 큰 이해관계도, 더욱 큰 지식도 갖는다는 것이 아니라, 특히 더욱 단결하고 있는 것도 아니라는 문제— 가 노동조합의 과제 중에 열거되어 있고, 단순한 무관심에 의해 형식적으로 통과되거나, 불화와 책망과 분열의 원인이 되고 있기 때문이다. 우리의 생각에 의하면 이처럼 무관한 사항을 위해 시간을 낭비하고 힘을 허비하는 것은, 필경 주로 명확하게 말할 수 있는 독특한 노동조합의 강령을 전적으로 결여하고 있음에 기인한다. 미래의 민주 국가에서는 노동조합 운동가가 정치계에서의 특별한 기능을 자각하고, 무엇보다도 먼저 그 달성에 힘을 기울여야 한다. 모든 부분에서 가장 중요한 것으로 우리는 교육, 위생, 여가, 임금의 '내셔널 미니멈'(National Minimum)을 제정하는 것, 그것을 모든 고용조건에 적용하는 것, 나아가 각 직업의 사정에 적합하도록 기술적 해석을 부여하는 것, 특히 그것을 모든 임금소득 계급을 위하여 자신을 보호할 수 있는 더욱 강력한 직업과 마찬가지로 힘이 약한 직업에도 엄격하게 시행하는 것을 열거하고 있다. 그러나 앞에서 설명했듯이, 내셔널 미니멈이라는 이 관념으로 의미하는 것, 즉 공장, 직장, 광산, 철도, 상점, 상선의 법률을 조직적으로 수정한다는 것은 겨우 피라미드의 저변을 확보하는 것에 그친다. 이러한 기초적 평지 위에 서서, 그러한 각각의 직장은 실제로 관련되는 직공의 능률에 유해하다고 증명할 수 있는 고용조건을 모두 제거하기 위해 필요한 기술적 규제를 스스로 발달시켜야 할 것이다. 앞에서도 관찰했듯이, 이 모든 점에서 어떤 특정 부문의 것이 법률의 도움을 요구하는 경우에는, 필경 다른 모든 직업에 의해 유익한 후원을 받을 뿐 아니라, 사회의 대표에 의해서도 유리한 양보를 받게 될 것이다. 앞에서도 보았듯이, 법률 제도의 방법을 가능한 한 널리 사용한다고 해도, 언제나 단체교섭의 방법으로 확대될 여지가 남아 있기 때문에, 우리가 연합이라는 정치적 강령 중에 노동조합의 함의로 서술한 것을 모두 더해야 한다.[41] 노동조합 세계의 연합 집행부는 완전한 노동조합의 자유를 옹호하고, 입법부나 사법부의 해석을 주의 깊게 감시하여, 상인들의 협회가 자신들의 영리를 위해 행하는 경우에 범죄나 소추의 목적이 되지 않는 것이, 노동조합이나 그 임원이 행하는 경우에도 범죄나 소추의 목적이 되지 않도록 해야 한다. 연합 집행부는 노동자의 단체에 대한 직접적 공격에 관해서만이 아니라, 은밀하게 그들의 세력을 약화시키고자 하는 것에 대해서도 모든 경계를 해야 할 것이다. 이는 또한 모든 형태의 실물 임금제나 벌금, 기계 임차, 국민보험기금에 대한 납부금, 고용인의 공제조합 보험료를 포함하는 임금의 감액에 대하여 법률로 금지할 것을 주장해야 할 것이다. 무엇보다도 고용인 측에서 직공의 주택을 직장으로 변경하고, 그리하여 국법으로 정한 고용조건의 이행에 관한 책임을 면하고자 하는 시도에 대해서는 모두 반대해야 할 것이다. 이러한 종류의 강령과 함께, 연합 집행부는 반드시 노동조합 세계의 모든 세력으로부터 후원을 얻어야 할 것이다. 그리하여 그것은 국민의 의회에 육체노동의 기술적 지식과 전문적 경험을 제공할 것이다. 그것 없이는 산업

---

41) 2부 12장 및 법률적 지위에 관한 부록 1을 참조하라.

의 규제가 도저히 대중의 신망을 얻을 수 없고, 효과를 올릴 수도 없다.

　정치학 연구자에게는 노동자 단체의 경험이 민주주의 자체에 어떤 광명을 던지는가를 고찰하는 것이 흥미로울 것이다. 노동조합운동의 지속과 그것이 국가 내에서 세력을 발전시키는 것은 무엇보다도 먼저, 민주주의라는 관념 그 자체가 정치적 관계와 마찬가지로 경제적 관계도 포함하는 것으로 확장되어야 한다는 것을 보여준다. 미국 헌법의 편찬자는, 1789년의 프랑스혁명 당시 여러 당파와 마찬가지로 그들이 성곽과 제단과 옥좌로부터 추방한 개인적 세력과, 그들이 어떤 구속도 가하지 않고 농장과 공장과 광산에 남겨둔 세력 사이에 어떤 유사나 유추도 인정하지 않았다. 혁명으로부터 1세기가 지난 오늘날, 모든 세계의 중상류 계급의 '자유주의자' 대다수는, 워싱턴이나 제퍼슨이 민주주의와 노예 소유제 사이에 어떤 모순도 인정하지 않았던 것과 마찬가지로, 민주주의와 무구속의 자본가 기업 사이에서도 어떤 모순이 있음을 인정하지 않는다. 그러나 육체노동을 형성하는 임금소득자인 "우둔하고 똑똑하지 못한" 대중은 처음부터 그것과 다른 견해에 이르는 길을 밟았다. 대중에게는 생산수단의 소유자들이 휘두르는 통제할 수 없는 권력이, 그들의 조건에 따르지 않는 이상, 육체노동자의 모든 생계의 기회를 끊을 수 있다는 것은, 판사가 갖는 공공의 재판권이나 멀리 떨어져 손이 닿지 않는 국왕의 지배보다도 훨씬 더 참된 자유의 훼손이고, 훨씬 더 통절한 개인의 복종을 뜻하는 것이었다. 산업의 통수자는 어제의 국왕과 마찬가지로 그들이 갖는 개인적 힘이 왜 간섭을 받아야 하는지를 참으로 이해할 수 없고, 국왕과 산업 통수자는 그 존속이 사회에 결여될 수 없는 것임을 증명하기에 어떤 곤란도 느끼지 않았다. 그러나 산업의 이러한 전제에 대하여 육체노동자는 19세기를 통해 치열하게 항의를 시도하여 성공을 거두었다. 단결의 자유와 공장 입법에 대한 운동은 실제로 산업 왕국의 '헌법'을 요구한 것이었다. 단체교섭이 부진해도 승인되었고 노동법전이 점차 완성된 것은, 이러한 대헌장이 민주주의의 승리와 함께 반드시 모든 임금소득 계급에 양보하기에 이르렀음을 보여준다. 1869년, 어느 적대적인 비평가는 다음과 같이 썼다. "하나는 분명하다. 노동자와 그 고용인의 관계는 그 성질이 끊임없이 변해왔다. 정치를 지배하는 민주주의 사상은 적지 않게 산업계에도 침투해왔다. 아랫사람에 대해 절대적 복종을 강요하고 그 복무 조건을 명령하는 지배 계급의 관념은 영원히 없어졌다. 앞으로 고용인과 그 노동자는 서로 평등한 존재로 상대해야 한다."[42] 시민 계급의 관찰자에게는 이러한 평등에 필요한 조건이라는 것이 이 정도로 명백하지 않았다. 생존 수단의 소유자와 1일 노동과 같이 폐기되기 쉬운 상품의 판매자 사이의 개인 거래는 단연코 폐지되어야 한다. 만일 순진한 '계약의 자유'가 있어야 한다면, 우리는 개인 거래에 의하는 대신, 고용의 조건이라는 것을, 전략상의 힘을 서로 균등하게 갖는 단체를 위해 활동하는, 동등한 전문적 지식이 있는 교섭원 사이에서 협정하고, 언제나 사회 전체의 이해관계를 대표하는 최고 입법부의 결정에 따라 보완되어야 한다. 요컨대 산업상의 평등이라는 것은 '공통규칙의 방책'을 보편적으로 적용하는 것이다.[43]

---

42) 제임스 스털링(James Stirling), 『노동조합운동』, 55쪽.

43) 우리는 다수의 산업 분쟁과 정신노동 및 유산 계급에 의해 나타난 노동 계급의 주장에 대한 분노의 대부분이, 지위의 변동에 대한 불충분한 이해에 기인하는 것으로 본다. 고용인은 마치 노예 소유자가 노예의 일생 동안 모든 능력을 샀다고 하듯이, 그 직공의 모든 정력과 능력을 그 노동시간 중에 샀다는 생각을 버릴 수 없다. 이와 반대로 노동자는 일정한 일을 하는 것에 의해 산업에 협력하기 위해 고용되었다고 생각하고, 만일 고용인이 그에게 특별한 노력과 불쾌함이나 계약상 명시되지 않은 다른 직무를 강요하는 경우에는 기만당했다고 느낀다. 마찬가지 오해는 사회관계에서도 나타난다. 자본가는 언제나 즐겨 노동은 상품이고, 따라서 임금 계약은 일반의 매매 계약이라고 명언하고 있다. 그러나 본능적으로

정치적 민주주의는 그 필연적 결과로서 산업민주주의에 이른다고 하는 절대적 교훈 외에 노동조합운동은 민주주의적 여러 제도의 장래의 작용에 관하여 두세 가지 지시를 하고 있다. 첫째, 우리는 노동자가 자발적이고 구속을 받지 않는 민주주의는, 보수의 평등이나 노동의 동일이라고 하는 '획일적 제도'에 대해서는 어떤 희망도, 어떤 경향도 보이지 않는다는 것을 주목한다. 반대로 지극히 피상적으로 노동조합 세계를 연구하면, 낡은 방식으로 모든 육체노동자를 '노동 계급'으로 일괄하는 것은 그 견해가 다른 점이 거의 교활하게 보인다. '자본가'와 '노동자'라는 고전파 경제학자의 범주 대신, 우리는 노동조합운동이 산업계를 거의 무한한 등급으로 나누고, 그 각각이 단체적 전통과 '생활 표준', 그 전문적 능력과 특수한 요구를 가지며, 따라서 자신의 '기회의 대여'(Rent)나 '능력의 대여'를 실현하고자 하는, 다른 계급을 이루는 것을 옳다고 하여 이를 진척시키는 것을 보고 있다. 우리가 노동조합의 공통규칙이라는 방책이 소규모의 도제제도를 근절하고, 대규모 산업의 발전을 조장하게 된 간접적 효과를 검토한다면,[44] 노동조합운동이 이와 같은 등급별 제도를 정신노동을 하는 산업 지도자에 대해서도 유효하게 확장하고 있음을 알게 된다. '자본가적 기업인'이라는 단일한 인물 대신에 우리는 각 산업에 전문가 ―즉 발명가, 설계자, 화학자, 기사, 매입자, 지배인, 직공장 등등― 의 모든 계급 조직이 나타나 그

　　그는 그 임금소득자가 그에게 대하여 복종만이 아니라, 개인적으로 존경하기를 기대하고 있다. 만일 임금 계약이 일반의 매매 계약이라면 왜 노동자는 고용인과 달리 그의 입장에서만 고용인에 대해 모자를 벗고 '주인님'이라고 불러야 하는가? 반면 고용인들이 그의 원료를 매입하거나 그 직업에 따르는 다른 계약을 하는 사람들(그 자신보다도 종종 실제로 더 높은 사회 계급에 있는 사람들)과는 대등한 교섭을 하고 있지 않은가?
44)　3부 3장 '노동조합운동의 경제적 특징'을 참조하라.

자신의 전문적 협회를 조직하며,[45] 주주나 납세자나 소비자와 같이 그들을 고용하는 사람들과, 등급으로 나누어진 육체노동자 단체와 같이 그들이 지도하는 것 사이의 중간에 서 있음을 인정한다. 나아가 이러한 기능이 끊임없이 전문화하는 것은 경제적 관계에 그치지 않는다. 노동조합 세계의 내부적 발전은 분명히, 분업이 민주주의의 구성 자체 내에까지 실행되어야 한다는 것을 보여준다. 노동자가 '만인은 평등하다'고 하며 민주주의는 정치의 이익만이 아니라 의무도 균등하게 부여한다는 뿌리 깊은 확신을 갖기 시작했지만, '그들 자신의 사무'를 특별하게 선정하고 수련된 전문가 계급에 점차 더욱더 위임하지 않을 수 없게 되어왔다. 그리고 대의제도는 여가를 갖지 못하는 육체노동자 사회에서는 거의 극복하기 어려운 곤란을 초래함에도 불구하고, 우리는 노동조합이 계속 일반투표나 발안권이라는 기계적 방책을 포기하며, 그 사무를 유효하게 처리하기 위하여 한편에서는 임원에서 나오는 대의원과 다른 한편으로는 선거인의 분화가 점차 행해지고 있음을 인정한다. 요컨대 노동조합운동은 한편으로 분업은 물질적 생산을 증대하는 것이라고 말하는 고전적인 애덤 스미스의 주장을 역설하면서, 그 원리를 사회 자체의 조직 내에서도 실행하고자 한다. 만일 민주주의라는 것이 행정적 실효에 순진한 민중적 감독을 결합시키는 것을 의미한다고 하면, 노동조합의 경험은 분명히 세 가지 결여할 수 없는 계급, 즉 '시

---

45) 이러한 전문적 협회의 수와 종류가 어느 정도인지를 보통은 알 수 없다. 저 유명한 3개의 '전문학회' 외에 이러한 종류의 단체는 오늘날, 사회생활의 거의 모든 방면에 걸쳐 모든 종류의 두뇌 노동자 사이에 존재하고 있다. 건축가, 측량기사, 기계기사, 보험기사, 회계사라고 하는 것은 물론, 가스 회사 지배인, 탄광 지배인, 학교위원회 서기, 위생기사, 위생감독관, 보건의무관, 도량형 검사관, 다양한 종류의 직공장과 지배인, 선박의 사무원에 이르기까지 그 협회가 존재한다. 이러한 전문적 협회에 대한 연구나 광범한 공통규칙에 대한 연구는 아직 거의 없다.

민 선거인', '선출된 대표', '전문적 공무원'이라는 세 계급 사이에서 더욱더 기능이 분화될 것임을 보여준다.[46]

그리하여 우리는 사회에서 개인이 갖는 권리와 의무를 설명하는 간단한 공식을 찾을 수 없다. 민주주의 국가에서는 모든 개인이 주인이자 하인이다. 그는 생존의 대가로 사회를 위해 하는 일을 통해 욕망의 만족에 힘을 쏟은 사람들의 교시와 지도에 따르는 하인이고, 언제나 하인이어야 한다. 시민 선거인으로서의 그는 그 동포와 함께, 소비자로서는 욕구의 범위에 따라 무엇을 해야 하는지를 모두, 어떤 속박도 받지 않고 결정할 수 있는 주인이다. 따라서 모든 사람이 그것에 대해 가장 깊은 지식을 가지며 가장 숙련된 솜씨를 보여주는, 즉 그 노동시간에 전문적인 직업이라는 점에서 하인이고, 다른 누구보다도 우수한 지식을 갖지 않는다는 것, 즉 사회 전체의 일반적 이해관계에 관해서는 주인이라는 것은 민주주의의 최고 역설이다. 그러나 이 역설 속에 민주주의의 정당성과 강력함이 있다고 우리는 생각한다. 피상적인 사람들이 보통 말하듯이 이는 무식이 지식을, 무능이 유능을 지배하는 것이 아니다. 사회를 관리함에는 지식도 유능도, 그 개선을 목표로 하는 보통의 인간의 마음에 대해 그런 마음을 통해 작용하지 않는 이상, 진실하고 영속적인 진보를 만들 수 없다. 가장 현명하고 가장 박애적인 개량가라고 해도, 그와 함께 '보통의 감각을 갖는 인간'을 수반하지 않는다면 아무리 전제적인 권력을 통한다고 해도 참되게 형세를 변동시킬 수 없다. 나아가 가장 현명한 인간이라고 해도 지식과 능력과 기회를 함께 갖추어 속박을 받지 않고 마지막 결정을 내릴 수 있는 힘을 더하여 생기는, 저 최고의 권위를 부여받을 수 없다. 민주주의는 단일한 개인이나 단

46) 1부 '노동조합의 구조' 1장에서 4장을 참조하라.

일한 계급에 집중되는 경우에 필연적으로 무서운 압박의 기관이 될 수 있음을 방지하기 위한 유일한 실천적 수단이다. 훈련된 관료가 봉사하는 전제적인 황제는 앵글로색슨 민족에게 집중의 위험에 접근하는 것으로 보인다. 만일 민주주의가 과거의 논자들이 상상했듯이 당시의 숫자로 다수자의 손아귀에 지식과 권력을 같은 정도로 집중하는 것이라면, 그것은 분명히 쉽게 전제정치와 같은 유해한 폭정이 될 것이다. 앵글로 색슨 노동자의 자발적인 민주주의나 다른 민주적 제도에 관하여 실제적인 연구를 한다면, 그러한 위험한 권력이 두 가지 부분으로 분열되는 것을 분명하게 보여준다고 우리는 생각한다. 정치적 민주주의든 산업민주주의든 간에, 선거인이나 소비자로서 마지막 명령을 내리는 것은 시민이지만, 그 명령을 어떻게 해야 하는지를 조언하는 것은 전문가인 임원이다.[47]

47) 여기서 우리는 칼라일(Carlyle)이 "불가피한 민주주의와 동시에 어떻게 불가결한 주권이 존재할 수 있는지가 지금까지 인간에게 부여된 최대의 문제이다"(『과거와 현재』, 4권, 1장, 1843년판 331쪽)라고 하는 질문에 대한 답을 찾을 수 있다. 오스틴(Austin)의 연구자는 필경, 장래의 산업민주주의 중에는 낡은 의미의 주권이 이미 오늘날의 정치적 민주주의에서와 같이 거의 인정되지 않으리라는 것을 발견할 것이다(D. G. 리치(Ritchie) 교수의 『다윈과 헤겔(Darwin and Hegel)』(London, 1893)을 참조하라). 토지와 자본의 사유에 대해 어떠한 세력 범위가 주어진다고 해도 이는 더 이상 산업의 조건을 결정하는 무제한의 힘을 초래하지 않을 것이고, 이는 마치 시민의 자격을 결정함에 있어서 국왕의 권력과 마찬가지이다. 현대 사회의 개념 중에는 과거처럼 단순하게 주권과 신민으로 나누어지는 것은 전적으로 폐지되었고 사회의 구성과 기능의 복잡한 분화가 이를 대신하고 있다.

이 점에 관하여 아마도 더욱 흥미로운 것은, 오귀스트 콩트가 사회적 지식을 사회적 힘에서 분리시키고자 한 유명한 제안일 것이다. 즉 어떤 권력도 갖지 않는, 고등 교육을 받은 사제 계급을, 언제나 이러한 '정신적 힘'의 도덕적 영향을 계속 받으면서 무제한의 권력을 휘두르는 위정자로부터 분화시키고자 하는 제안이다. 이 제안은 다양한 언어로 나타나지만, 언뜻 보기에 우리가 자유의 필연적 조건이라고 간주하는, '전문적 지식'과 '최후의 지배' 사이의 분리에 가까운 것으로 보인다. 그러나 실제로는 결코 그러한 분리는 생기지 않는다. 고등 교육을 받고 전문화되어 언제나 사무적 활동을 하는 위정자는 지식과 권력을 모두 가지며, 따라서 어떤 저항도 허용하지 않을 것이다. 콩트가 제안한 분화는 그것보다 두

민주적 국가에서는 누구도 자신의 일에 개의치 않는 것이 이러한 역설의 다른 측면이다. 경제적 범위에서 이는 분업의 필연적 결과이다. 자기의 소비를 위해서만 생산하는 로빈슨 크루소는 자신의 일 외에는 아무것에 대해서도 신경을 쓰지 않은 마지막 사람이었다. 일반적으로 교환을 위하여 생산을 한다고 말하는 것에 의해 초래된 극단의 복잡함은 그 자체, 각자가 타인의 욕망을 충족시킬 목적으로 일하고 있음을 뜻한다. 조밀한 인구 밀집, 특히 그것에 의해 생기는 협동적 기업은, 고립된 개인들이 '자신의 일'이라고 생각한 것을 자발적으로 전문가의 손에 맡기는 일을 각 방면으로 확장하는 것이다. 그리하여 현대 도시의 시민은 더 이상 자신의 식품을 생산하지 않고 자신의 옷도 만들지 않는다. 더 이상 자신의 생명이나 재산을 보호하지도 않고 자신의 물을 나오게 하지도 않는다. 더 이상 자신이 걷는 길도 만들지 않고 그 길을 청소하거나 밝게 하지도 않는다. 더 이상 자신의 오물을 치우지도 않고 자신의 주거를 소독하지도 않는다. 더 이상 자신의 아이들을 교육하지도 않고 병자를 치료하지도, 간호하지도 않는다. 노동조합운동은 전문가에게 위임된 역할의 긴 목록 위에 다시 시민이 그 국민적 임무의 협력에 동의를 부여하는 조건의 결정이라고 하는 사항을 더하고 있다. 충분히 발달한 민주 국가에서는, 시민이 언제나 타인의 일에 신경을 쓸 것이다. 그 전문 직업에서 그는 때로는 정신노동자로서, 때로는 육체노동자로서 다른 사람을 위하여 그 사람들의 욕망을 충족하는 것에 언제나 노력하게 된다. 이와 동시에 그는 교구나 협동조합이나 노동

가지의 다른 계급의 '전문가' ─즉 연구와 발명에 전념하는 순수한 학자와 학문의 이론을 일상생활의 여러 가지에 적용하는 실무 활동가─ 사이에서 행해진다. 민주주의에서는 이러한 두 가지 계급의 전문가가 진보에는 어느 것이나 중요하지만, 그 어느 것도 최후의 결정을 위임받을 수 있는 것은 아니다.

조합이나 정치 단체의 선거인으로서, 동료 이상으로 별도로 커다란 개인적 이해관계를 갖지 않는 여러 종류의 문제에 대하여 언제나 의견을 낼 것이다.

그래서 우리는 노동조합운동의 분석에 의해 분명하게 된 민주주의는 개인의 자유와 일치하는지를 묻는 경우, 자유란 무엇인가 하는 물음에 의해 그것에 답해야 한다. 만일 자유라는 것이 각자는 자기의 주인으로 자신의 충동에 따르는 것을 뜻한다면, 그것은 분명히 민주주의, 또는 기타 어떤 정치 형태와도 일치하지 않는다고 하기보다도, 인구가 모여 조밀한 집단을 이루는 것, 분업하는 것, 그리고 우리의 생각으로는 문명 자체와 일치하지 않는 것이다. 어떤 개인이나 단체나 계급이 보통 '계약의 자유'나 '결사의 자유' 또는 '기업의 자유'라는 말에 의해 뜻하는 것은, 우연히 그들이 얻게 된 힘을 사용하는 기회의 자유이다. 즉 더욱 무력한 다른 사람들로 하여금 그들이 말하는 바에 따르게 하는 것이다. 이러한 종류의 개인적 자유는 불평등한 단위로 구성되는 사회에서 강제와 구별되지 않는다. 따라서 자유에 대해 말하기 전에 먼저 자유의 정의를 내리는 것이 필요하다. 그 정의는 모든 사람이 사회적으로 바람직하다고 생각하는 바에 따라 형성하는 것이다. 우리 자신은 '리버티'(Liberty)나 '프리덤'(Freedom)이라는 말로, 생래의, 즉 불가양도의 권리라는 것이 아니라, 실제로 개개인의 능력을 최대한 발전시키는 사회의 생존 조건을 뜻한다.[48] 그래서 이러한 의미에서 민주주의는 자유와 일치할 뿐 아니라, 자유의 최대한을 확보하는 유일한 길로 우리에게는 보인다. 다른 정치 형태가 어느 개인이나 계급이 갖

---

48) "자유란 실제로 그것이 올바르게 실현되는 한, 적재적소를 얻는 것을 뜻한다." 존 실리 (John Seeley), 『강의와 논문(*Lecture and Essay*)』, 109쪽.

는 능력의 더욱 충분한 발전을 이룩할 수 없다고 하는 것은 논의의 여지가 있다. 전제군주의 경우 왕국 전역에 미치는 구속 없는 지배라는 것이 필경 그 개인적 능력을 발휘하고 그 개인적 개성을 발전시키는 것을 뜻할 수 있고, 그러한 것은 다른 어떤 상황에서 생활하는 경우 도저히 이룰 수 없다. 귀족 정치, 즉 어느 계급의 이익을 위한, 그 계급의 정치는 그 계급으로 하여금 다른 어떤 사회조직에 의해서도 이를 수 없는, 육체적 우미함이나 정신적 매력의 완성을 발전시킬 수 있는 것으로 생각되었다. 이와 마찬가지로 생산수단의 소유와 산업의 관리가 완전히 자본가 계급에 위임되고 있는 경우, 이 '기업의 자유'는, 다른 곳에서는 이룰 수 없는 능력의 발전을 산업의 통수자 사이에서 가져왔을 것이라고 논의하는 것도 가능하다. 우리는 가장 충분한 개성의 발전은, 오로지 규율의 압박과 함께 기회의 자극을 필요로 하는 것이라는 이유에 의해 이 모든 제안에 이의를 제기한다. 그러나 설령 구속을 받지 않는 힘이 그것을 갖는 자의 성질에 어떤 영향을 미친다고 해도, 전제 정치 및 귀족 정치와 함께 금권 정치는 모두, 자유를 사랑하는 입장에서 본다면 하나의 치명적인 결함을 갖는 것이다. 그것은 반드시 인민 대중 사이에서 능력의 발전 기회를 제한하는 것을 포함한다. 사실 국가의 자원이 어떤 개인이나 계급을 위해서가 아니라, 모든 사회의 이익을 위해 신중하게 조직되고 처리되는 경우, 다른 모든 부류의 인간 활동과 마찬가지로 산업에 대해서도 그 관리가 신중하게 규정된 공통규약에 의해 행동하는 전문가적 임원의 직능이 되는 경우, 정치에 관한 최종 결정권이 시민 자신의 손에 있는 경우에 한하여 비로소 모든 사회의 개인의 지성과 개인의 품성을 전체 사회 속에서 최대한 발전시킬 수 있다.

이는 우리의 분석이 우리로 하여금 개인의 발전에 미치는 복잡한 여러 종류의 영향 중에서 민주주의 자체에 의한 것을 구분할 수 있게 하기 때문이다. 우리가 말하듯이, 민주적 제도에 포함되는 보편적인 전문화와 위임이란, 만일 오로지 업무의 전문화가 숙련을 뜻하고, 위임은 선택을 필요로하는 것이라는 이유에서라면, 반드시 능력과 능률을 크게 증대시키는 것을 뜻하게 된다. 그러한 전문적 기량이 깊고 좁게 되는 것에는, 충분히 발전한 민주 국가에서 지금과 같은 불완전한 조직하에서 도저히 생각이 미칠 수 없을 정도로 문화의 발전이 수반될 수 있다. 인생이 개인적 이익을추구하는 장기적 쟁탈인 동안, 즉 빈곤에 대항하는 오랜 투쟁인 동안에는정서와 지식과 예술과 종교의 힘을 크게 발전시키기 위한 자유로운 시간과 용기가 조금도 주어지지 않는다. 고용조건이 신중하게 규제되어 모든유능한 시민에게 적절한 식품과 교육과 여가를 확보해주는 경우에야 비로소 서민 대중은 우정과 가족애를 확대하고, 지식이나 아름다움에 대한 본능을 충족시킬 수 있는 참된 기회를 갖게 될 것이다. 언제나 개인의 마음으로 하여금 좁은 이익이나 직접적 관계에서 벗어나, 사상과 여가를 자신의 욕망이 아니라 동료의 필요와 욕구의 고찰로 향하게 하는 것은, 더욱특이한 민주주의의 성질이다. 교구나 전문가 단체나 협동조합이나, 또는더 광범위한 국가의 정치 단체의 '선거인'으로서, 나아가 선출된 '대표'로서 '평범한 보통의 인간'도 언제나 공리 공익의 정책 문제를 비판하고 결정하도록 하게 된다. 따라서 민주적 제도의 작용은 하나의 계몽된 이타주의의 장기적 수련을 뜻하고, 어느 특정한 경우의, 어느 특정한 개인에 대한,어느 특정한 행위의 이익이 아니라, 모든 사회적 행위의 득실이 있는 곳의'더욱 큰 사회적 편의'라는 것을 언제나 고려함을 뜻한다.

지금 이 오랜 분석을 끝내면서 우리가 가장 현저한 인상을 서술하고자한다면 그것은 민주주의 자체의 광대하고도 복잡한 느낌에 대한 것이다.현대의 문명국가는, 인구의 조밀한 집중과 산업 발달의 추세에 촉진되어 그 분규에 빠져들었다. 대중에게 이동성을 확보시키고자 하는 욕구 자체가 이미 각자로 하여금 공기와 물과 토지, 그리고 인공적으로 생산된 생산 수단을 자신이 최선이라고 생각하는 방식으로 사용하는 권리에 제한을 가하는 규제를 계속 채택하지 않을 수 없게 하였다. 개량된 생산 방법의 발견 자체가, 그것에 의해 생겨난 전문화의 인도에 따라, 육체노동자와 정신노동자 모두로 하여금 생계의 수단을 위하여 그 사회의 다른 모든 것에 의존하게 만들었고, 나아가 그들 자신의 직업에서도, 다른 사람의 행동에 예속되도록 만들었다. 문명과 진보의 세계에서는 누구도 자신의 주인일 수가 없다. 그러나 현대 사회에서 그러한 개인은 필연적으로 자신의 생활에 대한 지배를 상실한다는 사실 자체가, 그로 하여금 개인적으로 불가능한 것을 다시 집단적으로 확보하고자 희망하게 하기에 이르렀다. 모든 어려움과 위험을 수반함에도 불구하고, 민중 정치에 대한 불가항력적인 경향이 생기고 있다. 그러나 민주주의는 지금 '위대한 미지수'(Great Unknown)이다. 그 충만한 범위와 의의에 대해 지금 우리는 약간 그 편린을 아는 것에 불과하다. 사회생활의 다양한 방면이 계속 신중한 연구의 주제가 됨에 따라 점차 우리는 더욱 완전한 예상을 할 수 있게 될 것이다. 우리가 민주주의적 정신의 한 가지 표현에 대한 연구로부터 도출한 이 시험적인 결론이, 장래의 증명을 기대하는 가정을 제공하는 것에 그치지 않고, 다른 연구자를 촉진하여 더 크고 필경 더 중요한 형태의 민주적 조직에 대한 독창적인 연구를 하게 할 것을 희망한다.

옮긴이 해설

1. 『산업민주주의』

이 책은 비어트리스 웹(Beatrice Webb)과 시드니 웹(Sidney Webb)의 *Industrial Democracy*(Longmans, Green and Co., 1897)의 번역이다. 무려 120년 전의 책이다. 웹 부부의 『산업민주주의』는 노동운동의 '성전'(아마도 '고전'보다 더 높은 가치가 있다는 것이리라)으로 불릴 만큼 유명하다고 하지만, 철학이나 종교나 문학 등 소위 인문 분야가 아닌 사회과학 분야의 120년 전 책이 과연 얼마만큼 현재적 가치를 가질 수 있을까? 아마도 그래서 지난 120년 동안 우리말로 번역되지 못했을 것이다. 게다가 우리와는 노동조합 구조가 매우 다르고 복잡하기 짝이 없는 영국의 19세기 이야기이다. 또 그 제목이 산업민주주의이지만, 오늘날 노동조합이 자본주의 사회에 구조적으로 편입되어 있음을 인정하고 제한적으로나마 노동자의 발언권이나 경영 참가권을 강화하려는 현대 산업민주주의와도 그 내용이 상당히 다르다.

그러나 이 책은 노동운동을 정치적 민주화의 기본이자 산업 민주화의 연장이고, 경영자 독재를 극복하고자 하는 경영 민주화의 일면으로 본 점에서 19세기 말 노동조합을 통한 민주주의 문제만이 아니라 21세기 초의 한국에서도 중요한 시사점을 줄 것으로 믿고 이 책을 번역한다. 즉 이 책의 주장대로 노동조합운동을 노동자들이 교섭에 참가하도록 함으로써 노동자들의 자유를 강화하고, 생활 수준 및 작업 환경을 스스로 개선하게 해야 한다는 것이다. 노동자들이 교섭력을 상실하게 되면, 자유롭고 평등한 사회의 기본적 규칙이 깨져, 종속적이고 노예적인 상황에 처하게 된다고 우려하면서, 노동운동은 정치적 민주화뿐 아니라, 산업사회의 민주화를 이루는 데에 필수적이라는 이론적 근거를 제시한 이 책은 지금 우리에게도 중요한 시사점을 준다.

『산업민주주의』는 한마디로 노동조합의 운영에 대한 책이다. 즉 1부에서는 노동자가 어떻게 서서히 고통 속에서 운영상의 효율을 조합원에 의한 통제와 조화시키는 기술을 확보해왔는가를 분석한다. 이어 2부에서는 상호보험, (두 사람이 처음 사용한 말인) 단체교섭, 입법 조치, 그리고 지금은 일방적이거나 자주적인 직무 규제라고 부르는 다양한 제한이나 틀이라는 운동 방법을 특정하고 설명하면서, 노동조합이 어떻게 기능하는지에 대한 매우 상세한 해설을 제공한다. 그리고 3부에서는 여러 가지 운동 방법이 갖는 경제학적 의미를 평가하고 특히 노동조합운동이 민주주의에 필수적인 것이라고 주장하며 결론을 맺는다.

그러나 나는 이 책을 번역하기 전 오랫동안 이 책을 읽어오면서 많은 의문점을 가졌다. 그중 하나가 웹 부부가 1910년 한국이 일본에 합병되고 2

년 뒤인 1912년 한반도를 1주일간 방문하여 당시 한반도 최고급 호텔의 하나였던 손탁 호텔에 머물면서 한반도 사람들을 세계 최하의 문화 수준을 가진 미개인으로 묘사했다는 사실이었다.

2. 웹 부부는 어떤 사람들인가

브리태니커에 의하면 웹 부부는 "페이비언협회의 초기 회원으로 런던정치경제대학교를 공동으로 설립했다. 시드니 웹은 런던 대학교를 교육기관의 연합체로 재조직하는 일에 참여했으며, 노동당원으로 정부에 봉사했다. 탁월한 역사가일 뿐만 아니라 사회경제 개혁의 선구자인 웹 부부는 영국의 사회사상과 제도에 깊은 영향을 미쳤다"고 요약되어 있다.

웹 부부 중 더 유명한 사람은 비어트리스 웹일지 모른다. 그녀의 전기는 여러 권이 나왔는데 그중에서 마거릿 콜(Margaret Cole)이 쓴 『비어트리스 웹의 생애와 사상』[1]이 20여 년 전에 번역되었고, 그녀의 30대 자서전의 일부라고도 할 수 있는 『나의 도제시대』[2]도 번역되었다. 웹 부부가 쓴 『노동조합운동의 역사』(번역서는 『영국 노동조합운동사』)는 이미 1990년에 번역 출간되었고, 그 책은 노동운동에 대해서는 가장 고전적인 책으로 소개되어 왔다. 그 밖에도 협동조합 사상의 선구자[3]나 복지국가 사상의 최초 선구자[4]로도 언급되었다.

---

1) 박광준 옮김, 대학출판사, 1993.
2) 조애리·윤교찬 옮김, 한길사, 2008.
3) 윤형근, 『협동조합의 오래된 미래 선구자들』, 그물코, 2013, 135~139쪽. 비어트리스 웹은 1890년 7개월간 연구하여 출판한 『영국 협동조합운동』을 통해 소비자 협동조합과 노동조합의 제휴가 산업민주주의의 핵심이라고 주장했다.
4) 이창곤, 『복지국가를 만든 사람들: 영국편』, 인간과복지, 2014, 12~51쪽. 웹 부부는 〈비버

먼저 비어트리스 포터는 그녀의 표현을 빌리자면 '습관적으로 명령하는' 계급의 가정에서 1858년에 태어났다. 그녀는 부유한 철도 사업가인 아버지와 대상인의 딸인 어머니 사이의 8번째 딸이었다. 비어트리스는 다소 외롭고 병약한 소녀로 성장했으며, 광범한 독서와 아버지의 방문객과의 토론을 통해 독학했다. 아버지의 방문객들 중에서는 철학자인 허버트 스펜서가 그녀에게 지적으로 가장 많은 영향을 끼쳤다. 1886년 그녀는 선박 소유주이자 사회개혁가인 사촌 찰스 부스(Charles Booth)의 기념비적인 대저서 『런던 인민의 삶과 노동(*The Life and Labour of the People in London*)』의 집필을 도와주면서 하층 계급 생활의 현실을 보다 많이 알게 되었다. 1891년에는 랭커셔에서 겪었던 자신의 경험을 토대로 〈영국의 협동조합운동(The Cooperative Movement in Great Britain)〉이라는 팸플릿을 출판했다. 이어 빈곤 문제에 대한 어떤 해결책을 찾기 위해서는 노동 계급이 자기 자신을 위해 만든 조직, 즉 노동조합에 대해 보다 많이 배워야 한다는 것을 곧 깨닫고 시드니 웹을 1890년에 만났다.

한편 시드니 제임스 웹은 1859년 런던의 중하층 가정에서 태어났다. 아버지는 자유계약직 회계사였고, 어머니는 상점 점원이었다. 아버지는 존 스튜어트 밀을 지지한 급진주의자여서 아들에게 영향을 미쳤다. 시드니는 16세가 되기 전에 학교를 그만두었지만 야간학교에 계속 다녀 1878년 공무원이 될 수 있는 자격을 얻었고, 3년 후인 1884년에는 변호사 자격시험에 합격했다. 1885년 친구인 버나드 쇼의 권유로 사회주의자 단체인 페이비언협회에 가입한 뒤 1887년 웹은 협회를 위해 〈사회주의자들을 위한 사

리지 보고서〉의 선구인 〈소수파 보고서(Minority Report)〉를 만들었고 『산업민주주의』에서 내셔널 미니멈(National Minimum)이라는 개념을 처음 제시했다.

실들(Facts for Socialists)〉이라는 소책자를 출판했고 1889년『페이비언 사회
주의』의 '역사' 부분을 집필했다. 그 글에 감동한 비어트리스 포터와 그는
1892년에 결혼했다.

이후 그들은 런던에서 사회 연구와 정치적인 활동에 보다 많은 시간
을 쏟기 위해 시드니는 공직을 그만두고 비어트리스의 유산과 그들이 저
술 활동을 통해서 벌어들이는 돈으로 생활했다. 공동 연구의 최초 결실
인 2권의 대작『노동조합운동의 역사(The History of Trade Unionism)』(1894)
와『산업민주주의(Industrial Democracy)』(1897) 이후 그들은 역사적·사회
적 연구, 교육적·정치적 개혁, 언론 부문에까지 활동영역을 넓혔다. 특히
17~20세기 영국 지방정부의 역사를 25년에 걸쳐 출판한 저작으로 웹 부
부는 일류 역사연구가로서의 위상을 차지했다.

그 뒤 시드니는 1892~1910년 런던 시의회에서 활동했다. 특히 중등공
립학교 체제와 초등학교 학생을 위한 장학제도를 창설했다. 또한 런던에
기술교육과 사회교육 기관을 설립하는 데 기여했다. 동시에 비어트리스,
자유당 정치인인 R. B. 홀데인과 함께 런던경제정치대학교(London School
of Economics and Political Sciences)를 설립했다. 시드니는 런던 대학교
(London University)를 교육기관들의 연합체로 재조직하고, 교육가 로버트
모랜트와 함께 다음 세대를 위한 영국 공립교육의 성격을 결정지은 교육
법의 청사진을 1902~1903년에 제출했다. 이 과정에서 시드니와 비어트리
스는 '침투'라고 알려진 전술, 즉 그들의 정치적인 지향과는 상관없이 권력
과 영향력을 가진 사람들의 입장을 변화시켜 페이비언 정책 또는 그 정책
의 일부를 관철시키려는 전술을 사용했다. 그때부터 정책에 대한 지지를
얻기 위한 방법으로 보수당 총리인 밸푸어 경과 그의 자유당 경쟁자인 로
즈베리 경에게 접근했다. 1906년에 거대한 자유 여당의 출현으로 이러한

전략이 실효성을 잃게 되자 웹은 막 창당된 노동당에 '침투'해야만 했다. 그러나 그전에 비어트리스는 1905~1909년 구빈법(救貧法)에 관한 왕립조사위원회의 위원으로서, 전반적인 사회보험제도를 주장한 '베버리지 보고서'보다 35년 전에 복지국가의 개요를 명확하게 묘사한 '소수파 보고서'를 작성했다. 웹 부부가 사회보장을 위해 조직한 전국적 차원의 운동은 1911년 수혜자가 보험료를 분담하는 보험 계획에 관한 로이드 조지의 성급하고 즉흥적 발상에 의해 무산되었다.

1914년 말 웹 부부가 노동당원이 된 후에 그들은 노동당의 자문위원으로 급속하게 자신들의 입지를 강화시켜나갔다. 페이비언협회에 있어서의 그들의 지도력은 반대파들에 의해 약화되었는데 처음에는 H. G. 웰스, 이후에는 역사가이자 경제학자인 G. D. H. 콜이 이끄는, 산업에 있어서의 자치를 주장하는 길드 사회주의자들과 좌익 반대파들에 의해서였다. 그동안 그들은 〈뉴 스테이츠먼(New Statesman)〉이라는 독자적인 잡지를 창간하여 그들 자신을 위한 새로운 논단을 만들었다. 당의 전시(戰時) 지도자였던 아서 헨더슨의 우정과 사심 없는 충고에 의해 시드니는 집행위원회의 일원이 되었고, 최초이자 오랜 기간 동안의 당의 가장 중요한 정책보고서가 된 〈노동 계급과 새로운 사회질서(Labour and the New Social Order)〉(1918)의 초안을 작성했다. 그 직후인 1919년 그는 석탄 탄광에 관한 생키위원회의 위원이 되기 위해 광부연맹이 선출한 전문가의 한 사람이 됨으로써 자신의 지위를 공고히 했다. 위원회에서의 활동의 결과로 1922년 선거에서 그는 더럼의 시엄하버 선거구에서 압도적인 승리를 거두었고, 이를 통해서 패스필드 남작으로서 상원에 자리를 확보했다. 아울러 1924년 노동당 내각에서 상무부장관을 지냈으며, 1929년 역시 노동당 내각에서 식민장관을 지냈다.

비어트리스는 시드니의 이 모든 활동에 성심껏 협력했다. 그러나 사실상 그는 다소 늦게 정치에 투신했고 그다지 큰 성공을 거두지는 못했다. 특히 식민장관 시절에는 팔레스타인 정세로 곤란을 겪었다. 1932년 그와 비어트리스는 영국 노동 계급의 전망에 심한 환멸을 느끼고 소련으로 건너가, 그들의 말을 빌리자면 자신이 그곳에서 발견한 것과 '사랑에 빠졌다.' 그 후 3년에 걸쳐 그들은 최후의 대작인 『소비에트 공산주의: 새로운 문명인가?(*Soviet Communism : A New Civilization?*)』(1935)를 집필했다. 이 책에서 그들은 점진적인 사회적·정치적 발전에 대한 자신들의 믿음을 포기한 것처럼 보인다. 그들은 1928년부터 햄프셔에 있는 집에서 살다가 비어트리스는 1943년에, 시드니는 1947년에 그곳에서 죽었다.[5]

3. 『노동조합운동의 역사』

웹 부부의 업적 가운데 우리가 특히 주목하고자 하는 점은 1891년부터 1899년 사이에 두 사람이 노동사의 기초를 세우고 노동자 조직과 노사관계에 대해 체계적 연구의 길을 열었다고 하는 점이다. 웹 부부가 그러한 연구를 하기 전에 엥겔스를 비롯한 몇몇 국내외 학자들의 연구가 있었다. 그러나 가령 엥겔스(Friedrich Engels, 1820~1895)의 『1844년 영국 노동자 계급의 상태(*Die Lage der arbeitenden Klasse in England*)』(1845)가 사회주의 문헌으로서 갖는 가치에도 불구하고, 노동자의 조직에 관한 한 거의 아무것

---

5) 웹 부부의 생애에 대한 가장 최근 문헌으로는 Royden J. Harrison, 『시드니 웹과 비어트리스 웹의 생애와 시대: 형성기 1858~1905(*The Life and Times of Sidney and Beatrice Webb: 1858-1905, The Formative Years*)』(Macmillan, 2000)를 참조하라.

도 언급하지 않았다는 한계를 갖듯이 그 연구에는 문제가 많았다. 그래서 웹 부부가 노동조합의 역사에 대한 조사를 시작했을 때 그들이 참고할 만한 자료는 지극히 한정되었다.

따라서 『노동조합운동의 역사』와 『산업민주주의』가 그 경제주의적 성격을 이유로 많은 비판을 받아왔음에도 불구하고, 영국의 노동조합운동에 대한 저술로서는 가장 선구적이고 탁월한 것임을 인정해야 한다. 그 후 지금까지 그 분야에서 그 두 권에 필적할 만큼 독창적이고 포괄적인 연구는 없다고 할 정도로 높이 평가되기도 하기 때문이다. 가령 우리나라에도 널리 알려진 사회주의 역사가인 에릭 홉스봄(Eric Hobsbawm, 1917~2012)은 『산업민주주의』를 "영국 노동조합에 대해 쓰인 최고의 책"[6]이라고 했다. 사실상, 그들이 두 권의 책에서 처음 사용한 개념과 용어와 범주, 그리고 시대 구분을 포함한 체계화의 구조는 지금까지도 그대로 사용되고 있을 정도이다.

그러나 1세기 이상 제기된 여러 가지 비판도 무시할 수는 없다. 가령 에드워드 P. 톰슨(Edward P. Thompson, 1924~1993)이 『영국 노동자 계급 형성(The Making of English Working Class)』(1963)에서 자신의 목적이 "가난한 양말 제조공, 러다이트 운동에 가담한 가난한 농부(Cropper), 시대착오적인 수직공(Hand-loom Weaver), '유토피아주의자' 직인, 그리고 설령 조애나 사우스콧(Joanna Southcott)[7]에게 매혹된 신도들까지 후세의 지나친 경멸로부터 구제하는 것"[8]이라고 한 것은 웹 부부가 소위 안정된 조직의 성

---

6) E. J. Hobsbawm, *Labouring Men*, 1964, 255쪽.
7) 조애나 사우스콧(1750~1814)은 자칭 종교예언가로 값싸게 14만 명 이상의 운명을 정해주었다고 한다.
8) E. P. Thompson, *The Making of English Working Class*, Victor Gollancz, 1963, 12쪽.

공한 조직 노동자를 중심으로 다루고 비교적 미조직의 단명하고 돌발적인 저항 반란운동을 무시하거나 모멸한 것에 대한 비판에서 나온 것이었다. 사실 웹 부부의 책에서 러다이트 운동은 중요하게 언급되지 않았다. 이러한 웹 부부에 대한 비판은 톰슨만이 아니라 홉스봄[9]을 비롯한 많은 역사가들에 의해서도 제기되었다. 오언주의자나 차티스트 운동에 대해서도 웹 부부는 대단히 비판적이었다. 웹 부부는 사회주의 이행이나 미래의 사회주의 성격에 대한 통설에도 도전했다. 그들은 노동자 계급이 자발적으로 직업적 노동조합 의식으로부터 사회주의적 계급의식으로 이행한다는 통설에도 반대했다.

이러한 인식의 계기가 된 사건은 1889년 런던 부두 노동자들의 대규모 파업이었다. 그전에는 페이비언을 비롯한 사회주의자들에게 노동조합은 관심의 대상이 되지 못했다. 노동조합에 처음으로 관심을 보인 것은 비어트리스였다. 그녀는 협동조합 연구를 통해 노동조합에 관심을 갖게 되었다. 그러나 그것은 우호적인 것이 아니었다. 임금이나 노동조건을 둘러싼 다툼이 생기고, 일하는 남녀에 의한 두 가지 자발적 운동을 상호보완적이라기보다도 적대자이자 경쟁자를 다루는 경향이 쌍방에 있었다. 비어트리스는 1891년 노동조합운동의 연구에 착수했다. 식민부의 공직을 사직한 시드니도 그 뒤에 합류하여 그 책을 완성했다.

『노동조합운동의 역사』가 19세기 말에 집필되었다는 점은 그 책이 당대의 영웅사관 내지 지도자 중심 사관의 영향에 있었음을 말해준다. 그 단적인 보기로 우리는 토머스 칼라일(Thomas Carlyle, 1795~1881)의 『영웅 숭배론(On Heroes, Hero-Worship, and the Heroic in History)』(1841)을 들 수 있다.

---

9) E. J. Hobsbawm, *Labouring Men*, 1964, 5~22쪽.

칼라일은 그 책에서 성실하고 용기 있는 영웅적 지도자가 필요하다고 역설했다. 웹 부부도 가령 1824년 단결금지법을 철폐시킨 프랜시스 플레이스를 높이 평가한다.

그러나 『노동조합운동의 역사』는 영웅적인 개인의 역사를 모은 것이 아니라 영국 노동자 계급의 생성 과정에 최초로 주목한 책임을 알아야 한다. 웹 부부는 숙련공과 비숙련공 사이에 노동조합운동이 상당히 다른 것을 알았으나 그 차이에 대해 숙고하지는 못했다. 위에서 말했듯이 E. P. 톰슨 같은 역사가들이 비숙련공이나 주변 노동자들에 주목한 것은 웹 부부의 결점을 보완하는 것이지만, 웹 부부에게는 그 책이 영국 정치사의 일부로 의식된 점을 주목해야 한다.

흔히들 『노동조합운동의 역사』는 제도사에 치중했다는 비판을 받지만, 19세기 말의 수준에서는 도리어 루조 브렌타노(Lujo Brentano, 1844~1931) 등의 제도 중심 사관에 도전한 것이었음도 주목해야 한다. 브렌타노는 『길드의 역사와 발전 및 노동조합의 기원에 대하여(*Die Arbeitergilden der Gegenwart*. 2 vols., 1871~72, Leipzig: Duncker und Humblot. English: *On the History and Development of Gilds and the Origins of Trade Unions*)』(1870)에서 길드와 노동조합이 연속한다고 주장했으나 웹 부부는 이를 부정했다.[10]

노동조합의 기원을 논의한 뒤 웹 부부는 노동조합의 역사를 생존을 위한 투쟁(1799~1825), 혁명적 시대(1829~1842), 새로운 정신과 새로운 유형의 노동조합(1843~1875), 그리고 1880년대 말의 새로운 노동조합주의의 대두로 구분했다. 그러한 시대 구분이나 각 시대의 내용에 대해서는 지금

---

10) Sidney and Beatrice Webb, *The History of Trade Unionism*, 1920, 12쪽.

까지 수많은 비판과 수정이 가해졌다.

4. 민주주의와 자유

『산업민주주의』에서 저자들은 산업민주주의가 무엇인지 정의를 내리는 것으로부터 시작하지 않았다. 그것은 그 책의 첫 부분에서는 단순히 노동조합 운영의 절차와 제도를 의미한다. 반면 다른 곳에서는 공적인 통제와 소유를 경제 생활의 여러 분야에 점차 확대하고, 그렇게 하여 시민이 정치에서 행사해야 한다고 여겨지는 것과 같은 통제를 산업 문제에서도 행사하는 의미로 사용한다. 저자들은 링컨의 민주주의에 대한 정의인 인민의, 인민에 의한, 인민을 위한 정치를 받아들이지만, 그것이 모든 사람의 평등한 발언권에 의한 결정을 뜻한다면 필연적으로 붕괴한다고 본다. 따라서 그들은 영국의 초기 노동조합에서 원시적 민주주의를 시도하여 모든 결정에 모든 구성원의 평등한 발언권을 주어야 한다고 주장한 것이 결과적으로, 노동조합의 운영을 총회에서 하고, 의장, 서기, 회계 등으로 구성되는 임원회는 윤번제로 운영되었다. 그러나 이는 적대적인 고용인이나 억압적인 공권력에 대응할 수 없었고, 조직의 성장에도 장애가 되었다. 결국 노동조합의 업무 증대는 특정인이 전적으로 책임을 지는 체제를 요구했으나 노동조합 세계에는 아직도 민주주의적 요소가 남아 있다는 점을 웹 부부는 비판했다.

웹 부부의 대안은 대의원 체제이다. 그리고 그 대의원은 단순히 의견을 기계적으로 전달하는 매개에 그치지 않는다. 이러한 대의원회의 설립을 웹 부부는 '잔인한 아이러니'라고 한다.

동료에 의해 선출된 노동자는 그 천부의 능력 여하에 불구하고, 전문 임원을 유효하게 감독하고 지휘하는 것이 유일한 조건인 특수한 숙련과 일반적 지식을 갖지 못한다. 그가 감독해야 할 노련한 임원과 평등해질 수 있기 위해서는 그전에, 새로운 임무를 위해 그의 모든 시간과 생각을 바칠 필요가 있고, 따라서 그의 이전 직업을 포기해야 한다. 불행히도 이는 그의 생활 태도, 사고방식을 바꾸게 되고, 또한 보통은 지적 분위기를 변화시켜, 그가 반드시 표현해야 할, 선반이나 화로에서 일하는 육체노동자들의 감정을 생생하게 알지 못하게 한다. 이는 확실히 잔인한 아이러니로서, 세계 전역에서 임금 노동자가 무의식적으로 대의제를 혐오하게 되는 이유의 하나를 여기서 발견할 수 있다고 우리는 생각한다. 노동자 대표에게 그의 임무의 절반을 수행하게 한다면, 바로 그 절반에 필요한 자격을 상실하게 된다.[11]

여기서 웹 부부는 미헬스와 같은 과두제가 아니라 방적공이나 광부 노동조합의 연합 대회에서 나타난 평조합원과 대의원이라는 이중의 대표제를 제기한다. 그들에게 민주주의란 합의와 능률이 서로 보완하는 대의적 정체, 즉 '보편적인 전문화와 대표제'[12]를 뜻했다. 이는 '민주제의 구조 자체에까지 분업이 철저하게 되는 것'[13]이었다.

정치적 민주주의든, 산업민주주의든 간에, 선거인이나 소비자로서 마지막 명령을 내리는 것은 시민이지만, 그 명령을 어떻게 해야 하는지를 조언하는 것은

11) Beatrice Webb, Sidney Webb, *Industrial Democracy*, Longmans, Green and Co. 1897, 59~60쪽.
12) 같은 책, 848쪽.
13) 같은 책, 843쪽.

전문가인 임원이다.[14]

이처럼 직업적 전문가를 강조하는 웹 부부는 자유에 대해서도 특이한 정의를 내린다. 즉 "생래의, 즉 불가 양도의 권리라는 것이 아니라, 실제로 개개인의 능력을 최대한 발전시키는 사회의 생존 조건을 뜻한다"[15]고 한다. 이는 웹 부부가 존경한 J. S. 밀이 자유를 '바라는 대로 행동하는 것'이라고 정의하고 민주주의가 자유에 적대적일 수 있음을 두려워한 것에 반해, 웹 부부는 자유를 최대한 확보할 수 있는 유일한 방법이 민주주의라고 생각한 것을 뜻한다. 그래서 웹 부부는 "자유란 실제로 그것이 올바르게 실현되는 한, 적재적소를 얻는 것을 뜻한다"는 말을 인용한다.[16]

이상의 고찰로부터 웹 부부가 민주주의자가 아니라거나 자유주의자가 아니라고 보는 점에는 문제가 있다. 우리는 밀과 같은 자유주의자가, 부자나 강자가 빈자와 약자의 권리를 침해하는 것을 용인한 점을 알고 있다. 웹 부부도 그런 점을 충분히 알고 있다.

어떤 개인이나 단체나 계급이 보통 '계약의 자유'나 '결사의 자유' 또는 '기업의 자유'라는 말에 의해 뜻하는 것은, 우연히 그들이 얻게 된 힘을 사용하는 기회의 자유이다. 즉 더욱 무력한 다른 사람들로 하여금 그들이 말하는 바에 따르게 하는 것이다. 이러한 종류의 개인적 자유는 불평등한 단위로 구성되는 사회에서 강제와 구별되지 않는다.[17]

14) 같은 책, 845쪽.
15) 같은 책, 847쪽.
16) 같은 책, 847쪽. 주.
17) 같은 책, 847쪽.

밀은 상당히 교양 있고 재산도 있는 자들의 자유를 말한다. 그리고 그런 자들이 국가나 조직적인 여론과 같은 집단에 의해 부과되는 제약에 직면하는 점을 밀은 가장 심각한 자유의 침해라고 보고, 최소한의 국가를 주장한다. 즉 국가의 힘이 증가함은 자유의 감소로 직결된다고 한다. 그러나 이는 가령 현물급여금지법과 같이 국가의 권한을 확대하고 고용인을 제약하는 것이 노동자들의 자유를 확대한 것과 모순된다. 나아가 자유는 유일한 선이 아니라 복지나 생활 보장의 평등보다 우선해서는 안 되는 상황도 얼마든지 있을 수 있다.

웹 부부는 '사회민주주의'라는 말을 사용하지 않았으나, 그들의 주장은 사회민주주의하에서만 노동조합이 충분히 발달하고 최대의 유용성을 확보한다고 보았다. 즉 정치가가 정치 권력을 시민의 능률과 복지의 증진을 위해 적극적으로 이용하고, 정기적이고 평화적으로 시민에 의해 정권에서 물러날 수 있는 국가여야 노동조합의 발전이 가능하다. 반면 밀 유(類)의 자유주의에 근거한 중산 계급적 공화주의 정체는 노동조합이 그 목표를 확보할 가능성을 믿지 않고 노동조합의 활동 방법을 기피할 것이다. 전제정치는 두말할 필요가 없다.

웹 부부는 노동조합운동을 민주주의 국가의 기관으로 보았지만 그렇다고 해서 노동조합이 그 독립성을 상실하고 자주적 단체로서의 성격 없이 고용인과의 단체교섭에만 매몰되어서는 안 된다고 보았다. 특히 민주화 과정에서 거대한 트러스트의 사회적 압력에 대한 보루이자, 착취적 공장이나 소규모 생산이라는 산업에 대한 기생적 존재를 박멸하기 위한 사회적 세력으로 존속해야 한다고 주장했다. 나아가 사회주의하에서도 산업 관리자가 염가와 생산 비용의 저하에 노력할 것이므로 그러한 태도는 노동조합에 의해 끊임없이 점검되어야 한다고 했다. 특히 정신노동자들인 산업의 경영자나 감독자는 육체노동자의 상황에 당사자로서의 강한 관심을 보일 수 없으므로 노동조합은 여론의 주목을 환기하고 필요하다면 파업을 할 정도로 강력해야 한다고 주장했다.

5. 『산업민주주의』의 경제학

웹 부부에 대해 여러 비판이 있지만 적어도 당대에서는 가장 진보적인 입장의 하나였음을 주목할 필요가 있다. 물론 두 사람은 일찍부터 마르크스에 대해서는 비판적이었지만 당대의 여타 경제이론이나 사회이론, 특히 우익의 그것에 대해서는 더욱 비판적이었음을 주의할 필요가 있다. 가령 리카도의 임금기금설이나 맬서스의 인구론은 노동조합의 존재가 긍정적인 역할을 수행할 가능성을 철저히 거부했다. 시드니가 제번스의 한계효용학설 및 한계생산력설을 채택함으로써 비어트리스는 리카도 경제학을 비현실적 개념 규정으로부터의 연역에 의한 것이라는 이유에서 거부함으로써 임금기금설을 거부했다. 그들은 그 정당성을 확인하기 위해 『산업민주주의』 3부 1장 '경제학자의 판단'에서 19세기 후반의 경제학설이 더 이상 리카도의 비관론을 채택할 수 없다고 밝혔다.

웹 부부에 의하면 임금기금설은 다음의 이유로 부당하다. 임금기금설의 중심적 주장은 임금 상승이 이윤율을 저하시키고, 저축을 삭감하게 하여 자본 축적을 저해하고 고용을 감소시킨다는 것이다.[18] 그러나 웹 부부에 의하면, 중산 계급의 저축 지향은 불경기에 수반한 이윤과 이자의 저하에

---

18) 이러한 학설은 현대 한국에서도 널리 유포되고 있다.

의해 약해지지 않고, 도리어 강해지는 경향을 보였다. 왜냐하면 그들에게 저축이란 이자만을 위한 것이 아니라 자신과 가족의 장래에 대한 대비이기 때문이다. 또 지방자치체의 경우, 저금리 시기가 대규모 공공사업을 하기에 적기이고, 그 결과 사회자본을 충실하게 하게 된다. 또 신기술의 개발과 도입에도 저금리는 유리한 조건을 제공하기 때문에, 고임금에 의한 이윤율과 이자율의 저하는 국가 경제 전체에는 도리어 환영받을 수 있다. 또 임금 인상이 수출 경쟁력을 삭감하고 자본의 해외 유출을 촉진한다는 고임금 비판에 대해서도, 해외 투자는 상대국의 정치적 안정을 필수적 요건으로 하므로 그것이 보장되는 영국에서의 자본 유출은 거의 없다는 반론이 제기된다.

이러한 웹 부부의 주장은 케인스 이후의 경제학이 주장하듯이 저금리가 언제나 투자를 유발하지는 않는다는 것이 상식인 지금은 너무나도 낙관적으로 보이지만, 웹 부부는 구빈법에 관한 왕립위원회를 위해 쓴 〈소수파 보고서〉에서도 공공사업에 의한 불황 대책을 주장했다. 여하튼 국가 재정에 의한 적극적인 경기 부양책을 주장한 그 보고서는 영국 사회정책의 역사에서 가장 획기적인 업적으로 평가된다.

이상 임금기금설과 함께 노동조합 무효론을 주장한 것이 맬서스의 인구론이었다. 이에 대해 웹 부부는, 노동조합이 수행하는 역할에는 임금 이외의 노동조건 개선도 포함되는데, 노동환경이나 노동시간 개선이 출생률에 미치는 영향에 대해 맬서스주의자는 침묵하지만, 소득이 많은 노동자일수록 자녀수가 적다는 것이 통계로 확인된다고 주장했다.

웹 부부는 이상과 같이 임금기금설과 인구론을 비판한 뒤 제번스를 따라 임금이 고용된 노동자들의 한계생산력과 같은 수준으로 결정된다고 주장했으나 이에 대해서는 현대 경제학에서 볼 때 많은 비판이 있을 수 있다. 그러나 여기서 우리는 웹 부부가 노동자와 자본가의 계급 대립과 계급 투쟁의 존재를 부인하지 않았음을 주목할 필요가 있다. 특히 『노동조합운동의 역사』는 산업혁명 이래 노동자가 자본의 압박에 저항하여 단결하고 투쟁해온 역사를 기록한 책으로서 1894년 당시로서는 가장 진보적인 입장의 책이었다. 이는 『산업민주주의』의 다음과 같은 문장에서도 확인된다.

따라서 우리는 민주적 국가에서 임금소득자는 자신들의 노동조합에 속하는 것으로, 또는 경제적 계급의 상위에 근거한 더욱 광범한 그 어떤 조직에 속하는 것으로 만족하지는 않는다고 추론할 수 있다. 그들은 그 임금소득자와 육체노동자로서 갖는 특별한 이해관계와 의견 외에, 모든 종류, 모든 직업의 사람들과 공통의 것을 갖고 있다.

물론 웹 부부는 마르크스주의자가 주장하듯이 계급 투쟁이 사회주의를 낳는 원동력이라는 의미의 정치 투쟁을 인정하지는 않았다. 그러나 여러 계급 사이에 이해관계를 둘러싼 계급 투쟁이 있다는 것은 웹 부부는 물론 그들이 인도한 페이비언들에게 당연히 인정되었다.

6. 내셔널 미니멈

이 책의 서문 후반부에 이 책의 연구 방법에 대한 언급이 나오지만, 웹 부부의 사회 연구 방법론은 눈여겨볼 필요가 있다. 웹 부부가 노동조합운동만이 아니라 소비자협동조합, 지방통치기구 및 자치행정, 사회보장 및 실업구제제도 등에 대한 방대한 실증 연구를 했고, 그 연구의 방법론까지 남겼기 때문이다. 그 총괄적인 저서가 1931년에 나온 『사회 연구의 방법

(*Methods of Social Study*)』이다. 즉 이 책은 시드니가 76세, 비어트리스가 77세에 쓴 책으로 평생 종사한 사회 연구의 방법론을 총괄한 책이다. 그러나 이 책의 더욱 중요한 의미는 종래의 사회 연구가 극단적인 두 가지에 치우쳐 있는 것을 조화시키거나 극복하는 데 기여하기 때문이다.

종래 두 가지 연구 방법 중 하나는 독일 철학에서 비롯된 지극히 난해한 인식론에 입각한 것으로 현실 인식보다도 서재에서의 이론적 추구에 치중하는 것이고, 또 하나는 미국의 행동과학에서 비롯되는 것으로 통계나 컴퓨터 등을 사용한 조사 기법에 치중하는 것이다. 웹 부부의 사회 조사는 이 두 가지 중 어느 것에 치우치지 않고 그 두 가지 모두를 조화롭게 사용하는 것이라고 할 수 있다.

이러한 연구 방법에 의한 웹 부부의 연구는 직업생활, 소비생활, 지역생활이라는 세 가지 생활 영역의 자치제도 형성과 행정 권력의 간섭에 의한 사회 혁신을 중심으로 사회의 거의 모든 영역에 미쳤다. 그래서 그들의 저작은 440여 종에 이른다. 그중에서도 여전히 중요한 것은 복지사회론이다. 그 핵심을 형성하는 '소수파 보고서'의 핵심 개념인 '내셔널 미니멈'(National Minimum)은『산업민주주의』에서 처음 나온 것이다. 이는 사회보장과 관련하여 국가가 보장해야 할 최저한의 소득을 뜻하는 말로 널리 사용되고 있다.

'내셔널 미니멈'이란 노동력 상품의 판매 가격과 판매 조건의 최저한을 법률로 정하는 것을 말한다. 즉 노동력 상품시장에 대한 국가 간섭을 주장한 것으로, 조직화가 늦거나 불가능한 노동자는 공권력이 노동조합을 대신해야 하고, 나아가 비노동력 인구에게는 생활 보장을 해야 사회가 진보한다는 것이다. 그런데 그 진보는 계급 투쟁이 아니라 사회구성원 모두에 의해 추진되어야 한다.

7. 왜 이 책을 번역하는가

앞에서 말했듯이 이 책은 원래 120년 전의 영어책이다. 120년 전 우리 나라의 한문 책은 물론이고 한글 책을 읽는 것보다는 훨씬 쉽지만, 그래도 현대 영어와는 상당히 다른 영어여서 읽기에 반드시 쉽다고는 할 수 없다. 이런 점을 보아도 우리의 최근 변화가 얼마나 급속한 것이었는지를 알 수 있지만, 그것을 마냥 좋은 것이라고만 말할 수는 없을 것이다.

나는 1999년 영국에 머물렀고 그 뒤 몇 번이나 방문하면서 그곳이 얼마 나 보수적인 곳인지를 실감했다. 앞에서 본 그룹스카야가 1902년 영국을 방문했을 때 "영국인은 폐쇄적인 민족이다"[19]라고 한 것과 조금도 변함이 없었다. 사회주의자를 비롯하여 아무리 진보적인 사람들도 영국 여왕을 비롯한 전통에 대해서는 엄청난 자부심과 존경심을 갖는 것을 도저히 이해 할 수 없었던 나는 결국 박사학위과정 공부를 포기하고 한국에 돌아왔는 데, 그 뒤로도 영국의 책을 읽을 때에 그런 전통적 요소 때문에 화를 내곤 했다. 웹 부부의 이 책을 번역하면서도 마찬가지였다. 독자들은 이 책의 처음부터 노동조합마저도 그런 전통적 요소에 지배되고 있음을 읽고서 지 루해진 나머지 이 책을 집어던질지도 모른다는 걱정이 든다. 이 책을 처음 읽는 독자는 영국 노동조합운동이 대단히 복잡다단하다는 것을 알고, 그 것이 우리와 너무나 다르기 때문에 우리에게는 아무런 도움이 될 수 없다 고 판단하여 당장 책을 덮을지도 모른다는 걱정이 든다.

1897년에 나온 『산업민주주의』를 2017년, 즉 120년 만에 우리말로 세상 에 내어놓게 되어 개인적으로 참으로 기쁘다는 말을 하지 않을 수 없지만,

---

19) 그룹스카야, 앞의 책, 89쪽.

이 책이 우리 사회에 어떤 의미를 가질지 계속 의문을 가졌다. 그동안 강산이 변해도 12번이나 변했고 세대가 바뀌어도 6번이나 바뀌었다. 이를 두고 우리의 산업민주주의가 이제 막 시작한다거나, 영국의 그것보다 최소한 120년이나 뒤졌다고 말한다면 지나치다고 할 수 있을지 모르지만, 나로서는 아직 우리의 산업민주주의는 시작도 되지 않았고, 따라서 영국의 그것보다 120년 이상 더욱더 뒤져 있다고 생각하기도 한다는 점을 솔직히 말하지 않을 수 없다. 지난 반세기 동안 노동 문제에 관심을 가져온 나로서는 참으로 개탄스럽고 유감스러운 일이 아닐 수 없다. 아니, 1897년 당시에 이미 우리의 초기 노동자들이 최초의 노동조합을 만들었는데도 그 120년이 지난 지금도 산업민주주의라는 것이 없다니 도대체 어떻게 된 일인가?

내가 1971년 봄, 법과대학에 들어가기 몇 달 전 전태일이 근로기준법 해설서를 품에 안고 분신자살을 했다. 그때부터 지금까지 나는 노동법 공부에 열중했고, 1979년부터 2016년 퇴직할 때까지 37년간 대학에서 노동법을 연구하고 강의했다. 그동안 노동법이 많이 변했고, 내가 노동법 공부를 시작할 때와는 달리 노동법을 공부하는 사람들도 많이 늘었다. 그러나 본질이 변했을까 의심스럽다. 노동법을 전문적으로 다룬다는 노무사라는 직업이 생겨났지만 노동법 공부는 그 자격시험을 위한 수험 차원에 머물러 있고, 노동법 등의 노동 문제를 둘러싼 사회는 근본적으로 변하지 않았다.

그동안 고전이나 교양에 대한 글을 많이 쓴 이유도 노동법 문제 이전에 우리 사회나 문화에 근본적인 문제가 있다고 생각한 탓이다. 그렇다고 해서 인문학 유행 따위를 추종한 것이 아니라, 도리어 지적 허영으로 타락한 그런 경향을 비판하고 진정한 인문학을 수립하고자 노력했다. 특히 유교를 비롯한 한국의 전통문화를 비판했다. 최근 유교를 민주주의니 하며 미화하는 경향이 너무나도 뚜렷하게 나타나고 있기 때문이다. 2009년부터 법학과가 법과대학원으로 변할 때 교양학부에 속하면서 학부에서는 '법과 예술', 법과대학원에서는 '교육과 법', '유교와 법', '법문화론', '법인류학'을 주로 강의했는데, 이는 법 이전에 더욱 근본적인 문제가 많다고 생각했기 때문이다.

나의 노동법 공부도 법규나 판례를 중심으로 한 해석법학이 아니라, 정치, 경제, 사회 문제 전반과 함께 보는 법정치학 내지 법사회학적 방법에 입각한 것이었다. 특히 나는 대학원 시절부터 노동운동사에 깊이 천착하여 1992년 펠링의『영국 노동운동의 역사』를 번역하고 래스키 등에 대한 논문도 썼다. 당시 노동법 공부를 하면서 노동운동사를 비롯하여 경제학과 사회학 등의 문헌을 읽었고, 특히 이 책을 열심히 읽었다. 그 후 20여 년이 지난 이제 웹 부부의『산업민주주의』를 번역함은 나 개인의 연구사에서는 대학원 시절로 거슬러 올라가 공부를 다시 시작하고, 처음 공부에 뜻을 둔 시절과 지금을 연결시키는 것을 의미한다. 이를 퇴직 3년 전부터 시작하여 퇴직 직전에 출판한다는 것은 노동법 연구 37년을 나름으로 정리한다는 의미까지 나에게 있다.

사실 나이 60을 넘어 2년간 매일매일, 거의 1000쪽에 이르는 깨알 같은 19세기 영어 문장을 하루 종일 읽으며 번역하기란 중노동 중에서도 중노동이었다. 게다가 우리의 노동운동과는 너무나도 차이가 많아서 이해하기 쉽지도 않았고, 이 책을 번역하는 것이 우리 노동운동의 발전에 어떤 도움이 될지 알 수 없었다는 것이 번역을 하는 데 가장 힘든 일이었다. 번역을 학문적 가치로 인정해주지도 않는 이 천박한 나라에서 노동운동과 산업민주주의에 대한 고전이라고 하는 점에서 가치를 부여하고 정년까지의 열정을 불태웠다. 전태일을 비롯한 수많은 희생자들을 생각하며 이 책을 번역했기에 그들에게 이 책을 바친다.

찾아보기

인명

A. J. 먼델라(Mundella) 1-226,[*] 1-267, 3-145

A. R. J. 튀르고(Turgot) 2-341, 2-342

A. 마셜(Marshall) 2-101, 2-144, 2-315, 3-13, 3-28, 3-32, 3-33, 3-35, 3-39, 3-45, 3-48, 3-55, 3-58, 3-61, 3-65, 3-72, 3-82

A. 맥도널드(Macdonald) 1-308, 2-116, 2-118, 2-122, 2-133

A. 스미스(Smith) 1-207, 2-76, 2-81, 2-104, 2-212, 2-243, 2-341, 3-27, 3-34, 3-35, 3-38, 3-49, 3-61, 3-72, 3-114, 3-274

A. 윌키(Wilkie) 1-113, 2-284

A. 허버트(Herbert) 1-92, 1-332

B. 브라운(Brown) 1-26, 3-154

C. J. 드러먼드(Drummond) 2-192, 2-263

C. 부스(Booth) 1-20, 1-21, 1-242, 1-332, 2-189, 2-296, 2-326, 2-327, 2-362, 3-53, 3-143, 3-181, 3-191, 3-257

D. 리카도(Ricardo) 1-343, 2-387, 3-11, 3-13, 3-19, 3-33, 3-44, 3-153

E. S. 비슬리(Beesley) 1-195, 1-196, 1-198, 2-360

F. W. 골턴(Galton) 1-21, 1-35, 1-36, 2-81, 2-104, 2-194

F. W. 타우식(Taussig) 3-12, 3-28, 3-63

F. Y. 에지워스(Edgeworth) 1-25, 2-269, 3-60, 3-63, 3-65

F. 젠킨스(Jenkins) 1-204, 1-205, 2-104, 3-29, 3-251

F. 플레이스(Place) 1-36, 1-38, 2-36, 2-81, 2-154, 2-310, 2-359, 3-51

G. 러싱턴(Lushington) 2-312, 2-313

G. 리브세이(Livesey) 2-302, 3-202

G. 밸포어(Balfour) 2-304, 2-306

H. S. 폭스웰(Foxwell) 2-354, 3-107, 3-212

H. 다이어(Dyer) 2-215, 3-202

H. 브로드허스트(Broadhurst) 2-119, 2-136, 2-296

H. 제임스(James) 1-197, 1-200, 1-227, 1-231, 1-276, 1-280, 1-286, 2-246~248, 2-250

H. 포셋(Fawcett) 3-15, 3-67

J. E. 케언스(Cairnes) 3-13, 3-20, 3-26, 3-28, 3-42, 3-67

J. K. 잉그램(Ingram) 2-315

J. R. 매컬로크(M'Culloch) 3-12, 3-13, 3-15~17, 3-34, 3-45~47, 3-67, 3-115, 3-144

* 1-226: 1권의 226쪽을 나타냄

J. S. 밀(Mill) 1−332, 1−341, 1−342, 2−340, 3−11∼14, 3−28∼30, 3−35, 3−48, 3−51, 3−62, 3−67, 3−107, 3−114, 3−132, 3−135, 3−153, 3−175, 3−238

J. 나스미드(Nasmyth) 2−344

J. 몰리(Morley) 2−207, 2−306

J. 버넷(Burnett) 1−198, 2−85, 2−312

J. 브라이트(Bright) 2−46

J. 차일드(Childe) 3−33, 3−38

K. 마르크스(Marx) 1−297, 2−18, 2−71, 2−81, 2−154, 3−147

L. 브렌타노(Brentano) 1−293, 1−294, 1−338, 2−68, 2−93, 2−212, 2−336

L. 존스(Jones) 1−242, 2−360, 2−362

L. 코트니(Courtney) 1−261, 1−262, 2−302

L. 홉하우스(Hobhouse) 1−25

M. 주드(Jude) 2−84

N. 시니어(Senior) 2−71, 2−247, 3−27, 3−34, 3−47, 3−67

R. 기펜(Giffen) 2−355

R. 나이트(Knight) 1−58∼60, 1−169, 1−245, 1−273, 2−215

R. 스티븐슨(Stephenson) 2−354

R. 오언(Owen) 1−133, 1−296, 1−297, 2−85, 3−17

R. 케틀(Kettle) 1−226, 2−352, 3−129

R. 토렌스(Torrens) 3−115

S. 왓슨(Watson) 1−276, 1−277, 1−279, 1−280, 1−284, 1−286

T. J. 더닝(Dunning) 1−205, 1−206, 1−209, 2−81, 3−28

T. 만(Mann) 1−145, 1−170, 2−91

T. 핼리데이(Halliday) 2−133

W. S. 제번스(Jevons) 1−343, 1−344, 2−45, 2−102, 2−126, 2−127, 3−72

W. 뉴턴(Newton) 1−144∼146, 1−170, 2−85

W. 데니(Denny) 2−27, 2−28, 2−32∼34

W. 블랙스톤(Blackstone) 2−238, 2−239

W. 스마트(Smart) 2−202, 3−28, 3−37

W. 앨런(Allan) 1−144, 1−170, 1−206, 1−209

W. 윌슨(Wilson) 1−71, 1−88

W. 페어베언(Fairbairn) 2−228∼231

W. 하코트(Harcourt) 2−306

사항

ㄱ

가스 노동자 및 일반 노동자 전국 연합 노동조합 1−80, 1−183

개인적 관찰 1−17, 1−19

견습 1−275, 2−159, 2−220, 2−225, 2−250, 2−346, 3−125, 3−128, 3−134, 3−158, 3−162, 3−180, 3−195, 3−201, 3−209

경제학자의 판단 1−343, 3−11, 3−131

계약의 자유 1−258, 1−261, 1−341, 2−301, 3−110, 3−225, 3−242, 3−272, 3−278

고용 1−11, 1−104, 1−186, 1−200, 1−205, 1−215, 1−262, 1−269, 1−343,

2-102, 2-108, 2-112, 2-164, 2-185, 2-189, 2-194, 2-196~200, 2-208, 2-211, 2-215, 2-223, 2-228, 2-233, 2-236, 2-244, 2-246, 2-251, 2-261, 2-268, 2-289, 2-301, 2-325, 2-327, 2-331, 2-340, 2-349, 2-351, 2-365, 2-367, 3-14, 3-16, 3-22, 3-27, 3-57, 3-60, 3-66, 3-69, 3-73, 3-79, 3-92, 3-111, 3-119, 3-125, 3-130, 3-138, 3-145, 3-152, 3-161, 3-167, 3-171, 3-176, 3-182, 3-188, 3-193, 3-198, 3-202, 3-209, 3-213, 3-217, 3-220, 3-229, 3-233, 3-238, 3-244, 3-248, 3-262, 3-268, 3-272

고용인 1-10~13, 1-35, 1-43, 1-57, 1-64, 1-78, 1-121, 1-125~127, 1-132, 1-138, 1-140~142, 1-155, 1-160, 1-167~169, 1-176, 1-183~186, 1-196, 1-200~202, 1-207~211, 1-213~220, 1-235~238, 1-258~260, 1-269~278, 1-280~285, 1-289~291, 1-299~303, 1-310, 2-13, 2-16~18, 2-23, 2-26~29, 2-32~41, 2-47, 2-54~62, 2-69, 2-74~78, 2-80, 2-85~90, 2-99, 2-101, 2-107~128, 2-130~135, 2-144, 2-150~166, 2-173~183, 2-186~203, 2-212~216, 2-222~225, 2-230, 2-235, 2-238~244, 2-252, 2-257, 2-260~262, 2-269~271, 2-278~281, 2-284~293, 2-304, 2-312~326, 2-333, 2-340, 2-343~352, 2-360, 2-366~369,

3-15, 3-18, 3-21, 3-26, 3-30, 3-35, 3-40, 3-57, 3-60, 3-63, 3-69, 3-73, 3-77, 3-81, 3-84, 3-92, 3-108, 3-111, 3-115, 3-119, 3-125, 3-131, 3-135, 3-140, 3-145, 3-149, 3-153, 3-158, 3-166, 3-172, 3-182, 3-187, 3-192, 3-197, 3-202, 3-214, 3-217, 3-222, 3-226, 3-233, 3-267, 3-270, 3-273

고용책임법 2-132

공장기공 친목 노동조합 2-229

공장법 1-125, 1-140, 1-160, 1-182, 1-185, 1-272, 1-291, 1-298, 1-300, 1-304, 2-48, 2-71, 2-82, 2-103, 2-106, 2-112, 2-134, 2-137, 2-141, 2-197, 2-251, 2-259, 2-301, 2-357, 3-17, 3-20, 3-42, 3-122, 3-125, 3-136, 3-149, 3-157, 3-166, 3-187, 3-192, 3-196, 3-202, 3-225, 3-228, 3-230

공제조합 1-23, 1-75, 1-79, 1-112, 1-120, 1-131~133, 1-146, 1-152, 1-157, 1-170, 1-190~197, 1-315, 2-120, 2-125, 2-139, 2-296, 2-297, 2-319, 3-50, 3-53, 3-224, 3-256~258, 3-270

공통규칙 1-219, 1-245, 1-250, 1-260, 1-267, 1-296, 1-300, 1-304, 2-61, 2-68, 2-102, 2-108, 2-111~113, 2-117, 2-137, 2-157, 2-164, 2-208, 2-269, 2-295, 2-306, 2-313, 2-318, 2-323, 2-330, 2-348, 2-366, 2-369, 3-32, 3-124, 3-135, 3-139, 3-145,

3-148~150, 3-154~157, 3-159~162,
3-168~171, 3-180~183, 3-185~191,
3-212, 3-218, 3-221, 3-227, 3-231,
3-237, 3-240, 3-253, 3-261, 3-267,
3-273

광부 연합 노동조합 1-62~64, 1-74,
1-80, 1-86, 1-182, 1-308

광산 국유화 1-74

광산법 1-272, 2-136, 2-141

교육법 1-333, 3-260

규약 1-9, 1-17, 1-30~35, 1-38~42,
1-48~51, 1-58, 1-68~72, 1-81,
1-87, 1-93, 1-104, 1-107, 1-115,
1-119, 1-123, 1-127~132, 1-139,
1-150, 1-160, 1-166, 1-182~186,
1-193, 1-199, 1-202, 1-206,
1-210, 1-217, 1-226, 1-231, 1-234,
1-246~248, 1-255, 1-276, 1-299,
1-303~305, 1-313, 1-321, 2-41,
2-56, 2-71, 2-95, 2-106, 2-115,
2-117, 2-119, 2-146, 2-192,
2-195~197, 2-212, 2-219~221,
2-230, 2-233, 2-251, 2-256, 2-262,
2-282, 2-287, 2-295, 2-330, 2-346,
3-90, 3-125, 3-128, 3-151, 3-195,
3-226, 3-236, 3-255

그리피스 대 더들리 백작 사건 2-120

글래스고 제강공 공제 노동조합 1-33

글래스고 조선공 노동조합 1-113

글래스고 조합평의회 1-113

기계공 노동조합 1-64, 1-111, 1-127,
1-137, 1-144, 1-153, 1-161, 1-201,
1-301, 1-318, 2-185, 2-194, 2-228,

2-278, 2-286

기계공 및 목수 합동 노동조합 1-191,
1-327

기계공 합동 노동조합 1-76~78, 1-93,
1-102, 1-111, 1-118, 1-126~129,
1-143~145, 1-152~154, 1-165,
1-168~170, 1-173, 1-181, 1-193,
1-202, 1-209, 1-220, 1-302, 2-11,
2-21, 2-26, 2-32, 2-39 2-54, 2-85,
2-91, 2-106, 2-186, 2-229, 2-232,
2-280, 2-286, 2-289~291, 2-334

기득이익설 2-332, 2-335, 2-343,
2-347, 2-352, 2-356, 2-359, 2-363,
2-367~369

기록문서 1-17

기생적 산업 1-7, 2-141, 2 247, 3 172,
3-176~178, 3-182, 3-203

기업의 자유 1-261, 2-109, 3-228,
3-278

기어수당 1-131, 1-322

ㄴ

남부 양모공 친목 노동조합 1-34

내셔널 미니멈 1-332, 1-345, 2-376,
3-191, 3-196~200, 3-202~204,
3-206~211, 3-213~216, 3-218,
3-221, 3-229~232, 3-234, 3-236,
3-244, 3-246, 3-252, 3-254, 3-258,
3-261, 3-268

노동 의원 1-95, 1-106

노동 인부 노동조합 2-41

노동 투쟁 1-10

노동법 1-271, 1-299, 1-348

노동법전 2-108, 3-192, 3-228, 3-246, 3-272

노동분쟁 1-245, 1-266, 1-270, 1-273, 1-292, 2-300

노동시간 1-12, 1-51, 1-74, 1-82, 1-107, 1-140, 1-158, 1-164, 1-176, 1-183, 1-186, 1-217, 1-225, 1-241, 1-260, 1-297, 1-300, 1-302~304, 1-311, 1-344, 2-34, 2-40, 2-53, 2-67~72, 2-77~95, 2-101, 2-109, 2-112, 2-155, 2-164, 2-168, 2-196~200, 2-235, 2-303, 2-311, 2-316, 2-321, 2-330, 2-332, 2-347, 2-355, 2-365, 2-368, 3-20, 3-41, 3-49, 3-52, 3-76, 3-81, 3-89, 3-110, 3-119, 3-124, 3-131, 3-137, 3-143, 3-149, 3-155, 3-159, 3-161, 3-169, 3-180, 3-186, 3-189, 3-192, 3-194, 3-198, 3-203, 3-209, 3-223, 3-229, 3-242, 3-245, 3-249, 3-252, 3-255, 3-265, 3-272, 3-275

노동조합 1-9~15, 1-23, 1-27, 1-29~33, 1-54~60, 1-83~121, 1-134~136, 1-140, 1-144~155, 1-178, 1-181~187, 1-201~211, 1-215~221, 1-230, 1-235~237, 1-241, 1-245, 1-248~264, 1-272, 1-281, 1-292, 1-298~309, 1-311~315, 1-318~327, 2-11~28, 2-31~33, 2-35~42, 2-44~48, 2-53~65, 2-74~92, 2-97~99, 2-102, 2-108, 2-121, 2-131, 2-136, 2-143~148, 2-153, 2-156, 2-159, 2-163, 2-171, 2-177, 2-183, 2-185~189, 2-191, 2-199, 2-203, 2-207, 2-211, 2-215, 2-221, 2-223~229, 2-232~236, 2-239, 2-243, 2-246, 2-255, 2-258, 2-260, 2-275, 2-281, 2-285, 2-297, 2-304, 2-313, 2-321, 2-325, 2-346, 2-350, 2-366, 2-370, 3-12, 3-23, 3-31, 3-39, 3-43, 3-50, 3-63, 3-67, 3-92, 3-105, 3-112, 3-120, 3-124, 3-128, 3-134, 3-146, 3-152, 3-158, 3-181, 3-192, 3-207, 3-220, 3-224, 3-228, 3-241, 3-247, 3-255, 3-258, 3-264, 3-268, 3-274

노동조합 임원 1-10, 1-18, 1-37, 1-195, 1-238, 1-248, 1-301, 1-305, 1-325, 2-46, 2-104, 2-107, 2-112, 2-123, 2-129, 2-153, 2-161, 2-166, 2-178, 2-183, 2-221, 2-225, 2-288, 2-292, 2-300, 2-305, 2-317, 2-353, 3-151

노동조합대회 1-155, 1-157, 1-298, 1-300, 1-311, 1-314~327, 2-25, 2-47, 2-108, 2-118, 2-133, 2-146, 2-315, 3-268

노동조합법 2-298

노동조합운동 1-9~11, 1-21, 1-31, 1-38, 1-43, 1-57, 1-67, 1-83, 1-102, 1-105, 1-108~110, 1-114, 1-118~122, 1-137, 1-156, 1-186, 1-189, 1-196, 1-204, 1-210, 1-216, 1-218, 1-248, 1-263, 1-268, 1-293, 1-313, 1-319, 2-15, 2-38,

2-55, 2-61, 2-65, 2-70, 2-76,
2-81, 2-107, 2-116, 2-123, 2-141,
2-144, 2-181, 2-191, 2-211~213,
2-227, 2-236, 2-249, 2-256, 2-268,
2-279, 2-295, 2-298~300, 2-303,
2-307, 2-314, 2-317, 2-319, 2-327,
2-331, 2-344, 2-348, 2-353, 2-360,
2-367~371, 3-11, 3-21, 3-25, 3-34,
3-44, 3-51, 3-55, 3-65, 3-71, 3-77,
3-92, 3-120, 3-146, 3-151, 3-168,
3-181, 3-188, 3-191, 3-207, 3-210,
3-222, 3-235, 3-244, 3-253, 3-259,
3-268, 3-271, 3-277
노동조합운동의 가설 1-122, 2-65,
2-203, 2-281, 2-329
노동조합운동의 경제적 특징 1-14,
1-319, 2-76, 2-141, 2-181, 2-195,
2-203, 2-208, 2-247, 2-251, 2-347,
2-366, 3-123, 3-222, 3-263
『노동조합운동의 역사』1-9, 1-31, 1-38,
1-43, 1-67, 1-143, 1-149, 1-161,
1-191, 1-206, 1-218, 1-226, 1-254,
1-257, 1-266, 1-276, 1-293, 1-296,
1-301, 1-304, 1-308, 1-314, 1-317,
1-324, 2-83, 2-99, 2-111, 2-116,
2-119, 2-154, 2-171, 2-194, 2-198,
2-203, 2-206, 2-211, 2-228, 2-242,
2-247, 2-263, 2-305, 2-310, 2-336,
2-344, 2-360, 3-97, 3-193, 3-224
노동조합운동의 함의 1-186, 1-261,
2-55, 2-70, 2-123, 2-295
노동조합평의회 1-174, 1-298, 1-313,
3-268

노섬벌랜드 광부 상호 신용 노동조합
1-61, 1-278
노섬벌랜드 및 더럼 광부 노동조합 1-246,
1-279, 2-186
노섬벌랜드 직공장 상호 노동조합 1-64
노팅엄 광부 노동조합 1-87

ㄷ

단결금지법 1-35, 1-338, 2-86, 2-203,
3-133
단결의 자유 1-261, 1-319, 2-304,
2-327, 2-369, 3-42, 3-271
단체교섭 1-43, 1-59, 1-67, 1-159,
1-166~169, 1-186, 1-190, 1-205,
1-211, 1-218~221, 1-225~227,
1-231, 1-236, 1-240, 1-244~248,
1-250, 1-259, 1-267~269, 1-282,
1-287~289, 1-291, 1-294~296,
1-302~305, 1-309, 1-313, 2-13,
2-26, 2-34, 2-38~40, 2-43, 2-56,
2-58, 2-60, 2-68, 2-71, 2-91,
2-107, 2-136, 2-141, 2-157, 2-164,
2-183, 2-187, 2-227, 2-285, 2-291,
2-300, 2-304, 2-318, 2-321, 2-326,
2-332, 2-358, 3-55, 3-75, 3-105,
3-108, 3-110, 3-121, 3-134, 3-136,
3-140, 3-143, 3-151, 3-159, 3-181,
3-185, 3-219, 3-222, 3-228, 3-234,
3-237, 3-242, 3-245, 3-264, 3-267,
3-270, 3-272
단체교섭의 방법 1-43, 1-67, 1-186,
1-190, 1-211, 1-247, 1-294, 1-302,

2-199, 2-233, 2-285, 2-297, 2-300, 2-323, 3-108, 3-121, 3-182, 3-219, 3-225, 3-227, 3-229~231, 3-234, 3-237, 3-242, 3-264, 3-270

단체행동 1-254, 2-78, 2-79

단체협약 1-37, 1-217~219, 1-222, 1-238, 1-250, 1-254, 1-260, 2-26, 2-35, 2-42~44, 2-86, 2-246, 2-285, 2-293, 2-301~304, 2-349, 3-121, 3-243, 3-254

대(大)전국 통합 노동조합 1-175

대리인 1-38, 1-41, 1-47~49, 1-56, 1-59, 1-61, 1-65, 1-69, 1-73, 1-75, 1-82, 1-93, 1-110, 1-113, 1-117, 1-120, 1-163, 1-220, 1-235, 1-245, 1-313, 1-316, 1-321, 1-325, 2-47, 2-131, 3-79, 3-101, 3-112, 3-171, 3-253

대위원회 1-47

대장공 동맹 노동조합 1-145, 2-20, 2-289

대표단 1-39

더럼 광부 노동조합 1-63, 1-246, 1-279, 2-186

더럼 지방 탄광 기관공 상호조합 1-64

더럼 코크스 및 인부 노동조합 1-64

더럼 탄광 기계공 노동조합 1-64

더블린 정규직 노동조합 1-105

도급 1-12, 1-138, 2-16, 2-24, 2-27, 2-29~36, 2-39, 2-43, 2-56, 2-60, 2-69, 2-75, 2-81, 2-91, 2-340

도제 1-83, 1-111, 1-207, 1-215, 1-299, 1-311, 2-68, 2-88, 2-104, 2-112,

2-165, 2-211~219, 2-221~230, 2-232~245, 2-253, 2-261, 2-332, 2-342, 2-345, 3-125, 3-182, 3-193, 3-195, 3-201, 3-240, 3-259

도제살이 계약 2-212

독점 2-12, 2-177, 2-195, 2-208, 2-213, 2-239, 2-266, 2-323, 2-353, 2-363, 3-24, 3-61, 3-65, 3-90, 3-98, 3-107, 3-110, 3-126, 3-129, 3-136, 3-142, 3-159, 3-232, 3-239, 3-248, 3-253

돛제조공 노동조합 1-104

ㄹ

랭커셔 면사방적공 노동조합 1-124

『런던 시민의 생활과 노동』 1-21, 2-189, 2-327, 3-144, 3-173, 3-181, 3-191

런던 식자공 노동조합 1-37, 1-110, 1-163, 2-21, 2-35, 2-87, 2-160, 2-227, 2-263, 2-266, 2-268, 2-271

런던 양모공 노동조합 1-30, 1-38

런던 재봉공 노동조합 1-35, 2-104

런던경제정치대학교 1-26, 1-35, 1-47, 2-81, 2-104

레이스 장식공 노동조합 2-222

로체스터 방적공 노동조합 1-87

리버풀 통제조공 노동조합 2-145

링 방적기 2-178, 2-180, 2-181, 3-155

ㅁ

마차 제작공 노동조합 1-51~53, 2-21,

2-187

맨체스터 식자공 노동조합 1-31

맨체스터 학파 2-325, 2-371

면공 노동조합 1-82, 1-159, 1-177, 1-211, 1-246, 1-302, 1-310, 1-314, 2-112, 2-166, 3-158

면도칼제조공 보호 노동조합 2-217, 2-218

면사공 노동조합 1-240, 1-244

면사방적공 노동조합 1-32, 1-87, 1-123, 1-237, 1-241, 1-301, 2-50, 2-56, 2-59, 2-181

면사방적공 합동 노동조합 1-44, 1-67~70, 1-80, 1-86, 1-129, 1-160, 1-182, 1-216, 1-241, 1-274, 1-298, 1-315, 1-320, 1-327, 2-22, 2-55, 2-71, 2-166, 2-177, 2-181, 2-197, 2-206, 2-235, 2-257, 2-259, 3-135

목수 노동조합 1-31, 1-105, 1-111, 1-120, 1-121

목수 및 가구공 일반 노동조합 1-158

목수 및 가구공 합동 노동조합 1-102, 1-105, 1-111, 1-123, 1-130, 1-131, 1-158, 1-169, 1-195

목수 일반 노동조합 1-53

목수 합동 노동조합 1-45, 1-54, 1-174, 1-191, 1-193, 1-302, 1-303, 1-327, 2-21, 2-62, 2-289

물가연동제 2-348, 2-349

민주주의 1-10, 1-11, 1-14, 1-29, 1-33, 1-35, 1-50, 1-55, 1-61, 1-65~67, 1-71, 1-83, 1-87, 1-89~91, 1-93, 1-99~101, 1-319, 2-325,

3-235~237, 3-239, 3-242, 3-253, 3-262, 3-263, 3-271~281

ㅂ

박애주의자들 1-225, 1-296, 1-311, 2-82, 2-269

방적공장 노동자 연합 노동조합 1-305

배관공 노동조합 1-53, 1-156, 1-174, 2-236

배관공 연합 노동조합 1-146

배관공 합동 노동조합 1-45, 1-169, 1-220, 2-236, 2-278

백인 노예 3-204

법률 제정의 방법 1-95, 1-186, 1-211, 1-263, 1-293, 1-300, 1-318, 2-93, 2-304~306, 2-332, 3-154, 3-230~232, 3-268

벽돌공 노동조합 1-44, 1-45, 1-53, 1-130, 1-131, 1-156, 2-21, 2-38, 2-42, 2-51, 2-318

벽돌공 제조 노동조합 1-221

보일러 제작공 노동조합 1-58, 1-60, 1-120, 1-121, 1-145, 1-153, 1-246

보일러 제작공 및 철선 제작공 노동조합 1-57

보일러 제작공 및 철조선공 연합 노동조합 1-164, 1-302, 2-20, 2-22, 2-36, 2-37, 2-162, 2-214, 2-215

보일러 제작공 연합 노동조합 1-211, 2-25, 2-54, 2-87, 2-105, 2-106, 2-221, 2-222, 2-225, 2-230, 2-235, 2-237, 2-253, 2-286, 2-289, 2-301

보일러 제조공 합동 노동조합 1-249

복본위제 1-320

볼턴 면사방적공 노동조합 1-237, 2-50, 2-53

볼턴 방적공 노동조합 1-124

북부 면공 합동 노동조합 2-106

ㅅ

산업 배분 3-162, 3-163, 3-168, 3-240

산업민주주의 1-15, 3-273, 3-276

상호 원조 노동조합 1-122

상호보험 1-211, 1-294, 2-107, 2-295, 2-300, 2-304, 2-330, 3-19, 3-105, 3-121, 3-134, 3-136, 3-159, 3-181, 3-182, 3-222

생활 임금 1-275, 1-287, 2-44, 2-360, 2-362, 3-95, 3-105, 3-132, 3-176, 3-188, 3-200, 3-218, 3-231, 3-233

생활 임금의 교의 3-244~246, 3-254

생활 표준 1-196, 1-282, 2-60, 2-62, 2-76, 2-91, 2-162, 2-177, 2-182, 3-51, 3-114~122, 3-131, 3-133, 3-134, 3-141, 3-142, 3-145, 3-167, 3-186, 3-245, 3-249, 3-255, 3-273

생활임금설 2-332, 2-363, 2-364, 2-366~368, 2-370, 2-371, 3-268

석공 공제 노동조합 1-45, 1-47, 1-49, 1-53, 1-106, 1-114, 1-115, 1-122, 1-130, 1-192, 1-221, 2-11, 2-21, 2-53, 2-233, 2-296

석공 노동조합 1-50, 1-52, 1-54, 1-107, 1-121~123, 2-38

석판공 전국 합동 노동조합 2-37, 2-38, 2-222

석판공 일반 노동조합 2-37, 2-38

셰필드 용수철 칼갈이 보호 노동조합 1-201

소년 노동의 제한 2-244, 2-245, 2-250

쇄모공 노동조합 1-30, 1-31, 1-41, 2-145

쇄모공 합동 노동조합 2-88

수공노동자 2-211, 2-230, 2-239

수요공급설 2-332, 2-344~347, 2-352~356, 2-359, 2-362~364, 2-368, 2-369

수요공급이라는 교의 3-238, 3-240

스무팅 1-12, 2-195

스웨트 산업 2-169, 2-191, 3-105, 3-131, 3-145, 3-175, 3-177, 3-189

스코틀랜드 수직공 노동조합 1-36

스코틀랜드 재봉공 노동조합 1-156, 2-63, 2-308

스태퍼드셔 도공 노동조합 2-106, 2-186

스페인 및 모로코 가죽 완성공 노동조합 1-206

슬라이딩 임금법 1-251

슬라이딩 임금위원회 1-253

시간 임금 2-19~25, 2-28~32, 2-34~41, 2-47, 2-57, 2-61, 2-74, 2-76, 2-81, 2-86, 2-87

식자공 노동조합 2-21, 2-25, 2-36, 2-87, 2-159, 2-219, 2-224~228, 2-233, 2-262, 2-263, 2-266

실물임금금지법 1-184, 1-190, 1-253, 1-291, 1-300, 2-59, 2-123, 3-226

실크 스로워 합동 노동조합 2-359

ㅇ

아일랜드 조선공 노동조합 1-105
양로연금 1-53, 2-296, 3-256, 3-257
양모 절취공 및 분쇄공 노동조합 2-196,
  2-218
양모공 노동조합 1-293
에든버러 제화공 노동조합 1-32, 1-33
여성의 배제 2-208, 2-212, 2-258
연마 요금 2-53
연합위원회 1-134, 1-158, 1-225, 1-226,
  1-233~236, 1-240, 1-245, 1-251,
  1-260, 1-261, 1-282, 1-313, 1-317,
  1-320, 2-49, 2-50, 2-275, 2-278,
  2-280, 2-283, 2-290, 2-301, 2-349,
  3-223, 3-227
영국 광부 연합 노동조합 1-72, 1-182,
  1-309
영국 기계공 및 조선공 연합 노동조합
  1-169
영국 마차 제작공 노동조합 1-51, 1-52,
  2-21, 2-187
영국 목수 연합 노동조합 1-82
영국 용강공 노동조합 2-308, 2-355
영국 재봉공 노동조합 2-308
영국 철강제련공 노동조합 1-113
오드펠로 공제조합 1-191
올덤 면사방적공 지역 노동조합 1-71,
  1-72
올드 스미스 노동조합 1-207
위생과 안전 2-101, 2-109, 2-110,

2-367, 2-368, 3-120, 3-136, 3-160,
  3-197, 3-216, 3-229, 3-231
의회위원회 2-118, 2-119, 2-211
인쇄공 노동조합 1-110, 1-117, 2-21,
  2-249, 2-263
인원 제한 2-177, 2-325, 2-330~332,
  3-126, 3-128, 3-131~135, 3-180,
  3-239~241
인원 제한의 방책 3-125, 3-131~135,
  3-137, 3-185, 3-238
인터뷰 1-17~21
임금 노동자 1-11, 1-85, 1-86, 1-118,
  1-146, 1-157, 1-181, 1-198, 1-218,
  1-247, 1-258, 1-259, 1-261, 1-300,
  1-304, 2-25, 2-38, 2-59, 2-68,
  2-73, 2-78, 2-99, 2-101, 2-110,
  2-118~120, 2-187, 2-202, 2-207,
  2-208, 2-239, 2-291, 2-296, 2-310,
  2-311, 2-314, 2-315, 2-319, 2-322,
  2-325, 2-328, 2-330, 2-337, 2-339,
  2-344, 2-347, 2-349, 2-352, 2-354,
  2-358, 2-370, 3-213
임금기금설 3-11, 3-12, 3-15, 3-27~29,
  3-44, 3-55
임금률 1-162, 1-183, 1-216, 1-219,
  1-222, 1-229, 1-234, 1-243, 1-247,
  1-251, 1-269, 1-271, 2-12, 2-16,
  2-23~25, 2-28, 2-32, 2-36, 2-41,
  2-49, 2-58, 2-61, 2-63~65, 2-69,
  2-71, 2-76, 2-79, 2-91, 2-110,
  2-147, 2-152, 2-163, 2-169, 2-173,
  2-175, 2-183, 2-199, 2-201, 2-204,
  2-250, 2-264, 2-291, 2-293, 2-303,

2-313, 2-316, 2-332, 2-348, 2-362, 2-366, 3-15~17, 3-22, 3-31, 3-33, 3-45, 3-51, 3-58, 3-59, 3-81, 3-117, 3-120, 3-137, 3-149, 3-151, 3-195, 3-199, 3-220, 3-223, 3-226, 3-242

임금률표 1-237, 2-64, 3-145

잉글랜드-스코틀랜드 도매조합 1-119

ㅈ

재봉공 노동조합 1-156, 2-63, 2-186

재봉공 합동 노동조합 1-116, 1-118, 1-190, 2-11, 2-20, 2-181, 2-308

재정 1-39, 1-54, 1-126, 1-129, 1-135, 3-236, 3-265

전국 가스 노동자 및 일반 노동자 노동조합 1-173, 1-265, 1-270, 1-283, 1-285

전국 광부 노동조합 1-308

전국 부두 노동자 노동조합 2-44

전국 제화공 노동조합 1-37, 2-64

전국 제화공 합동 노동조합 1-76, 1-183, 1-227

전국평의회 1-77, 1-109

정치적 민주주의 1-134, 1-176, 1-340, 3-273, 3-276

제본공 병합 노동조합 1-53

제지 직인 노동조합 1-34

제혁공 노동조합 1-34

제화공 전국 노동조합 1-80, 1-108, 1-109, 1-129, 1-163, 1-250, 1-252, 1-276, 1-299, 1-327, 2-20, 2-54,

2-147, 2-153, 2-172, 2-245, 2-247, 2-249, 2-308, 3-151

제화공 합동 노동조합 1-183, 1-249, 2-88, 2-171~173, 2-175, 2-179

조선공 노동조합 1-34, 1-104, 2-197, 2-288

조선공 동맹 노동조합 1-105, 1-113, 1-116, 1-118, 1-169, 1-171, 2-20, 2-21, 2-280, 3-76

조선공 합동 노동조합 1-117, 1-202, 1-217

조정 1-59, 1-232, 1-265~270, 1-278, 1-286, 1-291, 2-22, 2-29, 2-49, 2-50, 2-157, 2-164, 2-200, 2-230, 2-235, 2-251, 2-304, 2-319, 2-347, 3-22, 3-34, 3-60, 3-202

주철공 공제 노동조합 1-32, 1-40, 1-45, 1-51, 1-52, 1-146, 1-149, 1-171, 1-192, 1-210, 1-221, 2-39, 2-57, 2-145

주철공 노동조합 1-151, 1-194

주택 목수 및 가구공 공제 노동조합 1-39

증기기관 제작공 노동조합 1-31, 1-34, 1-40, 1-144, 1-152, 1-153, 1-169, 2-286, 2-288

지방 인쇄공 노동조합 1-115~117

지방보호주의 1-106, 1-108, 1-110

직업 클럽 1-29, 1-101, 1-102, 1-104, 1-117, 1-135, 1-174, 1-255, 1-293, 2-68, 2-80, 2-86, 2-211, 2-223, 2-237, 2-260

직장 길드 1-101, 1-102

직장 내의 승진 2-212, 2-251

직장폐쇄 1-37, 1-262, 1-264, 1-270, 1-282, 1-285, 1-289, 1-291, 3-225

직접 관찰 1-18, 1-19, 1-21

진주 단추공 보호 노동조합 2-146, 2-223, 2-236, 2-261

ㅊ

철도종업원(노동시간)법 2-357

초과노동 1-184, 1-217, 1-225, 1-304, 1-311, 2-73, 2-84, 2-85, 2-89~93, 2-95~98

최저임금 1-292, 2-41, 2-43, 3-110, 3-137, 3-141, 3-142, 3-200~203, 3-208, 3-218, 3-253

취업 불능인 3-210~212, 3-260

취업규칙 1-83, 1-108, 1-130, 1-162, 1-185, 1-215, 1-216, 1-219, 1-260, 2-53, 2-85, 2-107, 2-108, 2-199, 2-352, 3-151

침대 및 난로대 제조업 노동조합 2-350

ㅋ

칼도구공 노동조합 2-218

커먼로 2-115, 2-368, 2-369

ㅌ

태업 2-44, 2-46

통제부 1-38~41, 1-44, 1-76

통제조공 노동조합 1-104

ㅍ

파벌주의 1-144

파업 1-36, 1-37, 1-40, 1-57, 1-63, 1-70, 1-105, 1-108, 1-114, 1-115, 1-123~125, 1-128, 1-129, 1-140, 1-154~156, 1-159, 1-192, 1-198, 1-208, 1-220, 1-221, 1-226, 1-262~264, 1-270, 1-271, 1-278, 1-279, 1-282, 1-285, 1-286, 1-289, 1-291, 1-294, 1-296, 2-21, 2-65, 2-85, 2-106, 2-146, 2-190, 2-207, 2-236, 2-275, 2-277~279, 2-298, 2-300, 2-303, 2-304, 2-322, 2-324, 2-326, 3-12, 3-15, 3-16, 3-64, 3-71, 3-116, 3-139, 3-141, 3-147, 3-225, 3-242, 3-243

파업 파괴 1-156, 1-159, 2-260, 2-269, 2-279

파업 파괴자 1-164, 1-186, 1-249, 1-295, 2-268, 3-135

파트너링 1-13, 2-235

패턴 제작공 합동 노동조합 1-153~155, 1-158, 1-165~169, 2-21, 2-280, 2-289

페이비언협회 1-21, 2-155

펠트모자 제조공 노동조합 2-222

평의회 1-59, 1-64, 1-68, 1-73~76, 1-249, 1-290, 1-317, 1-324

평준 저하 2-44

표준 노동시간 1-12, 1-83, 1-158, 1-186, 1-304, 2-67, 2-68, 2-70, 2-72, 2-75, 2-78, 2-79, 2-82,

2-84~88, 2-90, 2-92~95, 2-97, 2-109, 2-196, 2-198, 2-208, 2-313, 2-322, 2-330, 3-44, 3-124, 3-136, 3-137, 3-157, 3-160, 3-182, 3-185, 3-199, 3-209, 3-231, 3-267

표준 임금 1-166, 1-202, 1-214, 1-217, 1-233, 1-235, 2-16, 2-50, 2-85, 2-88, 2-91, 2-97, 2-99, 2-109, 2-156, 2-157, 2-182, 2-236, 2-262, 2-317, 2-321, 2-364, 3-119, 3-138, 3-245

표준 임금률 1-12, 1-83, 1-106, 1-110, 1-112, 1-185, 1-203, 1-241, 1-311, 2-11, 2-13, 2-55, 2-58, 2-60, 2-63~65, 2-75, 2-77~79, 2-82, 2-87, 2-92, 2-150, 2-157~159, 2-162, 2-165, 2-179, 2-185, 2-199, 2-208, 2-212, 2-230, 2-233, 2-236, 2-246, 2-251, 2-257, 2-560,

2-262~264, 2-266~268, 2-270, 2-285, 2-290~293, 2-314, 2-321, 3-120, 3-124, 3-130, 3-137~139, 3-151, 3-159, 3-172, 3-182, 3-185, 3-201, 3-257

표준율 3-125, 3-137

프루덴셜 보험회사 1-133, 1-191

플린트 유리 절단공 노동조합 2-222

플린트 유리 제작공 노동조합 2-20, 2-222

ㅎ

하도급 계약 2-34

하룻밤에 만들어진 노동조합 1-149

하츠 오브 오크 공제 노동조합 1-133, 3-50, 3-53, 3-54

화해위원회 1-233, 1-234, 1-290

획일적 임금표 1-207, 1-224

지은이

:: **비어트리스 웹**(1858~1943) · **시드니 웹**(1859~1947)

영국의 사회주의 경제학자이자 활동가 부부로서 페이비언협회와 영국 노동당의
지도자였고, 런던정치경제대학교를 설립했다. 시드니 웹은 런던대학교를 교육 기
관의 연합체로 재조직하는 일에 참여했으며, 노동당 정부의 각료로도 봉사했다.
1909년 빈곤구제법에 관한 위원회의 소수파보고서를 작성하여 최저임금, 노동시
간규제, 안전위생, 의무교육 등 노동자의 최저노동과 생활조건을 국가가 규제하
는 내셔널 미니멈(national minimum)을 제창한 그들은 포괄적인 사회보장제도와 복
지국가의 토대를 구축했다. 탁월한 역사가일 뿐만 아니라 사회경제 개혁의 선구
자인 웹 부부는 영국의 사회사상과 제도에 깊은 영향을 미쳤다.

옮긴이

:: **박홍규**

국내외 여러 대학에서 노동법과 예술사회사 등을 가르치고, 『노동법』과 『사회보
장법』 등을 저술하고 펠링의 『영국노동운동사』, 일리치의 『그림자노동』 등을 번역
했다. 『법은 무죄인가』로 백상출판문화상을, 『독서독인』으로 한국출판평론상을
받았다. 일본에서 법학 박사학위를 받고 미국, 영국, 독일의 여러 대학에서 연구
했으며, 민주주의 법학회 및 한국아나키즘 학회의 회장과 한일노동법포럼 한국
대표를 지냈다.

한국연구재단총서 학술명저번역 서양편 **607**

산업민주주의 3

1판 1쇄 찍음 | 2018년 1월 5일
1판 1쇄 펴냄 | 2018년 1월 15일

지은이 | 비어트리스 웹·시드니 웹
옮긴이 | 박홍규
펴낸이 | 김정호
펴낸곳 | 아카넷

출판등록 2000년 1월 24일(제406-2000-000012호)
10881 경기도 파주시 회동길 445-3
전화 | 031-955-9510(편집)·031-955-9514(주문)
팩시밀리 | 031-955-9519
책임편집 | 이하심
www.acanet.co.kr

ISBN 978-89-5733-578-9 94330
ISBN 978-89-5733-214-6 (세트)

이 도서의 국립중앙도서관 출판시도서목록(CIP)은
서지정보유통지원시스템 홈페이지(http://seoji.nl.go.kr)와
국가자료공공목록시스템(http://www.nl.go.kr/kolisnet)에서 이용하실 수 있습니다.
(CIP 제어번호: CIP2017030338)